Ulrich von Hassell

Der Kreis schließt sich

ULRICH VON HASSELL

Der Kreis schließt sich

Aufzeichnungen in der Haft 1944

Herausgegeben von
Malve von Hassell

PROPYLÄEN

Satz: Utesch Satztechnik GmbH, Hamburg
Druck und Verarbeitung: Wiener Verlag, Himberg
Printed in Austria 1994
ISBN 3 549 05158 1

Gedruckt auf alterungsbeständigem Papier
mit chlorfrei gebleichtem Zellstoff

Die Deutsche Bibliothek – CIP-Einheitsaufnahme

Hassell, Ulrich von:
Der Kreis schliesst sich: Aufzeichnungen in der Haft 1944 /
Ulrich von Hassell. Hrsg. von Malve von Hassell. – Berlin:
Propyläen, 1994
ISBN 3-549-05158-1

INHALT

VORWORT

Ziel der Herausgabe des aus der Gefangenschaft geretteten Manuskriptes war die getreue Wiedergabe der Niederschrift Ulrich von Hassells, dessen Tod die eigene Durchsicht verhindert hat. Der nunmehr gedruckte Text ist auf Vollständigkeit und korrekte Wiedergabe des Manuskriptes von Dr. Christoph Baron, Stiftung Wissenschaft und Politik in Ebenhausen, überprüft worden.

Das handschriftliche Manuskript wird unverändert und ohne Kürzungen wiedergegeben. Lediglich technische Hinweise, die der Verfasser für die Textordnung notiert hat, sind fortgelassen. Das gilt auch für Randvermerke, die der Verfasser als Gedächtnisstütze bei der Niederschrift nutzte. Ulrich von Hassell hat zu einzelnen Abschnitten notiert, daß hier seine Frau die Darstellung vervollständigen sollte. Dies ist nicht geschehen. Daher sind solche Aufforderungen nicht in den gedruckten Text aufgenommen worden.

Hervorhebungen von einzelnen Textstellen sowie *runde* Klammern, Anführungsstriche und Fragezeichen zum Text stammen vom Verfasser. *Eckige* Klammern stammen vom Herausgeber. Sie zeigen an, daß der Manuskripttext an dieser Stelle unleserlich oder unvollständig war oder daß der Verfasser sich nicht an einen Namen erinnerte und dafür einen Platz ausgespart hatte. Der Herausgeber hat zum besseren Verständnis mancher Textstellen kurze Erklärungen in eckigen Klammern eingefügt.

Der Herausgeber hat das Manuskript mit zusätzlichen Absätzen versehen; es ist anzunehmen, daß die geringe Anzahl von Absätzen im Manuskript auf Papiermangel im Gefängnis beruht.

In der Zeichensetzung hat der Herausgeber sich so weit wie möglich an das Original gehalten und nur stellenweise zum besseren Verständnis Kommas eingefügt. Folglich ist eine gewisse Unebenheit in der Zeichensetzung bestehen geblieben.

Flüchtigkeitsfehler sind korrigiert worden. Der Herausgeber hat die Schreibweise mancher Worte an den heutigen Sprachgebrauch angeglichen. Gängige Abkürzungen (z. B., dgl., usw., d. h., etc.) sind übernommen worden, jedoch wurden Abkürzungen von Begriffen, die dem Leser nicht unbedingt geläufig sind (wie AA = Auswärtiges Amt; RMA = Reichsmarineamt etc.), der Klarheit halber durchweg ausgeschrieben. Ebenso ist mit Abkürzungen von Namen und Titeln verfahren worden.

Die Anmerkungen des Herausgebers verfolgen den Zweck einer Klarstellung von Begriffen und Textstellen, welche nicht unbedingt in sich verständlich sind. Eine kritisch-historische Ausführung zu jeglichen vom Verfasser angesprochenen Themen wurde nicht angestrebt.

Bezüglich der Photographien in dieser Ausgabe ist zu bemerken, daß die vom Verfasser genannten Bilder nur noch teilweise vorhanden sind.

EINLEITUNG

Am 28. Juli 1944 wurde Ulrich von Hassell von der Geheimen Staatspolizei wegen seiner führenden Rolle im Widerstand gegen Hitler verhaftet. Er wurde vom Volksgerichtshof am 8. September 1944 verurteilt und noch am selben Tag hingerichtet. Nach seiner Verhaftung war Hassell zuerst im Konzentrationslager Ravensbrück, dann im Zellengefängnis Moabit in Berlin (Lehrter Str. 3) und schließlich im Kellergefängnis des Reichssicherheitshauptamtes (Prinz-Albrecht-Str. 8). Zwischen seiner Verhaftung und Hinrichtung lagen nicht ganz sechs Wochen. Innerhalb dieser kurzen Zeit hat Hassell einen Lebensbericht zu Papier gebracht. Er schrieb mit Bleistift auf schlechtem Papier unter den aufmerksamen Augen der Gestapo-Wächter. Er schrieb im Angesicht der Sorge um seine Familie, von der schon mehrere Mitglieder in Sippenhaft genommen worden waren. Er schrieb mit dem Tod vor Augen.

Die Aufzeichnungen sind kurz vor Ende des Krieges von meinem Vater Wolf Ulrich von Hassell, Hassells ältestem Sohn, aus dem Gefängnis gerettet und somit der Nachwelt bewahrt worden.

Meine Kindheit war von Erzählungen meiner Großmutter über meinen Großvater und ihr gemeinsames Leben erfüllt. Wie bunte Teppiche breitete sie ihre Erinnerungen vor uns aus. Mein Großvater hatte in diesen Geschichten einen festen Platz, der sich nie änderte. Seine Persönlichkeit wie auch seine Handlungen wurden in immer gleichbleibenden klaren Strichen geschildert. Er stand auf einem für uns Kinder unerreichbaren Podest und blieb ein bewunderter Fremder. Sein Leben erschien mir wie ein sorgfältig gehüteter Schatz, den meine Großmutter uns nur von weitem ansehen ließ. So erinnere ich mich an einen Abend in ihrem Hause, an dem sie einen großen Stapel vergilbter Blätter aus zerknittertem Packpapier auswickelte und uns, den Enkeln, zeigte. Ich verstand wenig mehr, als daß mein Großvater diese Zettel beschrieben hatte. Kaum hatte ich einen Blick auf die saubere, klare, wenn auch etwas verblaßte Handschrift geworfen und angefangen, einige der Zeilen, in deutscher Schrift geschrieben, zu entziffern, als der Packen schon wieder liebevoll eingewickelt wurde und in einem geheimen Käfterchen verschwand. Das Packpapier war dasselbe, in welchem die Aufzeichnungen aus dem Gefängnis geborgen worden waren.

So in meinen Vorstellungen über den Großvater in dem von meiner Großmutter vorgezeichneten Rahmen gefangen, las ich zum ersten Mal vor einigen Jahren seine Niederschrift aus der Haft. Staunend lernte ich ihn kennen. Seine Erzählungen brachen aus diesem Rahmen aus, das schwarz-weiße, statische Portrait mit den harten Konturen veränderte sich in das eines Menschen, dessen Stimme ich zu hören glaubte, dessen Gedanken unerwartete Dimensionen hatten. Vor meinen Augen entfaltete sich ein Leben voller Geheimnisse und voller Freude und vor allem ein Leben, das im Wachsen begriffen war. In seinem eigenen Vorspruch zu den Aufzeichnungen spricht Hassell von einem sich schließenden Kreis. Er bezieht sich auf die Verbindung zwischen seinen ihrem Land dienenden Vorfahren und seinem eigenen Lebensweg; für den Leser ist darin auch die Verbindung zwischen Hassells Hintergrund und der Entscheidung zum Widerstand zu erkennen. Es mag sein, daß Hassell voraussah, daß der sich schließende Kreis eine zusätzliche Bedeutung haben würde. Die Aufzeichnungen überbrücken den Tod und reichen uns einen Schlüssel zum Verständnis seines Lebens und seiner Zeit.

Erst später habe ich mir überlegt, wie schwer es für meine Großmutter gewesen sein muß, diese lebendige Schilderung des Lebens ihres geliebten Mannes einschließlich der wohl glücklichsten Jahre ihres eigenen Lebens von dem Ende losgelöst zu sehen, einem Ende, das durch den Abbruch der Erzählung nach dem 10. Kapitel besonders verdeutlicht wird. So blieben die Aufzeichnungen meines Großvaters lange Zeit unveröffentlicht. Fünfzig Jahre sind seit der Niederschrift vergangen. Der Abstand der Zeit löst die Darstellung von dem persönlichen Schmerz. Der Weg zur distanzierten Betrachtung ist freigegeben, während die Unmittelbarkeit der Darstellung erfrischend und faszinierend wirkt.

Die in den Aufzeichnungen beschriebenen ersten 48 Jahre des Lebens von Hassell umspannen die Zeit von 1881 bis 1930. Danach bricht der Bericht ab. Eine Seite mit Notizen für das 11. Kapitel setzt den Schlußstrich. Die geplanten Kapitel 11 bis 15, in welchen die Jahre 1931 bis 1944 behandelt werden sollten, konnten nicht mehr geschrieben werden. Der Todesspruch des Volksgerichtshofes setzte dem eiligen Schreiben ein Ende.

Lebenslauf

Ulrich von Hassell, geboren 1881 in Anklam in Pommern, stammte aus einer alten hannoverschen Familie. Einen großen Teil seiner Kindheit verbrachte er in Frankfurt an der Oder, Frankfurt am Main und Berlin, den wechselnden militärischen Stellungen seines Vaters folgend. Seine Jugend und Ausbildung waren bestimmt durch den Wunsch, in den Auswärtigen Dienst zu treten. Das Rechtsstudium in Tübingen und Lausanne, Sprachstudien in England, viele Reisen in Deutschland und im Ausland und nicht zuletzt seine Ausbildungszeit als Gerichtsreferendar am deutsch-kaiserlichen Amtsgericht in Tsingtau, China, gaben ihm ein breit angelegtes Fundament für die diplomatische Arbeit in Europa. Hassell hat seine militärische Dienstpflicht 1903–1904 im preußischen 2. Garderegiment zu Fuß geleistet. Nach einem Englandaufenthalt trat er im April 1909 als Assessor in den Auswärtigen Dienst ein. In dem vielfältigen gesellschaftlichen Leben Berlins traf der junge Beamte auf Ilse von Tirpitz. In ihr fand Hassell – wie er rückschauend in der Gefangenschaft schrieb –

»den Fels, auf dem [er] seit 1911 [sein] Leben aufgebaut hatte«. Der Name, der Ruf und die Gestalt ihres Vaters, des Großadmirals Alfred von Tirpitz, haben Hassells Leben mit Licht und Schatten begleitet. Im Anschluß an die Heirat am 9. Januar 1911 ging Hassell als Vizekonsul nach Genua auf seinen ersten Auslandsposten.

Bei Ausbruch des I. Weltkrieges meldete sich Hassell zu seinem Regiment. Er wurde am 8. September 1914 in der Marneschlacht durch Herzschuß schwer verwundet und war lange bettlägrig. Die Verwundung, die ihm auch noch in späteren Jahren viel zu schaffen gemacht hat, führte zu seinem Ausscheiden aus dem Auswärtigen Dienst. Hassell wurde in die preußische Verwaltung übernommen und als Regierungsrat in Stettin eingesetzt. Anschließend übernahm er in Berlin die Stellung als Direktor des neugegründeten Verbandes der preußischen Landkreise. Nach Kriegsende kehrte er in das Auswärtige Amt zurück und ging als Botschaftsrat und Geschäftsträger nach Rom (1919–21). Danach war er als Generalkonsul in Barcelona (1921–26), als Gesandter in Kopenhagen (1926–30) und Belgrad (1930–32) und schließlich wieder in Rom als Botschafter des Deutschen Reiches am Quirinal (1932–38).

Vor und im II. Weltkrieg setzte Hassell sich führend für die Beseitigung der nationalsozialistischen Gewaltherrschaft ein. In dieser Zeit hat er seine Eindrücke für sich notiert. Diese Notizen, eines der wenigen authentischen Zeugnisse über den schweren Gang der Opposition gegen Hitler, sind dann unmittelbar nach dem II. Weltkrieg unter dem Titel *Vom Anderen Deutschland* veröffentlicht und 1988 vom Siedler Verlag in Berlin neu verlegt worden.[1]

Gesellschaft und Kultur im Umbruch

Die hier veröffentlichten Erinnerungen geben das Bild einer heute sehr fernen Zeit; sie schildern den großen politischen, sozialen und technologischen Wandel in Deutschland in den Jahren 1881 bis 1929. Hassell selbst wuchs in einer Zeit heran, die unter der allgemeinen Euphorie der Reichsgründung stand. Die Generation, die Hassell in erster Linie beeinflußt hat, stammte aus den Jahrgängen 1850 bis 1870, also aus der Zeit vor der Reichsgründung. Sein Vater kämpfte als junger hannoverscher Offizier 1866 gegen die Preußen bei Langensalza, eine Schlacht, die das Ende des unabhängigen Königreiches Hannover herbeiführte. Hassells Schwiegervater Tirpitz, zu der Zeit in der preußischen Marine, schildert seine Gefühle: »Als 1867 auf unseren Schiffen die schöne Flagge mit dem Adler niederging und die mehr dem englischen Muster ähnelnde norddeutsche Bundesflagge gehißt wurde, war uns Fähnrichen das Verschwinden der preußischen Farben zwar schmerzlich, aber wir ahnten eine große geschichtliche Wendung und leerten unser Glas mit widersprechenden Gefühlen. Das Jahr 1871 drängte die preußische Erinnerung weiter zurück. Wir wurden kaiserliche Offiziere, und die Marine bekam die schwarzweiß-rote Kokarde.«[2]

Die beschleunigte technologische Entwicklung um die Jahrhundertwende wird durch die Tatsache beleuchtet, daß Hassells Schwiegervater Tirpitz seinen Dienst in einer noch auf Segelschiffe gestützten Marine begann. Er, der spätere Erbauer der deutschen Schlachtflotte des I. Weltkrieges, schildert, wie er 1866 als junger Seeoffizier auf dem preußischen Segler »Niobe« im Krieg gegen Österreich-Ungarn neben dem Vorderladergeschütz stand, um die Kanonenkugeln in die Mündung zu schieben, neben sich eine Pike für den Fall, daß der Feind enternd durch die Geschützpforte dringen wollte.[3]

Hassell war sich des Ausmaßes der technischen Entwicklung und ihrer Auswirkungen auf die Gesellschaft schon früh bewußt. Gleichermaßen begann er »immer stärker die Schärfe der sozialen Probleme zu fühlen« und empfand die Notwendigkeit, die damit verbundenen Fragen »in neuem Geiste anzupacken«. So hat er sich schon während seiner Referendarzeit mit dem Gedanken einer Gewinnbeteiligung der Arbeiterschaft, so wie sie der Berliner Fabrikant und Sozialpolitiker Freese 1888 in seiner Fabrik eingeführt hatte, beschäftigt. Für neue Vorstellungen und Lebensformen offen, blieb Hassell jedoch in einer auf christlichen Werten fußenden, geordneten Welt verankert.

Hassells Schilderungen von Menschen und Erlebnissen illustrieren die aufeinanderprallenden Werte und Vorstellungen um die Jahrhundertwende, während des I. Weltkrieges und in der Weimarer Republik. So erscheint seine Beschreibung der Gerichtsverhandlung über den Hauptmann von Köpenick, an welcher er als junger Assessor beteiligt war, wie ein leicht ironischer Nachruf auf das Wilhelminische Reich. In seinen Ausführungen über das militärische Leben vor dem I. Weltkrieg ist er auf der einen Seite fasziniert und angezogen von manchen Aspekten, aber gleichzeitig sorgenvoll und kritisch gegenüber jeglichen Formen des unselbständigen Handelns. Diese Sorge entwickelt sich zu einem seiner grundlegenden Ideen und Prinzipien – die Heranziehung des Staatsbürgers zur Verantwortung durch Selbstverwaltung, um der nach 1918 verstärkt einsetzenden Entwicklung zum alles ordnenden und alles erfassenden Staatsapparat entgegenzuwirken. Hassell empfand als kennzeichnend für die veränderte Vorstellung von der Rolle des einzelnen das mehr und mehr gängige Verfahren, Geschäfts- oder Amtsbriefe nicht mehr an einen einzelnen Menschen, sondern an die jeweilige Institution zu adressieren, auf diese Weise »die persönliche Verantwortung verschleiernd«.

Hassell beschreibt eine Welt, in der selbst in den Wirren der Revolution 1918/19 Recht und Ordnung einen festen Platz im Leben behielten. Sich aber auch über die Überspitzung solcher Ordnung lustig machend, erzählt Hassell, wie er in den Tagen der Revolution mit einer Geldstrafe belegt wurde, weil er die Geburt seiner jüngsten Tochter am 22. Oktober 1918 nicht sofort polizeilich gemeldet hatte. Rückblickend erhält diese Schilderung und die darin versteckte Mischung von Sorge vor bürokratischer Penetranz und Anerkennung für eine weiterbestehende Ordnung und Disziplin angesichts einer Katastrophe eine tragische Note, wenn man in einer Aktennotiz der Amtskasse des Auswärtigen

Amtes vom 30. September 1944 liest, daß nach »Presseberichten [...] Botschafter a. D. von Hassell [...] an den Vorgängen des 20. Juli beteiligt gewesen« sei, und weiter: »Die Leg.-Kasse ist zunächst mündlich angewiesen, die Zahlung des Ruhegehalts bis zur vorbehaltenen förmlichen Kassenordnung einzustellen.«[4]

Schreiben im Gefängnis

In der Haft hatte Hassell wenig Schreibmaterial zur Verfügung. Jedes Stück Papier war willkommen. Bei seiner Verhaftung hatte ein Beamter der Gestapo beim Durchsuchen von Hassells Schreibtisch zufälligerweise auch eine Handvoll von Glückwunschtelegrammen zu Hassells 60. Geburtstag ergriffen, die ihm dann in die Haft mitgegeben wurden. Die ersten Seiten der Erinnerungen sind auf den Rückseiten dieser Telegramme geschrieben worden – »sicher ein geeigneter Stoff, darauf rückschauende Gedanken niederzulegen«, so kommentierte Hassell. Da ist ein Telegramm von Otto von Bismarck, Enkel des Reichskanzlers und Gesandter an der deutschen Botschaft in Rom in den Jahren 1941 bis 1943, ein anderes von den »Tübinger Schwaben«, ein weiteres von Wilmowsky, einem Vorstandsmitglied der Krupp AG und Präsident des Mitteleuropäischen Wirtschaftstages. Ein schwedischer Freund aus römischer Zeit sandte »Mille cordiali auguri«. Der Rest der Aufzeichnungen – insgesamt 693 handschriftliche Seiten (ungefähr 20×16cm), mit 14 zusätzlichen Seiten für das Inhaltsverzeichnis, einer Bilderliste, Notizen und Vorschlägen für den Anhang – ist auf Zetteln schlechtester Qualität geschrieben worden. Es war nicht möglich, Hassell von außen zusätzliches Schreibmaterial zukommen zu lassen. Er hat jedes Stück Papier, das er beschrieb, sorgfältig so gefaltet, daß die Seiten alle die gleiche Größe hatten. Zudem hat er die Seiten gründlich durchnumeriert, mit besonderen Hinweisen an den wenigen Stellen, an denen er einen nachträglichen Zusatz geschrieben hat.

Hassell war sich bewußt, daß er den Text nicht selber würde überarbeiten können. Mit leichter Hand hat er weitgehend druckreif formuliert. Er hat eine detaillierte Kapitelübersicht geschrieben, den Text mit editorischen Bemerkungen versehen und eine Liste von Bildern, die dem Buch hinzugefügt werden sollten, vorgeschlagen. An zahllosen Stellen findet man Hinweise – sei es eine Bitte an seine Frau, zu diesem oder jenem Thema noch mehr zu erzählen, sei es eine Erklärung bezüglich der Reihenfolge der Seiten, die mangels Papier teilweise doppelseitig beschrieben wurden. Dennoch darf man nicht ganz ausschließen, daß Hassell letztlich an der Hoffnung festhielt, seine Aufzeichnungen selbst zu edieren. Dies wird besonders deutlich, wenn er zum Beispiel bei der Erwähnung eines Mitarbeiters in Rom in Klammern für eine spätere Prüfung vermerkt: »War der noch da?« Dieses Hoffen bei einer gleichzeitig realistischen und klarsichtigen Einschätzung der Lage spricht auch aus dem Satz in seinem Vorspruch: »Ich weiß nicht, ob schon der Tag gekommen ist, die Endsumme dieses Strebens, das mein Leben erfüllte, zu ziehen.«

Es bleibt erstaunlich, daß Hassell sich in der Intensität der Arbeit völlig von seiner Umgebung hat lösen können. Seine Konzentration auf das Erinnern wird durch die Fülle der Namen und Einzelheiten unterstrichen. Verwandte, Schullehrer, Studienfreunde, Professoren, Schriftsteller, Künstler, Kaufleute, Offiziere, Journalisten, Diplomaten aus allen Ländern stellt Hassell den Lesern vor, hier kurz und prägnant skizziert, dort mit längeren, nachdenklichen Ausführungen geschildert. Zeitweilig bekommt der Leser den Eindruck eines nahezu atemlosen Aufzählens von Namen und Ereignissen. Es verdeutlicht den Versuch, sich von der Gegenwart abzusetzen, wie auch das Bemühen, das Leben durch eine Rekonstruktion zu greifen und zu halten. Manche Details werden ohne direkten Zusammenhang mit dem restlichen Text erwähnt und bestärken den Eindruck eines vollständigen Eintauchens in die Vergangenheit, beinahe wie ein Vor-sich-hin-Träumen.

Nur im ersten Satz weist Hassell direkt auf das Gefängnis hin. Danach läßt er den Leser vergessen, wo und unter welchen Umständen diese Aufzeichnungen gemacht worden sind. »Eine Gefängniszelle«, schreibt er, »ist ein guter Ort, um Lebenserinnerungen zu beginnen. Man hat Zeit, zuviel Zeit nachzudenken. Das verflossene Leben gestaltet sich vor dem geistigen Auge in stereoskopischer Plastik, man sieht es und sich ohne Hülle.« So hat sich Hassell selbst den Spiegel vorgehalten und ohne Beschönigung, jedoch mit viel Humor erzählt, ohne sich zum Fabulieren verleiten zu lassen.

In seinem Abschiedsbrief an seine Frau bezeichnet Hassell die Gefängnisaufzeichnungen als »Denkmal unseres Glücks und meiner Dankbarkeit«.[5] Diese Dankbarkeit bezieht sich auf seine Ehe wie auf das Leben überhaupt. Hassell hat, sofern ihm dies möglich war, jeden Moment seines Lebens bewußt voll ausgeschöpft und genossen. Die Lebensfreude, die aus seinen Schilderungen hervorgeht, ist oft geradezu spürbar. Kleine und große Dinge wußte er zu schätzen. Dankbar für alles, was ihm das Leben offenbarte, schilderte er Klettertouren in die Schweizer Berge ebenso wie eine ihn ansprechende Predigt, Einzelheiten seiner Reisen durch China und Japan ebenso wie Eindrücke von verschiedenen Teilen Deutschlands, die er bei seiner Arbeit in der inneren Verwaltung während des I. Weltkrieges gewonnen hatte, ihn beeindruckende Persönlichkeiten und sogar so manche einfache Mahlzeit. Bei der Beschreibung einer anstrengenden Reise durch Dänemark von einem deutschen Konsul zum nächsten erinnert Hassell sich dankbar an Skagen, wo er und seine Frau in einem leeren Hotel ein Spiegelei als Abendmahl verzehrten und am frühen Morgen im kühlen Meer badeten, dort, »wo Ostsee und Nordsee sich treffen«. Aus solchen Einzelheiten spricht eine tiefe Bescheidenheit, die ihm in dem sparsamen, um nicht zu sagen streng geführten Haus seiner Eltern zur zweiten Natur geworden war und die ihn nie verlassen hat, auch als er in seiner diplomatischen Laufbahn einen sehr viel großzügigeren Lebensstil pflegen konnte.

Auf jedem neuen Auslandsposten war Hassell bemüht, neben dem möglichst schnellen Erlernen der Landessprache sich alsbald mit allen Aspekten der Kultur, Wirtschaft, Geschichte und Bevölkerung des Gastlandes vertraut zu machen. So gibt er in Kapitel 9 eine kurze, aber einsichtsvolle Schilderung von Katalonien und seinem Verhältnis zu Spanien. In Italien, Spanien, Dänemark und Jugoslawien unterließ er kaum eine Anstrengung, alle Landesteile kennenzulernen. Seine Reisen führten ihn in die skandinavischen Länder einschließlich Islands, über Gibraltar ins nordafrikanische Ceuta, nach Andalusien und auch durch den Balkan, um nur einige Orte und Gegenden zu nennen. Für alle brachte er das gleiche Interesse mit, das ihn jedes Detail notieren und in einen sinnvollen Zusammenhang mit dem Ganzen bringen ließ. Diese Flexibilität und Offenheit anderen Sprachen und Kulturen gegenüber ist im Hause seiner Eltern bestärkt worden. Relativ mittellos, haben Hassells Eltern alles getan, um dem Heranwachsenden Erfahrungen im Ausland zu ermöglichen. Sein Studium in Lausanne, sein Aufenthalt in England und seine Reise nach China wurden von ihnen unterstützt, teilweise unter großen finanziellen Opfern.

Musik, Theater, Literatur und Kunst spielten eine wichtige Rolle in Hassells Leben. Auf den verschiedenen Auslandsposten bemühte er sich nicht nur als erfahrener Diplomat, sondern auch aus eigenem Interesse um die Welt der Kultur. Als Mitglied der Dante-Gesellschaft hat er über diesen geschrieben und Vorträge gehalten. Er nahm regen Anteil an jeglicher Äußerung deutscher und europäischer Kultur und machte sie zu einem lebendigen Bestandteil seines Daseins. In freundschaftlichem Wettbewerb haben Hassell und seine Kinder sich am Übersetzen von Shakespeares Sonetten versucht und an früheren Übersetzungen, unter anderem von Stefan George, gemessen. So bezieht er sich auch im Gefängnis auf ein Shakespeare-Sonett, das Bedeutung für ihn hatte.

Theateraufführungen endeten oft damit, daß die Truppe hinterher zu Hassells ging. Zum Beispiel erinnert er sich an eine Aufführung von Kleists »Der zerbrochene Krug« in Kopenhagen mit einem nachfolgenden Empfang in der Gesandtschaft, eine Festivität, die dann mit Hassells Beteiligung in der Stadt fortgesetzt wurde. In Barcelona brachte ihm sein Interesse an der Oper manche Freundschaft mit Künstlern, Sängern und Dirigenten, und er hielt sich oft hinter der Bühne auf. Mit Genuß beschreibt er das während einer Aufführung sich abspielende Leben hinter dem Vorhang mit seinen Intrigen, Eitelkeiten und Streitereien. Allein auf einem Abstecher durch Frankreich, besuchte er spontan eine Vorführung der Comédie Française in einem antiken Theater bei Avignon, wobei ihn besonders erheiterte, von einem neben ihm sitzenden »einohrigen [kriegsverwundeten] Chauffeur« in die Eifersüchteleien und Liebschaften der spielenden Truppe eingeweiht zu werden.

Seine erste Unterbringung in Rom beim Antritt seiner Stellung als Botschaftsrat 1919 war eher dürftig und bevölkert von Mäusen, »deren waghalsige Equilibristik an der Decke« er nachts verfolgte. Aber die Freude über die gegenüberliegende kleine Kirche »mit ihren sangesfreudigen Nönnchen« war das entscheidende Element. Bei der Schilderung einer späteren Unterbringung in einer Villa mit Blick über die Campagna mit ihren alten Bäumen, antiken Denkmälern und geheimnisvollen Lauben zitiert er aus dem Kopf ein Fragment von Eichendorff: »... [wo] die Brunnen verschlafen rauschen«.[6]

Hassell gibt für seine Zeit und seine Gesellschaftskreise übliche wie auch ungewöhnliche Denkungsweisen, Einstellungen und Vorurteile wieder und schildert mit beeindruckender Offenheit, wie er selbst manche dieser Einstellungen in jungen Jahren übernommen hatte. Diese Schilderung aus der Perspektive des Kindes, des Heranwachsenden und des Studenten sollte nicht getrennt werden von den sehr viel kritischeren, reflektierenden Überlegungen und Handlungen des gereiften Mannes und erfahrenen Menschenkenners. In seinen Beurteilungen der vielen

Menschen, denen er im Laufe seines reichen Lebens begegnet ist, bleibt er ein großzügiger, einsichtsvoller und letztlich unbeeinflußbarer Zeuge.

Gleichermaßen ist Hassell ein kritischer Beobachter seiner selbst. Er erzählt von seinen Kindheitsstreichen, Vorurteilen, abwegigen Vorstellungen, Unsicherheiten, Zweifeln, Ängsten, Erfolgen und Mißerfolgen. Eine gewisse ironische Skepsis des Jungen, der sich gegen die zeitweise übertriebene Pietät seiner Familie mütterlicherseits auflehnt, wird dem Leser ebenso nahegebracht wie das wachsende Verständnis des Kindes für die Tragik des Vaters, dessen zunehmende Schwerhörigkeit seiner Karriere als aktiver Soldat ein Ende setzte und zudem den Zugang zu der geliebten Musik erschwerte. Das Selbstportrait des jungen Studenten als schüchternes, »körperlich schlecht durchgebildetes... gelehrtes Stubenhuhn« liest sich wie die wohlwollende Beurteilung eines Professors oder Vorgesetzten.

Die Konzentration auf das Schreiben und das Versenken in die eigene Vergangenheit müssen Hassell während der schwierigen Stunden und Tage im Gefängnis geholfen haben. Die Neigung zum Schreiben wurde schon in Hassells Jugend von seinem Vater unterstützt. Eine nicht unwesentliche Rolle mag dabei die Tatsache gespielt haben, daß Hassells Mutter eine Urgroßenkelin von Henriette Vogel war, die mit Heinrich von Kleist gemeinsam in den Freitod ging. Hassell hegte große Bewunderung für Kleist, wiewohl er sich leicht über seine »überspannte Ahnin« mokierte. Auch Hassells Vater hat viel geschrieben und veröffentlicht, und Hassell selbst hat im Laufe seines Lebens mehr als sechzig Schriftwerke, Artikel und Beiträge in Druck gegeben.

Er verband einen aktiven Geist, immer wieder bereit, sich mit neuen Problemen der Politik und Kultur zu befassen, mit einem stark ausgeprägten Sinn für Selbstdisziplin, der ihn nie verließ. Während des I. Weltkrieges, noch sehr geschwächt von seiner Verwundung, stürzte er sich in die Arbeit in der inneren Verwaltung. Im Frühjahr 1944 brachte er die innere Ruhe und Selbstdisziplin auf, während einer Krankheitsepisode ein Buch zu schreiben: »Ich habe drei Wochen mit meiner Kniegelenksentzündung festgelegen und Muße gehabt, mich von dem ziemlich anstrengenden Bomben-Berlin etwas zu erholen, nachzudenken, zu lesen und ein kleines Buch über Pyrrhus zu schreiben, das mir Spaß gemacht hat.«[7] Inmitten des moralischen, ethischen und physischen Zusammenbruches um ihn herum und der Zerstörung von allem, wofür er sein Leben lang gearbeitet hatte, drückt er dennoch den Wunsch aus, »mitarbeiten zu können am Neuaufbau Deutschlands in Europa nach der Kriegskatastrophe«. Als denkender und verantwortungsbewußter Mann war er bereit, sich jeglicher Aufgabe zu stellen, auch im Angesicht der Tatsache, daß ein Deutschland nach dem II. Weltkrieg etwas vollkommen anderes darstellen würde als alles, was er vorher gekannt hatte.

Ein auf einer festen ethisch-moralischen Grundlage beruhendes Verantwortungsbewußtsein und Pflichtgefühl, verbunden mit einer weitsichtigen politischen Überzeugung, bildete den Kern von Hassells Handeln. Dieser Kern hat ihn während seiner Zeit als aktiver Vertreter seines Landes geprägt, gleichermaßen hat er den schweren Weg zum Widerstand vorgezeichnet. Die Kluft zwischen dem von Kind auf erfahrenen Imperativ, seinem Land und seinem Landesfürsten nach besten Kräften zu dienen und die Treue zu halten, und dem Entschluß zu einem Handeln, das nach diesen in der Kindheit erworbenen Maßstäben als ehrloser Verrat beschrieben werden könnte, wird durch dieselbe Grundeinstellung überbrückt, die den Formen und Vorstellungen aus der Kindheit und Jugend innere Substanz gegeben hat. Im Schritt zum Widerstand liegt die Bereitwilligkeit, eine innere Revolution durchzumachen, Vorstellungen und Formen aus der eigenen Vergangenheit zurückzulassen, um den wesentlichen moralischen und politischen Überzeugungen treu zu bleiben.

Der klare Aufbau der Aufzeichnungen und die in so kurzer Zeit vollbrachte Arbeit sind ein Spiegelbild von Hassells Lebensauffassung, die in dem Titel seines 1904 geschriebenen Aufsatzes über Carlyle, »Arbeiten und nicht verzweifeln«, enthalten ist.[8] In seinem Abschiedsbrief weist er auf zwei schicksalhafte Daten in seinem Leben hin. Am 8. September 1914 wurde er in Frankreich schwer verwundet und war lange Zeit dem Tode nahe. Am 8. September 1944 wurde er hingerichtet. Der eigene Hinweis unterstreicht den Eindruck, Hassell betrachte sein Leben als außenstehender Beobachter, der den Blick für das Ganze nie verliert. Gleichzeitig bilden diese Seiten eine Form des Festhaltens an allem, woran er geglaubt hat. Sie sind der Versuch, den Sinn im eigenen Leben und im Leben überhaupt angesichts eines menschlichen Abgrundes zu bekräftigen. Aus diesen Seiten spricht eine Lebensbejahung, die die Feuertaufe des Zweifelns durchgemacht hat. Durch das Schreiben in der Haft hat Hassell sich seine innere Freiheit bewahrt und einen eigenen Weg aus den Mauern gefunden. Ohne jeden Zusammenhang mit dem Text hat er diese Zeilen, einen alten Kirchenvers, an den Rand einer Seite geschrieben[9]:

»Du kannst uns durch des Todes Türen
träumend führen
und machest uns auf einmal frei.«

New York, im Oktober 1993 — Malve von Hassell

ULRICH VON HASSELL

AUFZEICHNUNGEN

Mein Leben

(Kapitel 11–15 und Teil III konnten von U. v. H. nicht mehr geschrieben werden.)

MEIN LEBEN

Eine Gefängniszelle ist ein guter Ort, um Lebenserinnerungen zu beginnen. Man hat Zeit, zuviel Zeit nachzudenken. Das verflossene Leben gestaltet sich vor dem geistigen Auge in stereoskopischer Plastik, man sieht es und sich ohne Hülle. Das einzige Papier, das ich habe, sind diese Glückwunschtelegramme zu meinem 60. Geburtstage, die der Beamte der Staatspolizei bei meiner Verhaftung im Büro aus meinem Schreibtisch nahm und in meine Mappe packte.[1] Sicher ein geeigneter Stoff, darauf rückschauende Gedanken niederzulegen. »Mille cordiali auguri« sagt das erste, ein schwedischer Freund wünschte es aus Rom. Der Kreis schließt sich zwischen den Vorfahren, die ihrem Landesherrn, dem Herzog von Bremen und König von Schweden dienten, und dem Karolinerenkel, der in Rom die deutsche Fahne hielt.[2] Die sechs Jahrzehnte, die diese Telegramme feiern, liegen hinter mir im Glanz des Glücks, unverdient großen Glücks. Ich muß dies Buch im Geist der Dankbarkeit beginnen, gegen Gott, der diese Welt nach uns ewig unbekanntem Plan regiert und mich gnädig führte, gegen meine Mutter, die heilig, als Mensch gewordene Liebe, meine Jugend segnete und mich wie Monika auf betendem Herzen trug[3], gegen meinen lieben ritterlichen Vater, gegen meinen großen guten Schwiegervater[4], meinen Meister, gegen die zweite Mutter, die ich in seiner Frau fand, gegen viele gute Freunde, gegen meine geliebten Kinder, die mir unendlich Freude bereiteten, und vor allem gegen die, der ich alles danke, der Sonne meines Lebens, Ilse.[5] Ich habe in der Welt nur sie geliebt.

Sie und Deutschland, denn alle Kraft für Deutschland einzusetzen war schon von frühester Kindheit an mein glühender, vom Vater bewußt gepflegter Wunsch. Ich weiß nicht, ob schon der Tag gekommen ist, die Endsumme dieses Strebens, das mein Leben erfüllte, zu ziehen. Noch hoffe ich mitarbeiten zu können am Neuaufbau Deutschlands in Europa nach der Kriegskatastrophe. Blicke ich heute zurück, so liegt mir der unpolitische Gedanke fern zu sagen, daß ich »immer das Beste für Deutschland *gewollt* habe«. Zu ganz großem Einsatz bin ich nicht gelangt. Aber ich kann vielleicht behaupten, einiges geleistet zu haben.

Wie das geschah und wie es zustande gekommen ist, will ich erzählen; ich hoffe, daß es nicht langweilig wird, denn ich habe das Glück gehabt, ein reiches und buntes Leben zu leben.

I. JUGEND

1. Kinder- und Schulzeit; Ferienzeiten

Als der Beamte, der mich vorgestern festnahm, feststellte, daß ich in Anklam geboren sei, fragte er mich nach Einzelheiten der Stadt und nach dem Stadtteil, in dem ich die Wände beschrien hatte.[1] Ich mußte bekennen, daß ich kein echter, sondern ein »Zufalls«-Pommer sei, denn ich habe nur das erste Halbjahr meines Lebens in der Peene-Stadt zugebracht, in der mein Vater Taktiklehrer an der Kriegsschule war.[2] Die Stadt Anklam hat abgesehen von einzelnen, mir erst später erzählten Erinnerungen für mich die eine große Bedeutung gehabt, daß Direktor der Kriegsschule der Vater meines besten Freundes durch viele Jahre, Rudolph von Reibnitz, war, nämlich der damalige Major dieses Namens. Rudolph wurde dort ein halbes Jahr nach mir geboren, so daß wir uns im besten Falle noch angebrüllt haben. Uns taufte der gleiche treffliche Garnisonspfarrer Warendorf, von dem der alte Reibnitz zu erzählen pflegte, der Wein habe ihm beim Taufessen so gut geschmeckt, daß ihn mein Vater auf dem Heimweg sorgsam habe unter den Arm nehmen müssen. Tatsächlich hat er das Taufzeugnis vielleicht noch in dieser Stimmung mit »Militärsorger« unterschrieben. Am meisten Eindruck hat mir später aus den Anklamer Geschichten meiner Eltern die gemacht, welche meine Mutter mit besonderem Behagen zu erzählen pflegte: Bei einem Kaffeekränzchen habe sich eine Dame bei ihr entschuldigt, auf dem Sofa zu sitzen, weil sie zwar eine Hauptmannsfrau, meine Mutter aber die Gattin eines Hauptmanns I. Klasse sei!

Die Geburt in Anklam hat mir noch zweierlei eingetragen: einmal meine erste Eisenbahnfahrt, die ich zitternden Herzens als kleiner Junge allein von Greifswald hin machte, weil meine Mutter dort irgendwelche alten Bekannten besuchen wollte; sodann daß ich grotesker Weise z. B. in der Berliner Universitätsmatrikel als vir illustris Pommeraniae verzeichnet stand, und später meine Bücher der Greifswalder Universitätsbibliothek auf deren Wunsch für die »Sammlung pommerscher Autoren« schenkte. Damit sind meine »Original«beziehungen zum schönen tüchtigen Pommernlande erschöpft. Sie wurden in meiner Kindheit dadurch neu belebt, daß mein Onkel Martin von Nathusius Theologieprofessor an der Greifswalder Universität war, womit sein Haus ein besonders geliebter Ferienaufenthalt für mich wurde. Er war in erster Ehe mit der von ihr sehr geliebten, früh verstorbenen ältesten Schwester meiner Mutter, Helene von Stosch, verheiratet, in zweiter mit einer meiner Mutter eng befreundeten Cousine, Elisabeth von Wissmann. Später gewann Pommern neue Bedeutung für mich, weil mein einziger Vetter Hassell, Carl, Sohn des Bruders meines Vaters Leopold, sich dort seine Frau Ottony von Puttkammer holte. In seinem leider längst vergriffenen lebensvollen Erinnerungsbuche erzählt mein Vater noch einiges von Anklam, das verdient, der Vergessenheit entrissen zu werden (s. Anlage Nr. 1).[3]

Ich bin also kein Pommer, sondern Niedersachse, Hannoveraner. Über dieser Herkunft kann ich auch meinem Vater das Wort geben: (s. Anlage Nr. 2).[4] Mein Vater liebte seine hannoversche Heimat und ihre Tradition glühend. Aber er war niemals politisch ein »Welfe«. In unserer Familie ergab sich bei ihren wenigen männlichen Mitgliedern in der Generation meines Vaters das merkwürdige Bild, daß der älteste Bruder Karl, später Senatspräsident beim Reichsgericht, Bennigsenmann, also nationalliberaler Bismarck-Verehrer war, der zweite, Leopold, zuletzt Oberlandesgerichtspräsident in Kassel, ein durch sein Beamtentum und kühle Vorsicht gemäßigter (und ziemlich verborgener) Welfe, während der Vetter William, Besitzer des Familiengutes Clüversborstel, dieser Richtung leidenschaftlich angehörte, und so auch zum Geschichtsschreiber Hannovers wurde, in enger Verbindung mit dem Hause Braunschweig-Lüneburg.[5]

Mein Vater dagegen entwickelte sich mehr und mehr zu einem Konservativen preußischer Observanz, wenn auch ohne starres Borussentum.[6] Ich habe es meinem Vater immer hoch angerechnet, daß er von vornherein darauf verzichtete, in mir irgendwelche »welfischen« Ressentiments wachzurufen, sondern mich politisch als Deutschen sans phrase erzog, monarchisch, aber nicht frei von Kritik und Bedenken. Durch seine späteren Beziehungen zu Dietrich von Oertzen und Stöcker trat er dem christlich-sozialen Flügel näher, was auf mich von heilsamem Einflusse gewesen ist. Die unheilvolle Abspaltung von der konservativen Partei, die diese ihrer sozialreformerisch betonten Elemente beraubte, bedauerte er und machte er nicht mit.

Es ist hier wohl der Ort, ein Wort über meinen Vater zu sagen. Er war, das sei zunächst gesagt, ein hervorragend aussehender, ausgesprochen vornehmer Mann, in seiner Jugend ein Herzensbrecher, aber auch in vorgeschrittenen Jahren bezaubernd mit seinen leuchtend blauen Augen, dem edlen Schwung der Züge und der Ritterlichkeit der ganzen Erscheinung; die hervorragend gute Kinderstube seines elterlichen Hauses, dessen Geist nach dem frühen Tode meines schönen und edlen Großvaters die Mutter, eine Dame von Welt im besten Sinne, bestimmte, seine Gewandtheit in Sprache und Schrift und seine Liebenswürdigkeit erhöhten den Reiz der Persönlichkeit. Freunde sehen das besser als Angehörige; so war meine Frau als Braut beim Kennenlernen ihres künftigen Schwiegervaters von ihm hell begeistert und blieb es bis zu seinem Ende.

Als Hannoveraner war er mit einem zu seinem leichten Wesen in Kontrast stehenden Dickschädel ausgestattet, der gelegentlich bis zur Sturheit ging und mit einer gewissen Umständlichkeit verbunden war, die dem sonst hochbegabten Soldaten dienstlich hinderlich wurde. Der einzige Kommandeur, der ihn schlecht beurteilte, ein rascher »zackiger« Preuße, behauptete, mit Hannoveranern könne man wegen dieser Umständlichkeit meist wenig anfangen. In Wahrheit lag bei meinem Vater das eigentliche Hindernis auf körperlichem Gebiet. Es war das große Unglück seines Lebens, daß er sich im Kriege 1870/1 eine sich anfangs langsam, später schnell steigernde Schwerhörigkeit zuzog, die jene Eigenschaften unterstrich, ihn auch in höherem Alter reizbar und jähzornig machte und seiner sehr zukunftsreichen dienstlichen Tätigkeit ein frühes Ende setzte. Der ihm an sich wohl nicht unerwartete Schlag seiner Verabschiedung als Oberstleutnant traf ihn sehr schwer. Der Eindruck der Bitternis des sonst so heiteren, lebensfreudigen Mannes ist eine meiner am tiefsten haftenden Jugenderinnerungen, obwohl ich gar nicht ermaß, *was* dieses Ereignis für ihn bedeutete.

In diesem Augenblick bewährte sich nun im höchsten Grade die unvergleichliche Gnade, die meinem Vater durch den Besitz seiner Frau zuteil geworden war. Geborgen in einem tief innen gegründeten, ihr Leben ganz erfüllenden christlichen Glauben, dabei sowohl lebensklug wie von aufopfernder, ihr Selbst völlig vergessender Herzensgüte, konnte sie allen Menschen, die ihr näher traten, unendlich viel geben, vor allem aber ihrem Mann, den sie gleich ihrem einzigen Kinde über alles liebte. Meinem Vater, der aus sittlich festem und reinem, aber doch mehr weltlich gerichteten, eher kirchlich konventionellem als religiösem Hause stammte, der als ein Weltkind, freilich ein reines und allem Guten zugewandtes, ins Leben hinausging, hat sie gerade in der Zeit jenes Schicksalschlages den Halt gegeben, dessen er bedurfte, und in vieler Weise den Weg gewiesen. Es war ihr Geist, der mehr und mehr das Haus bestimmte. Sie nahm das Leben schwer, und so sehr sie gelegentlich kleine Freuden mit rührender Dankbarkeit und Bescheidenheit genoß, so war es doch ein Geist, auch in meiner Erziehung, der den Maßstab ernster Pflichterfüllung und Sittenstrenge allzu starr aufrichtete.

Das Element in dieser Erziehung, das ich beklage, stammt aus der Familie meiner Großmutter, geb. Eck, in der eine Art Beamtenpreußentum zuhause war, das die Begriffe von Pflicht und Gehorsam, von Grundsatztreue und eherner Rechtlichkeit übersteigerte und zugleich dem Geistigen im Sinne des Gelernten den unbedingten Vorrang sowohl vor *freier* Entfaltung der Gedankenwelt, wie auch selbstverständlich vor körperlicher Ausbildung beilegte. Ich empfand diese Art von jeher als mir nicht gemäß, und mein Vater im Grunde auch; indessen beugte er sich vor der stärkeren Persönlichkeit seiner Frau, die den Eckschen Geist freilich durch die religiöse Färbung veredelte und milderte. Man erzählte sich, daß einer meiner Onkel Eck als Junge mit seiner Schwester zum Vater gegangen sei mit der Frage: »Darf ich mit Lorchen eine Kirsche teilen?« In erfreulichem Lichte steht mir die Gestalt meines Großonkels Ernst Eck, des bekannten Juristen der Berliner Universität, als eines geistsprühenden, hochintelligenten Mannes. Immerhin war auch er der Familienart verhaftet. Als ich ihm erzählte, daß ich Corpsstudent werden wollte, zog er ein ernstes Gesicht und sagte: »Ich sage nichts dagegen. Aber denke nicht, daß Du dann ernstlich arbeiten kannst.«

Ein besonderes Kapitel war die gefürchtete »Tante Malvine«, Witwe des Unterstaatssekretärs Paul Eck, geb. von Wissmann, deren Bruder wieder eine Eck geheiratet hatte, »Onkel Gustav Wissmann«, auf den ich noch kommen werde. Tante Malvine war eine kluge, ehrgeizige und schrullige Person, die von *einem* Feuer glühte, nämlich einem Haß gegen die Katholiken, wie er heute wohl kaum noch vorkommt. Meine Großmutter Stosch, geb. Eck, habe ich nicht mehr gekannt, d.h. ich habe sie nur als kleiner Junge schwer krank darniederliegen sehen, ebensowenig meinen Großvater, den Major a.D. von Stosch, wohl aber dessen Bruder Onkel Albrecht, den General und Admiral, von dem mehr zu sagen sein wird.

In der Familie Stosch beschäftigte mich zweierlei: einmal die merkwürdige, in meiner Mutter sicher fortwirkende Tatsache, daß mein Urgroßvater (selbst General) neun direkte Stosch-Vorfahren hatte, die Pastoren waren! Sie trugen nicht den erst von ihm wieder aufgenommenen Adel.[7] Mehr noch interessierte mich die Tatsache, daß dieser General Freund und Adjutant Gneisenaus und schließlich unter diesem als kommandierendem General in Koblenz, Kommandant von Ehrenbreitstein gewesen war. Mein Großvater war Patenkind des großen Gneisenau gewesen. Sein Taufschein, unter dem die Namen Gneisenau, Scharnhorst (Sohn) und Clausewitz (Marie) stehen, ist als seltenes Symbol jener großen, an echten Persönlichkeiten reichen Zeit diesem Buch beigegeben.[8] Für mich war die Folge, daß ich der Gestalt Gneisenaus von jeher ein besonderes Interesse entgegengebracht habe. Ein schlechtes, seine Persönlichkeit völlig verfälschendes Stück über ihn gab mir später Anlaß, die formvollendeten Briefe Gneisenaus an meinen Großvater in der Deutschen Rundschau zu veröffentlichen.[9]

Einer Gestalt muß ich noch gedenken, die mir aus dem Kreise meiner mütterlichen Familie als eine Erscheinung aus einer anderen Welt in Erinnerung geblieben ist, meine Urgroßmutter Eck geb. Vogel. Sie wohnte am Halleschen Ufer, ich glaube 26, dicht an der Möckernbrücke, und ihre kleine Wohnung bildete eine Art Wallfahrtsstätte der Familie. Kinder durften stets in ein kleines Schlafzimmer gehen, wo auf dem Bett allerhand kleine Geschenke aufgestapelt waren. Ein großer Anziehungspunkt war ihre Eigenschaft als Tochter der Henriette Vogel. Sie hatte Kleist noch gesehen und wird von ihm gelegentlich erwähnt. Ich habe es dem unglücklichen Dichter vergeben, daß er meine Ururgroßmutter, die leider ebenso überspannt war wie er in dieser Periode selbst, umgebracht hat. Die Folge für mich war vielmehr eine stets wachsende Bewunderung für seine Werke und vor allem seinen Prosastil, an dem ich den meinen zu bilden versucht habe, z.B. in der kleinen Novelle »Der Ausfall von Menin«, die diesem Buche beigegeben ist.[10] Ich erinnere mich mit Vergnügen der atemlosen Anteilnahme, mit der meine Kinder zuhörten, als ich ihnen später den meisterlichen Michael Kohlhaas vorlas. Als Kind freilich fesselte mich die Kleist-Erinnerung wenig. Ich versuchte stets sobald als möglich in die Küche zu entwischen, wo eine mir wohlwollende Köchin allerhand Leckerbissen für mich bereit hielt und vor allem im Fenster als Seifenreklame einen Negerhampelmann hängen hatte, der die Zunge herausstrecken und die Augenbälle rollen konnte.

Um auf meinen Vater und sein Verhältnis zum Problem »Eck« zurückzukommen, so erinnere ich mich besonders deutlich eines Vorfalles, der mich tief beeindruckte und begreiflicherweise freudig bewegte. Meine Mutter hatte – sicher berechtigten – Anlaß, mich zu strafen, und versetzte mir eine Ohrfeige, die etwas unglücklich traf, so daß meine (sehr leicht blutende) Nase den roten Lebenssaft reichlich verströmen ließ. Dies entsetzte meinen gerade dazu kommenden Vater, in dem der un-ecksche Hassellgeist aufflammte, so daß er empört ausrief: »So schlägt man keinen Edelmann!« Ich kam mir nicht sehr als Edelmann vor, bemerkte aber gern die Parteinahme des Vaters und die eifrigen Mühen der guten Mutter, den Schaden zu beseitigen.

Gelegentlich brach, nicht zuletzt später unter dem Einfluß meiner Frau, das hannoversche Weltkind in meinem Vater durch die preußische Kruste, sehr zum Erstaunen der guten Mutter, die ganz neue Entdeckungen bei ihrem braven Ulrich machte. Bei einem guten Tropfen, wie ihn uns »Onkel Karl« in Leipzig, der alte Junggeselle und Lebenskünstler, zu spendieren pflegte, sprang der Deckel vom Herzen, wobei wir eifrig Hilfestellung leisteten. Längst vergessene Bilder stiegen auf, und die Zeit, da der hannoversche Kadett Pagendienste am Hof Georgs V. tat oder der Leutnant nach 1871 in Berlin zu einem wahren Opernlexikon wurde, dann aber auch unterhaltsame Tage aus der Geschichte lustiger Vorfahren, wurden lebendig.[11] Die Augen des etwas steifen, umständlichen und langsamen Onkel Karl leuchteten, und er, der meine Mutter (»Margrete« wie er sagte) liebte und hochverehrte, dem aber ihre religiöse Welt als altem Liberalen und der Ecksche Geist noch ferner standen, goß eifrig Öl ins Feuer meines vergnügt erzählenden Vaters.

Von Anklam kamen wir nach Frankfurt an der Oder, wo mein Vater Kompaniechef im schönen Leibregiment wurde.[12] Wir wohnten Halbestadt No. 1, in der gleichen Straße, in der, was ich freilich nicht ahnte, auch das Haus des »alten Tirpitz«, des Großvaters meiner Frau, lag. Ich war noch nicht ein Jahr alt, als ich nach Frankfurt kam, und sechs, als ich es verließ, habe also nur dürftige Erinnerungen an die nicht sehr reizvolle ostelbische Provinzstadt. Unsere Wohnung war stattlich und hübsch an den Anlagen gelegen, die an die Stelle alter Wälle getreten waren. Die Verhältnisse waren so ehrsam, ordentlich und erfreulich, wie sie das alte Preußen mit in das vor zehn Jahren gegründete, vom preußischen Gedanken noch stark überwogene Reich eingebracht hatte. Vorzügliche Regimenter, besonders eben das altberühmte Leibgrenadierregiment No. 8, gaben der Stadt Farbe und Leben und den Ton in ihr an. Ich durfte gelegentlich dem Exerzieren zusehen und sammelte so die ersten militärischen Eindrücke. Ein Hauptspaß war für mich, meinen Vater nach dem Dienst auf der Oderbrücke zu erwarten und dann auf dem braunen »Hans« nach Hause zu reiten, meine erste Berührung mit dem Pferde.

In der Hauptzeit unseres Aufenthaltes war Kommandeur des Regiments der ritterliche, wohlwollende Schwabe Freiherr von Falkenstein, der meinen Vater verstand und schätzte, und dessen Tochter Elsa, später Hofdame der Königin Charlotte von Württemberg, mein kindlicher Schwarm war. Wir betrachteten uns als Brautleute und krochen unter Tische und Sofas, um unsere Intimität zu verstecken.

Ein anderer Kinderfreund war für mich Hans Hartog, Sohn eines Majors im Leibregiment, mit dem ich mich ebenso gut verstand wie mit einer anderen Regimentstochter, Edith Lichtenstein, die später ein sehr hübsches und kluges Mädchen wurde. Als Student und Referendar sah ich sie wieder und machte ihr den Hof, bis sie sich – zweimal – verheiratete. Sie blieb immer eine sehr anziehende Erscheinung.

Hans Hartog traf ich im zweiten Weltkrieg als Offizier (im Frieden war er Forstmeister) wieder, in Paris, wo er den Verbindungsoffizier des Brüsseler Militärbefehlshabers von Falkenhausen darstellte.[13] Die alte Kinderfreundschaft wurde sofort wieder lebendig. Aber am wichtigsten für mein Leben wurde die Tatsache, daß ich in Frankfurt Rudi Reibnitz wiederfand, da sein Vater gleichfalls dem Leibregiment angehörte. Nun waren wir alt genug, uns richtig anzufreuden, und wir waren wohl täglich zusammen. Der Tummelplatz unserer Spiele war nicht selten die Straße. Es verwunderte mich sehr, daß Mutter Reibnitz, die beobachtet hatte, wie wir die bekannten Überbleibsel vorbeikommender Pferde bei unserer Tätigkeit verwendeten, uns vor dem Nachmittagskaffee zum Händewaschen aufforderte. Ich erwiderte empört: »Ich habe sie mir doch erst zu Hause gewaschen.«

Ein lebhafter, echt kleinstädtischer Nachbarverkehr mit netten Leuten in unserm Haus (Jonas und Schmidt) oder in nahen Straßen ist mir in Erinnerung, dazu das Bild eines natürlich besorgten Hausarztes und endlich die Gestalt des alten Generals Hann von Weyhern, den wir ab und zu besuchten und in dessen Wagen wir spazierenfahren durften.[14] Er pflegte beim Anblick meines noch wenig ausgeprägten Kindergesichts zu sagen: »Du hast ja überhaupt keine Nase!« Ein Vorwurf, der sich später als ungemein unbegründet erwies.

Nun trat aber auch der Ernst des Lebens an mich heran: die unterste Vorschulklasse. Mir sind nur dunkle Vorstellungen davon geblieben: der Erwerb des Schulranzens, der Weg zum Gymnasium, bei dem ich träumerisch dahinwandernd einmal plötzlich den Kopf eines Pferdes über mir erblickte, und schließlich die Gestalt meines sehr wohlwollenden Lehrers Noack, der mir die ersten Schritte im Schulleben wesentlich angenehmer gestaltete, als es häufig die späteren waren. Gelegentlich machten wir Ausflüge in die Umgebung, ich mit grüner Botanisiertrommel bewaffnet. Mein Vater erzog mich zur Freude an der Natur, leider nicht auch zur Kenntnis von Tieren und Pflanzen, die ich auch auf der Schule nicht erwarb, sondern mir später mit Mühe und lückenhaft aneignete. Merkwürdig wenig Gewicht wurde damals auf körperliche Durchbildung und sportliche Leistung gelegt.

Im Jahr 1888 empfing ich den ersten großen, wenn man so sagen kann, politischen Eindruck durch den Tod des alten Kaisers; mein Vater führte mich vor das Bild und sagte einiges, das mich bewegte. Im gleichen Jahr wurde er in die Eisenbahnabteilung des Generalstabes nach Berlin versetzt, wo wir aber nur ein halbes Jahr blieben. In Erinnerung blieb mir eine enge, aber gut gelegene Wohnung in der Wichmannstr. 1, am Lützowplatz, und – sehr dunkel – die Schule, die ich besuchte, nämlich die damals sehr bekannte Vogelsche Privatschule in der nahen Burggrafenstraße.

Dann ging es nach Frankfurt am Main, wo mein Vater Eisenbahnlinienkommissar wurde. Diese Tätigkeit in der Eisenbahnsektion des Generalstabs brachte ihm neben ziemlich fürchterlicher, überlastender Arbeit eine Eisenbahnfreikarte ein, die für ihn, den reiselustigen, die Welt eifrig und mit offenen Augen beobachtenden (und mit netter Begabung zeichnenden) Mann, ein wahres Geschenk war. Ich habe davon einiges geerbt, aber leider nicht die Freifahrtkarte. In der Frankfurter Welt fühlten sich meine Eltern nicht wohl. Ich besinne mich auf eine einzige Beziehung, die ihnen erfreulich war, die zu einem Diakonissenhause und dessen Pfarrer Schöttler. Unsere Wohnung lag sehr hübsch, vier Treppen hoch über der Untermain-Anlage, nahe den Stiegen [Wort unleserlich]. Meine Haupterinnerung ist eine Eskapade mit irgendwelchen Bekannten, die sich über Gebühr ausdehnte und meine Eltern glauben ließ, ich sei verlustig gegangen. Mein Vater lief zur Polizei, während ich seelenruhig wieder angeschlendert kam, ungerührt durch den Anblick meiner hoch oben auf dem Balkon tränenüberströmt Ausschau haltenden Mutter.

Ich kam auf die sogenannte Wöhlerschule, in der mich ein Lehrer namens Stamm mit großem Vollbart in sein Herz schloß, während der Rechenlehrer, ein vertrockneter Schulbürokrat, mich in Angst versetzte und meine Langsamkeit in seinem Fache dadurch nicht beschleunigte, daß er sich den Stuhl vom Katheder holte, um neben mir sitzend sein ungeduldiges Warten zu demonstrieren. Lebhafter machten mich Schulschlachten auf dem Hofe, bei denen mir mein eigenes Bild vorschwebt, wie ich einen roten Schal als harmlose Waffe schwang, ohne mich übrigens durch Heldentum hervorzutun. Von Schulkameraden blieben meinem Gedächtnis der spätere Rennreiter Riese, eine Familie Lejeune und unser Hausgenosse Krätzer erhalten. Der Sohn Krätzer besaß als Gegenstand meines Neides ein primitives Fahrrad, während ein Nachbarsohn die Jugend der Gegend durch ein Hochrad begeisterte.

Aus Frankfurt stammen die ersten kunsthistorischen Eindrücke meiner Kindheit, heute durch die Zerstörungen durch feindliche Flieger verdüstert: der Römer, von dem mir mein Vater farbenprächtig von deutscher Kaiserherrlichkeit erzählte, und der Heilige Christophorus im Dom, eine Gestalt, die mich durchs Leben begleitet hat und schließlich in einer kleinen Geschichte Niederschlag gefunden hat, die ich dem Buche beifüge.[15] Mein Vater arbeitete in Sachsenhausen, was Anlaß gab, als ersten großen ins Bewußtsein aufgenommenen Strom den Main zu bewundern und von den Kämpfen der Franken und Sachsen zu hören. Im Sommer gingen wir zur Kur nach Schlangenbad.

Ich weiß nicht, ob wir noch von Frankfurt aus oder etwas später einen Besuch in Östrich gemacht haben, auf dem Weingut, das sich Onkel Albrecht Stosch, der ausgezeichnete General aus den Kriegen von [18]66 und [18]70/71 und vor allem erste Chef der Admiralität des jungen Reiches, von seiner Dotation gekauft hatte. Es galt ihm den Patengroßneffen vorzuführen, und so sah ich den ersten »großen Mann«. Schon körperlich machte er mir tiefen Eindruck, aber ich empfand darüber hinaus dunkel etwas Besonderes. Fast noch lebhafter als an ihn erinnere ich mich an den anderen bedeutenden Mann, der an der Mittagstafel teilnahm, nämlich Onkel Albrechts (und Kaiser Friedrichs) Freund Gustav Freytag, der mich nach meinem Vornamen fragte und dann diesen, der auch der Familienname der Hausfrau »Tante Rosa« war, sprachlich erklärte.[16] Wir tranken den berühmten Östricher, von dem mein Vater einige Flaschen als Gastgeschenk bekam. Selten habe ich ihn später so zornig gesehen wie an dem Tage, da der Bursche eine solche kostbare Flasche so ungeschickt an die Tür gestellt hatte, daß sie umgeworfen wurde und zerbrach. Ich kann es ihm heute nachfühlen. Meine erste »engere« Bekanntschaft mit dem Alkohol war dagegen bald nach jener Reise sehr negativer

Art. Bei einem der berühmten, sehr kultivierten Gastmähler beim Onkel Ernst Eck wurde ich als Junge zum ersten Male zugezogen und verfiel einer prächtigen roten Bowle so gründlich, daß ich zur Scham meiner Eltern und Heiterkeit der Übrigen in einer Gartenlaube den Überfluß wieder von mir tat. Als Entschuldigung hätte ich anführen können, daß der alte Mommsen sich beim gleichen Onkel Ernst heftig die Nase begoß, so daß ihn mein Vater unter den Arm nehmen und nach Hause begleiten mußte.

Über die Persönlichkeit Albrechts von Stosch habe ich später einen Aufsatz geschrieben, den ich diesem Buch beigebe, weil er sozusagen zur Familie gehört. Er übergeht einige nicht ganz erfreuliche, durch die Hitze des Kampfes erklärliche Vorgänge aus der Zeit des Gegensatzes gegen Bismarck, spiegelt aber im Ganzen, wie ich glaube, die große Persönlichkeit richtig wider.[17]

Als mein Vater 1890 in die Eisenbahnabteilung des Generalstabs zurückversetzt wurde, verließen meine Eltern Frankfurt ohne großes Bedauern. In Berlin zogen wir wieder an den Lützowplatz, Schillstr. 4, wiederum auf den Olymp; später wurde aus dem Haus die Nr. 10 der Lützowstraße, das ich während des zweiten Weltkriegs oft wieder betreten habe, um das Bildhaueratelier meiner schönen und begabten Freundin Dagmar Dohna zu besuchen. Jetzt liegt es in Trümmern.[18] Der Lützowplatz war damals noch ein abscheulicher, an Firmen vermieteter Holz- und Kohlenplatz; später entfernte man diese Lager, und der Platz lag wüst und leer, für mich und die übrige Jugend die Glanzzeit seiner Geschichte, weil man auf ihm nach Herzenslust herumtoben und im Winter Schlittenfahren konnte. Dann wurde der jetzige Schmuckplatz angelegt. Die Kinder tummelten sich bis dahin auf dem Platz in fröhlichem Durcheinander; es gab keine sozialen Unterschiede, was geeignet war, in mir einige spaßhafte Vorstellungen zu korrigieren, die sich darin geäußert hatten, daß ich einst ein kleines Mädchen, das ich nach seinem Namen fragte, erstaunt über das Fehlen des Prädikates mit den Worten apostrophierte: »Gar nicht ›von‹, nicht ein bißchen ›von‹?« Niemand konnte meine Eltern, vor allem meine Mutter, in sozialer Einstellung übertreffen, aber die Verkehrskreise zeichneten sich manchmal noch so scharf ab, daß sich dies kindliche Verwundern erklärt.

Ein besonderer »Sport«, der am Lützowplatz getrieben wurde, war der Markentausch. Auf einer kleinen Vortreppe an der Südfront des Platzes gab es eine Art Börse, die besonders zur Zeit der Columbusmarken, also 1892, in hoher Blüte stand.[19] Tief rührte es mich, als ich einmal die teuere Columbus 8 von einem Burschen meines Vaters namens Keenscherper zum Geburtstag bekam. Mich verband mit ihm und überhaupt fast allen Burschen meines Vaters, die das Infanterieregiment 14 in Graudenz stellte, eine innige Freundschaft, deren Höhepunkt erreicht wurde, als Keenscherper mich einmal verbotenerweise auf der Spree spazierenruderte. Ich konnte stundenlang mit diesem braven Soldaten schwatzen. Keenscherper brachte bei jeder Gelegenheit den Wahlspruch des Regiments »Schwerin voran« auf seinen schriftlichen Ergüssen an. Einmal allerdings mußte ich männliches Heldentum gegen einen trunkfälligen Burschen bewähren, der nach Hause kommend sich unserm Mädchen, der braven Klara, unerwünscht zu nähern suchte. Ich stürzte ins Arbeitszimmer meines Vaters, riß einen dort hängenden alten (sicher völlig stumpfen) Degen von der Wand und vertrieb den erstaunten Krieger aus der Küche.

In der Schillstraße wohnte auch ein Schulkamerad namens Schindler, der Sohn eines kleinen Weinhändlers, mit dem ich viel zusammen war, und etwas weiter entfernt, in der Eisenacherstr. 3, hatte Felix Mencke seinen Wohnsitz, der Sohn eines Kammergerichtsrats, mit dem ich mich in Sexta anfreundete. Wir wurden in der Klasse gefragt, mit wem ein jeder befreundet wäre. Mencke antwortete: »Mit Hassell«. Mir war das ganz neu, aber ich nahm gern davon Vermerk, und wir blieben durch viele Jahre gute Kameraden.

Eine große Rolle spielte damals für die Berliner Kinder der Zoologische Garten, der jetzt gerade, halb durch Bomben zerstört, sein hundertjähriges Jubiläum feiert. Wir waren abonniert (noch feiner waren die »Aktionäre«), hauptsächlich, um den Kindern den Besuch als Auslauf und Spielgelände zu ermöglichen. So entwickelte sich zwischen den wilden Tieren eine merkwürdige zweite Welt dieser spielenden Jugend, der allerlei Plätze und Geräte zur Verfügung standen. Es war noch ein Stück echtes, altes Berlin. Heute würde die gleiche freie Zeit zum Sport ausgenutzt werden. Immerhin waren wir in guter Luft und lustiger Gesellschaft. Zwei Kreise trennten sich: der eine vereinigte Jungen und Mädchen und wurde die Stätte reichlich früher Flirtereien, die wir von der anderen Gruppe als unmännlich und albern verwarfen. Wir haben es wohl meist später nachgeholt. Die musizierenden Kapellen boten auch einen Sammelpunkt, und abends kamen dann gelegentlich die Eltern zu einem Glas Limonade, Bier und Wein oder auch zum Abendessen im lebhaft besuchten Restaurant.

Berlin war in jenen Tagen noch eine sehr gemütliche Stadt, die sich erst sehr allmählich zur Metropole entwickelte. Der Verkehr war bescheiden. Die Stadtbahn galt als – und war in der Tat eine – große Errungenschaft. Pferdebahnen und Pferdeomnibusse beherrschten das Bild. Von Friedenau fuhr man später zur Schule mit einer Dampfbahn, die gemächlich durch die Straßen schnaufte. In Leipzig gab es früher elektrische Bahnen als in Berlin. Unser Schulweg vom Lützowplatz zum Gymnasium führte von der Eisenacherstraße durch völlig unbebautes Gelände, durch das wir mit hohen Stiefeln stapften und besonders nahe und gängige Pfade herauszufinden suchten. Dem Gymnasium gegenüber lag ein wilder Garten, der den Eltern eines Schülers namens Willmann, wohl eines der bekannten Schöneberger »Millionenbauern«, gehörte, auf dessen See wir Boot zu fahren pflegten. Der ganze »neue Westen« war noch nicht vorhanden, der alte, der heute grausam zerstört ist, bildete das eigentliche »Berlin« für uns und hatte einen friedlichen Zauber.

Später zogen wir leider vom Lützowplatz in eine weniger gut gelegene Wohnung in der Gleditschstr. 35, wo wir mit der Familie des Oberstleutnants Mitzlaff Freundschaft schlossen. Gerhard, der jüngere Sohn, der im ersten Weltkrieg fiel, wurde mein Hauptspielgenosse.

Ich kam zunächst in eine sehr gut beleumundete kleine Privatschule, die Colersche, in der Sigismundstraße, zu einem ausgezeichneten Klassenlehrer namens Zimmermann. Herr Coler hatte leider meinen Eltern verschwiegen, daß er vor der Auflösung seiner Schule stand. So mußte ich nach einem halben Jahr wieder wechseln und ging in die Sexta (zweites Halbjahr) des neu gegründeten Prinz-Heinrich-Gymnasiums über, einer humanistischen Anstalt, die alsbald dank ihres Direktors, dem berühmten Professor Otto Richter, den Ruf der strengsten Schule in Berlin bekam. Anfangs waren wir noch in einer Gemeindeschule in der Nähe untergebracht, was zu üblen Raufereien der zusammengestopften Schulgattungen Anlaß gab. Dann zogen wir in das neue Gebäude in Schöneberg neben der Apostel-Paulus-Kirche. Es galt als non plus ultra moderner Schuleinrichtung, hatte schöne lichte Räume und einen ganz netten Schulhof, aber eine abscheuliche Luftheizung, keinerlei Spielplätze und keine Studien- oder Unterhaltungsräume.

Immerhin legte der Direktor auf Turnen und Turnspiele einigen Wert, veranstaltete Wettkämpfe und gab dem Ganzen überhaupt einen etwas militärischen Anstrich. Waren Offiziere wie z.B. mein Vater bei Turnfesten anwesend, so nahmen sie neben dem »Direx«, wie wir ihn nannten, die Parade ab. Richter war ein gefürchteter Tyrann, der sich nicht scheute, die Lehrer vor den Schülern zusammenzudonnern, und der bis hoch in die oberen Klassen sich Ohrfeigen erlaubte. Die Schüler, die er von unten herauf kannte, nannte er auch in Prima »Du«, worauf wir übrigens stolz waren. Überhaupt genoß er bei aller von ihm eingeflößten Furcht eine hohe Achtung bei den Schülern, ja eine Art Sympathie. Er war ein großer Humanist und wirklicher Kenner des Altertums. Alljährlich veranstaltete er mit Primanern eine Romreise, an der mich aber meine Eltern nicht teilnehmen ließen, weil sie solches Unternehmen verfrüht fanden, vielleicht mit Recht.

Richter legte großen Wert auf gute Zusammensetzung der Schülerschaft und hielt Juden möglichst fern. Sie durften nicht Primus werden, weil er sie als ungeeignet ansah, eine Klasse zu vertreten, damals in Berlin etwas Erstaunliches. Für die Anforderungen der Schule ist bezeichnend, daß von den mehr als vierzig Schülern, die die zu Michaelis 1890 beginnende Gründungssexta ausmachten und nun aufstiegen, indem eine Klasse auf die andere gesetzt wurde, *keiner* programmäßig nach neun Jahren das Abitur machte; ich selbst tat es, war aber wie gesagt erst Ostern 1891 eingetreten.

Für mich hatte der Direx einige Sympathie, besonders seit ich einmal vor ihm eine Cäsar-Stelle wirklich gut übersetzt hatte, was er in einer bei ihm sehr seltenen Weise rückhaltlos anerkannte. Dieser Erfolg war freilich mehr auf mein vom Vater ererbtes und gepflegtes gutes Deutsch und mein Sprachgefühl zurückzuführen als auf genaue Kenntnis des Lateinischen. Der Lateinlehrer, Professor M. Schmidt, ohne Grund, höchstens des gewaltigen dunklen Vollbartes wegen, Ajax genannt, sagte noch in Oberprima zu mir, ich würde der Welt das Schauspiel geben, daß der Primus omnium wegen »Mangelhaft« im Lateinischen durchfalle. Das war übrigens gar nicht unsinnig. Ich war in einer Klasse mit sehr schlechtem Durchschnitt ein halbes Jahr vor Schluß Primus geworden, mit Zeugnissen, die wahrlich nicht danach aussahen. Diese Klasse war insofern eine Merkwürdigkeit, als sich unter zehn oder elf Schülern drei künftige Theologen befanden, ein Protestant, ein Katholik und ein im späteren Berlin recht bekannter Rabbi namens Cohn.

Der genannte Ajax war ein eitler, unaufrichtiger Geselle, der wenig innere Autorität bei uns hatte. Betont freigeistig, ich würde glauben Freimaurer, gestaltete er das Morgengebet zur Farce, indem er es je nach seiner Schullaune variierte. Besonders schätzte er die Form: »Herr hilf uns wider die Dummheit.« Andere wie der gute treue Französischlehrer Machel salbaderten ganze Gesangbuchverse so daher, daß die Klasse stets in Gefahr war, in Lachen auszubrechen. Heinrich, vollbärtiger Urgermane, Turn- und Geschichtslehrer, stürmte auf das Katheder und stieß, noch ehe er oben war, ein verlegenes, fast unverständliches »Unsern Anfang segnet Gott!« hervor. Es gab nur wenige, die dieser schwierigen Aufgabe gerecht wurden.

Heinrich organisierte übrigens das damals eine große Rolle spielende Barrlaufspiel.[20] Das Wettspiel der Berliner höheren Lehranstalten war *das* große Sportereignis, ein erster Vorläufer späterer Entwicklungen (und Übertreibungen). »Ajax« hatte eine besondere Abneigung gegen Offiziere. Mein Schulgenosse Ziegenrücker antwortete ihm deshalb auf die damals sehr übliche Frage: »Was wollen Sie eigentlich werden?« »Offizier, Herr Professor, und wenn ich dazu zu dumm bin, will ich studieren.« Einmal verließ Ajax die Ruhe gegenüber einem bei ihm natürlich unbeliebten baltischen »Baron«, Curt Fircks; er versetzte ihm einen Schlag, worauf dessen Hand offensichtlich ans Messer im Gürtel fuhr, indem er laut aufschrie: »Ich bitte mich nicht zu schlagen.« Ajax zog sich mit einer Entschuldigung zurück. Einige Lehrer, so der spätere bekannte Direktor des Bismarck-Gymnasiums, Coste, waren »Herren«, die sich mühelos durchsetzten, andere blieben komische Figuren. Daneben gab es den schüchternen Gelehrtentypus wie den Griechischlehrer Lauer, Sohn eines berühmten Schulmanns, dem es schwer wurde zu »regieren«. Einmal fragte er, erstaunt über eine gute Übersetzung, wie der Betreffende zu solcher Leistung käme. Antwort: »Ich habe die Stelle zu Hause mit einem Griechen übersetzt!« Darauf Lauer verwirrt und verwundert: »Mit einem Neugriechen?« Stürmische Heiterkeit!

Im ganzen war das Lehrerkollegium nicht schlecht ausgewählt, aber doch noch sehr in veralteten Erziehungsformen befangen. Es fehlte natürlich nicht an Nullen, die von ihrem eignen Fach, z. B. Geschichte oder Geographie, nichts verstanden, und an verstiegenen Mathematikern, die schließlich nur für eine kleine Gemeinde sprachen, während der Rest, zu dem ich oft gehörte, fassungslos auf das Folgen verzichtete. Einer, Schmidt mit Namen, hatte den hübschen Einfall, den Schüler lange analysieren und deduzieren zu lassen, um dann schweigend aufzustehen und »Holzweg« an die Tafel zu schreiben. Besonders erheiterte uns ein guter Professor Lehmann, wenn er mit Grabesstimme Horaz als triefäugig mit Schmerbauch und Fusselbart beschrieb, nicht ahnend, daß er sein eignes Konterfei lieferte. Sehr beliebt war Brückner, der lange an Ausgrabungen teilgenommen hatte und in der griechischen Stunde Bilder davon zeigte und von den Reisen erzählte. Leider lernten wir dabei kein Griechisch, so daß der Direx dazwischenfuhr und die Stunde zu unserm tiefen Leidwesen selbst übernahm. In Prima war zeitweise mein Ordinarius der klassische Humanist und Deutschlehrer Bohse, eine Bohnenstange mit Fistelstimme, gutmütig, aber launisch, was man schon beim Morgengebet genau beurteilen konnte. Ein treues Andenken bewahre ich dem guten Müllensiefen, der uns unter Seufzen deutschen Unterricht gab, vor allem aber die undankbare Aufgabe hatte, in der ersten Stunde zweimal in der Woche einer dösenden Klasse »Religion« zu geben, wobei er sich oft beklagte, nur die Haarschöpfe seiner Zuhörer vor sich zu sehen.

Eine bemerkenswerte Gestalt war der dann früh verstorbene Geschichtslehrer Hermann. Er verstand sein Fach. Bei einer Klassenarbeit geschah es, daß er alle Aufsätze schlecht beurteilte, bis auf zwei, von denen er sagte: »Die eine ist wirklich gut, man sieht trotz etwas schwerem Ausdruck, daß der Verfasser weiß, wovon er redet. Bei der anderen merkt man, daß der Schreiber nicht sehr genau Bescheid weiß, aber sie ist so gut geschrieben, daß sie doch anerkannt werden muß.« Dieser Verfasser war ich; das Wort fuhr mir in die Natur und warnte mich vor der Versuchung, sachliche Lücken oder Fehler durch gewandte Form zu verdecken. Mein Schwiegervater, der erkannte, daß ich dieser Gefahr etwas ausgesetzt war, hat mich viel später oft, und ich hoffe mit Erfolg, gemahnt, auf sie zu achten.

Einen Denkstein muß ich schließlich noch Emil Engelmann setzen, der – ein seltener Fall – unser Ordinarius von Quinta bis Obersekunda blieb. Ein frischer blonder Mann mit kurz gestutztem Vollbart, verstand er uns zu nehmen. Wir nannten ihn wegen seiner fast stets blauen Anzüge den »blauen Emil« und hatten ihn gern. Das erste Mal im Leben, daß ich auf den Gedanken kam, vielleicht etwas klüger zu sein als der Durchschnitt, kam so zustande. Der blaue Emil sprach in Quarta oder Quinta über »Freiheit« und »Gesetz«. Dann fragte er: »Welches ist nun das Verhältnis zwischen beiden?« Niemand gab eine vernünftige Antwort. Als ich sagte: »Das Gesetz ist die Bedingung der Freiheit«, umarmte er mich und rief: »Ihr seid alle Schafsköpfe und du bist ein Hauptkerl!« Ich war stolz, muß aber zu meiner Ehre sagen nicht eingebildet.

Die Fächer in der Schule, die mich wahrhaft fesselten, waren Deutsch, Geschichte und die leider sehr vernachlässigte Geographie; in dieser wußte ich bald mehr als mein Lehrer, den ich gelegentlich berichtigte, z. B. als er uns erzählen wollte, Luxemburg sei noch durch Personalunion mit Holland verbunden.[21] Auch Geschichte studierte ich eifrig nebenher, hatte im Prinzen Eugen durch den Zufall einer Biographie eine Art Nationalhelden, versenkte mich anhand einer Übersetzung aus dem Französischen in den Mongolensturm und mit Hilfe eines anderen Buches in das Reich der Mitte und las in den Ferien in Uchorowo mit heißen Backen »Mahan«, den Einfluß der Seemacht auf die Geschichte.[22] Daß ich darüber den Lederstrumpf und Karl May, diesen vor allem im jeden Mittwoch mit Spannung erwarteten »Guten Kameraden«, nicht vernachlässigte, versteht sich. Am liebsten las ich von dieser Art Bücher die der Wörrishöfer, z. B. »Unter Korsaren« und »Gerettet aus Sibirien«.[23]

In Obersekunda und Prima stürzte ich mich mit glühendem Interesse in langweiligen Schulstunden unter dem Pult in Goethes und Kleists Prosa. Von letzterem erzählte ich schon, von den Werken des ersten machte mir Wilhelm Meister den größten Eindruck. Auch Schillers Prosa begeisterte mich, und ich empfand es mit Stolz, daß in Prima unter einem Aufsatz stand, er gemahne an Schillers historischen Stil. In den oberen Klassen brach in mir gerade in den Aufsätzen ein starkes Streben nach Selbständigkeit durch: ich gestaltete das Thema »Der Prozeß gegen Sokrates« in einer fingierten Rede der öffentlichen Ankläger und zerzauste den alten Herrn gehörig. Ein anderes Mal gab ich einer Darstellung des Kampfes um Plataiai die Form des Berichts eines Teilnehmers, der sein Erlebnis erzählt.[24]

In der Berliner Schulzeit blühte meine Freundschaft mit Reibnitz, der in Tertia, von Königsberg kommend, die Schule bezog und plötzlich in der Turnhalle vor mir stand. Wir wurden, obwohl er eine halbe Klasse unter mir studierte, unzertrennlich. Unsere Gemeinschaft lag in erster Linie auf geistigem Gebiet. Wir liefen wohl Schlittschuh zusammen, gingen spazieren und machten unsere ersten selbständigen Reisen in Gestalt von Bergtouren im Riesengebirge, im Harz und in Thüringen, die uns unbändige Freude machten, aber sonst trat das Körperliche zurück, zu sehr zurück, ich habe das später oft bedauert. Um so lebhafter war unser geistiger Austausch auf weltanschaulichem, vor allem aber auf politischem und historischem Gebiet. Wir konnten ohne Ende debattieren, lasen ein Buch nach dem anderen und stürzten uns schon in der Schulzeit in die schwebenden politischen Fragen. Rudi wollte eigentlich Geschichtsprofessor werden, während ich, noch meinem Vater nacheifernd, an dem mir selbstverständlichen Gedanken, Offizier zu werden, festhielt. Schließlich wurde daraus bei beiden als eine Art Kompromiß der Auswärtige Dienst. Ich kam, auch infolge einer später ganz überwundenen Wechselfiebererkrankung, in der Sekunda zu der Ansicht, daß ich wohl eigentlich nicht zum Soldaten vorbestimmt sei. *Er,* der etwas Neunmalweise, leicht Professorale, wurde durch mich etwas abgeschliffen und menschlicher gemacht. Geistig waren unsere Grundlagen nicht ganz dieselben: er kam ganz von Treitschke her, den er ungefähr auswendig konnte, und war daher auch von einem liberalen Hauch in *diesem* Urstand umwittert; ich nahm den Ausgang vom christlichen Konservativismus meines Vaters, aber früh schon in stark sozialer Abwandlung. Meine Mutter sagte später einmal heiter-entrüstet: »Wo hat der Junge nur das Demokratische her?« »Demokratisch« war ein Mißverständnis, sie hätte »sozialistisch« sagen sollen, so etwa im Sinne des späteren »Preußentum und Sozialismus« Spenglers, Gedanken, die mir schon in den neunziger Jahren sehr nahe lagen.[25]

Ganz und gar trafen wir uns in der Leidenschaft für die Außenpolitik, die gerade damals, von uns begeistert begrüßt, in das

Fahrwasser der Weltpolitik einlenkte. Der Kampf um Stellung und Märkte in Übersee, der Erwerb von Kolonien, der Bau einer Flotte erfüllten uns ganz und gar. Das Prinz-Heinrich-Gymnasium pflegte getreu seinem Admiral-Patron diesen Geist, soweit sich eine Schule damals auf so etwas einließ.[26] Die Hauptsache taten wir selbst.

Als unterhaltendes und wie ich heute glaube höchst lehrreiches Mittel diente uns dabei ein Spiel, das wir jahrelang in einem immer vollkommener werdenden Aufbau durchhielten: wir führten gegeneinander die Politik zweier großer fiktiver Reiche mit großem Kolonialbesitz, seines »Holstein«, meines »Schottland« geheißen, mit Notenkriegen, Staatsgesprächen und kriegerischen Entladungen. Jeder hatte eine Herrscherfamilie, wechselnde Ministerien, Generäle und Admirale und ein ausgebautes Diplomatensystem mit Beförderungen, Versetzungen, Abberufungen usw. dergestalt, daß einzelne Persönlichkeiten ein klar modelliertes Relief besaßen, das mir zum Teil heute noch gegenwärtig ist. Wir schlossen und verletzten Flottenabkommen in großem Stil, wobei die Schiffe effektiv in Gestalt von hergerichteten Streichholzschachteln vorhanden waren. Im Sommer, während der Trennung durch die großen Ferien, schrieben wir uns über diese Fragen, und zwar zur Freude meines heimlich mitlesenden Vaters, in einem etwas willkürlichen Griechisch lange Briefe.

Mehr und mehr gewann dann die Wirklichkeit den Vorrang vor dieser Phantasie. Die Besetzung von Tsingtau, die Samoafrage, der Zwischenfall von Port au Prince beschäftigten und begeisterten uns; der griechisch-türkische Krieg (ich war – mir heute merkwürdigerweise – für die Griechen) und der spanisch-amerikanische beschäftigten uns lebhaft, zum Schluß dann noch der Burenkrieg.[27] Leidenschaftlich ergriffen wir den Flottengedanken. Die Stosch'sche Überlieferung mag sich dabei in mir geltend gemacht haben. Ich zeichnete recht gute Karten von allen großen Seeschlachten der modernen Geschichte, von Abukir bis Santiago de Cuba.

Von andern Mitschülern spielten wenige für mich eine Rolle.

Eine Art Freundschaft verband mich zeitweise mit dem schon genannten Balten Fircks, der sehr früh starb. Der evangelische und der katholische Theologe meiner Klasse, Schuchardt und Hellwig, wurden von mir warm geschätzt; was aus ihnen geworden ist, weiß ich nicht. Von Jüngeren sind mir mein nachheriger Corpsbruder, der gute Gerhard Sachau, Sohn des Orientalisten, in dessen gesellig angeregtem Hause ich später verkehrte, Walter als hoher Beamter im Ernährungsministerium, besonders bei Handelsvertragsverhandlungen in Spanien, ferner der Generaloberst Fromm und der Staatssekretär im Verkehrsministerium Koenigs wieder begegnet.

Zweier Tage muß ich noch gedenken, an denen mein leidenschaftlich deutsch empfindendes Herz höher schlug. Der eine war Moltkes neunzigjähriger Geburtstag im Jahre 1890. Ich durfte abends mit den Eltern in die große rote Bude, dem damaligen Generalstab am Königsplatz, gehen und vom Fenster den Fackelzug der Berliner mitansehen, während der alte Feldmarschall nicht weit von uns auf dem Balkon stand. Die begeisterten Huldigungen, vor allem der Studenten, vor dem großen, stillen, einfachen Mann, die lodernden Fackeln und der donnernde Gesang der »Wacht am Rhein« waren der erste tiefe Eindruck dieser Art in meinem Leben. Leider nahm die Sache für das Bübchen, dessen Magen lange der empfindliche Teil blieb, ein schlechtes Ende, weil das lange Liegen auf dem Stein der Fensterbank eine peinliche Revolution hervorrief.

Anderer Art, nicht mehr »wilhelmisch«, sondern schon »wilhelminisch« (was mir natürlich nicht bewußt wurde) war die prunkvolle Enthüllung des Kaiserdenkmals (Willem in der Löwenjrube, wie der Berliner sagt) am Schloß mit dem vorhergehenden glanzvollen Aufmarsch der Truppen Unter den Linden.[28] Vier Schüler des Gymnasiums durften dabeisein. Eigentlich sollte ich, was merkwürdigerweise höher klassifiziert wurde, an der Galaoper teilnehmen. Es ist sehr bezeichnend für meine Eltern, daß sie sich dem widersetzten, weil ich am gleichen Tage (März 1897) kurz nach meiner Einsegnung zum ersten Abendmahl gehen sollte. Man tauschte die Ehre, und ich sah das Schauspiel am Schloß, das ein unvergleichliches Sinnbild der Größe und Pracht des 25jährigen Reiches war. Wir standen auf einer Tribüne zwischen Brücke und Denkmal, gegenüber dem Schloß und gegenüber der Diplomatentribüne, auf der mich in Gedanken an meine Zukunft die Gestalten der Botschafter mehr fesselten als alles übrige: der bewegliche Russe, Osten-Sacken, mit prachtvollen grauen Koteletten, der Engländer, Sir Frank Lascelles, der Türke, Terfik mit dem Fez, und der Ungar, Szcögyeny in Magnatenuniform, Graf Lanza, der Italiener, als General, sie alle stehen mir noch in lebhafter Erinnerung. Der Kaiser zu Pferde in der Uniform des Garde du Corps gab den kurz gehackten Befehl zum Fallen der Hülle. Beim Parademarsch der Truppe fiel mir auf, daß die Matrosen, eine Abordnung der Besatzung des alten »König Wilhelm«, mit besonderem Beifall begrüßt wurden. Das Denkmal selbst fand man ziemlich allgemein abscheulich.

Gegen Ende der Schulzeit zogen wir nach dem Abschied meines Vaters noch weiter heraus, aus der häßlichen Gleditzschstraße in das nette, damals sehr gemütliche Friedenau, Handjerystr. 50/51. Ich bekam dort ein hübsches Zimmer und entwuchs den Kinderjahren. An den christlichen Gemeinschaftsabenden meiner Eltern begann ich teilzunehmen, interessiert, aber innerlich eher ablehnend gegen die Atmosphäre. Es waren übrigens sehr kluge und fesselnde Persönlichkeiten dabei, z.B. der Graf Bernstorff-Stintenburg mit seiner gleich ihm überaus stattlichen Gattin oder der mit donnernder Stimme den Gesang anstimmende frische und männliche, 1870 schwer verletzte Eberhardt von Rothkirch, auch mancher bedeutende Geistliche.[29]

Unter meinen Schulkameraden kam ich oft mit meinem Friedenauer Nachbarn H. Hoffmann, Sohn eines Architekten, später Philologe, zusammen. Auch als Studenten machten wir den Heimweg häufig zusammen, von Alkohol beschwingt selbstkomponierte Opernduette singend, sicher zur Freude der Anwohner. Mein Vater war eines Morgens sehr erstaunt, Hoffmanns Hut auf meinem Balkon zu finden, den dieser begeistert hinaufgeschleudert hatte.

Die Schulferien verbrachte ich im allgemeinen nicht in Bädern oder Kurorten, sondern bei Verwandten oder Freunden zu. Einmal wurde der etwas schwächliche Junge im Solbad Kösen gekräftigt, wo mir die Saline sehr gewaltig und unheimlich vorkam. Ein anderes Mal gingen wir nach Göhren auf Rügen; wir wohnten in einem Privathause und aßen mittags manchmal im Hotel. Das war eine herrliche Zeit der Jungenschlachten in den Dünen, bei denen sich eine Reihe von man muß schon sagen »Banden« bitter befehdeten und sich ihre Burgen wechselseitig zerstörten. Für die politische Spannung der Zeit ist bezeichnend, daß der Kampf um die große Militärvorlage, es muß 1893 gewesen sein, samt der Reichtstagsauflösung und Neuwahl die jugendlichen Gemüter mit ergriff, wobei ich eine führende Rolle spielte. Ein Junge unserer Bande mußte auf Befragen gestehen, daß sein Vater »freisinnig« sei, und erst als er durch genaue Erkundung feststellte: »Freisinnige Vereinigung«, also Rickert-militärfrommer »Wadenstrümpfler« im Gegensatz zur wasserstieflerischen Volkspartei Eugen Richters, wurde er weiter zugelassen.[30] Die Hauptsache war natürlich das Baden, bei dem die Dünenschlachten fortgesetzt wurden.

Meine Schwimmkünste hatte ich im Berliner Kaiser-Wilhelm-Bad erworben, in ziemlich beschämender Weise. Ich hatte vor dem Hineinspringen an der Angel Angst, und der gutmütige Schwimmlehrer mußte mich immer mehr oder weniger hineinstoßen. Mein Vater hatte mir eine Prämie von fünf Pfennig für das erste freie Springen versprochen, und da er immer wieder fragte, log ich eines Tages, die große Tat sei getan. Die Wahrheit stellte sich durch einen Zufall heraus, und der Kummer meiner Eltern war groß. Das gelegentliche Lügen war, wie ich heute glaube, zum Teil eine Folge jener allzu strengen, Nietzsche hätte gesagt etwas moralinsauren Erziehungsmethode Eckscher Observanz. Dasselbe zeigte sich beim Verheimlichen schlechter Leistungen in der Schule, wobei ich ein gewisses Talent entwickelte.

Auch die Wege, die bei meiner Einsegnung eingeschlagen wurden, gehören in das gleiche Kapitel. Die Auswahl des meinen

Eltern befreundeten, in jeder Weise vortrefflichen Pastors Israel von der Matthäikirche war denkbar ungünstig, weil er durch seinen niemals durch den leisesten Humor durchblitzten strengen Ernst und die Unerbittlichkeit, die ihm bei tatsächlich vorhandener menschlicher Güte anzuhaften schien, auf mich keine Anziehungskraft und vor allem keine religiöse Werbekraft ausüben konnte. Meine Eltern, die je ferner mein Vater dem militärischen Leben rückte, desto intensiver in die religiöse Gemeinschaftsbewegung, wenn auch innerhalb der Landeskirche und in keineswegs überstiegener Form, eingingen, konnte das wohl nicht ermessen.[31] In meiner religiösen Einstellung behielt ich immer hohe Achtung und Sympathie, sowie durchaus Verständnis für den immer stärker betonten Standpunkt meiner Eltern, suchte aber meine eigenen Wege, was meine Mutter manchmal betrübte, obwohl sie schließlich immer groß genug war, den Ernst meines Bemühens und die Übereinstimmung im Großen anzuerkennen. Mein Vater, selbst durch meine Mutter »bekehrt«, nahm die Sache in seiner kindlich-leichten Art, ich möchte sagen, militärischer. Man *muß* eben glauben! Erst prüfen, dann aber auch glauben, pflegte er in mildem Kommandoton zu sagen, womit er das Ergebnis naiv vorwegnahm. Mit vollem Verständnis konnte ich ihm später bei seiner Arbeit als Vizepräses unter dem wundervollen Rothkirch und danach als Präses des Christlichen Vereins Junger Männer folgen, wenn mich auch die etwas amerikanischen Methoden gelegentlich störten. (Im tiefsten Grund meinen Vater auch).

Bei dieser Gelegenheit gedenke ich mit Freude der Arbeit meiner Mutter und meines Vaters im Elisabeth-Krankenhaus, erstere helfend auf der Kinderstation und beim Paramenten-Sticken[32], der letztere als Kassenkurator. Als Kind begleitete ich gelegentlich meine Mutter, und der Eindruck von der Persönlichkeit und aufopfernden Arbeit der Diakonissen und der starken Persönlichkeit der damaligen Oberinnen ist mir für mein Leben geblieben. Es wäre ein großer Jammer, wenn diese Tätigkeit ein Ende finden sollte. Der Geist, in dem dies getan wurde, baute sie auf und ist unersetzlich. Unvergeßlich ist allen, die ihn kannten, auch der urwüchsige, dabei geistvolle alte Pfarrer des Krankenhauses, Kuhlo, der, das schwarze Käppchen auf dem Haupt, manchmal von der Kanzel einzelne Kirchenbesucher natürlich anredete. Weniger lag mir sein etwas weichlicher Nachfolger, Pastor Stosch, der auf meine Mutter einen, wie ich glaube, nicht sehr glücklichen geistlichen Einfluß ausübte.[33]

Doch zurück zu den Ferien! Ein besonders schöner Sommeraufenthalt wurde etwa 1897 in Manebach in Thüringen verbracht, von wo ich mit meinem Vater lange Touren im ganzen Berggebiet machte. Wir wohnten in einer Art Bauernhaus und aßen im Gasthof, wo es einen unvergleichlichen sogenannten Kunitzer(?) Eierkuchen gab, den ich später vergeblich versucht habe wiederzufinden. Die Thüringer Zeit stand für mich im Schatten innerer Kämpfe, die so manche Jungen durchmachen müssen. Mein Vater bemerkte es, war aber ein zu scheuer Mann in diesen Dingen, um mir zu helfen.

Die kürzeren, z. B. Osterferien, wurden meist von mir allein in Schulpforta, Greifswald, Lüneburg zugebracht, gelegentlich auch mit den Eltern bei Onkel Karl in Stettin und Leipzig, die längeren mit meiner Mutter und selten auch meinem Vater entweder in Hoffstädt oder in Rottmannshagen oder in Uchorowo.[34] Mein Vater reiste währenddessen in seine geliebten Tiroler Berge. Onkel Karl bedeutete für mich besonders in Leipzig stets den Gipfel der Schlemmerei. Er verwöhnte uns nach Strich und Faden. Wir aßen bei Paege, F. W. Krause und in der Harmonie, wobei meine gute Mutter immer entsetzt nach dem Betrag der Rechnung zu schielen suchte. Aber der alte Junggeselle konnte es sich leisten. Abends, eine Stunde vor dem Schlafengehen, hieß es dann: »Margrete, willst du nicht noch ein Glas Wein und Früchte nehmen?« wozu man in den feierlich steifen »Salon« zog. Der feine, besinnliche alte Herr hat ein philosophisches Werk hinterlassen, das wohl wegen der kleinen Handschrift nie jemand lesen wird.[35]

In Schulpforta wohnte als Gattin des sogenannten Prokurators, d. h. Verwalters der reichen Besitzungen der Schule, meine Tante Therese Zimmermann.[36] Sie war unbegreiflich verschieden von ihrer Schwester, meiner Mutter, die allen Menschen durch ihre zarte, vornehme, reizvolle Gestalt und ihre feine Geistigkeit auffiel. »Tante Therese«, die ich liebte und verehrte, wirkte als eine stämmig-rundliche, hausbackene, tüchtige Bürgersfrau, und dem entsprach die Atmosphäre des Hauses. Ich war schon als Kind jedesmal neu baß verwundert, wenn das Mädchen mit aufgekrempelten Ärmeln die dampfenden Schüsseln auf den Tisch pflanzte und Tante Therese mit freundlichem »Gesegnete Mahlzeit« die Anwesenden zum Zugreifen einlud.

»Onkel Hugo«, der Hausherr, war, jedenfalls als ich ihn kennenlernte, ein reizbarer Sonderling, der mir trotz mir stets bewiesener Freundlichkeit immer etwas unheimlich blieb, zu meiner Erleichterung aber meist schnell in seinem verräucherten, als Tabu geltenden Arbeitszimmer verschwand. Mein Hauptgespiele, der jüngste Sohn Reinhard, der leider sehr jung tragisch aus dem Leben schied, und ich ließen uns aber nicht abhalten, uns in unbewachten Augenblicken aus diesem Heiligtum mit den ersten Zigarren zu versorgen, die uns aber sehr schlecht bekamen und nur als Demonstration der Männlichkeit dienten.

Sehr verschieden von der Mutter waren die Töchter, die reizende, weiblich anziehende Eva, später Gattin eines Theologen und Lehrers an der Landschule, Petri, mit deren Söhnen ich später in Verbindung geblieben bin, und die kluge, frische Gertrud mit dem Tituskopf, unverheiratet bleibend, bis ins hohe Alter tüchtige Leiterin eines Internats, die beide die natürliche Vornehmheit ihrer Voreltern Stosch geerbt hatten. Zwei Söhne, Walter und Paul, waren älter als ich; ersterer verkehrte in Berlin als Architekt viel bei uns und fiel im ersten Weltkrieg.

Pforta war für mich ein wahres Kinderparadies mit seinen Winkeln und Gängen, Gärten und Wäldchen; samt dem Geheimnis, das das uralte Alumnat für mich umgab.[37] Mein Vater führte mich in die kunsthistorischen Schätze, vor allem die gerade freigelegte und hergerichtete Abtskapelle ein. Unendliche Spaziergänge führten uns nach Almerich und Naumburg, wo ich mich mit Curt Albracht, angeblich meinem Doppelgänger, dem Sohne des in der malerischen Domkurie wohnenden Direktors des Domgymnasiums anfreundete. Das Haus Albracht steht mir in reizender Erinnerung. Ebenso oft gings nach Kösen, auf die Rudelsburg und die Saalhäuser, wo man in der Weinlese für fünfzig Pfennig einen Riesenteller Trauben bekam, für eine Mark aber soviel Trauben essen durfte, wie man konnte.

Statt nach Pforta ging ich zu Ostern oder zum Herbst auch zum Onkel Martin Nathusius nach Greifswald. »Tante Elisabeth« war eine ungeheuer tätige, das Haus immer in einer Art Wirbelwind haltende Hausfrau, zugleich aber eine warme und anziehende Persönlichkeit, die die Kinder erster Ehe (drei Töchter, Maria, Hannah und Marlene) ebenso liebte wie ihre eigenen vier. Onkel Martin war ein vornehmer, schöner, kluger Mann mit reicher Bildung und nicht ohne Einbildung, für meinen Vater ein guter Freund und innenpolitischer Mentor. Er hatte als Schwager meine Eltern auf dem berühmten Nathusius'schen Besitz Neinstedt am Harz, dem Sitz der von seinem Vater gegründeten Anstalten, getraut, wo dann auch im Jahre 1903 die Silberne Hochzeit meiner Eltern mit einem großen Familienfest begangen wurde. Es war mir dabei höchst unterhaltsam zu beobachten, wie die weltlicheren Hassells in leiser Opposition gegenüber der vorherrschenden geistlichen Atmosphäre des Hauses Nathusius verharrten. Ich sympathisierte etwas mit den väterlichen Verwandten, besonders wenn die Mischung von vergnügtem Gelage und religiöser Andacht in allzu betonter Weise (»ein Christ *muß* fröhlich sein!«) vor sich ging, z.B. nach einem herzhaften Bowleabend nach Mitternacht noch eine kurze Andacht eingeschaltet wurde. In Berlin nannte man einen gewissen Typus dieser Art, der übrigens durchaus ehrlich und in keiner Weise scheinheilig war, die »nassen Engel«.

Greifswald war für mich ein höchst vergnügter Ferienaufenthalt. Ich liebte die ältere Cousine, die hübsche, ernste Marie, später Diakonissin und früh verstorbene Frau eines Arztes, die frische und kluge, mir immer befreundet gebliebene Malerin Hannah und die freundliche, kränkliche Marlene. Meine eigentliche

Anziehung war aber die älteste Tochter zweiter Ehe Dörthe, ein sehr reizendes, lebhaftes, begabtes Mädchen, der ich eifrig den Hof machte. Sie heiratete später zum Erstaunen der ganzen Welt, vielleicht aus ihr von der frommen Mutter eingepflanztem christlichen Opfersinn, einen vollkommenen Krüppel, den übrigens geistig hochstehenden Professor Kögel, dem seine Frau fortgelaufen war. Nach dessen Tode wurde sie Missionarin in Afrika. Jünger als sie, später aber mir bis zu ihrem frühen Tode nahestehend, waren die beiden außerordentlich anziehenden, begabten Söhne Siegfried und Christian Albrecht; der erste wurde Theologe, der zweite zunächst Fähnrich zur See, um dann auch zur Theologie überzugehen. Siegfried drängte nach erheblicher Verwundung im ersten Weltkrieg aus hohem Idealismus wieder hinaus und fiel. Christian Albrecht fand an Bord eines Marineluftschiffs über England den Tod. Zwei junge Ritter und Heilige im besten Sinne beider Worte.

Als Primaner verbrachte ich einmal die Osterferien beim beweglichen Onkel Leopold mit seinen gepflegten und häufig gestrichenen Koteletten und der schönen (oder schön gewesenen) Tante Helene. Vetter Carl, der gerade im Assessorexamen steckte oder kurz davor war, sah ich damals wenig. Um so enger sind wir später, durch politische Harmonie und Familiensinn verbunden, befreundet geworden. Ich nahm im Jahre 1910 an seiner Hochzeit mit Ottony Puttkammer in Versin und Barnow teil, mit meinen Eltern, aber leider aus irgendwelchen Gründen ohne meine Braut. Der pommersche Geist dieser kraftvoll turbulenten Landhochzeit machte mir Eindruck. Beim Polterabend und nach der Hochzeit saßen die Landjunker mit roten Gesichtern pokulierend zusammen und fielen, je später der Abend wurde, desto allgemeiner ins Platt – ein urwüchsiges Geschlecht. Am Hochzeitsmorgen gingen mein Vater und ich mit einer Großmutter Puttkammer im Park spazieren, notabene eines Hauses, in dem die Herrin eine geb. Zitzewitz war. Da sagte die alte Dame mit funkelnden Augen: »Leider sind in den letzten Jahren unsere Güter aus der Familie Puttkammer herausgegangen, und was das schlimmste ist, an Zitzewitz!« Montecchi und Capuletti 1910. Nun, ganz so schlimm war es nicht.

Die Sonne Lüneburgs war für mich die entzückend schöne und liebenswerte Cousine Almuth, in die ich als echter Primaner sterblich und hoffnungslos verliebt war. Ich konnte ohne Ende abends vor dem Zubettgehen mit ihr plaudern und mir, innerlich zornentbrannt, von ihren zahlreichen Bewerbern erzählen lassen. Ihr verdanke ich auch meinen ersten, nicht von der Schule organisierten Theaterabend am Lüneburger Stadttheater: »Die Fledermaus« und »Der Vogelhändler«. Mit Almuth, später Frau von Trebra, bin ich mein ganzes Leben befreundet geblieben. Bei ihr sowohl wie bei Vetter Carl übertrug sich die Freundschaft auf meine Frau und auf die jüngere Generation, die netten Töchter Almuths, Hella von Schlotheim (später Holtzendorff), Brigitte von Wurmb, deren Mann im zweiten Weltkrieg fiel, und Almuth von Bronsart, und auf Carls und Ottonys Kinder, mein Patenkind Ulrike, deren Mann in Stalingrad gefangen genommen wurde, und vor allem die beiden famosen, innerhalb weniger Monate gefallenen Söhne, den hochbegabten Lorenz Jürg und den tüchtigen braven Offizier Carl Otto. Die jüngeren Geschwister kannte ich etwas weniger. Lorenz Jürgs Witwe Raimute von Caprivi trat uns gerade durch ihr schweres Schicksal nahe. Erstaunlich war in unserer Familie die Inflation des sonst so seltenen Namens Almuth, zu dem noch in der jüngsten Generation einige traten, während Raimute ebenso wie Almuth Bronsart Muthe genannt wurde. Man konnte sich kaum durchfinden, hatte aber an allen seine Freude.

Meine ersten Sommerferien auf dem Lande brachte ich mehrfach in Hoffstädt zu, der Heimat der Tante Elisabeth Nathusius. Hier regierte der ziemlich gefürchtete, jähzornige, durch Schwerhörigkeit immer mehr gereizte Onkel Gustav von Wissmann mit seiner Frau Maria, geb. Eck, auf dem Vorwerk der Sohn, Onkel Hermann, gleichfalls schwerhörig, nacheinander mit zwei Schwestern von Voss verheiratet. Die beiden Herren wurden von der Gefolgschaft, wie man damals freilich noch nicht sagte, Herr

Rittmeister und Herr Leutnant genannt. Ich liebte die meist gewitterschwangere Luft in Hoffstädt nicht besonders. Alles kam auf das Wetter an, und wenn das nicht tat, was es sollte, lag ein Alp auf dem Hause.

Onkel Gustav wirtschaftete ohne großen Erfolg und mußte später verkaufen. Politisch war er ein Hochtory schärfster Observanz, der mit lauter Stimme auf den Kaiser zu schimpfen pflegte, gelegentlich mit Mühe von meinem Vater beruhigt. Für diesen blieb Hoffstädt immer ein Heiligtum, weil er seine Frau dort kennengelernt hatte. Mehr Anziehung besaß für mich das benachbarte Groß-Linichen, die Oberförsterei, in die sich der Inhaber, der ritterliche Ostpreuße Freiherr von Tettau, eine Tochter (Grete) aus Hoffstädt als Frau geholt hatte. Hier gab es drei Töchter, Helene, Else und Käthe, als Gespielinnen, mit denen ich später, als sie – Helene den späteren Staatssekretär Carl Heinrici, Else den General (meinen Regimentskameraden) Walter von Schleinitz und Käthe ihren Vetter Wolf von Tettau – geheiratet hatten, befreundet blieb. Damals gingen die Landmädchen mit dem zarten Bübchen recht rauh um, was mir sicher gut tat. Besonders nachts erschreckten sie mich durch das angebliche Erscheinen »schwarzer Männer« und dergleichen. Auch beim Prügeln war mir meine Altersgenossin Else anfangs über. Besonders intensiv wurde später meine Freundschaft zu Helene, als sie sich Malerei studierend und zu anderen Zwecken in Berlin aufhielt, während ich dort studierte und Referendar war. Vorübergehend gerieten wir in eine reizvolle, weil heimliche amitié amoureuse.

Die beiden großen Paradiese meiner Jugend waren die Ferienzeiten in Rottmannshagen bei Stavenhagen und Uchorowo bei Obornik.[38] Ersteres gehörte Paul Wahnschaffe, einem hervorragenden Landwirt aus der bekannten Domänenpächter-Familie. Er war nationalliberal und geriet oft in heftige politische Erörterungen mit andern Landwirten, weil er – eine Ausnahme – ein Gegner des damals in Ostelbien vorherrschenden »Bundes der Landwirte« war. Da er nicht nur ein sehr kluger Wirt war, sondern auch mit großen Mitteln wirtschaften konnte, empfand er wohl die Not der Landwirte nicht so stark wie die meisten Getreideerzeuger. Besonderen Eindruck machte mir in Rottmannshagen das erste Erlebnis des Telefons. »Onkel Paul« telefonierte selbst vor mir zum ersten Male und war eher mißtrauisch als erfreut.

Er war ein stattlicher, kluger, humorvoller Mann, der mich mit Wohlwollen behandelte und z. B. zuerst aufs Pferd brachte; es war ein fünfundzwanzigjähriges Pony, dies war noch so lebhaft, daß man es nicht besteigen konnte, sondern draufgesetzt werden mußte. Paul Wahnschaffe hatte eine eigene Reitmethode für den Anfänger erfunden, nämlich eine Decke mit Gurten, an der Steigbügel befestigt waren, wohl wegen der Unberechenbarkeit des Ponys. »Reitlehrer« war der Inspektor Herr Wigleb, überhaupt mein Busenfreund, zu dem ich aus dem Herrenhaus nach dem Abendbrot noch auf ein Stündchen entwischen durfte. Er erzählte mir Geschichten, erörterte die politische Lage, zeigte mir Bücher und Bilder, nicht alle gleich geeignet, machte leise Verführungsversuche zum Rauchen und sang mit Gefühl und wenig »Musik« allerhand Lieder. Sein oft wiederholter Lieblingsgesang lautete ungefähr:

»Mein Lieb ist eine Alpnerin, gebürtig aus Tirol,
sie trägt, wenn ich nicht irre bin, ein rotes Kamisol!«

Eine erhebliche Rolle spielten für mich auch die Diener und Kutscher, mit denen ich viel zusammensteckte. Rottmannshagen, ein alter Maltzahnscher Besitz, in einer winzigen preußischen Enklave [in Mecklenburg] gelegen, was mich ungemein beschäftigte, besaß ein statiöses Herrenhaus mit hundert Fenstern und einen schönen Park, der zudem unmittelbar in einen durch Einstiege erreichbaren Wildpark mit viel Damwild überging, kurz ein ideales Gelände für einen Jungen. Gespielen waren teils Dorfjungen, mit denen ich unter anderem in zwei grauenhaften Teichen in der Fohlenkoppel »badete«, einer, der ein wahres Schlammbad darstellte, während der andere mit Schilf und Algen fast zugewachsen war. Unter anderen besuchenden Kindern ist mir die lustige

Annemarie Gropius, später Frau Menger, als gute Kameradin besonders beim Baumklettern in Erinnerung. Die Brücke zu Rottmannshagen bildete für uns die Hausfrau, »Tante Gertrud«, geb. Lehn, mit der meine Mutter eng befreundet war. Sie erhielt ein lebhaftes Kommen und Gehen von Neffen und Nichten auf dem Besitz, unter denen mir die Namen Koenen, Rosenstiel, Brennecke und Wangenheim im Gedächtnis geblieben sind. Für mich eine gute, aber noch nicht sehr wirksame Übung zur Geselligkeit. Ich blieb schüchtern und bekam den Mund in Gesellschaft selten auf. Dagegen bemerkte ich einmal zur Freude der Tafelrunde, als frische Teller gebracht wurden, auf den Mops des Hausherren weisend: »Hat die Moppi abgeleckt.«

In einem Sommer hatte ich schweren Keuchhusten und wurde dann in Rottmannshagen rührend gepflegt, mit probaten Hausmitteln, z. B. Schwarzbrot mit dickem Speck und Kakaopulver, im Eßlöffel mit Rum getränkt. Als größerer Schüler beschloß ich mit Felix Mencke eine Radtour nach Rottmannshagen zu unternehmen. Wir fuhren aus Berlin heraus bis Oranienburg oder Gransee mit der Bahn und schwangen uns fröhlich auf die Stahlrösser. Zuerst ging alles gut. Dann rannten wir hinter einem plötzlich langsam werdenden Lastwagen derart gegeneinander, daß meine Radfelge völlig verbogen und die Weiterfahrt unmöglich wurde. Schließlich nahm uns ein vorüberfahrender Bierwagen mit und brachte uns zur nächsten Stadt zurück, ich glaube Waren. Es war Sonntag und sehr schwer, jemand zu finden, der die Reparatur vornahm. Schließlich gelang es, während ich mit zitternder Ungeduld alle halbe Stunde zu dem Klempner zurückkehrte, um zu sehen, wie weit er war. Felix war die Sache, obwohl sie doch mich betraf, so in die Knochen gefahren, daß er aufgab und sich in die Bahn nach Hause setzte. Ich nahm gegen Abend tapfer das Unternehmen allein wieder auf, kam nach einigem Verirren bei stockfinsterer Nacht in Rottmannshagen an, wo ich, festlich bewirtet, selig und stolz ins Bett sank.

Auch Uchorowo, Besitz Friedrich von Nathusius, Martins Bruder, der im Grunde mit uns gar nicht verwandt war, aber mit meiner Mutter von Kind auf befreundet war, ist insofern für mich mit Radfahren verbunden, als ich in einem Sommer mit meinem Vater zusammen die ganze Reise zu Rad erledigte. Wir hatten vorher, den unentbehrlichen Fontane in der Tasche, viele Fahrten zusammen in der Mark unternommen, und meinem Vater hatte es Spaß gemacht, mir ihre Schönheit und geschichtlichen Erinnerungen zu zeigen. Nun gings nach Posen. Ich glaube, wir übernachteten zweimal in kleinen Gasthöfen, besahen, was zu besehen war, tranken abends ein Glas des landesüblichen Ungarweines, und ich genoß das Ganze sehr. Einmal wurde mein Vater, auf dem Fußweg fahrend – er hatte die sachkundige Warnung von Zigeunern vor dem nahen Gendarm durch sein schlechtes Gehör nicht erfaßt – angehalten. Es machte mir diebischen Spaß, wie der Gendarm beim Aufnehmen der Personalien zwischen polizeilicher Strenge und militärischer Subordination gegenüber dem Herrn Oberstleutnant hin und her pendelte. Wie jung mein Vater aussah, zeigt die Tatsache, daß ich in einem Gasthof vom Wirt gefragt wurde, in welchem Regiment mein Bruder gestanden hätte.

In Uchorowo waltete als Hausfrau die hübsche, formvollendete, immer gehaltene und dadurch ungemein kühl wirkende Tante Clärchen, geb. von Martini, Erbtochter des benachbarten schönen Besitzes Lukowo. Leider fiel der einzige Sohn Hanfried im ersten Weltkrieg. Im übrigen wurde nach dem Verlust der Provinz Posen auch Uchorowo verkauft.

Onkel Friedrich war im Typ das Gegenteil eines ostelbischen Grundbesitzers. Schwarzbärtig, lebhaft, ja kribbelig, in vielem ein Sonderling, wirkte er eher wie ein gelehrter Orientreisender. Dabei war er ein Mann von seltener Herzensgüte, ein idealer Onkel für seine zahlreichen wirklichen und Wahlneffen und Nichten. Das Haus war einfach, etwas zusammengestoppelt, aber gemütlich, der Garten groß und reich an Blumen. Eine kleine evangelische Kapelle stand darin, in der allabendlich das Glöckchen klang, das ich manchmal statt des Gärtnerjungen läutete. Tante Clärchen hatte eine große Geflügelzucht, und zwar war alles Getier schneeweiß. Die großen Punkte für mich in Uchorowo waren:

die Pferde (und Pferdezucht), die ersten Jagdversuche, die Warthe, an die der Besitz grenzte, die Nachbarschaft Rudi Reibnitz' auf dem großväterlichen (Treskow) Besitz Radojewo in der Nähe der Stadt Posen, und endlich politisch die Einsicht in die polnische Frage.

Die Pferde spielten in Uchorowo eine ganz große Rolle, und zwar hauptsächlich im Fahrsport. Es gab elegante Viererzüge, die »Tante Clärchen« elegant fuhr, zeitweise Rappen (Ingo, Ingraban usw.), später Falben und einen Schecken, die ein Wahrzeichen Uchorowos bildeten. Dies waren Doppelponys mit den Namen Roma, Romulus, Remus, Rhea, Silvius usw. Auch kleine Ponys, Mäuse genannt, dienten abwechselnd dem Milchtransport und Gartenfuhren oder der Jugend zu Badefahrten und dgl. Alljährlich trat ein viel bewunderter Hengst aus dem königlichen Gestüt Zirke auf. Geritten wurde fleißig. Ich machte zuerst unter meinem Vater Studien, wobei ich einmal über den Hals des Ponys im Galopp heruntersauste, was ich zur Freude meines Vaters mit Jubel und Händeklatschen begrüßte, um das wieder eingefangene Tier alsbald wieder zu besteigen.

Später überließ Onkel Friedrich mich allzu sehr mir selbst, und ich habe das an Systematik Versäumte erst später nachholen können. Ähnlich ging es mit der Jagd, vor allem auf Hühner und Schwarzwild. Ich wurde nicht wirklich angeleitet, sondern den überhaupt etwas allmächtigen Herren, dem Kutscher Andres und dem Diener Vinzenz, überlassen, wobei nicht viel herauskam, zumal ich mir nicht klar darüber war, daß ich kurzsichtig war. Ein großer Spaß war die Warthe, an die Bade- und Picknickfahrten gemacht wurden. Sie hatte sehr starken Strom, so daß das Schwimmen gar nicht so einfach war. Dann Radojewo! Ich fuhr mit einem Kutscherjungen und meinem jeweiligen Leibpferd die ziemlich lange Fahrt einspännig hinüber; selten kam mangels Pferden Rudi nach Uchorowo. Der alte Treskow war ein etwas verrückter Kerl, der eine künstliche Ruine im Park einem alten Radowicz geweiht hatte, der nur in der Fantasie existierte. Leider war die Hausfrau seit Jahren gelähmt. Es war ein großer Familienklan, die Treskows in dieser Gegend; mochten sie auch von den ck-Tresckows als nicht ganz voll angesehen werden, so hatten sie dort viele schöne Besitze, die heute allerdings fast alle der Vergangenheit angehören.[39] Ich war immer gerne in Radojewo, um Rudis willen, sonst gefiel es mir in Uchorowo erheblich besser.

Mit Rudi wurde natürlich eifrig die polnische Frage erörtert, die als ein immer drohenderes Gespenst den Frieden des Posener Landes bedrohte. Als ich das erste Mal nach Uchorowo kam – Anfang der neunziger Jahre–, sah es, jedenfalls in der Oborniker Gegend, noch verhältnismäßig friedlich aus. Ein gewisser – geringer – gesellschaftlicher Verkehr zwischen polnischen und deutschen Gutsbesitzern fand noch statt. Vor allem waren die Beziehungen zwischen den deutschen Besitzern und dem ganz überwiegend polnischen Personal noch ideal zu nennen. Die Uchorowoer wählten auch zum Reichstag usw. noch fast durchweg deutsch, nicht unter irgendeinem Druck, sondern aus einer Art selbstverständlicher Zusammengehörigkeit mit ihrem Herrn von Nathusius. Andres, der vollbärtige polnische Kutscher, der neben dem Diener Vinzenz eine Riesenrolle in Haus und Hof spielte, erzählte mir, wenn wir ausfuhren oder ich abends zum Kutscherhaus entwischte, um den polnischen Weisen zur Handharmonika zu lauschen, daß er beim Kaisermanöver vierspännig parallel zum Zuge des Kaisers geprescht und von diesem bewundert worden sei. Darauf war er sehr stolz, so wie Vinzenz gern an seine Dienstzeit bei der Kavallerie zurückdachte.

Aber allmählich verschärften sich die Verhältnisse. Die preußische Politik in Posen war weder geschickt noch konsequent. Meist regierte ein scharfer Oberpräsident neben einem der Gewandtheit der Polen erliegenden kommandierenden General oder umgekehrt. Schul- und Kirchenpolitik wurden härter, die Ansiedlungspolitik setzte ein. Das war angesichts der von den Polen immer lebhafter betriebenen Hetze begreiflich. Deren Träger waren in erster Linie die Pröbste, wie überhaupt die nationale Trennung mit der konfessionellen so gut wie gleichbedeutend war.

Fragte man einen Burschen, ob er deutsch oder polnisch sei, so bekam man oft die Antwort: »Katholisch« bzw. »Evangelisch«. Onkel Friedrich, der kein Mann des Kampfes, überhaupt eine unpolitische und unsoldatische Natur war, litt schwer unter diesen sich langsam verschlechternden Verhältnissen. Er war ein ausgesprochener Gegner der preußischen Polenpolitik, so selbstverständlich er sich als Deutscher bekannte und das Deutschtum stützte. Es ist mir unvergeßlich, wie er bei der Nachricht vom Tode Bismarcks, der uns alle am Frühstückstisch wie ein lähmender Schlag traf, das betretene Schweigen mit den – man muß schon sagen törichten – Worten brach: »Mir war er nie sympathisch!«

Eins darf ich noch zum Schlusse nicht unterlassen hervorzuheben. Wahnschaffe und Nathusius verschafften mir, auch durch kindliche Teilnahme an der Erntearbeit, den ersten nachhaltigen Einblick in die Landwirtschaft, der mir immer sehr wertvoll geblieben ist.

2. Lausanne und Tübingen

Am 19. September 1899, noch nicht achtzehn Jahre alt, bestand ich das Abiturientenexamen, recht und schlecht, obwohl ich wie gesagt Primus omnium war, immerhin zu meiner Erleichterung »so grade« vom Mündlichen befreit. Ich hielt in der Aula eine schön ausgefeilte, auswendig gelernte Abschiedsrede, in der ich steckenblieb und nur durch die in warmem Mitgefühl auf mich gerichteten Augen des »Direx« gerettet wurde. Dann gab es einen Abschiedskommers, den ich präsidieren mußte.[1] Mein die Lehrer ganz gehörig mitnehmender humoristischer Beitrag zur Abiturientenzeitung wurde unter großem Jubel verlesen. Es ist für mich damals vielleicht bezeichnend, daß der »blaue Emil« nachher zu meinem Vater sagte: »Alles mögliche habe ich Ihrem Sohn zugetraut, aber nicht, daß er solchen Humor hätte!«

Wenn ich heute rückschauend die lange dünne Gestalt mit kurz geschorenen Haaren betrachte, die nun ins Leben hinaustrat, so zeichne ich von mir etwa folgendes Bild: Ich war ein grundanständiger, von hohen Idealen erfüllter Junge, weit über Durchschnitt gebildet und vor allem politisch unterrichtet, dies beides mehr durch des Vaters und eigene Arbeit als durch die Schule, mit bester Kinderstube, aber zugleich schüchtern und mit wenig Selbstvertrauen ausgestattet, körperlich schlecht durchgebildet und ohne großen physischen Mut, kurz so etwas wie ein gelehrtes Stubenhuhn, wenn auch mit großer Freude an der Natur. Von dem Willen erfüllt, etwas Großes, und zwar für Deutschland, zu leisten, suchte ich etwas zaghaft im Dunkel der Probleme meinen Weg, aber mit offenen Augen und mit innerer Freiheit.

Trotz allem nationalen Schwunges und vaterländischer Begeisterung machte ich mir mit meinen knapp achtzehn Jahren keine Illusionen über den Stand der Dinge in und um Deutschland. Ich war mir über die inneren Gefahren, wie sie aus der Entwicklung des Industrieproletariats und des Großkapitalismus entstanden, und über ein gewisses Nachlassen der unvergleichlichen preußisch-deutschen Staatsmoral ebenso im Klaren wie über die äußeren Gefahren für das junge Reich nach Bismarcks Abgang. In meinem Briefwechsel mit Reibnitz brachte ich das häufig zum Ausdruck. Ein recht nachdenklicher junger Mann bezog die Universität. Das Gymnasium verließ ich in der später durch das Leben bekräftigten Überzeugung, daß eine – in richtiger Weise gelehrte – humanistische Bildung wenn nicht die beste, so doch sicher eine ausgezeichnete Grundlage für den weiteren Lebensgang darstellt.

Den Eltern wurde es bei dem bescheidenen Ruhegehalt meines Vaters und dem Fehlen eines nennenswerten Vermögens schwer, ein langes Studium ins Auge zu fassen. Da gelang es, gestützt auf meine gute Beurteilung durch »Direx« und Ordinarius, von der Bremisch-Verdenschen Ritterschaft, zu der die Familie gehört, ein beträchtliches Stipendium, nämlich 1000 Thaler Gold zu erhalten, obwohl ich kein Sohn eines Angesessenen war. So wurde beschlossen, daß ich zunächst, um Französisch zu lernen, ein Semester nach Lausanne gehen sollte. Man fand am Chemin de Malley, nahe der Place Chandron, eine dem christlichen Sinn meiner Eltern entsprechende Pension bei einem Lehrer an der Höheren Handelsschule, Herrn Busset, und so trat ich meine erste große selbständige Fahrt ins Leben an. Die erste Nacht brachte ich, zum ersten Male in einem Hotel allein, in Basel (ich glaube der Gasthof hieß Viktoria) zu und fuhr dann am nächsten Tage nach Lausanne. Für den Stand meines Schulfranzösisch ist bezeichnend, daß ich in der Bahn zwei sich unterhaltenden Männern gegenübersaß und bis zum Schluß mir unklar blieb, ob sie Französisch oder Schwyzerdütsch sprachen.

Herr Bussets Haus war hübsch gelegen, ich hatte vom Fenster einen herrlichen Blick auf den See und die Dents du Midi, während sich unter mir die Weinberge ausbreiteten. Da ich gerade kurz nach der Lese ankam, waren diese gewohnheitsgemäß freigegeben; wir kletterten geradewegs vom Garten hinein und schwelgten in den süßen Trauben des Südhangs. Die Pensionäre nannten den etwas morosen, aber gutmütigen Busset wegen seines Aussehens L'hibou und seine gefährlichere, haustyrannische, aber nicht bösartige Gemahlin folglich La chouette.[2] Schön war sie nicht, dagegen war das halberwachsene Töchterchen recht niedlich und von den Pensionären, von mir aus Schüchternheit am wenigsten, bekurt. Das Haus hatte – im Interesse der Sprache – den großen Vorteil, polyglott zusammengesetzt und daher auf das Französische angewiesen zu sein.

Außer mir waren die Insassen ein Ladiner Töndary, Sohn eines Bankiers aus Samarden, der einen wahren Nationalhaß gegen die Italiener auch auf einen unschuldigen kleinen Italiano ausdehnte, der zur Pension gehörte. Es war ein Waldenser, dessen Name mir entfallen ist. Töndary, ein braver, aber etwas rauher Sohn der Berge, zeigte mir oft mit grimmem Ausdruck sein langes Messer, das er gegebenenfalls gegen den Italiener und den ihm gleichfalls unerfreulichen Griechen Messinisi zu zücken bereit sei. Letzterer, ein frühreifer, aufschneiderischer Elegant, Neffe des von ihm dauernd zitierten französischen Friedensfreundes, Deputierten

D'Estournelles de Constant, versuchte mich auf allerhand Bahnen zu locken, auf denen die Weiblichkeit minderer Art und reichlicher Alkohol anzutreffen sein sollten. Ich erwies mich aber als untaugliches Objekt.

Der Grieche wurde als ein »Hallodri« von den sittenstrengen Bussets sehr wenig geschätzt, was er herzlich erwiderte. Seiner Abneigung gab er durch allerhand Schabernack Ausdruck. So stellte er z.B. – unverschämterweise in meiner dem Eßzimmer nahegelegenen Stube – meinen Wecker so ein, daß er gerade im Augenblick des Tischgebetes losratterte, welches L'hibou eindringlich und leise vor der Mahlzeit zu sprechen pflegte.

Töndary weihte mich in die Geheimnisse des Ladinischen ein, und ich lernte dadurch nicht nur den Dichter Caderas kennen, sondern bekam eine Vorstellung von der Gesamtheit und den Zusammenhängen der romanischen Sprache. Es war aber kaum zweckmäßig, daß ich den Eifer – im Hinblick auf meine künftige Laufbahn – soweit trieb, neben dem Französischen auch noch Spanisch zu treiben, allerdings mit einer französischen Grammatik. Ein weiterer Hausgenosse war der Holländer Beyersinck aus Zwolle, ein biederer, etwas unbeholfener, aber netter Germane, mit dem ich am meisten zusammen war. Das hatte auch politische Gründe. Einmal interessierte mich seit langem das niederländische Problem, und ich hatte schon als Junge eine Denkschrift über die Notwendigkeit ausgearbeitet, zwischen den Niederlanden und dem Reich eine Art Gemeinschaft herzustellen. In Lausanne begegneten mir junge Holländer, die dafür Verständnis zeigten – seltene Vögel! Sodann aber war damals der Burenkrieg im vollen Gange, der Deutsche und Holländer in ihren Sympathien zusammenführte. Gelegentlich feierte ich Burensiege im Kreise der holländischen Studenten und war dabei stolz, von ihrer Unterhaltung immer mehr zu verstehen.

Mit Beyersinck und zwei oder drei anderen Studenten machte ich gelegentlich größere und kleinere Ausflüge, zum Teil auch allein oder mit Deutschen, z.B. nach Genf, wo ich Joachim spielen hörte, Montreux, Chillon usw., vor allem aber eine Gewalttour (infolge einer Wette) nach Evian, in der wir morgens um halb neun von Lausanne abmarschierten und in dreizehneinhalb Stunden die 65 Kilometer, über die Rhône übersetzend und nur bei Montreux ein kleines Stück mit der Tram fahrend, zurücklegten. In St. Gingolph war Mittagspause, die wir noch dazu zum Teil verwendeten, um mit der Kellnerin zu tanzen. In Evian sah ich die ersten französischen Soldaten. Wir waren dort übrigens am Ende unserer Kräfte, vor allem unserer Fußsohlen, und sanken ziemlich erschöpft auf die Bänke des Dampfers, der uns nach Ouchy zurückführte. Busset selbst war ein guter Bergsteiger, und ich verdanke ihm meine Einführung in diese mir später immer lieber gewordene Welt. Zur Winterszeit machten wir eine Besteigung der Rochers de Nages, von deren Drahtseilbahn im tiefen Schnee nur die Tunnel sichtbar waren. Talwärts »fuhren wir ab«, mit furchtbaren Folgen für meine Hosen, deren Boden sich völlig verflüchtigte, so daß ich im eleganten Montreux nachher meinen Umhang wie ein Torero darüber drapieren mußte.

Der größte Spaß waren zur Weihnachtszeit einige Tage in einem – ich glaube Herrn Busset gehörigen – Chalet in Ormonds-Dessus am Fuß der Diablerets, von wo wir eine recht anstrengende Besteigung der Tornettaz machten. Ich lernte dabei die Bedeutung der Redensart »Maintenant nous sommes de Berne« verstehen, die ein Teilnehmer brauchte, als wir einen mühsamen Gang bewältigt hatten. Sie stammt aus der Zeit, da das Waadtland Bern untertänig war, und man als »fein« oder geborgen galt, wenn man in oder von Bern war. Ich nahm an der inneren Politik der Schweiz, sowohl der Kantönli wie an den Bundeswahlen, eifrig teil, ebenso an den Kirchenkämpfen zwischen der Église Libre (der Busset streitbar angehörte) und der – nach Ansicht der Libre erkalteten – Staatskirche, ging aber sonntags lieber in die schöne St. François, statt in den Tempel der freien Kirche.

Oberhalb der Bussetschen Wohnung hauste eine Baronin Grotthus mit Sohn Arwed und Tochter Wanda, die mir als Leute von Welt Eindruck machten. Frau von Grotthus hatte einen echten Salon, in dem geistig bedeutende Leute, z.B. Pareto, und überhaupt Mitglieder der stark internationalen Gesellschaft von Lausanne verkehrten. Den unbeholfenen jungen Landsmann nahm man sehr freundlich auf und gab sich Mühe, ihn etwas abzuschleifen. Mit Arwed freundete ich mich trotz sehr verschiedener Grundlagen »geistig« an. Wir hatten endlose Debatten philosophischer Art, da er ein leidenschaftlicher Nietzsche-Anhänger war und mich bekehren wollte, weil ich ein besonders geeigneter Vertreter für diese Weltanschauung sei. Er hatte aber keinen Erfolg. Eindruck machte mir seine Bemerkung, er werde immer ein Atheist bleiben; wenn er auf dem Totenbette etwas anderes sage, so erkläre er das schon jetzt als ohne Belang. Was aus Grotthus später geworden ist, habe ich nie gehört.

Nun zur Universität. Ich habe sie im Gegensatz zu späteren Semestern eifrig besucht und die fast durchweg französischen Vorlesungen hauptsächlich über römisches Recht, Rechtsgeschichte usw. in dieser Sprache mitgeschrieben, sicher eine gute Übung. Unter den Lehrern sind mir Professor Erman, ein Reichsdeutscher, und Professor Herzen, russischer Jude und Sohn oder Enkel des bekannten Nihilisten, besonders in Erinnerung; ferner der Genfer Roguin. Dieser war ein echter Professor aus dem Witzblatt insofern, als das einzige Sachbeispiel, das ihm einfiel, sein Papiermesser war. Wurde ihm dies versteckt und er kam an die Stelle »Imaginez vous une chose, par exemple un... un... couteau à papier...«, so suchte er verzweifelt und brach schließlich den Satz unter dem Jubel des Hörsaales hilflos ab. Bei Erman verkehrte ich im Hause. Ich ahnte – mit einem Leidensgenossen – nicht, daß er ein Tanzfest gab. Alles war im Frack gekommen, wir beide im Gehrock, in dem wir uns verlegen herumdrückten.

Die Studentenschaft bestand teils aus Schweizern, die in großen Studentenverbindungen wie die Zofinger und die Helvetia zusammengefaßt waren, neben denen kleinere Verbindungen zum Teil nach dem Muster deutscher Korporationen bestanden; eine, deren Namen mir entfallen ist, hatte Graubündner unter ihren Mitgliedern und wurde mir durch Töndary näher bekannt. Zwei Herren von Sinner darin hielten sich viel zur deutschen Kolonie. Dann gab es viele Ausländer, zum Teil vom Typus politisch linksgerichteter Emigranten. Ich erinnere mich an einen Capodistria und einen Kutusow; besonders zahlreich war eine ziemlich gefährlich aussehende bulgarische Verbindung. Auch eine deutsche, sehr feine und sehr kleine, war vorhanden, die »Germania«, deren Bestehen eigentlich dem Zweck des Studierens in Lausanne, nämlich dem Französischlernen, sehr zuwiderlief. Sie äfften zudem in einer dem genius loci entgegenstehenden Art korpsstudentische Manieren nach. Ein Mitglied versuchte einmal, in alberner Weise mit mir zu »ramschen«.[3]

Mein Hauptverkehr war ein früherer deutscher Offizier, Gildemeister, der wenige Jahre älter als ich war, ein netter, kluger Mann, später volksparteilicher Abgeordneter. Er erinnerte an Rudi, weil er auch so ein gelehrtes Haus mit großer Liebe zur Dialektik war. Zuweilen gingen wir zusammen ins Café, um ein oder zwei Glas Bier zu trinken, und manchmal besuchten wir, mehr aus nationalem Pflichtgefühl, die Abende der deutschen Kolonie, bei denen wir einen älteren Mann mit Erfolg provozierten, als früherer Königsgrenadier ein Lied zu singen, in dessen Kehrreim wir donnernd einstimmten: »Die Preußen sind uns stets voran: des Königs Grenadiere.« Eine eigenartige Figur bildete der Oberstleutnant a. D. von Pochhammer, der bekannte Dantist, der völlig in diesem Dichter lebte. Bei einer Wahl in der Kolonie gaben wir Pochhammer unsere beiden Stimmen, in der Hoffnung, er werde darauf das Wort ergreifen und irgendwie auf Dante kommen. Das geschah prompt und erfüllte uns mit befriedigter Heiterkeit. Schlimmer ging es beim Kaiser-Geburtstagsessen, bei dem Pochhammer die Festrede übernommen hatte. Stehend hörte sie die Tafelrunde an, während das »Unterhaus« der Jugend gespannt auf den Augenblick wartete, der Dante aufs Tapet bringen würde. Als der geliebte Dichter an den Haaren herbeigezogen wurde, verließ uns unter dem Einfluß des Sektes die Fassung, und es gab eine peinliche Szene.

Meine lebhafteste Erinnerung an Gildemeister gehört der Zeit an, als wir später zusammen in Berlin studierten. Wir zogen in größerer Gesellschaft nach Werder, um von dem berühmten Berliner Treiben zur Zeit der Obstblüte pflichtgemäß Kenntnis zu nehmen. Es war eine recht wüste Angelegenheit. Gegen Ende des Tages kamen wir, geführt von Gildemeister, in ein Lokal, in dem noch eine einsame, ziemlich betrunkene Gruppe von Spießern saß. Gildemeister, ein langer, dürrer Mann, war mit einem sehr hohen Stehkragen geschmückt und trug sonderbarerweise zu dieser Expedition einen langen, grauen Gehrock. Dies verwunderte einen riesenhaften dicken Wachtmeister a.D. oder dergleichen, der den Mittelpunkt der Gruppe bildete, sich erhob und folgende Worte an Gildemeister richtete: »Na, Sie olle Jiraffe Sie, Sie haben sich woll eene Manschette statt 'n Kragen um'n Hals jebunden?«

Das Studentenleben in Lausanne war lustig und geruhig. Der Höhepunkt war die Neujahrsnacht, in der die Studenten auf den Grand Pont zogen und das Lied »Comme volent les années« sangen. Man blieb die Nacht auf und erfreute sich an dem fast südlichen Charakter des Lebens, mit musizierenden Trupps, Sängern und Mandolinenspielern.

Eine gewisse Rolle spielte das Theater. Grotthus nahm mich manchmal in eine Loge mit – ein großer Augenblick –, die er mietete, weil er, was mich ungeheuer interessierte, unglücklich in eine kleine Schauspielerin verliebt war, die die Hauptrolle in einem allabendlich die Lausanner zu Tränen rührenden Stück »Les deux gosses« spielte. Aber die Hauptsache waren doch die Tanzstunden! Der entzückende französische Tanzmeister M. Gerber (Jerbère gesprochen), ein kleiner Herr mit weißem Spitzbart, tänzelte Violine spielend seinen Zöglingen voran und gab dann jedem die nötigen Winke. Der lange deutsche Student im feierlichen Gehrock erfüllte ihn mit mitleidigem Wohlwollen. Ich war sterblich verliebt in ein blondes Mädchen aus Schweinfurt, wagte aber niemals, sie beim Tanzen anzureden! Zum Schluß des Kursus gab es Feste in den verschiedenen beteiligten Mädchenpensionaten, deren es 75 in Lausanne geben sollte. Zuletzt hatten Grotthus und ich eine Einladung in ein Pensionat Maier. Wer beschreibt unser Entsetzen, als wir vor das Haus kamen und die Inschrift fanden »Pensionat de Jeunes Filles Israelites«. Schließlich gingen wir trotz heftiger Bedenken hinein und ertränkten unsere Abneigung im Alkohol. Es war ein rundes Fest. Gegen vier Uhr morgens ließ sich der Manager auf einer Couch herumfahren und brüllte: »Messieurs, la soirée commence!« Als wir nach Hause kamen, fuhren gerade Mutter und Schwester Grotthus zur Bahn. Wir begrüßten sie zu ihrer Entrüstung mit lautem Hurrah. Am nächsten Mittag erwachte ich im Frack im Bett. Das war mein erster Rausch!

Nach Schluß des Wintersemesters kehrte ich, im stolzen Besitz der juristischen Anfangsgründe, mit erweitertem Gesichtskreis, sicherlich auch männlicher und frischer geworden, zu den heimischen Penaten zurück. Meine Frau hat mir später oft scherzhaft vorgehalten, man merke mir an, daß ich keine Geschwister gehabt hätte. Mit noch sehr viel mehr Grund hätte sie das dem Schüler und auch noch dem aus Lausanne zurückkehrenden Studenten sagen können. Der wirkliche Durchbruch zum Mann stand noch bevor, der Durchbruch zum *Menschen*, wenn man das so nennen kann, wurde freilich erst zehn Jahre später unter ihrer lieben Hand vollzogen.

Inzwischen hatte Rudi sein Abiturientenexamen bestanden. Schon lange war schriftlich beraten worden, was nun zu unternehmen sei. Gelegentlich hatten wir als Jünger der Politik an den »Verein deutscher Studenten« gedacht, der damals die betont nationale Studentenschaft zusammenführte. Aber beherrschend blieb der Gedanke, Corpsstudent zu werden. Für die Auswahl des Corps, die unter allen Umständen gemeinsam erfolgen sollte, ergab sich, daß wir beide gute Beziehungen zu den Tübinger Schwaben hatten. Mein Großvater Hassell war Göttinger Bremenser (noch vor der eigentlichen Corpszeit) gewesen, Onkel Karl Heidelberger Vandale, während Onkel Leopold nach dem Tod seines Vaters aus Mangel an Mitteln mit einem Schulkameraden zu den etwas billigeren Münchener Franken ging. Vetter Carl dagegen war dank allerhand Beziehungen zu den Schwaben nach Tübingen gegangen und warb lebhaft für sie. Das gleiche tat bei Rudi ein junger Tübinger Schwabe, Sohn des Generals von Manthey, der dem Hause Reibnitz befreundet war.

Die Schwaben gehörten nicht zum feudalen »Weißen Kreise« (Bonner Preußen, Heidelberger Sachsenpreußen, Göttinger Sachsen), waren auch erheblich weniger »aufwendig«. Sie wurden zum sogenannten »Grünen Kreis« gerechnet und hatten ein altes Kartell mit den Heidelberger Westfalen, ohne daß im Grunde mit diesen sehr wohlhabenden Leuten ein innerer Kontakt bestand, während die Tübinger Schwaben sich eigentlich mit den Heidelberger Vandalen viel besser verstanden. Befreundet war die Suevia mit den Göttinger Bremensern, Münchener und Jenenser Franken, Straßburger Rhenanen, Freiburger Hessen-Preußen, Breslauer Preußen und Würzburger Rhenanen. Die Zusammensetzung [der Schwaben] war insofern ideal, als sie neben württembergischem und preußischem (hannoverschem, holsteinischem, pommerschem) Adel, der im Durchschnitt etwa ein Viertel, oft auch weniger, gelegentlich mehr ausmachte, sich aus bestem Bürgertum aus dem ganzen Reich, besonders auch aus den Hansestädten rekrutierte.

Die Frage des »Wechsels« war für *beide* Elternpaare recht belastend; die meisten Schwaben hatten 250 Mark monatlich, einige nur 200, andere mehr, vor allem durch beneidenswertes Durchzahlen während der Ferien. Wir bekamen (ich mit Hilfe des Stipendiums und vielleicht Onkel Karls) 250 Mark, aber leider nicht »durchgezahlt«.

Ich stand, als wir uns entschlossen, nach Tübingen zu gehen, dem Corpsstudententum nicht unkritisch gegenüber, eine Einstellung, die ich auch während der Aktivität und später durchaus beibehielt. Manche Dinge waren wenig erfreulich. Vor allem war das Ganze eine individuelle Frage, d.h. für den einen paßte es, für den anderen nicht. Für meine Person ist nicht zu bezweifeln, daß mir die korpsstudentische Art und Zeit hervorragend gut getan hat, und ich kann außerdem bekennen, daß ich die anderthalb Jahre des Aktivseins zu den schönsten meines Lebens rechne. Meine

Liebe zum Corps und zu Tübingen war heiß und echt, und sie wird es bis zu meinem Ende bleiben. Ich konnte später – im letzten Augenblick – noch meinen ältesten Sohn dem Corps zuführen, dann wurde diese an Freuden und Kämpfen, an Wertvollem und Widersinnigem, an Erzieherischem und Überschäumendem reiche Form, eine Frühlingszeit des Lebens zu durchbrausen, zerbrochen.[4]

Reibnitz und ich kamen eines Tages im April 1900 in Stuttgart an, wo wir unsern zukünftigen Corpsbruder Achim Arnim trafen und kennenlernten. Er war der Sohn des angesehenen Berliner Arztes Heinrich von Arnim, Ehrenmitglied der Suevia, d. h. eines ums Corps besonders verdienten Corpsbruders. Dann erschien, uns wahrzunehmen, einer der bedeutendsten und originellsten Schwaben, weithin Onkel Julius genannt, der einstige afrikanische Gouverneur, später württembergischer Minister und Kabinettschef des Königs, Freiherr von Soden, ein gemütlicher, urwüchsiger Mann mit schwäbischer Gutmütigkeit, aber ebenso großer Gewitztheit. Von ihm erzählte mir viel später in Ostasien ein Seeoffizier folgende bezeichnende Geschichte. Er, der Offizier, sei mit seinem Schiff auf afrikanischer Station in zwei deutschen Kolonialhauptstädten gewesen und in die Messe des Gouvernements eingeladen worden. In der ersten habe er zwei oder mehr Parteien vorgefunden, die miteinander nicht sprachen und die Gäste der anderen Gruppe ignorierten; in der zweiten eine unübertreffliche Harmonie, hier sei Soden Gouverneur gewesen, der, befragt, wie er das fertig bringe, fröhlich in die Worte ausgebrochen sei: »Ich halt' halt die Bande allweil unter Alkohol!« Von seiner erstchargierten Zeit behauptete man, er habe die offizielle Kneipe statt ihrer altgeheiligten Formen mit den Worten zu eröffnen gepflegt: »Na, seid's alle da – dann kann die Schweinerei losgehen!« Viel später, im Jahre 1915, habe ich Onkel Julius in Stuttgart aufgesucht, um ihm die Gedankengänge meines Schwiegervaters klarzumachen und die Württemberger zu einer festeren politischen Einstellung zu vermögen. Onkel Julius war ganz einverstanden, meinte aber bezüglich des Königs und des

Ministerpräsidenten von Weizsäcker achselzuckend: »S'sind halt keine Helde!«

Das sind die Schwaben im Sinne Bismarckscher Zivilcourage bei aller physischen Tapferkeit überhaupt selten. Ich habe in Tübingen und später den Volksstamm gut kennen und lieben, vor allem auch als ungewöhnlich tüchtig und im Auslande sein Deutschtum zäh bewahrend schätzen gelernt. Es ist mir aber auch immer klarer geworden, daß der Schwabe hinter der Maske gutmütiger Derbheit sehr oft ein gehöriges Maß berechnender und nicht selten recht eigennütziger Verschmitztheit verbirgt, die Vorsicht ihm gegenüber erfordert.

Allerdings hat mich ein Auslandsaufenthalt von fast einem Vierteljahrhundert gelehrt, mit solchen allgemeinen Kennzeichnungen von Völkern und Stämmen vorsichtig zu sein. Einmal ist es ja eine bekannte Tatsache, daß den Fehlern Tugenden komplementär sind und umgekehrt. Die oft gelobte Aufrichtigkeit des Deutschen äußert sich recht häufig in beträchtlichem Mangel an Takt; die Treue führt nicht selten zu sinnloser Verbohrtheit; und die deutsche in der ganzen Welt gepriesene Diszipliniertheit artet in willenloses Herdentum aus. Aber es ist noch mehr über solche Nationaltugenden zu sagen! Ich glaube, daß sie in den meisten Fällen nicht so sehr Tatsachen darstellen als aufgestellte Ideale, und zwar oft solche, die gerade deshalb in einem Volke hochgepriesen werden, weil es Mühe hat, sie zu erreichen. Fassen wir z.B. die berühmte Aufrichtigkeit ins Auge! Den Schwaben habe ich schon gekennzeichnet, aber ist der olle ehrliche Seemann oder auch Bauer der nordwestdeutschen Landschaften nicht auch durchaus verschlagen? Ebenso wird man den Kölner oder Frankfurter nicht als Ausbund von Ehrlichkeit ansehen wollen. Und in Ostelbien verstärkt schon die lange Kolonialzeit und Rassenmischung eine gewisse Hinterhältigkeit im Volk. Auch vom oberbayerischen Bauern läßt sich ähnliches wie vom Niedersachsen sagen.

Wir Deutschen stellen aber das Ideal der Aufrichtigkeit sehr hoch, und man lügt bei uns deshalb anders als z.B. in Italien. Der

Deutsche *weiß*, daß er die Wahrheit sagen soll; er verlangt, daß man ihm glaubt, und er sucht so zu lügen, daß man es keinesfalls merkt. Der Italiener empfindet es gar nicht als unbedingte sittliche Pflicht, stets die Wahrheit zu sagen. Er beansprucht auch nicht, daß man ihm alles glaubt, ja er ist eigentlich erstaunt, wenn das geschieht. Mit der Treue steht es ähnlich. Welche Geschichte kennt mehr Beispiele furchtbarer Untreue als die deutsche? Aber das Ideal wird um so höher gestellt. Was die Disziplin betrifft, so habe ich im Ausland kein Volk gefunden, das nicht (mit dem Unterton des Stolzes) den eigenen Individualismus als politisch und militärisch hinderlich beklagt und angeblich neidisch auf Deutschland hingewiesen hätte. In Wirklichkeit haben sich die Deutschen politisch von jeher als das erwiesen, was man soldatisch einen »Sauhaufen« nennt; es mußte erst das Brandenburg-Preußen der Hohenzollern kommen, um da Disziplin hineinzubringen. Die Diszipliniertheit als Tugend ist bei uns Deutschen ganz gewiß die Frucht um so längerer verhängnisvoller Undiszipliniertheit gewesen. Was dann später daraus geworden ist, darüber möchte ich im zweiten Teil des Buches noch einige Gedanken äußern.

Nun, solche Gedanken lagen uns damals sehr fern, wir stürzten uns unbefangen zugleich in das Corpsleben und das schwäbische Volksleben hinein. Ich bin da wohl Partei, aber ich glaube wirklich, daß es nichts Reizvolleres geben konnte als das damalige, am Neckar sich erstreckende, um Hohentübingen und den Österberg gelagerte Tübingen. Sein Geist und seine Eigenart, seine Natur und das Städtchen in baulicher Hinsicht sind oft genug geschildert worden, von alten Stiftlern und Konviktlern, von Korporationsstudenten und Professoren, besonders farbig und lebhaft von Professor Häring (Der Mond braust durch das Neckartal) und vom Bildhauer von Graevenitz (Bildhauerei in Sonne und Wind).[5]

Zu meiner Zeit wurde das äußere Bild durchaus durch die farbentragenden Verbindungen beherrscht, obwohl auch »schwarze« Korporationen eine Rolle spielten. Sehr angesehen war die Burschenschaft Germania, nahe der Neckarbrücke, mit dunkelroten »Bäcker«-Mützen. Unter den Corps belegten wohl die Schwaben unbestritten den ersten Platz. Ihre leuchtend roten Mützen und Kneipjacken boten abends auf der Terrasse des Hauses unweit der gleichen Brücke ein lustiges Bild. Unsere Farben waren schwarz-weiß-rot, mit denen wir (1831) dem deutschen Reich vorangegangen waren, dem Herzen dadurch doppelt teuer geblieben. Während wir am Neckar hausten, saßen die drei anderen Corps, die Preußen mit schwarzen, die Franken mit hellgrünen und die Rhenanen mit himmelblauen Mützen, auf dem Österberg. Alle vier C.C.s (Corpsconvente) bildeten den Tübinger S.C. (Seniorenconvent), der alle Woche sehr ernsthaft tagte, zu Beginn und Ende des Semesters einen S.C. Kommers und dazwischen im Sommer den S.C. Hock (eine Kneipe im Grünen) und im Winter gelegentlich einen S.C. Ball veranstaltete. Sonst lebten die einzelnen Verbindungen sehr für sich.

Ein großer Tag oder richtiger eine große Nacht war der 1. Mai. Da zog der S.C. um Mitternacht auf den wunderbaren Marktplatz, rieb nach der Rede eines der Erstchargierten einen Salamander auf dem ehrwürdigen Brunnenrand, schleuderte die Schoppen in den Brunnen und sang aus voller Kehle »Der Mai ist gekommen«.[6] Der Markt war für unsere Corps noch einmal die Stätte eines nächtlichen Auszugs: der Aufbruch zur alljährlichen Pfingsttour vollzog sich dort in vorgeschriebenen Pfingsthüten und sonstigen Attributen meist nach einer scharfen Kneipe, die das Antreten turbulent gestaltete. Die Hauptperson war der Corpsdiener Bausch, der mit Zylinder und auch sonst fantastisch aufgemacht, vor allem mit einem roten Riesenschirm bewaffnet, bestimmungsgemäß – während wir Dritter fuhren – die erste Klasse benutzte, um, wie es hieß, Hochzeitsreisende zu stören. Die Pfingsttour, an der ich nur einmal als Fuchs teilnahm – als Bursche drückte ich mich nach den Eindrücken der ersten –, gehörte nicht zu den erfreulichsten Veranstaltungen, weil ein überflüssig hoher Alkoholgenuß die touristischen Leistungen verminderte und in Lindau beim Zusammentreffen mit den Westfalen besonders übertriebene Formen annahm. In lustiger Erinnerung ist mir die Seeschlacht in Booten auf dem Titisee, bei der zum entrüsteten Entsetzen der Kurgäste zahlreiche Boote ihre Insassen umschlagend ins Wasser beförderten.

Nachdem wir »renonciert« waren, d.h. Fuchs geworden waren, wurden wir auf die einzelnen traditionellen Schwabenwohnungen, Morschei, Kiessei, Memmingerei usw. verteilt, in denen man primitiv, billig und in engster Freundschaft mit den Wirtinnen sehr gemütlich untergebracht war, stets zu mehreren.[7] Ich wurde natürlich aus Grundsatz von Reibnitz getrennt und bezog, wie einst fast zehn Jahre früher Vetter Carl, die Reichardtei in der Hafengasse, nahe dem Universitätshauboden auf dem Pfleghof, was sehr wichtig war, weil man täglich punkt acht Uhr zur Fechtstunde dort sein mußte. Das Frühstück, durch Sendungen besonders agrarischer Eltern verstärkt, schmeckte dann um so besser. Die Wohnung gehörte dem rührenden alten Buchbinder Reichardt, zwei ältliche Fräulein Reichardt betreuten (und erzogen) uns. Die Reichardtei zeichnete sich dadurch aus, daß sie damals meist das Stammquartier der Corpshunde, des kurzhaarigen Hühnerhundes Bullrich, des schottischen Schäferhundes Moritz, der aber die Morschei vorzog, und der Pudel Tingel und Tangel bildete, mit denen ich mich anfreundete. Letztere waren nur für Kenner an einem nicht erörterbaren Zeichen zu unterscheiden. Man verglich sie angesichts dieser Zusammengehörigkeit mit Reibnitz und mir als Unzertrennlichen, fotografierte sie und ließ unsere Köpfe drauf setzen. In der Reichardtei wohnte mein Mitfuchs Werner Fontaine, Sohn eines hannoverschen Gutsbesitzers in Wülfel, mit dem ich eine fürs Leben haltende Freundschaft schloß, zeitweise meinerseits so violent, daß Rudi traurig wurde und es Aussprachen gab. Letzteres war überhaupt eine nach Mitternacht beliebte und sinnlose Beschäftigung.

Wir hatten großes Glück mit unserem Semester, das ungewöhnlich nette Leute enthielt und mit wenigen Ausnahmen in großer Harmonie zusammenhielt. Außer den schon genannten erwähne ich G. A. Gernet, Sohn eines Schwabens (Arztes), ein feiner, vielgeneckter, aber gleichbeliebter Hamburger, der Mediziner Otto Helmuth Petersen, Professorssohn aus Kiel, gleich mir Leibfuchs meines alten Naumburger Freundes Albracht, und Karl Fritsch, gleichfalls Sohn eines Arztes und alten Schwaben. Beide zeichneten sich vor uns Juristen durch emsigen Fleiß an der Universität aus. Ein frischer, gut erzogener Junge war Fränzchen Reden, Sohn des Frankfurter Staatsanwaltes von Reden, eines alten Göttinger Bremenser und großen Freundes des bei beiden Corps Konkneipant gewesenen Königs Wilhelm von Württemberg.

Ich kann nicht alle lieben Mitfüchse aufzählen, wir waren im ganzen sechzehn, eine sehr hohe Zahl, darunter leider diesmal kein Württemberger. Die vor uns kommende Generation der Brandfüchse, die also im Laufe unseres ersten Semesters Corpsburschen wurden, war wie alle zum Herbst eingetretenen Semester sehr schwach. Sie bestand schließlich nur noch aus dem höchst originellen und klugen, leider früh verstorbenen, Württemberger Duttenhofer, Mäxle genannt, Sohn des bekannten Rottweiler Großindustriellen, einem Chemiker, und dem famosen Felix Landois, Sohn eines Greifswalder Professors, wie sein Vater Mediziner, später Dir. Chirurg am Elisabeth-Krankenhaus. Reibnitz und ich traten ihm von Anfang an nahe.

Er hatte, besonders in später Stunde, sehr ausgesprochene Ansichten über Dinge und Menschen, auch über Corpsbrüder, und eine besondere Abneigung gegen das damals regierende Semester, das in der Tat, mit Ausnahmen natürlich, nicht besonders glücklich zusammengesetzt war. Ich sehe Landois, den »blutigen Knochen«, wie er gleich seinem älteren Bruder wegen seines indianischen Aussehens genannt wurde, vor mir, wie er, die Bilder der Angehörigen eines wenig erfreulichen Mitglieds des älteren Semesters erblickend, mit wirr hängender schwarzer Haarsträhne darauf losstürzte, mit Mühe verhindert, sie mit dem wilden Ruf »Schmeißt das Otterngezücht in die Wolfsschlucht!« zum Fenster hinaus zu befördern. Ein anderes Mal kamen wir aus der gemütlichen Ratsstube, wo wir (oberhalb des Marktes) zweimal in der Woche ohne feste Formen kneipten, da stach ihm die benachbarte Polizeiwache in die Augen, in der bei einer Gaslampe die Wachtmänner ihren Skat kloppten. Es war ein warmer Sommerabend, Tür und Fenster standen offen. Plötzlich sprang er in wilden Sätzen die Freitreppe empor, dann hinein ins Wachlokal und die Flamme abgedreht, um, ehe die braven Polizisten sich gefaßt hatten, in der Dunkelheit zu verschwinden. Sonst war er aber ein sehr friedlicher Mann. »Mäxle« seinerseits war, bis er sich leider den Arm auskugelte, wohl der eleganteste und zugleich kraftvollste Fechter, den ich gesehen habe. Ich wohnte später auf dem Corpshaus mit ihm zusammen und hatte eines abends spät einen grausigen, furchterregenden Anblick: vor mir stand im gemeinsamen Wohnzimmer Mäxle splitterfasernackt, nur die Krawatte um den Hals geschlungen, die der herkulisch gebaute Mann wutentbrannt immer fester zurrte, indem er zugleich mit vollen Backen in eine – noch dazu mir gehörige – Fleischwurst hinein biß. Ihm war nur mit der Schere Erlösung vom Erdrosseltwerden zu bringen.

Erster Chargierter in meiner Fuchszeit war Hans Büsing, Sohn des nationalliberalen Reichstagsmannes aus Mecklenburg, ein intelligenter, kühler, niemals ganz freier Mann von äußerlich sehr sicherem Auftreten, der seine Sache als Erster sehr gut machte.[8] Der zweite, Burchard, aus Magdeburg, war ein ausgezeichneter Fechter; zu seiner Charge gehörte die Fuchsschule, in der er unseren Respekt besaß. Wir hatten ihn gern. Dritter war mein alter Albracht, die Krone des Semesters, Fuchsmajor der damals fast karikaturhaft dicke Melcher aus Dortmund, bei uns Füchsen auf der Kneipe als brutal gefürchtet und wenig geliebt. Später hat er sich ganz anders entwickelt, auch äußerlich; er wurde ein in der Zeit der Ruhrbesetzung sehr bewährter Polizeipräsident dort, dann unter Papen in Berlin und schließlich Oberpräsident von Sachsen.[9] Von den übrigen erwähne ich nur noch den humorvollen Luyken, einen glänzenden Fechter.

Als wir nach Tübingen kamen, fand gerade der Umzug aus dem alten, einfachen Corpshaus an der Neckarhalde, einem der ersten Corpshäuser überhaupt, in das neue, reizende Schlößchen am Neckar statt, das unter der Direktion des Alten Herrn Curt Freiherrn Seutter von Loetzen erbaut worden war.[10] »Das Seutterle« war ein sehr populärer und hochverdienter Corpsbruder, den man viel bei uns auf der Kneipe sah. Er schwäbelte herrlich. Man behauptet, daß er anfangs nur mit den Adligen Schmollis getrunken habe, was sicher übertrieben war.[11] Ich goß ihm zur Belohnung auf meiner ersten Kneipe das Tintenfaß auf die schöne rote Kneipjacke, als er sich üblicherweise in das vom Fuchsmajor gehaltene Gästebuch eintragen wollte. Seutter besaß viel Kultur und erlesenen Geschmack, den er auch am Hause bewährte. Der Corpsdiener Bausch pflegte auf ihn, wie auf andere hervorragende alte Herren, die berühmte Rede zu halten, in der es hieß: »Herr Baron, Sie sind ebenso schön als reich, tugendsam und talentvoll! Ich erlaube mir Ihnen einen guten Abend zu wünschen und trinke einen Halben auf Ihr Wohl, ohne durch die Scheußlichkeit meiner Erscheinung auffallen zu wollen!« Leider trank »das Seutterle« im Café Spiess und anderwärts zuviel Portwein. Es nahm schließlich ein schlechtes Ende mit dem charmanten alten Kavalier, was damit zum Ausdruck kam, daß er eines Tages an den König, in dessen Hofdienst er stand, telegraphierte: »Es plagen mich der Säue Geister, des Königs Zeremonienmeister!«

Ich fand mich als ein im Grunde geistig und körperlich noch zartes »Bübchen« zuerst schwer in das Corpsleben hinein, vor allem in das offizielle Trinken auf der Kneipe, und ich wanderte manchesmal zu meinem Leibburschen Albrecht, um zu klagen. Reibnitz und ich erörterten auch anfangs wohl einen Austritt. Indessen, allmählich gewöhnten wir uns, faßten Fuß im Kreise der Corpsbrüder und in der Gedankenwelt des Corps. Ein anständiger, männlich freier Ton herrschte durchaus vor, die Ideale des Corpsstudententums, versinnbildlicht durch unseren schönen Wahlspruch »Furchtlos und Treu«, standen nicht nur auf dem Papier. Das Trinken, immer noch übertrieben, hatte doch gegen früher sehr abgenommen. Ein alter, rauher Forstmann, einer der vielen Gaisberg-Schöckingen, die bei uns aktiv waren, brach einst, allerdings zu sehr später Stunde, in Tränen aus wegen der lax gewordenen, d.h. mit zu geringen Bierquanten gehandhabten »Komments«.[12] Politik wurde nicht getrieben, die Wissenschaft arg vernachlässigt, den Mädchen im allgemeinen noch wenig Beachtung geschenkt; Weibergeschichten kamen wenig vor. Auf Feinheit im Anzug wurde meist und von den meisten kein großer Wert gelegt. Nicht wenige von uns betonten dies sogar, indem sie beim Fechten oder Sekundieren die damals gerade abgekommenen und erfreulicherweise durch feste Manschetten ersetzten »Röllchen« mit Aplomb auf den Tisch pflanzten. Von Vetter Carl gingen damals auch noch Sagen seiner Urwüchsigkeit um. Am berühmtesten war allerdings eine andere Geschichte, der er den Namen Carlchen Laupp verdankte: er soll sich eines abends im Vorbau des Schaufensters dieser Buchhandlung schlafen gelegt haben, die Kleider ordentlich aufgebaut daneben.

Im Mittelpunkt des Corpsleben stand das Fechten und, sehr erfreulicherweise, der Genuß der herrlichen Umgebung auf »Schneftern« (Spaziergänge) mit »Fuchsschläuchen«, d.h. kleinen Schikanen, um die armen Füchse außer Atem zu bringen, vor schwierige Sprünge oder dergleichen zu stellen und ihren Mut zu schulen, und, auf dem Gipfel der Freuden, den sonntäglichen Jagdwagenfahrten. Letztere führten uns weit ins Land hinein, mit selbstkutschierten Gefährten und edlen Rössern, die danach ausgewählt schienen, die Strapazen weinseeliger Heimfahrten nebst zahlreichen Stürzen und Unfällen einigermaßen zu überstehen. Auf diese Art oder auch mit der Bahn und zu Fuß erreichten wir alle schönen Punkte der Alb, Urach, den Hohenzollern, vor allem den geliebten Lichtenstein samt Forellen mit Eierkartoffeln in Honau, den Roßberg, den auf der traditionell verregneten Himmelfahrtsexpedition erreichten Hohenneuffen und all die anheimelnden Wein- und Bierdörfer auf »ingen«, die Tübingen umgeben, bis nach Niedernau und anderen Plätzen im nahen Schwarzwald. Von den schwefelhaltigen Brunnen in Niedernau mußten Füchse und Corpshunde gleichmäßig trinken. Aus der näheren Umgebung sind Hohenentringen und die Wurmlinger Kapelle (»Droben steht die Kapelle«), nach der man auch eine schrecklich blasende und fiedelnde Staats»kapelle« benamst hatte, zu erwähnen; Lustenau, wo ein wenig schönes Bier gebraut wurde und wo einer unserer ältesten Corpsbrüder, Zimmermann, Vater eines kleinen »Zi«, späteren Berliner Anwalts, zu unserer Zeit Pfarrer war, gehörte eigentlich schon zu Tübingen.

Engste Nachbarschaft war das königliche Jagdschloß Bebenhausen, das für uns besondere Bedeutung hatte, weil dort im Sommer meist das Königspaar residierte[13], mit ihm der rauhe und trinkfeste Göttinger Corpsbruder des Königs, der Hannoveraner Freiherr von Plato, der auch unser Band besaß, als Oberjägermeister. Letzterer besuchte oft unsere Kneipe und, was wir, d.h. die gut erzogenen Elemente der Suevia, weniger schätzten, auch seine unternehmungslustige Gattin nebst Tochter und Erzieherin ebenfalls, und zwar sogar auf der hemdsärmelig rauhen Ratstube. Der Ton, der dabei einriß, veranlaßte uns später, als »regierendes« Semester diesen Verkehr einzustellen. Eine besondere Huldigung brachten wir im dritten Semester einmal Platos dar. Einige von uns, die die Eltern eines Fuchses, der später selbst Oberlandesgerichtspräsident wurde, nämlich einen hohen mecklenburgischen Richter Burmeister mit Gemahlin, sehr früh morgens auf die Bahn bringen wollten, verzichteten aufs Bett, marschierten zu früher Morgenstunde zunächst nach Bebenhausen und vollführten vor Platos ein Ständchen in Gestalt eines geradezu höllischen Lärms. Plato scheuchte uns im Nachtgewand davon; auf dem Bahnhof machten wir leider dem alten Burmeister einen sehr schlechten Eindruck. Da ich gerade bei solchen Untaten bin, so muß ich noch unser gelegentliches Leiblokal, den Bäck' (Bäcker) Konz erwähnen, in polizeilichen Strafmandaten zu unserem Erstaunen die »Wirtschaft zum Pfauen« genannt, den wir bei besonders guter Laune nach der Kneipe aufsuchten. Da gings hoch her. Wir sahen dem Bäcker beim Backen zu, tranken einen schweren Wein, aßen frische Brötchen und ließen vor allem die Schweine und Hühner in das Gastzimmer, in dem sich ein Tenier'sches Treiben entwickelte.

Das einzige Mal im Jahr, da eine gewisse Verbrüderung der verschiedenartigen Korporationen, d.h. der schlagenden – von den anderen, vor allem den katholischen, hielt man sich zurück –

stattfand, war Fastnacht, für die sich jede große Verbindung irgendeinen Sammelgedanken zur Darstellung (wie z. B. als Pierrots) wählte und dann auf einem vollgestopften Wagen den Umzug mitmachte. Um noch einmal auf Bebenhausen zu kommen, so lud uns der König gelegentlich zu einer Kneipe im Refektorium des alten Klosters ein, bei der mit dem gemütlichen Herrn ein ungezwungen frischer Ton herrschte. Er trug die rote Mütze und trank auch Bierjungen.[14] Als einmal der erste Chargierte einen solchen zwischen zwei starken Parteien zu Gunsten der des Königs entschied, brüllte der alte Plato mit Stentorstimme: »Du bist ein Höfling, Du bist nicht furchtlos und treu.«

Die sehr gut aussehende Königin Charlotte fuhr oft im Schönbuch spazieren. Da viele von uns ritten, andere (weniger bemittelte wie ich) gelegentlich Dogcart fuhren, kam es häufig zu Begegnungen, bei denen wir regelmäßig im scharfen Anhalten des Wägelchens hintenüberfielen, bis die Königin, die jedesmal Mühe hatte, das Lachen zu verbeißen, uns davon dispensierte. Einmal erschien sie mit ihrer Schwägerin Schaumburg-Lippe plötzlich auf dem Haus, als der erste Chargierte Fontaine und ich uns gerade in den »Wichs« mit hohen Stiefeln usw. warfen.[15] Halbfertig erregten wir in dieser Aufmachung ihre heitere Bewunderung; wir mußten ihnen das ganze Haus zeigen, vor allem alles, wovon ihnen »Wilhelm« und »Max«, der Prinz Schaumburg, gleichfalls Corpsbruder, erzählt hatten.

Das Fechten mit Universitätshauboden morgens früh, mittags und oft auch gegen Abend mit kürzeren Hauboden auf dem Hause bildete das Kernstück des Corpslebens. Ich hatte in Lausanne bereits bei Herrn Dufour und seinem französischen Gehilfen Fechtstunde genommen, beides zwar Lehrer, die besser mit dem Degen als dem Rapier umzugehen wußten, aber doch mit einigem Erfolg, so daß ich meinen Konsemestern etwas voraus war. Dem, sowie meinem langen Arm und meiner sich allmählich entwikkelnden Kraft verdanke ich, daß ich im zweiten Semester erster (im November) Corpsbursche und bei dem Mangel an Leuten in dieser Generation alsbald Zweiter (d. h. Fechtwart) wurde. Fontaine wurde Fuchsmajor und im dritten Semester Erster, wozu er alle Eigenschaften besaß. Reibnitz wurde Dritter im dritten Semester, d. h. der Finanzverwalter, auch Corpsjude genannt; infolge einer Mensur, die er etwas nervös bald nach dem Tode seines Vaters zu fechten hatte, verlor er die Charge, wurde durch Gernet ersetzt und mußte, wie das damals üblich war, ein viertes Semester bleiben, eine »Strafe« mehr für zahlende Eltern als für den Betroffenen.

Die Beurteilung der Mensuren durch die Corpsburschen ist – und oft sicher mit Recht – viel kritisiert worden. Die Maßstäbe waren nicht selten starr, und die Fähigkeit der jungen Leute, die »moralische« Seite zu beurteilen, sicherlich begrenzt. Schwere Fehlgriffe habe ich aber nicht erlebt. Richtig ist, daß das Fecht*system* nicht ideal, sondern reichlich verkrampft war. Indessen sind alle Versuche, es zu ändern, vergeblich geblieben: eine den Mut scharf auf die Probe stellende, also mit Gefahren verbundene Methode ist eben schwer mit der Sicherung gegen wirklich schwere Verletzungen zu vereinen.

Ich habe achtmal gefochten, die Regel war neunmal, viermal vor der Rezeption, das letzte Mal von einem sehr starken Fechter der Rhenanen, Steckner, schnell erledigt; viermal als Bursche, darunter zweimal in den damals üblichen, auf irgendeiner Streiterei beruhenden »PP Suiten« gegen ein anderes Corps, diesmal die Franken, in meiner Eigenschaft als Zweiter, das eine Mal als »Sieger«.[16] Auf der letzten Mensur wurde ich von einem Tübinger Preußen namens Dittler so schwer »abgestochen«, daß ich nicht mehr vor Schluß des Semesters fechten konnte. Alle diese Mensuren waren Bestimmungsmensuren, d. h. von den Fechtwarten der Corps ausgemacht, was oft nicht ganz einfach war. Gefochten wurde »geheim«, in Wahrheit völlig öffentlich im »Waldhörnle« draußen vor der Stadt, eine trotz allen Blutes und Schlägerklangs recht friedlich-romantische Angelegenheit. Das Flicken war freilich ein großer »Schlauch«, bei den Unterbindungen hörte man die Engel im Himmel pfeifen, auch wenn es der gute Paukarzt Dr. Kraus sehr gut machte. Leider wurden manchmal die eifrigen inaktiven Mediziner auf uns losgelassen, das war schlimm! Häufig habe ich mich auch als Sekundant betätigt, was eine besonders auszubildende Kunst im Decken des Paukanten nach erhaltenen »Blutigen« und gegen kommentswidrige Hiebe erforderte.

Den Höhepunkt der Aktivität bildete das dritte Semester, da wir die Herren waren. Neue Füchse zogen ein. Wir lebten viel, aber doch nicht ausschließlich auf dem schönen Hause, auf dem ich mit Fontaine und Reibnitz, später Gernet und dem F.M. [Fuchsmajor], dem biederen treuen Arnim auch wohnte. Abends wurde dort in sehr fideler Weise meist gegessen, mittags in der Stadt, wo wir auch nachmittags einen Vesperschoppen machten; Frühschoppen kamen allmählich ganz ab. Als Lokale standen der Ochse, der Gasthof Schlagenhauff, die Neckarmüllerei, die das Corps später erwarb und die ein Opfer der unsinnigen Fliegerangriffe auf Tübingen wurde, der Prinz Karl unter anderen im Vordergrunde. Im letzteren aßen wir sehr schlecht zu Mittag, was Herrn Ocker, dem Wirt, fast täglich lebhaft dargelegt und durch Schütten von Pfeffer in das Viertel untrinkbaren Rotweins als Schutz gegen Wiederverwendung demonstriert wurde. Der beste Gasthof war das »Lamm« am Markt, sowie die »Traube« nahe der Universität.

Das Sommersemester erfuhr für mich eine unterhaltende Unterbrechung, indem ich – mit Albracht – als Delegierter des Corps zum S.C. [Senioren Convent] nach Kösen ging. Dort wurde viel debattiert und Lichtenhainer getrunken. Es gab viel Flirtereien und Eifersüchteleien unter den Corps; wir »seichten« zum Zorn der Westfalen viel mit den Heidelberger Vandalen. Die Krone der Tage bildete der Marsch zu den Denkmälern auf der Rudelsburg, vor allem dem schwungvollen Bismarck-Denkmal, das ich immer geliebt habe. Der sogenannte Fuchssturm auf die Rudelsburg, der mit Güssen von Lichtenhainer abgewehrt und vom Bürgertum schwer kritisiert wurde, war eigentlich nur noch eine Form, die Überlieferung zu wahren. Als junger »alter Herr« habe ich 1903, von Jüterbog aus, noch einmal Tübingen und Suevia in Kösen vertreten. Ich kam mir als geriebener Jurist vor und erzielte in der

Debatte große Erfolge gegen Leute, die noch weniger davon verstanden als ich, vor allem Mediziner!

Während der Aktivität war mir die Persönlichkeit des Ersten der Sachsen-Preußen, Wilhelm Arnim, in Kösen aufgefallen, mit dem ich mich später – durch meine Frau – anfreundete und der leider während des zweiten Weltkrieges in Berlin mit seiner Frau durch Fliegerbomben tragisch zugrunde ging. Von ihm, der ebenso fromm wie »bierehrlich« war, erzählte man, daß ihn Corpsbrüder eines Tages, schief geladen, auf seine Bude brachten, die mit Bibelsprüchen reich verziert war. Dies fuhr ihm in die Natur: er raffte sich zusammen, nahm Haltung ein und grüßte ernsten Gesichts jeden einzelnen Spruch militärisch.

Vom Standpunkt des Corps war der Höhepunkt, dem unser drittes Semester zustrebte, das siebzigste Stiftungsfest. Hunderte von Alten Herren wurden dazu erwartet, die Vorbereitungen kosteten eine heillose Arbeit, und der Inaktive Johann Heinrich Wichern, der vortreffliche Enkel des großen Hamburger sozialen Arbeiters, der sein letztes medizinisches Semester in Tübingen unter der Ägide unseres hervorragenden Corpsbruders Bruns verbrachte, »schlauchte« uns dazu tüchtig, vor allem auch in später Stunde durch endlose uns alle auf der Kneipe festhaltende philosophische Debatten mit Fontaine. Das Fest lief schließlich in überaus glanzvoller Weise vom Stapel. Der König nahm am Kommers teil, ebenso das Offizierkorps des Tübinger Infanterieregiments mit der höchsten Hausnummer 180 und viele Offiziere der württembergischen Kavallerieregimenter, besonders der Ludwigsburger Dragoner, bei denen ebenso wie bei 180, viele Schwaben ihrer Dienstpflicht genügten. In schönster Erinnerung ist mir der weise, abgewogene Trinkspruch unseres Corpsbruders, des alten Mittnacht, Bismarcks Mitarbeiter an der deutschen Einheit, auf das deutsche Studententum. Auch der Corpsbruder Brunck, Mitgründer der deutschen chemischen Weltindustrie in Ludwigshafen, war dabei und sprach eindrucksvoll. Das ganze war ein Bild besten, stärksten deutschen Wesens.

Es wäre noch viel zu erzählen vom lieben Tübingen, und dabei habe ich das doch eigentlich Wichtigste noch gar nicht erwähnt, die Alma Mater Eberhardo Carolina. Im ersten Semester habe ich noch ganz fleißig studiert, beim alten Franklin und Thudichum, bei Rümelin und Wendt, gelegentlich auch beim Universitätskanzler, dem Volkswirtschaftler Schönberg, dessen Sohn bei uns Fuchs war. Unsere Übungsarbeiten machten wir gemeinsam auf dem Hause; ich galt dank Lausanne als großer Jurist. Die Methode war, im alphabetischen Verzeichnis des BGB den vorkommenden Kunstausdruck aufzuschlagen und dann als Maultier im Nebel den Weg zu suchen: Erfolg war besser als gehofft. Im dritten Semester betrat ich die Universität nur einmal, nämlich als ich in ihrer Nähe ein menschliches Rühren spürte und den betreffenden Zufluchtsort aufsuchte. Dagegen waren Reibnitz und ich als eifrige Politiker treue Besucher des »Museums«, der Universitätslesegesellschaft, d.h. ihres Zeitungssaals. Immerhin war der Erfolg bescheiden: als wir aus Tübingen in Norddeutschland ankamen, begrüßte uns jemand mit der Nachricht, Terlinden sei gefangen genommen worden. Wir bemerkten bedauernd: »Die armen Buren!«, um dahin belehrt zu werden, daß es sich um einen großen betrügerischen Hochstapler handele.

In die Kirche ging »man« als aktiver Corpsstudent nicht. Als Reibnitz und ich trotzdem den gestrengen Fuchsmajor fragten, ob wir am Gottesdienst der Stiftskirche teilnehmen könnten, erwiderte er ziemlich geringschätzig lächelnd: »Dann aber bitte im Bummel!« D.h. ohne Farben! Welcher Gegensatz gegen die Auffassung einer neuen Zeit, als wir 1931 inmitten der großen Wirtschaftskrise ein Dutzend Jahre nach Versailles das hundertjährige Stiftungsfest feierten, bei dem ich die Festrede hielt: Es fand unter starker Teilnahme der Bevölkerung in Gegenwart der Königinwitwe ein Festgottesdienst in der Stiftskirche statt, bei dem die Fahnen des Corps am Altar Aufstellung fanden, ein Corpsbruder predigte und ein anderer von der Empore geistliche Gesänge vortrug. Die Stimmung war ernst, fest und harmonisch. Wenige Jahre später nahm das Corpsleben im Sturm der Ereignisse ein Ende.

Bei einer der letzten Kneipen meiner Aktivität war der alte Franklin unser Gast. Auf die Begrüßung antwortete er, für uns habe immer das Cäsar- (oder Tacitus?)-Wort gegolten: Gens Sueborum splendida, woran er einige humorvolle Ermahnungen, das Studium nicht ganz zu vergessen, fügte. Ja, sie war splendida, die Suevia, nehmt alles nur in allem, splendida und für mich fruchtbar war die Zeit der Aktivität im geliebten Tübingen, das ich, von echten Tränen naß, im August 1901 so verließ wie niemals wieder eine andere Stadt.

3. Student in Berlin; Referendar in Jüterbog; Soldat; Referendar in Berlin

Der letzte »Schmiß« hatte mich viel Blut verlieren lassen.[1] Ich sah elend aus und wurde von dem mitleidigen Vater eines Corpbruders, Mülhens, aus der bekannten Kölner Eau de Cologne-Familie, eingeladen, mich in seinem Haus in Eltville am Rhein zu erholen. Dies geschah, und ich hatte in der am Rhein gelegenen Villa St. Georg herrliche Tage, mit Baden im Rhein und Ausflügen den Strom hinauf und hinunter. Ich lernte den Rhein eigentlich damals erst kennen, bis nach Ems und nach Limburg an der Lahn, dessen Dom wohl die erste Kirche war, die mir architektonisch großen Eindruck machte. Nur Mücken gab es in der schönen Villa viele, und ich schlief zum ersten Male unter einem Moskitonetz. Im übrigen war ich immer noch ein sehr schüchterner junger Mann, vor allem den Mädchen gegenüber: als ich eines Morgens zum Frühstück herunterkam, fand ich im Eßzimmer die Tochter des Hauses mit einer Freundin vor; ich begrüßte sie, errötete bis unter die Haarwurzeln und brachte kein weiteres Wort heraus, während die beiden Mädchen vor Lachen berstend schließlich das Zimmer räumten. Von Eltville aus machte ich noch Fränzchen Reden in Frankfurt einen Besuch. Seine Mutter, auch eine geborene Reden, hatte meinen Vater als Leutnant gekannt und meinte lächelnd, in Erinnerung verloren, so hübsch wie er sei ich freilich nicht, was ich ergeben hinnahm.

Corpsbrüderliche Besuche habe ich später noch in Hamburg

bei Gernet gemacht und diese Stadt dabei kennengelernt, ebenso mehrfach bei Fontaine in Wülfel, das allmählich von der Stadt Hannover immer mehr umschlossen wurde. Es war ein reizendes Haus, in dem wir einmal einen großen Ball feierten, der mehrere Corpsbrüder zusammenführte und so ein richtiges lustiges Landfest wurde. Wir räumten unter den trink- und eßbaren Vorräten tüchtig auf und zitierten morgens im Garten schmetternd die Fuhrmannszene aus Heinrich IV., im Hinblick auf den Mangel eines nützlichen Geräts in meinem Zimmer.[2]

Zwei jüngere Schwestern waren sehr anziehende Mädchen, während die ältere, Gattin des damaligen Hauptmanns, späteren Feldmarschalls Keitel, schon über unsere Generation erhaben war. Die Eltern Fontaine waren stattliche – er trotz seiner wohl französischen Herkunft – echt niedersächsische Leute, der Vater mit prächtigem Vollbart und schmunzelndem Humor ausgestattet. Zu Gernet kam ich übrigens von Onkel William aus Clüversborstel, wo ich meinen ersten Hasen schoß und zum ersten und letzten Mal im Leben bei dem Jagdaufseher einen Vorderlader in Funktion sah![3] Von Clüversborstel werde ich später erzählen.

In Berlin stürzte ich mich in die Arbeit, weniger in den Kollegs, von denen mir das des Balten Schwarz am besten gefiel, als zu Hause. Daneben wirkten an der Berliner Universität noch viele große Figuren, bei denen ich teilweise – nicht sehr eifrig – hörte, so Gierke und Brunner, der Rechtsphilosoph Kohler, der wie der Große Kurfürst aussah, Kipp und Dernburg, der schon alt aber noch sehr geistvoll seine Übungen mit einem Assistenten hielt, sowie der auch schon recht betagte, sehr überlaufene Adolf Wagner. Ein unsympathischer, schon physisch abstoßender, aber intelligenter Lehrer war der Jurist, Professor Preuss, bei dem ich Verwaltungsrecht hörte. Er vertrat in seinen Vorlesungen manche Gedanken, die er später in der Weimarer Verfassung niedergelegt hat. Preuss war ein typischer »Konstrukteur« aus der Theorie heraus, nicht ohne Geist, aber ohne inneren Zusammenhang mit dem deutschen Volkstum und seiner Geschichte. Im Gegensatz zu den meisten Corpsbrüdern nahm ich kein Repetitorium, weil ich stets während der Ferien gearbeitet hatte und daher juristisch nicht so gänzlich jungfräulich geblieben war.

Die Erinnerung an das Corps wurde Sonnabends auf Schwabenabenden im Spaten gepflegt; ich erlangte auf ihnen allmählich eine gewisse Berühmtheit, indem ich, nicht zur vollen Freude der Älteren, besonders am Abend nach dem alljährlichen sehr hübschen Stiftungsfestessen im Hotel Savoy, die Jugend zu lärmender Betätigung ihrer Lebenslust ermunterte. Wir sangen als Leiblied »In des Waldes finstren Gründen« in allen Sprachen, die aber nur durch Endungen (lateinisch: In des Wald*us* finstr*us* Gründ*us*) markiert wurden, und ich schwang als Zeichen meiner Gewalt den zum Anschlagen des Fasses dienenden Hammer, den ich zu Thors Hammer erklärte: »Wir sind von des Hammergottes Geschlecht und wollen das Weltreich erben!«

Immerhin – die Arbeit stand doch im Vordergrunde. Zum Schluß des zweiten Berliner Semesters nahm ich, um mich ans Fragen zu gewöhnen, ein Examinatorium bei dem sicher jüdischen, hochintelligenten Panofsky. Man behauptete, er habe den Justizdienst verlassen müssen, weil er ein Brunnersches Kolleg-heft als eigenes Buch herausgegeben hätte. Jedenfalls traute man ihm vieles zu. Ein Teil seiner Schüler (ich nicht) ging im Sommer mit ihm ins Riesengebirge, wo ziemlich viel getrunken und gespielt wurde. Man behauptete, jemand habe absichtlich zwei Mark neben sich auf die Bank gelegt und plötzlich gefragt: »Wo kommen denn die zwei Mark her?«, worauf Panofsky sie schnell mit den Worten ergriffen habe: »Das sind meine!« Merkwürdigerweise war er ein Goetheverächter, den er den Chemiker-Dichter nannte und unter Wilhelm Busch stellte, und ein großer Bismarckverehrer; er erklärte, seit dem 20. März 1890 gebe es keine deutsche Geschichte, und wenn er etwas zu bestimmen hätte, so würde er Seiner Majestät raten, diejenigen aufzuhängen, die ihm die Entlassung geraten hätten. Bei diesen Worten machte er stets eine höfliche Verbeugung zu einem vor ihm sitzenden Studenten Mirbach, Sohn des Oberhofmeisters (der in diesem Verdacht stand), und sagte: »Pardon, Herr Baron!«

Kurz vor dem Examen befiel mich ein Zahngeschwür mit Fieber, das geschnitten werden mußte und alles in Frage stellte. Schließlich zog ich mit dicker Backe ins Examen, das vom Senatspräsidenten Schäpers abgehalten wurde. Zugelassene Anwärter durften den Prüfungen vorher beiwohnen, so daß man einige Ahnung von dem Verlangten und vor allem den Eigenarten der Prüfer hatte. Damals mußte noch aus den Pandekten übersetzt werden, wobei schon erstaunliche Geschichten geschahen.[4] Einer hatte eine der vielen Stellen, die mit Labeo inquit beginnen. Er übersetzte: »Ich falle, sagte er«, und der Examinator: »Sie sind schon gefallen!« Bei mir hatte der Professor sich beim Notieren der Stelle geirrt. Es gelang mir in den zur Vorbereitung gegebenen Minuten nicht, irgendeinen Sinn zu finden. Erfreulicherweise ging das dem Prüfer ebenso. Wir stocherten eine Weile daran herum, bis der Vorsitzende, der sicherlich auch nichts verstand, sich wohl mehr des Professors als meiner erbarmte und einen Wink gab, die Sache abzubrechen. Da ich eine gute Arbeit über die Solidarobligationen gemacht hatte, bestand ich – im Grunde überrascht – am 3. Januar 1903 mit »gut«.

Ich wurde, worauf wir uns etwas Besonderes einbildeten, zum Kammergerichtsreferendar ernannt und bat für die erste Amtsgerichtsstation um einen Ort nicht zu weit von Berlin. Die Wahl fiel auf Jüterbog, was mir insofern bequem lag, als meine Eltern bald nach dem Examen in ein nettes, nur von drei Parteien bewohntes Häuschen in Zehlendorf (Ecke Alsen- und Querstraße), nicht weit von der Krummen Lanke zogen. Ich konnte von dort auch mit dem Rade, allerdings in ziemlich langer Fahrt, nach Jüterbog gelangen, wenn ich zum Wochenende zu Hause war.

Jüterbog war ein altes märkisches Städtchen mit schönen Toren samt der Keule mit dem harten Spruch: »Wer seinen Kindern giebt das Brot, und leidet nachher selber Not, den schlagt mit dieser Keule tot!« Die Krone bildete das mittelalterliche Rathaus, in dem außer der Verwaltung auch das Amtsgericht untergebracht war. Dahinter lag das Hotel Herold, in dem zahlreiche Beamte der Justiz-, Bau- und anderen Verwaltungen mittags ihren Tisch hatten, davor dagegen der feinere »Löwe«, in dem die Herren vom Landratsamt, darunter mein Corpsbruder Cajus Rantzau, speisten. Der Herr Regierungsassessor lud mich – und nach sechs Monaten auch Reibnitz, als dieser gleichfalls die edle Stadt heimsuchte – manchmal zu einer Bowle oder dergleichen ein; auch unabhängig davon entwischten wir gelegentlich aus dem spießigen Herold in die Löwenatmosphäre. Landrat war ein Herr von Cossel, in dessen Haus wir etwas verkehrten, zumal er eine niedliche Tochter hatte. Ich wohnte bei einem kleinen Kaufmann Holmig, sehr billig, einfach und nett. Vater und Mutter Holmig nahmen sich sehr rührend meiner an; im Laufe der Zeit klagte Mutter Holmig sehr, daß ich immer unsolider geworden sei, besonders seit der »Kollege«, nämlich Reibnitz, erschienen wäre.

Der erste Richter war der schon ältliche und sehr taube Amtsgerichtsrat Ilberg, ein Bruder des kaiserlichen Leibarztes. Er saß, auch wenn er, wie meist, allein arbeitete, im großen Sitzungssaal auf der Estrade, ein merkwürdiger Geschmack. Einmal erschien bei ihm ein Mann im blauen Overall mit einer Leiter und erklärte, beauftragt zu sein, die große Regulatoruhr zum Ausbessern zu holen, was ihm gewährt wurde. Er verschwand mit seinem Schatz auf Nimmerwiedersehen. Für einen Gerichtssaal eine gute Leistung! Der zweite Richter war mein eigentlicher Chef, der Amtsgerichtsrat Vogel, ein liebenswürdiger, beweglicher Mann, von dem ich später noch zu erzählen haben werde. Er wurde bald versetzt, und es kamen wechselnde Assessoren, der tüchtige Steinhart und ein Dr. Jaffé, der seinen Fuchs mitbrachte; ich unternahm mit ihm, er zu Pferd, ich zu Rad, als sonderbares Paar Touren in die Umgebung. Das letztere taten wir auch sonst, besonders zu einer Mühle oder Försterei auf halbem Wege nach Luckenwalde, wo uns ein Mädchen mit »Brombeeraugen« lockte.

Ein häufiges Ziel war das schöne Kloster Zinna. Hier trafen wir im Kruge gelegentlich auf die Strickstube der Dorfmädchen, die anschließend mit ihren Burschen ein Tänzchen machten; hieran beteiligten wir uns. Die Mädchen stellten ihre Pantoffeln an die Wand und tanzten auf ihren dicken grauen Wollstrümpfen. Nach dem Tanz um Wünsche befragt, erklärten sie meist: »En rechten Söten«, das hieß einen süßen Himbeerschnaps.

Häufig machten wir auf einem Landgut in der Nähe abendliche Besuche, weil der Inspektor R. an unserem Stammtisch verkehrte. Man behauptete, daß er nicht nur das Gut, sondern anstelle des schwächlichen Besitzers auch die Frau sowie selbstverständlich die hübschen Mägde mitverwaltete. Er imponierte uns dadurch einmal sehr, daß er, als infolge einer Unvorsichtigkeit die Flammen über einer Spirituslampe hochschlugen, entschlossen den Finger auf das offene Gießloch drückte und dadurch Schlimmeres verhütete.

Außer mir und später Reibnitz erinnere ich zwei Referendare, einen kleinen Juden Michaelis, der mir als erster, übrigens nationaler, z.B. kolonialfreundlicher Sozialdemokrat begegnete und mich zum jahrelangen Leser der reformerischen »Sozialistischen Monatshefte« sowie der »Sozialen Praxis« machte. Es war die Zeit, da ich immer stärker die Schärfe des sozialen Problems zu fühlen begann.

Mein Vater ermunterte mich, wofür ich ihm immer dankbar geblieben bin, früh zur Schriftstellerei, zunächst in Gestalt von Bücherbesprechungen in der von ihm geleiteten »Konservativen Monatsschrift«, eine Methode, durch die ich nicht nur schreiben, sondern auch viele sehr verschiedenartige Gebiete kennenlernte, z.B. die Calderónschen Werke einerseits, soziale Erscheinungen wie die Freesische Gewinnbeteiligung andererseits.[5] Mein erster Aufsatz erschien unter dem später wiederaufgenommenen Schriftstellernamen Christian Augustin, da ich außer Ulrich nach meinen Großvätern Christian und August hieß. Er behandelte in begeisterter Weise Carlyle, der jahrelang einen großen Einfluß auf mich ausübte.[6] Eine Wiedergabe des bekannten Portraits von Whistler hat mich stets auf unseren Wanderungen begleitet.

Reibnitz und ich erkannten immer stärker die Notwendigkeit, die soziale Frage in neuem Geiste anzupacken. Unser Interesse galt deshalb den Bestrebungen, wie sie in einer neuen Parteigruppe, der Wirtschaftlichen Vereinigung, im Reichstage von

Deutsch-Sozialen und Christlich-Sozialen vertreten wurden, vor allem durch einen jungen, leider früh verstorbenen Abgeordneten Grafen Reventlow. Wir besuchten in Berlin Stöckersche Versammlungen; der Mann beeindruckte uns politisch stark. Persönlich lernte ich ihn mit meinem Vater an einem Abend bei Dietrich von Oertzen kennen; er gefiel mir menschlich nur mit Vorbehalt.

Neben der sozialen Frage beschäftigten mich jetzt und in den folgenden Jahren vor allem zwei: zunächst eine innenpolitische, nämlich der Gedanke der »Ineffektivität« des parlamentarischen Systems. Ich begann auch schon in diesen jungen Jahren mich tief in dieses Problem zu versenken und kam dabei immer stärker auf die Lösung einer berufsständischen, also korporativen Organisation, über die ich anfing alles Erreichbare zu lesen und selbst Pläne auszuarbeiten. Die zweite Frage war außenpolitischer Art und ging von dem sich allmählich kristallisierenden Gefühl aus, daß die Weltentwicklung in immer größeren Räumen trotz äußeren Glanzes in Wahrheit gegen das junge Reich und ebenso gegen den europäischen Kontinent lief. Als Heilmittel erschien mir der Gedanke der »Föderation«, um Deutschland herum; auch hierüber habe ich in den folgenden Jahren viel nachgedacht und Ausarbeitungen gemacht.

Ein anderer Referendar war ein Märker, wenn er auch den ostpreußischen Namen Backschat trug. Er wurde später Hofstaatssekretär, ein stolzer Titel, bei dem das »Staats« zu »Hof« und nicht zu »Sekretär« gehört. Er sprach das urtümlichste Märkisch, das ich je gehört habe, war aber ein schätzenswerter Kollege, weil er die Mark in jedem Winkel historisch und künstlerisch kannte. Besonders fesselten ihn die Glocken, und wir stiegen mit ihm auf die Türme, um die Inschriften in Wachs abzudrücken. Einmal führte er mich mit auf eine Fahrt des Märkischen Geschichtsvereins nach Wiepersdorf, wo ich einen tiefen Eindruck von der eigenartigen Atmosphäre des Arnimschen Hauses empfing.[7]

Unser Stammtisch umfaßte noch eine Anzahl Leute, deren Namen ich teilweise vergessen habe. Ein kluger, frischer Mann war der Architekt Sponholz, der später in Berlin, ich glaube mit

March, viel gebaut hat. Der Garnisonsbaumeister Ludwig und ebenso der Postdirektor in spe, Horn, nahmen später Reibnitz und mich in Tientsin und Peking sehr gastfreundlich auf.[8] In dem ziemlich stumpfen Jüterbog blieb uns nicht viel außer den abendlichen Gängen. Wir führten uns nachts nicht immer sehr gesittet auf; einmal empörten wir die morgens ihren Geschäften nachgehenden Jüterboger dadurch, daß sie die Gestalt des Heiligen Moritz am Rathaus an bestimmten kritischen Stellen golden angemalt fanden. Eine große Rolle spielte das bei der Bürgerschaft verrufene Haus der »Kathi«, übrigens eine interessante Persönlichkeit, die ihre Tochter in einer guten Pension untergebracht hatte und sie uns einmal als vollendete junge Dame vorstellte. Sehr peinlich wurde es, als ein beleidigter Gast eine Strafanzeige wegen Weinverschenkens gegen »Kathi« erstattet hatte, die keine Schankgerechtigkeit besaß. Die hohe Justiz in Gestalt der Referendare und andere Honoratioren waren der Staatsanwaltschaft als Zeugen benannt.

Mit viel Vergnügen denke ich an einen Scherz, den wir uns mit einem jungen Lehrer des Gymnasiums, Bunz, erlaubten, der auch zu unserm Stammtisch gehörte. Wir fabrizierten eine ordnungsgemäße Vorladung als Zeuge, für einen Termin natürlich mitten in der Zeit des Unterrichtes, wonach er in einem Rechtsstreit infolge einer Wette (wir rechneten zutreffend auf die juristische Unkenntnis des Armen) über den genauen Sinn einer Bibelstelle vernommen werden sollte. Er erschien auch pünktlich, lief aber unglücklicherweise dem Nachfolger Vogels, dem biederen Ostpreußen Hahn, in die Arme, dem er den Grund seines Erscheinens darlegte. Dieser begann gerade am Verstand des armen Bunz zu zweifeln, als es uns Herbeieilenden noch gerade rechtzeitig gelang, den Herrn Amtsgerichtsrat unter einem Vorwand aus dem Zimmer zu locken.

Die wirklich große Rolle in Jüterbog spielten aber nicht wir, sondern die Offiziere und Soldaten der benachbarten Artillerielager. Wir wurden gelegentlich auch in die Kasinos eingeladen. Besonders erfolgreich war ein Renntag, zu dem Reibnitz und ich, die

Lage verkennend, Gehrock und Zylinder angelegt hatten. Wir wurden daher prompt zu Stadtverordneten des (bekanntlich aus Attrappen bestehenden) Zieldorfs ernannt. Der Abend war sehr feuchtfröhlich und laut. Als ein in der Nähe des Gelages ruhender General seinen Adjutanten entsandte und eine Mäßigung des Lärmes erbat, erhob sich einer der Offiziere, indem er schmetternd ausführte, da der durch ein langes Leben geschwächte General um Ruhe bitte, schlage er vor, ein dreifaches Hurrah auf ihn auszubringen. Dies erhöhte die Stimmung ungemein, und der arme General entsandte verzweifelt, aber mit dem gleichen Erfolg, einen zweiten Boten. Erst die neue, sehr streng gewordene Sprache des dritten scheuchte uns in die Betten. »Uns« insofern, als man vorzog, uns nicht auf die lange Reise nach der Stadt (Autos gab es nicht) zu schicken, sondern im Lager unterzubringen. Ich schlief im Zimmer eines beim Rennen gestürzten, ins Lazarett überführten Offiziers und sehe noch heute vor mir das erstaunte Gesicht des Burschen, der morgens einen Fremden im Bett seines Herrn und dessen Zylinder, zum Löschen verwendet, auf der Petroleumlampe fand.

Zu den Regimentern, die in Jüterbog übten, gehörte auch das schöne 18. Feldartillerieregiment aus Frankfurt an der Oder, in dem Erich Windels, Bruder verschiedener Tübinger Schwaben, als aktiver Offizier stand. Ich freundete mich sehr mit ihm an. Später sattelte er um, wurde Jurist und ging in den Auswärtigen Dienst. Während meiner letzten römischen Jahre war er Generalkonsul in Mailand. Sein Bruder Paul, später Landrat in Stargard, war Fuchs, als ich Zweiter Chargierter war.

Im Ganzen sehe ich auf Jüterbog nicht allzugern zurück. Es war eine etwas wüste Zeit, und Reibnitz und ich waren ganz froh, als sich der 1. Oktober nahte, an dem wir Soldat werden sollten. Infolge verschiedener persönlicher Beziehungen wählten wir das 2. Garderegiment zu Fuß in Berlin, das für sein gutes Reserveoffizierskorps bekannt war. Der Anfang war vielversprechend: die künftigen Einjährig-Freiwilligen der Berliner Infanterie wurden auf einem Exerzierplatz versammelt, aufgerufen und auf die einzelnen Regimenter verteilt, deren – zu unserer Ausbildung bestimmte – Unteroffiziere uns in Empfang nahmen und zur Kaserne brachten. Hier hielt der Sergeant Francke, ein Pommer vom Lande, ich glaube sogar aus dem Heimatdorf seines Kompaniechefs von Bandemer, eine kernige Ansprache, die mit den schönen Worten schloß: »Jeder von Euch, wo ick jetzt rankomme, nennt mir seinen dreckigten Namen!« Uns Referendaren oder sonst, wie wir meinten, schon ziemlich »arrivierten« Leuten war dieser Ton neu, er erregte aber nicht unsern Zorn, sondern unbändige Heiterkeit, die wiederum Francke in Erstaunen setzte. Der Sergeant hatte sich bei seinen Worten bestimmt nichts Böses gedacht, sondern nur zum Ausdruck bringen wollen, daß wir ein »Nichts« seien und von den Preußen erst zum Menschen gemacht werden würden.

Etwas im guten Sinne »Demokratischeres«, eine stärkere Volksgemeinschaft als die deutsche Wehrmacht, konnte es tatsächlich nicht geben. Man kann dem entgegenhalten, daß dieser Satz für das Offizierkorps insofern nicht gelte, als der Adel ausgesprochen bevorzugt worden sei. Das war in der Tat in gewissem Maße der Fall, und es sind in dieser Hinsicht Fehler begangen worden, die uns, d. h. Reibnitz und mir, übrigens damals durchaus klar waren. Nur lagen die Dinge gewiß nicht so, wie es die demokratische Agitation darstellen wollte. Zunächst kann man nicht bezweifeln, daß der Adel dank seiner Überlieferung ein ganz besonders geeignetes Material für den Offizier darstellte. Sodann war es durchaus natürlich, daß, besonders in einer Monarchie, sowohl die Abkömmlinge alter, dem Lande lange auch verbundener Familien, wie die Söhne und Enkel von Offizieren in Regimentern mit großer und alter Überlieferung eingestellt wurden. Das ergab sich dank der Auswahl durch die Kommandeure sozusagen automatisch. Vor allem bezieht sich das auf die Garde. Falsch war es, in ihr und, noch falscher, in den bevorzugten Provinzregimentern sowie in zahlreichen Kavallerieregimentern den Adel derart zu massieren, wie es geschah. Der erstrebte Zweck, Eliteregimenter, deren Wert unbestreitbar ist, zu schaffen, hätte sogar besser erreicht werden können, wenn ein höherer Anteil dieser Offizierkorps dem Bürgertum eingeräumt worden wäre. Es wäre nicht so schwer gewesen, trotzdem die Homogenität des Offizierkorps aufrechtzuerhalten. Durch Vorziehen von Adligen beim Befördern, besonders in hohe Stellungen, ist auch manches verfehlt worden. Bis zu einem gewissen Grade ist das freilich in allen Systemen der Welt unvermeidlich. Ein guter Weg war das Adeln von Generalen, also das Verjüngen des Adels durch einen neuen Schwertadel, sehr viel erfreulicher jedenfalls als das unter Kaiser Wilhelm II. daneben geübte Adeln reicher, aber sonst sehr ungeeigneter, zum Teil jüdischer Elemente. Im ganzen kann man vom Heere, das 1914 in den Krieg zog, wohl sagen: Es war gerade auch in seinem Offizierkorps das beste der Welt.

Das 2. Garderegiment war von jeher gerade wegen eines hochstehenden Offizierkorps berühmt; jeder Offizier war gehalten, das Examen zur Kriegsakademie zu versuchen. Hervorragende Heerführer, wie in letzter Zeit Bülow (der leider 1914 schon über die Höhe war) und Eichhorn waren aus ihm hervorgegangen. Als wir dienten, glaubten wir, so nett und frisch das Offizierkorps war, einen leisen Abstieg zu bemerken. Der Durchschnitt war nicht sehr hoch. Trotzdem war das Regiment und überhaupt die gesamte Gardeinfanterie, in der Unterschiede wohl nur noch zeitgebunden, d.h. »Kommandeurgebunden«, vorhanden waren, eine ausgezeichnete Truppe, in der sehr ernst und scharf gearbeitet wurde. Unter den unmittelbaren Vorgesetzten des Regiments waren gerade, schlichte, durchgebildete preußische Offizierstypen – wie der Führer einer Armeeabteilung im ersten Weltkrieg, General von Strantz, als Brigadekommandeur – von jener nicht sehr häufigen Art, die Zivilcourage mit militärischer Tapferkeit verband. Als einmal während einer Übung die Schwadron Garde du Corps des Kronprinzen unser Bataillon attackierte, hatte der eitle und nach oben schielende Bataillonskommandeur, der natürlich gleichzeitig ein großer »Schleifer« war, den schönen Gedanken, noch während des Gefechts dem Kronprinzen das Bataillon zur Stelle zu melden, worauf sich Strantz – vor dem letzteren – während der Kritik an den Major mit der Frage wendete: »Sagen Sie mal, Herr v..., melden Sie sich eigentlich im Felde auch jedem feindlichen Schwadronschef zur Stelle?«

Ein höllischer Betrieb herrschte in der Division und später im Corps, als Löwenfeld, wegen seines tollen Aussehens Isidor genannt, wegen seiner urwüchsigen Sprache ein Liebling des Kaisers, diese kommandierte. Im Manöver machte er sich den Spaß, die Bagagewagen halten zu lassen und unvorschriftsmäßig umfangreiches Gepäck von Offizieren kurzerhand in den Straßengraben werfen zu lassen. Ein Regimentskommandeur, an den ich gern denke, war der vornehme, bärenruhige Freiherr von Stein zu Nord- und Ostheim, der von der scharfpreußischen Art der meisten etwas abstach. Bei einer Kaiserparade verpaßte er im entscheidenden Augenblick das Zeichen für den besonderen Gardegriff »Zieht das Gewehr an!« vor dem Kaiser zu geben, wodurch eine heillose Verwirrung entstand; einige Kompaniechefs ließen ihn ausführen, andere nicht. Der Kaiser war böse und sagte, das werde er dem 2. Garderegiment nicht vergessen, worauf der sehr originelle frühere Kompaniechef im Regiment, damalige Flügeladjutant von Neumann-Cosel, schlagfertig erwiderte: »Aber Eure Majestät werden ihm den Tag von St. Privat auch nicht vergessen!«[9]

Stein hatte – natürlich – den vorgenannten Bataillonskommandeur besonders »gefressen«. Einmal schickte er einen Adjutanten nach vorn, wo der Major in der Schützenlinie herumwirtschaftete, und ließ ihn rufen, indem er zu den Umstehenden trocken sagte: »Ich will gar nichts von ihm, aber die da vorn sind froh, wenn sie ihn los sind!«

Natürlich gab es unter den Vorgesetzten des Regiments manche, die in der Tat ihren hohen Posten nur guten, tönenden Namen oder gesellschaftlichen Talenten verdankten, so der elegante und ebenso unfähige Brigadekommandeur v. B., über den wir alle lächelten, aber es waren Ausnahmen. Als ich eintrat, war Divisionskommandeur der spätere unglückliche Generalstabschef von Moltke.[10] Der riesige Mann verlor vor der Front fast die Fassung, als ein Einjähriger auf die Frage nach seinem Beruf geantwortet hatte »Kaufmann« und, um nähere Spezifikation ersucht, ein fröhliches »Reisender in Damenunterwäsche« hinausschmetterte. Regimentskommandeur war der gemütlich-dickliche Erbprinz, spätere Fürst Wilhelm von Hohenzollern (Sigmaringen), einer der größten Grundherren Deutschlands. Er war ein ordentlicher Soldat, aber kein großer Feldherr, der die Strategie mehr seinem Regimentsadjutanten Coelestin von Zitzewitz überließ und sich am wohlsten bei einer dicken Importe und einem Glas Pilsner fühlte.

Wir kamen in das I. Bataillon und gerieten leider schon bald mit dem Herrn Major in Konflikt, weil bei einer Waffenrevision bemerkt wurde, daß wir in nächtlicher Stunde eine Meinungsverschiedenheit mit den Seitengewehren aufeinander herumpaukend ausgetragen hatten. Wir bekamen vierzehn Tage Kasernenwohnen zudiktiert, während wir sonst unser Quartier in abscheulichen, oft verwanzten und mit übler Nachbarschaft gesegneten Wohnungen in der Friedrichstraße, Karlstraße usw. hatten. Mein Hauptmann, ein wahrer Ritter nach Art und Gesinnung, Herr von Bandemer, Chef der 2. Kompanie, die für ihn durchs Feuer ging, meinte schmunzelnd: »Der Major will ja durchaus, daß ich Sie in die Kaserne stecke, aber da Sie gut geschossen haben, können wir es wohl etwas verkürzen!« Wenn er auf seinem riesigen Rappen vor seiner Schar dahinritt, das war ein Bild besten Preußentums. Beim Parademarsch hatten die Kompanien mit einem gewissen Abstand anzutreten, der durch Zählen der Flügelunteroffiziere festgestellt wurde. Um in größerer Ruhe marschieren zu können, versuchte man schon früher anzutreten, indem man bei fünf anfing zu zählen oder schon bei siebzehn statt bei einundzwanzig frei weg kommandierte. Der Major bemerkte das und rief Bandemer zu: »Die 2. Kompanie ist schon wieder mit siebzehn Schritten angetreten!« Bandemer: »Zu Befehl, Herr Major!« Und zum Flügelunteroffizier Francke: »Wir marschieren wieder bei siebzehn!« Die Kompanie feixte und war hell begeistert.

Auch Reibnitz hatte in der 3. Kompanie das Glück, einen famosen alten Haudegen, Schleinitz, als Chef zu haben. Zuerst freilich taten wir nicht in den Kompanien Dienst, sondern die Einjährigen wurden besonders ausgebildet, und zwar von Oberleutnant Baron Collas und dem Sergeanten Francke tüchtig geschliffen. Collas hatte ein kleines Sonderwohlwollen für mich, das nur vorübergehend abnahm, als ich seinen militärischen Erwartungen, immer infolge meiner noch nicht ganz verschwundenen Zaghaftigkeit im Auftreten, nicht entsprach. Gerade der Militärdienst tat mir gut und beseitigte die letzten Spuren, so daß ich zwar nicht auf dem Exerzierplatz, aber im Felddienst ein ganz brauchbarer Soldat wurde. Ich schoß gut und erhielt, was bei einem Einjährigen sehr selten vorkam, die Schützenschnur.

Zuallererst wurden wir nicht in Uniform auf die Straße gelassen, weil man annahm, daß wir nicht grüßen könnten. Es war ein sonderbares Bild, wenn wir abends in Zivil die Kaserne verließen und die Offiziere mit ruckartig bis zum Knie heruntergezogenem Hut grüßen mußten. Aber das dauerte nicht lange. Der langsame Schritt machte meinen nicht sehr kräftigen Beinen Pein, so daß ich eine Art Knochenhautentzündung am Schienbein bekam. Ich biß unter Qualen die Zähne zusammen und hielt mit gelegentlicher Schonung durch, ohne mich krank zu melden. Dagegen bekam ich später im Dienst einen ohne Folgen vorübergehenden Lungenspitzenkatarrh, der mich wochenlang ins Lazarett und nachher zur Erholung nach Zehlendorf brachte. Die unfreiwillige, aber während des unangenehmen Kompanieexerzierens ganz sympathische Ruhe benutzte ich zu eifrigen volkswirtschaftlichen Studien. Im Lazarett hatte ich ein spaßhaftes Erlebnis. Im gleichen Zimmer mit mir lag ein Unteroffizier mit Gelenkrheumatismus. Er goß das ihm verordnete Salicyl stets in das Nachtgeschirr, während er eifrig den ihm von seiner Braut gebrachten Zitronensaft trank. Als er entlassen war, sagte der Oberstabsarzt triumphierend: »Sehen Sie, mein Lieber, die verachtete Salicylmedizin hat Sie doch gesund gemacht!« »Jawohl, Herr Oberstabsarzt!« Ein drolliges Bild im Lazarett war ein Simulant, der täglich, um ihm die Sache zu verleiden, Rizinus und fast nichts zu essen bekam. Flehend erbettelte er sich abends von den übrigen Kranken die Reste ihrer Mahlzeiten.

Einmal wurden wir so »geschliffen«, daß wir glaubten, unsere letzte Stunde sei gekommen, und zwar weil der »kleine Baron« sich nicht ganz ohne Grund geärgert hatte, als er Reibnitz und mich zusammen mit unserem guten, bei den Preußen gewonnenen ostpreußischen Freund Hans von Olfers abends in Zivil in der Bauernschänke traf, obwohl er Olfers am gleichen Tag aus gesundheitlichen Gründen einen freien Vormittag gewährt hatte. Neben dem Exerzieren hatten wir bei ihm und bei Francke Instruktion, bei letzterem reichlich subalterne, die uns oft heiter stimmte. Einmal, als er die Orden erklärte und verkündete, »Pour le mérite«, das heiße »Für dem Verdienste«, verließ uns die Fassung, und wir mußten zur Strafe die ganze Stunde stehen. Um so gemütlicher war die wichtige Putzstunde; während wir Knöpfe blankrieben, erzählten wir Francke allerhand Witze. Wir waren gerade bei den schönsten Versen des »Wirtshaus an der Lahn«, als die Tür aufging und Collas erschien. Aber mit eiserner Stirn und Stentorstimme meldete der Sergeant: »Ich instruiere grade über Gebührnisse.«

Am 1. April wurden wir, d.h. die zu Offizieraspiranten geeigneten, Gefreite und bekamen besonderen Unterricht, am 1. Juli Unteroffizier. Unter den Miteinjährigen freundeten wir uns wie gesagt vor allem mit Olfers an, dem Sohn jener hochkultivierten Familie, der auch Marie von Olfers entstammte. Die Freundschaft hielt fürs Leben. Leider wurde er nach schwerer Kriegsgefangenschaft in Frankreich von einem rheumatischen Leiden befallen, das den Armen schließlich fast völlig lähmte, treu gepflegt von seiner Frau (und Cousine) geborene von Batocki, der das berühmte Tharau gehört. Damals war er ein ausgelassener Junge, vielfach Anführer bei unseren Streichen und abendlichen Gelagen, vor allem aber stets verliebt. Unsere Stammkneipen waren in der Nähe der Kaserne Steinhard u. Hansen und Eggebrecht, wenn wir nämlich Geld in der Tasche hatten, sonst taten es auch einfache Bierhäuser. Unter den Einjährigen nenne ich noch Leisterer, Sohn eines Reserveoffiziers des Regimentes, ein netter Kerl und strammer Soldat, aussehend wie der gestiefelte Kater, dann die beiden Langen von der 1. Kompanie, Michelsen und Weidener. Ein schlechter Soldat, aber ein Philosoph und guter Kamerad war der bierehrliche Apotheker Diesfeld. Wir waren so lustig zusammen, daß wir zuweilen unerhörter Weise in der Kantine sangen, besonders das schöne Lied vom »Schneider aus Haslau« – Diesfelds Nationalhymne. Zum Schluß gab es ein großes Abschiedsfest zu Ehren von Collas, bei dem ich präsidierte und auf den kleinen Baron sprach.

Ein Erlebnis, das wir alle wohl nie vergessen werden, war das sogenannte Kaiserexerzieren im Mai, der Tag, an dem der Kaiser die Brigade (2. Garderegiment, 4. Garderegiment und Maikäfer-Gardefüsiliere, die wir stets mit lautem Gebrumme begrüßten, erwidert mit einem gedehnten, auf uns Hämmel gemünzten »Mäh«) in Döberitz exerzierte, zur Erinnerung an den Tag, da er sie als Kommandeur seinem todkranken Vater vorgeführt hatte, was Kaiser Friedrich, des Sprechens unfähig, mit den auf einen Zettel geschriebenen Worten »Zufrieden und eine große Freude empfunden!« anerkannt hatte.[11] Was an diesem Tage von Offizier und Mann verlangt wurde, spottet jeder Beschreibung. Der Ersatz des Regiments aus ganz Preußen, besonders stark aus Westfalen und vom Niederrhein, war ausgezeichnet. Trotzdem gestehe ich, daß ich zunächst, als ich zum ersten Mal, in der Kaserne wohnend oder im Lager Döberitz, ganz unter ihnen lebte, von der Niedrigkeit des Niveaus und der Enge der Interessen ganz erschlagen war. Auch das selbstverständliche Schimpfen auf Offiziere und Unteroffiziere nahm ich zuerst tragisch. Ganz allmählich bildete ich mir ein richtiges Bild und vermochte durch die rauhe Schale durchzusehen, auch die Ansprüche so herabzusetzen, wie es das Leben fordert. Ich erkannte dann den guten Kern und die absolute Zuverlässigkeit, wenn es ernst wurde. Mein Putzer Schmitz, ein Tambour, aus dem Rheinland stammend, ist später noch wieder in Verbindung mit mir gewesen. Weniger leicht war das sehr unterschiedlich zusammengesetzte Unteroffizierskorps zu beurteilen. Militärisch im Ganzen ausgezeichnet, enthielt es neben braven frischen Jungen wie Jorberg und Weiser auch unerfreuliche Elemente, teils rohe Landsknechte, teils Leute, deren Bauch ihr Gott war. Der Feldwebel der Kompanie, der dicke K., ließ sich z.B. von einem Einjährigen, der infolgedessen kaum Dienst tat, in schamloser Weise schmieren. Über die jungen Offiziere hatte ich damals kein rechtes Urteil, es wird Zeit sein, gelegentlich der Übungen von ihnen einiges zu erzählen.

Einmal mußten wir, als die Spandauer Garnison im Lager übte, in einer dortigen Kaserne Wachbataillon spielen, d.h. dauernd auf Posten ziehen und viel bimsen. Ich habe eine finstere Erinnerung an diese Geburtsstadt meiner guten Mutter. Eine erfreuliche Unterbrechung war dagegen das Lagerleben in Döberitz. Der Dienst war hart, geschah aber in der freien Natur, oft eine Art Indianerkrieg; in den Baracken ging es lustig zu, und wir Einjährigen feierten abends die Feste wie sie fielen.

Einen allerdings nicht-militärischen Höhepunkt hatte für uns das Dienstjahr, in dem wir einen kurzen Urlaub erhielten, um mit Militärfahrkarte für, ich glaube, etwa acht Mark nach Tübingen zu fahren. Dort war ein besonders nettes Semester, mit Erich Windels als Erstem am Ruder. Wir wurden in Schwabenbuden untergestopft und verlebten herrliche Tage. Zum Schluß gaben wir den Chargierten und unseren Gastfreunden ein Essen in der als Tübinger Schlemmersaal geltenden, uns von unserer Aktivität her wohlbekannten »Forelle«. Es gab ein vorzügliches kleines Diner, Suppe, Fisch, Braten und Süßspeise; die ganze Herrlichkeit kostete 1.65 Mark und die Bowle dazu in reichlichen Mengen meiner Erinnerung nach etwa 3 Mark für den Kopf. Das waren noch Preise!

Den letzten Akt des Dienstjahrs bildete das Kaiser-Manöver in Mecklenburg, in der Nähe von Waren und Schwerin. Es war eine anstrengende Sache, und die Quartiere ließen manchmal sehr zu wünschen übrig. Ein fast ununterbrochener nächtlicher Kampf mit Mäusen ist mir in schrecklicher Erinnerung. Auch das Biwakleben entbehrt für Unteroffiziere und Soldaten meist des sagenhaften poetischen Glanzes, sondern entpuppt sich oft als eine einzige große Schererei. Ausnahmen bestätigen die Regel. Wenn abends am damals noch ohne Sorgen vor Fliegern hoch emporlodernden Feuer ein sangeslustiger Elsässer Volksweisen seiner Heimat zu Gehör brachte oder morgens im Frühdunst der starke echte Kaffee aus den Kesseln dampfte, dann war man wieder »gern Soldat«. Einmal packte mich nach einem Marsch, der eher eine Wasserpartie darstellte, ein Erkältungsschauer, der so heftig war, daß es einer der Leutnants, von dem ich noch anderes zu berichten haben werde, bemerkte und er mir gutmütig eine große Tasse mit, wie er sagte, wärmendem Kaffee brachte. Sie war mit Sekt gefüllt und kam gerade zur rechten Zeit. Das Manöver führte uns bis nach Wismar, wo sich moderne und unmoderne militärische Bilder in schreiendem Kontrast gegenübertraten: auf der einen Seite griffen wir den Gegner zum Schluß mit fliegenden Fahnen an, die schmetternde Regimentsmusik und den schwer keuchenden, dicken, in Berlin höchst volkstümlichen Graf hinter den Linien, wie unter Friedrich dem Großen; wir mußten übrigens, da drüben der Kaiser führte, zurück, und ich fand mich schließlich als Begleitunteroffizier der Fahne des Bataillons mit im ganzen vier Fahnen vom 2. und 4. Garderegiment in einer grotesken Gruppe auf dem Rückzuge zusammen. Modern war dagegen die noch nie vorher geübte Zusammenarbeit mit der Flotte, die nach Quadraten schoß. Schleinitz fuhr nachher seine Kompanie, der ich mich als Nassauer anschloß, in einem Dampfboot auf die Reede hinaus, und so hatte ich zum ersten Mal den Anblick deutscher Geschwader.

Ich schließe hieran sofort einige Worte über die erste Übung, die wir einige Monate später als Unteroffiziere machten. Ihr Hauptteil bestand in der Teilnahme an einer in Döberitz aufgestellten Aspirantenkompanie, die also nur aus Unteroffizieren bestand. Ihr Kommandeur, der seine Sache militärisch und menschlich gleich hervorragend machte, war der Hauptmann Freiherr von Wangenheim vom 1. Garderegiment, später Hofmarschall irgendwo in Thüringen. Er hatte einige besonders tüchtige Vizefeldwebel der Gardeinfanterie und vor allem seinen eigenen Feldwebel mitgebracht. Man schliff uns gehörig, aber wir lernten auch etwas. Daneben gab es viel Budenzauber und gute Kameradschaft, unsererseits besonders mit den Gardeschützen, von denen mir der hübsche, stille Spee, später kriegsgefangen und mit meinem Schwager, den ich dort besuchte, im Haag interniert, der kleine Ribbeck (»aus Ribbeck im Havelland«), Dressler, der mit Feldmarschall Eichhorn in Kiew den Tod fand, und Rohrscheidt in Erinnerung sind.[12] Schwer hatte es mit uns rauhen Brüdern mein zum Regiment versetzter späterer guter Freund Eichhorn, der Sohn des Feldmarschalls, ein hervorragender eifriger Soldat und gelehrtes Haus, der am abendlichen Kneipen kein Vergnügen hatte und folglich von uns besonders aufs Korn genommen wurde.

Unter den Gardejägern befand sich ein tief-christlich gesinnter Mann, dessen Namen mir leider entfallen ist; mit ihm kam ich in Fühlung und hatte abendlich manch ernstes Gespräch mit ihm. Es gab nicht ganz wenige solcher, meist durch die Arbeit des Generals von Viebahn beeinflußten Offiziere; aber den Geist des Offizierkorps bestimmten sie nicht[13]; ein Brandenstein, der aus dieser Gesinnung in rein theoretischer Auseinandersetzung den Zweikampf verwarf, mußte den Abschied nehmen. Auch unter der Aspirantenschar gab es übrigens »Ehrenangelegenheiten«, bei einer wurde ich als Schiedsrichter gewählt und schaffte sie nach eigenem Komment stillschweigend aus der Welt.

Zum Schluß gab es ein großes Abschiedsfest, das aus irgendwelchen Gründen sinnvoller Weise auf den Abend mitten in die vom General von Lyncker in Gegenwart des Feldmarschalls von der Goltz-Pascha abgehaltene zweitägige Prüfung gelegt wurde. Die Stimmung schlug infolge der von Wangenheim geschaffenen Harmonie hohe Wellen, Wangenheim hatte das Ende auf neun festgesetzt, verschob es auf zehn und dann elf, um schließlich auf formelles Verlängern zu verzichten. Gegen Ende gab es eine Kavallerieattacke auf Stühlen. Es war unser aller Ehrensache, am frühen Morgen fast ohne Nachtruhe den uns sehr beeindruckenden alten Goltz nichts merken zu lassen, sondern das Beste zu leisten. So wurden wir Vizefeldwebel.

Ich kehrte nach der Dienstzeit noch einmal kurz nach Jüterbog zurück, um meine erste Amtsgerichtsstation zu beendigen. Dann begann die Berliner Referendarzeit mit ihren vorgeschriebenen Stationen. Wann und in welcher genauen Reihenfolge ich sie erledigt habe, weiß ich im einzelnen nicht mehr. Zwei sind mir in lebhafter Erinnerung geblieben: die Zivilkammer und die Strafkammer am damaligen Landgericht I nahe dem Alexanderplatz (von Zehlendorf über eine Stunde Wegs). Ersterer saß der Landgerichtsdirektor Sönderup vor, ein hochbegabter, viel fordernder, männlich-kraftvoller Schleswiger, der 1870 ein Bein verloren hatte, ungeheuer kurzsichtig war, aber mir mit seinem Bismarck-Kopf und seiner ganzen festen selbstbewußten Art großen Eindruck machte.

Die Strafkammer leitete mein alter Freund Vogel aus Jüterbog, und mit ihm hatte ich das juristisch und menschlich fesselndste Erlebnis meiner Dienstzeit bei der Justiz: Ich war Gerichtsschreiber für die Verhandlung gegen den Schuster Voigt, den »Hauptmann von Köpenick«.[14] Erstaunlich war zunächst seine Volkstümlichkeit. Was ihm während seiner Gefangenschaft an Leckerbissen und Weinangebinden, an Stellungsangeboten, Liebeserklärungen und Heiratsanträgen zukam, ging auf keine Kuhhaut. Als dann unter größtem Andrang des Publikums die Verhandlung stattfand, bei der der erste Staatsanwalt Wachter selbst die Anklage vertrat, fielen die Zuhörer aus allen Wolken beim Anblick des kümmerlichen alten, unmilitärischen Männchens, dem es gelungen war, eine preußische Wachablösung zu veranlassen, mit ihm das Köpenicker Rathaus auszuheben, sich die Kasse aushändigen zu lassen und den Bürgermeister unter militärischer Bewachung in einer schnell requirierten Pferdedroschke zur Hauptwache, dem heutigen Ehrenmal, zu spedieren.[15] Das Gesicht des zur Hauptwache berufenen Offiziers vom Ortsdienst, zufällig des Prinzen Joachim Albrecht von Preußen, hätte ich sehen mögen! Der Führer der Wachablösung, ein fixer Gefreiter vom Gardefüsilierregiment, konnte sich selbst wohl nicht mehr erklären, wie er diesen Manne, der noch dazu eine falsch befestigte Kokarde und nur einen Sporen hatte, für befugt halten konnte, ihm diesen Befehl zu erteilen. Für die Demokratie Wasser auf die Mühle, um – sicher mit Unrecht – dadurch die »Sklavenmoral« des preußischen Militarismus zu belegen. Beklagenswert war der Bürgermeister, dessen Auftreten vor den Schranken mit schallender Heiterkeit begrüßt wurde. Die Strafkammer ließ Voigt sehr milde davonkommen, während der Staatsanwalt eine strengere Strafe beantragt hatte. Ich wurde wie üblich in der Beratung um meine Ansicht gefragt und trat, erfüllt von der Notwendigkeit, die Staatsautorität zu schützen, für diesen Antrag ein.

Während der Berliner Zeit waren Reibnitz und ich Mitglieder der aus höheren Beamten bestehenden Vereinigung für staatswissenschaftliche Fortbildung, die das vernünftige Ziel hatte, durch praktisch gerichtete Vorlesungen, Werksbesichtigungen, die manchmal von den industriellen Führern erstaunlich ungewandt durchgeführt wurden, und Studienreisen die Teilnehmer vor Weltfremdheit zu bewahren. Die beste Erinnerung bewahre ich den farbig eindrucksvollen, vom Hundertsten ins Tausendste ausschwärmenden wirtschaftsgeographischen Vorträgen des Dr. Jannasch. Aber die Hauptsache war eine Reise nach Bremen. Erstens lernte ich dabei den Bruder des Besitzers unseres alten Familienguts Osterndorf, Herrn Vinnen, kennen, der mir einen Besuch dort vermittelte.[16] Der Sohn einer alten westfälischen Freibauernfamilie hatte vor allem durch Schweinezucht aus Osterndorf viel gemacht, während sein anderer Bruder, der Worpsweder Maler, dort seiner Kunst oblag, und zwar auf dem »Hassel«; unser Name bedeutet Werder = bewachsene Insel oder Halbinsel und kommt in Niederdeutschland oft vor.[17] Ich hatte dort in heimatlicher Atmosphäre schöne zwei Tage und machte vor allem wertvolle Funde an Papieren über unsere Familie.

Weittragend war auf der Reise die Begegnung mit dem Kiautschau-Referenten des Reichsmarineamts, Geheimen Admiralitätsrat Köbener. Dieser fragte uns, ob wir grundsätzlich bereit sein würden, ein Jahr unserer Referendarzeit in Tsingtau abzudienen, ohne Besoldung (die wir auch in Deutschland nicht hatten, wo wir aber natürlich vielleicht ein Drittel des in China nötigen Geldes brauchten), aber mit freier Reise. Wir bejahten das stürmisch. Unsere Eltern brachten nicht leicht, aber gerne das finanzielle Opfer, meine gute Mutter selig, weil sie gerade ein kleines Legat ihrer verstorbenen Freundin Wahnschaffe bekommen hatte und mir nun dieses Abenteuer ermöglichen konnte. Bei einem kleinen Wettbewerb hatten wir Erfolg, und so ging es hinaus nach China.

4. In China

Der wackere Präsident des Landgerichts I empfing mich zum Abschied recht unwirsch: ich wollte wohl später in den Auswärtigen Dienst oder die Kolonien, denn sonst hätte so etwas doch keinen Sinn, eine ordentliche Ausbildung gebe es da sicher nicht. Sein provinzieller Gesichtskreis umfaßte nicht die Gedanken, die uns ganz unabhängig vom späteren Beruf in die Welt hinaustrieben. Wir haben aber gerade auch als Juristen durch die freiere, mannigfaltigere und selbständigere Arbeit da draußen sehr viel mehr gelernt als auf den recht mechanisch betriebenen »Stationen« in der Heimat. Davon ganz abgesehen rechne ich China mit Tübingen und dem Dienstjahr zu den Hauptfaktoren, die auf den Grundlagen des Elternhauses den Mann aufgebaut haben. Zugleich bildet diese Zeit eine meiner schönsten Lebenserinnerungen.

Die Vorbereitungen, vor allem der Erwerb der Tropenausrüstung, der Überseekoffer usw. wurden fieberhaft, mit dem sachverständigen Rat des früheren, jetzt im Reichsmarineamt tätigen Kommandeurs des III. Seebataillons in Tsingtau, Freiherrn von Liliencron, betrieben. Für die gesamten eineinviertel Jahre stellten unsere Eltern jedem den als erforderlich bezeichneten Betrag von 6000 Mark zur Verfügung.

Die Ausreise geschah im Mai 1905 von Bremerhaven mit dem Ablösungstransport für das ostasiatische Kreuzergeschwader auf dem Lloyddampfer »Rhein«. Unsere harten Herzen fühlten keinen Abschiedsschmerz, sondern nur eine unbändige Freude. Durch diese Reisemethode gerieten wir sofort mitten unter die Seeoffiziere sowie Ärzte, Ingenieure usw., was uns später sehr zustatten kam. Ein Nachteil war, daß wenig Häfen angelaufen wurden; der erste See»turn« ging durch bis Port Said; immerhin sahen wir Gibraltar und Lavaletta auf Malta, vom Kapitän langsam und nahe daran vorbeigeführt, im schönsten Sonnenschein liegen. Unterwegs freundeten wir uns mit vielen jungen Seeoffizieren an, es gab allerhand Spiele und Festlichkeiten. Wir hatten jeder eine allerdings dunkle, nicht sehr gut gelegene Kammer für uns. In den Tropen schwitzten wir nach Noten, und man trank unentwegt das stets im Eßsaal stehende Limonadengetränk (das die tropenerfahrenen Leute auf der Rückreise kaum noch anrührten). Port Said war die erste, bekanntlich ziemlich unerfreuliche Berührung mit der neuen Welt des Orients, ein großer Eindruck die Fahrt durch den Kanal, mit den langen Karawanenzügen auf der asiatischen Seite. Mit begeistertem Schauer wurde das Feuer von Minikoi passiert, die überlieferte Grenzscheide zwischen westlicher und östlicher Welt.[1]

Nur war der ganzen Reise ein besonderer Stempel durch die Tatsache aufgedrückt, daß der russisch-japanische Krieg im vollen Gange war und alle Welt auf das Ergebnis des Zusammenstoßes zwischen Roschdestwenskys Geschwader und den Japanern wartete.[2] Funksprüche gab es damals nicht, und so signalisierten wir einem vorbeikommenden französischen Dampfer die Frage, ob eine Seeschlacht stattgefunden habe und welches ihr Ergebnis gewesen sei. Die Antwort enthielt nur die Worte »die Russen«, der Rest war verstümmelt, was zu leidenschaftlichen Wetten über den wahrscheinlichen Sinn führte. In Colombo empfing uns der an Bord kommende Lloydagent mit der Nachricht von Togos Sieg, die bei unseren Seeoffizieren sehr einschlug; die Mehrzahl hatte einen russischen Erfolg erhofft, wenn auch keinen erwartet.

Colombo, der erste tropische Eindruck, Mount Lavinia am rauschenden indischen Ozean und vor allem die Fahrt durch den tropischen Bergwald nach Kandy waren, ich muß ehrlich sagen, atemberaubend für uns. Leider hatten wir Pech; ein Eisenbahnzusammenstoß zwang uns kurz vor Kandy umzukehren; wir holten das auf der Rückreise nach.[3] Überall war noch die Erinnerung an Waldersees politisch so wenig glückliche Ausfahrt lebendig.[4] Man zeigte uns »Waldersee-Trees« und dergleichen. Betrogen und geschröpft wurde man gründlich. Ein Führer verlangte ebensoviel Shillings als er im Tempel Buddhastatuen zeigte, während der Lama uns währenddessen »heimlich« kleine in England oder Deutschland angefertigte Buddhas anzudrehen suchte. All das machte Freude, ebenso wie die fantastischen Taucherjungen mit ihrem Dy-Dygeschrei oder die berühmten Zauberer, deren Mangobaum-Kunststück uns bouche béante ließ und ja auch heute noch keine Erklärung gefunden hat. Daß der Mangobaum aus dem Kern auf dem doch sicher nicht präparierten Verdeck emporwuchs, war besonders eindrucksvoll.[5] Dann liefen wir Hongkong an, nachdem ich, wie mancher andere, vorher eine abscheuliche Dysenterie bekommen hatte. Unser Corpsbruder, der deutsche Konsul Dr. Krüger (Krüger Dr., wie er allgemein hieß), begrüßte uns jubelnd und schleppte uns für Abend und Nacht in seine schöne Villa am Pik, eine geeiste Pfirsichbowle verkündend. Ich schloß mit dem Leben ab, zugleich aber fest gewillt, mir dies herrliche Getränk nicht entgehen zu lassen. Der Erfolg war erstaunlich: die überraschten Eingeweide gaben jeden Widerstand auf, und ich war am Morgen gesund.

Nach mehr als fünf Wochen langer Fahrt liefen wir in Tsingtau ein.[6] Der Eindruck des ersten Stückes Deutschland über See war um so größer, als sich im strahlenden Sonnenschein der Anblick einer meisterhaft großzügigen, aus dem Nichts entstandenen Anlage bot, die sich von den bisher gesehenen englischen Siedlungen durch einen unverkennbaren deutschen Stempel unterschied. Hafen, Chinesenstadt, Europäerstadt, die Eisenbahn, der Badestrand, die Straßen, die aufgeforsteten Hänge am Prinz-Heinrichberge und des Lauschangebirges, all das erfüllte uns am ersten und an jedem folgenden Tage mit dem in der alten Heimat so seltenen Gefühl von etwas in frischem Geist Erstandenem, Werdendem, sich in täglichen, sichtbaren Fortschritten Entwickelndem. Das Reichsmarineamt konnte auf seine Leistung stolz sein. Gewiß, es war nicht alles vollkommen; es gab auch Eifersucht, Zank und Intrigen; man spottete angesichts der Marineverwaltung über »Neu-Wilhelmshaven«, und vor allem warf man oft die Frage auf, ob die ganze Schöpfung gegen Japan zu halten sein würde. Ich selbst pflegte darauf zu antworten, daß ihr Schicksal im Falle eines großen Krieges nicht an Ort und Stelle, sondern durch den Gesamtverlauf entschieden würde. Diese Antwort war an sich richtig. Aber der entscheidende Punkt war der, daß die gesamte deutsche Politik nur von Erfolg begleitet sein konnte, wenn sie aus den naturgewachsenen weltpolitischen und weltwirtschaftlichen Entwicklungen die Folgerung zog, sich nach Osten *oder* Westen eine unbedingte Sicherheit zu schaffen. Das ist leider nicht geschehen. Als junger Mann habe ich diese Erkenntnis sehr bald voll erfaßt und Jahre vor dem ersten Weltkrieg auch schriftlich vertreten.

Reibnitz und ich wurden von dem Tübinger Rhenanen Preyer, einem verrückten Huhn, aber guten Freund und begabten, temperamentvollen jungen Mann, der leider im ersten Weltkrieg fiel, abgeholt und zunächst in dem hübschen, nach dem Strande zu gelegenen Bungalow untergebracht, das er mit einem Mitglied der Firma Diederichsen, Jebsen u. Co., Klöckner, bewohnte. Preyer sowohl wie der gutmütige, lustige Hanseat nahmen sich der beiden »Griffins«, wie man frisch gebackene Ostasiaten nach den dort üblichen jungen mongolischen Pferden nannte, rührend an. Diederichsen, Jebsen handelten vor allem in der für Tsingtau außerordentlich wichtigen Strohborte. Es war eine der großen deutschen Firmen, die unter Karlowitz u. Co., Siemssen und anderen den chinesischen Markt betreuten. Vertreter von Karlowitz war Herr Schomberg, Vorsitzender des Deutschen Klubs, dessen hübsche, elegante Frau ich leise anschwärmte. Sie war die Schwester der eine große Rolle spielenden lebhaften und niedlichen Frau Schrameier, Gattin des Chinesenkommissars, der eine der wichtigsten und umkämpftesten Persönlichkeiten Tsingtaus darstellte; er war der Schöpfer jener bodenreformerischen Grundordnung für das Schutzgebiet, die als ein ganz neuer Versuch viel erörtert wurde.

Aus dem Bungalow zogen wir später, ich ahnungslos-ahnungsvoll, in die Tirpitzstraße, dem oberen Stock des Bierhauses Eiche, zum schwächlich-trunkfälligen Herrn Fiedler und seiner dicken, allmächtigen, liebebedürftigen, aber uns wenig Liebe einflößenden Frau. Dies Quartier verließen wir dann, um in der Bremerstraße mit unserem Corpsbruder Zimmermann eine hübsche Wohnung zu nehmen. Ostasien zeigte damals eine für den Geist des Corps bezeichnende Tübinger Schwaben-Inflation; zeitweise waren es neun, wenn nicht gar elf. Ein Hauptgrund dafür war die Gründung einer deutschen Anwaltsfirma durch den originellen und lustigen Freddy Vorwerk, zeitweise auch Augustus genannt, der wie Zimmermann auch andere Corpsbrüder nachzog. Zimmermann holte er mit Reibnitz und mir zum Staunen des Publikums in roten Mützen vermittels eines Jagdwagens unter entsprechendem echt Tübinger »Jockele späh«-Geschrei vom Dampfer ab. Es gab übrigens neben einem gelegentlichen Akademikerabend auch einen richtigen, ungeheuer trunkfesten S. C. [Senioren Convent] Abend, auf dem die Gebrüder Hildebrand, wahre westfälische Enakskinder,[7] die hervorragend tüchtigen Direktoren der Schantungbahn, die erste Rolle spielten. Der ältere von ihnen nahm uns beide einmal in seinem Salonwagen ins Innere mit, ein ganz neues Erlebnis für uns in jeder Hinsicht. Den tiefsten Eindruck machte uns am Abend ein Gang durch die Glasbläsereien von Poschan; die abgearbeiteten nackten Kulis, die vor den glühenden Öfen die Glasformen erbliesen, sehe ich heute noch wie eine Erscheinung aus der Unterwelt vor mir.

Gouverneur der Kolonie war damals der Admiral von Truppel, Peter der Prächtige genannt, der aber während unseres ganzen Aufenthaltes auf Heimaturlaub war und durch den Kapitän zur See von Semmern vertreten wurde, einen tüchtigen Mann, der uns freundlich aufnahm. Zum Abschied benahmen wir uns übrigens ziemlich unglaublich gegen ihn, indem wir naiv-unverschämt eine offizielle Einladung bei ihm ablehnten, weil Preyer uns ein großes Abschiedsfest geben sollte. Der Oberrichter bekam Wind davon, stauchte uns zurecht, und das offizielle Essen fand statt, wobei der Gouverneur seine Rede sehr lustig mit den Worten einleitete: »Tsingtau steht vor einem welthistorischen Ereignis, es verliert seine ersten Referendare!« Zivilkommissar, d.h. Verwaltungschef war der nette ruhige Dr. Günther. Den Chinesenkommissar erwähnte ich schon: der listenreiche, machtliebende Schrameier war sicherlich eine der Hauptfiguren im Spiel. Sein großer Gegner war der Oberrichter Dr. Crusen, und damit komme ich auf die eigene Behörde. Crusen empfing uns sofort mit einer Warnung vor Schrameier; diesen lernten wir kurz darauf an der Bar im Klub kennen, und seine ersten Worte waren: »Nehmen Sie sich nur vor Crusen in Acht!« So traten wir wohlvorbereitet den Dienst im Gericht an.

Die kleine Präventivspritze gegen Schrameier war nun gewiß nicht das Einzige, was uns Crusen zu sagen hatte. Im Gegenteil, der kleine kluge Jurist, der, mochte er auch etwas »tiftelig« sein, doch die Welt und seine Aufgabe da draußen verstand, brachte uns Wohlwollen und großes Verständnis entgegen. Vor allem sagte er, wir seien gewiß nicht nach China gekommen, um bürokratischen Dienst zu tun, sondern um die Welt kennenzulernen; wenn wir also Gelegenheit zu Reisen hätten, so gebe er uns Urlaub à discrétion! In der Tat haben wir dank dieser Großzügigkeit in den zwölf Monaten im Ganzen fast drei Urlaube gehabt. Die beiden Richter, denen wir abwechsend überwiesen wurden, waren ganz prächtige Leute, der eine, später Ministerialdirektor im Reichsmarineamt, Rosenberger, ein feingebildeter, hochmusikalischer Pfälzer, kluger Jurist und freier Mensch, Freund alles Edlen auf der Welt, auch guter Weine, die wir manchmal, an schönen Morgen den Dienst suspendierend, auf seiner Veranda kosteten; der andere, Richter Lehmann, leider früh gestorben, ein gerader soldatischer Göttinger, guter Kamerad, eifrig bemüht, in chinesisches Wesen einzudringen, so richtig »ein netter Kerl«. Auch die übrigen Beamten des Gerichts waren treffliche Männer, besonders der Obersekretär Stegemann und der Sekretär [...] Alles nicht nur Beamte, sondern Menschen. Wir fühlten uns richtig wohl unter ihnen.

Gelegenheit zum Lernen war bei den mannigfachen schwierigen Verhältnissen genug vorhanden. Man wandte auf uns den Satz an, daß man nur Schwimmen lernen kann, wenn man ins Wasser springt. Also wurde ich z. B. eines Tages kurzerhand Konkursverwalter; bekanntlich ist die Praxis des Konkursrechts für jeden jungen Juristen ein sibyllinisches Buch. Ich schwitzte Blut, aber es ging, und ich verdiente – sehr bescheiden – meine ersten 250 mexikanischen Dollars.[8] Ebenso ernannte man mich zum Staatsanwalt, und ich hatte in größeren Sachen, z. B. gegen einen Gefängniswärter wegen Mißhandelns von Sträflingen, die Anklage zu führen. Andererseits wurden wir beide zu Verteidigern zweier Matrosenartilleristen bestellt, die nachts einen Unteroffizier vom Seebataillon verprügelt hatten; es galt nachzuweisen, daß sie ihn nicht *als* solchen erkannt hätten, was gelang.

Den tiefsten Eindruck hinterließ uns eine Verhandlung gegen zwei chinesische Straßenräuber, die der gute Lehmann zum Tode verurteilen mußte. Auf den Spruch erklärten sie, wenn der Richter das bestimme, so werde es wohl richtig sein, und baten um eine Zigarette. Am nächsten Tag fand die Hinrichtung mit dem Fallbeil statt. Sie unterzogen sich der Sache in bewundernswerter Ruhe, während die Zuschauer eines Spazierganges in frischer Luft bedürftig waren. Auch die unangenehme Prozedur der Leichensektion, die ich schon in Jüterbog einmal mitgemacht hatte, blieb mir in Tsingtau nicht erspart.

Eine sehr merkwürdige Erscheinung war in Prozessen aller Art die geringe Glaubwürdigkeit, die christlichen Chinesen als Zeugen beigelegt wurde. Es waren wohl meist wenig erhabene Beweggründe, die solche Leute veranlaßten, die christliche Religion anzunehmen. Ein ganz besonderes Kapitel bildeten vor Gericht, aber in Tsingtau überhaupt, die Russen. Bei der Einfahrt hatten wir an der Mole das Schlachtschiff »Zessarewitsch« sowie ein Rudel Torpedoboote liegen sehen, die nach der Seeschlacht bei

Port Arthur in Tsingtau interniert worden waren.[9] Anfangs war es mit den Besatzungen ganz gut gegangen. Die Offiziere hatten auch beim Gouverneur usw. verkehrt, bis eines Tages einer mit Frau Besuch machte, aber nicht seiner eignen, sondern der einem in Port Arthur eingeschlossenen Kameraden ausgespannten. Allmählich ließ die Disziplin sehr nach, und wir hatten unerfreuliche Strafsachen, vor allem wegen geprügelter und betrogener Rikschakulis. Diese halfen sich zur Feststellung ihrer Peiniger durch das patente Mittel, ihnen im letzten Augenblick die Mütze zu entreißen, die dann zur Identifizierung diente. Im Ganzen war der Eindruck, den man von den Russen gewann, schlecht, und die Niederlage erschien verdient; allerdings ist solche internierte, nichtstuende Truppe schwer in Ordnung zu halten.

Ganz anders wirkte natürlich das deutsche Militär, von dem es in Tsingtau wimmelte. Als wir am ersten Morgen erwachten, dröhnte vom nahen Exerzierplatz die Musik des Seebataillons zu uns ins Fenster. Wir sahen uns etwas »verbast« an, denn den preußischen Drill hatten wir da draußen nicht gerade als erste Morgenfreude erwartet. Außer dem III. Seebataillon samt einer im deutschen Bereich einzig stehenden »Marinefeldbatterie« gab es die etwas rauhbeinige Matrosenartillerie, von der die Sage ging, sie habe Kameraden, die wegen mangelnder Zahlung in einem gewissen Hause der Chinesenstadt festgehalten wurden, durch Vorfahren eines schweren Maschinengewehrs befreit.

Draußen lag noch ein Überrest der Walderseeexpedition, ein Regiment ostasiatischer Infanterie und Kavallerie, letztere auf Australiern beritten, die gegen die sonst üblichen Doppelponys merkwürdig abstachen. Wir verkehrten mit vielen Offizieren, auch im Hause einiger Verheirateter, die in hübschen Villen lebten, so dem Hauptmann v. Valentini. Einmal wurde uns sogar die Ehre zuteil, vom »mächtigsten Mann« der Kolonie, dem Chef des Stabes des Gouvernements, Kapitän zur See Funke, ins Kasino der Matrosenartillerie eingeladen zu werden und – infolge eines Ausritts – schamrot zu spät zu kommen.

Als gute Kameraden sind mir Veltheim, früher Gardefusilier

und Afrikaner, und Knesebeck, dieser von der Marinefeldbatterie, in Erinnerung; letzterer erzeugte dadurch große Heiterkeit, daß er in der Nacht gut geladen nach der Kaserne fahrend fest eingeschlafen und vom Rikschakuli nicht erweckt werden konnte. Schließlich ließ ihn dieser verzweifelt auf dem Kasernenhof stehen, wo ihn bald darauf die zum Exerzieren aufmarschierende Batterie freudig begrüßte. Unsere besten Genossen waren zwei junge Offiziere von den Ostasiaten, Arnim, ursprünglich badischer Grenadier und im I. Weltkrieg gefallen, und der gemütliche Sachse [...], mit ihnen machten wir allerhand Ausflüge und führten viele ernste Gespräche. Weniger ernst war uns zu Mute, als wir eines Morgens vor der »Eiche«, unserer Wohnung, Arnim in einem tiefen, zu Kanalisationsarbeiten gegrabenen Erdloch vorfanden, in das er im Dunkeln gestürzt war, ohne allein herausklettern zu können.

Ein ganz besonders erfreuliches Element waren die österreichungarischen Bundesbrüder, die Tsingtau gelegentlich besuchten. Wir gewöhnten sie an das gewaltige Marine-Curry-Essen, und sie zeigten, wie man strammen Dienst mit Grazie verbinden kann. Der Kommandant des »Panther«, Ritter von Huber, war besonders geschätzt, obwohl »das Mistvieh« benannt. Die Österreicher hatten das System des sogenannten Privatdiskurs, d.h. einer freien Aussprache, zu der der Untergebene den Vorgesetzten bitten durfte. Ein Linienschiffsfähnrich soll dabei so ausfallend geworden sein, daß Huber schließlich brüllte: »Der Privatdischkurs hoat ein End!«

Als im Jahre 1906 die Marokkokrise gerade da draußen (ohne Rundfunk!) die Kriegsgefahr sehr drohend erscheinen ließ, gab es nicht nur sehr ernste Worte des Gouverneurs bei einem großen Essen (ich glaube zur Silberhochzeit des Kaisers), sondern der »Panther« verließ eines Tages mit besonderen Befehlen Tsingtau, während ungefähr die ganze Kolonie am Hafen und auf den Molen stand, das Deutschlandlied singend und den braven Verbündeten begeistert zuwinkend.[10]

Der »zivile« Verkehr vollzog sich in einigen Privathäusern

von Kaufleuten, Industriellen wie dem Direktor der Seidenindustrie Goesche, Vertretern der Reedereien usw.; sonst im Klub, im Hotel Prinz Heinrich und in der berühmten Pension von Lenchen Luther, in der wohl auch »im hinteren Sälchen«, dem sogenannten Sian Mian (kleiner Tempel), etwas gespielt wurde, übrigens ohne unsere Beteiligung. Einen besonderen Kreis oder vielmehr Kreise bildete die evangelische Geistlichkeit, teils dem Gottesdienst in der häßlichen neuen, vom Kaiser mit Recht als »Restaurant Hundekehle« bezeichneten Kirche gewidmet, teils der Mission. Unter ihnen befand sich der schon ältere Superintendent Voskamp, der noch interessant von alten Taipingrebellen zu erzählen wußte, die ihm am Feuer sitzend von ihren Erlebnissen berichtet hatten, ferner der vortreffliche Vertreter des »Liberalen« Allgemeinen Evangelisch-Protestantischen Missionsvereins, der berühmte Sinologe Wilhelm, einer der größten Kenner Chinas, und Schüler, in dessen Haus wir freundlich aufgenommen wurden.[11] Der Verein betrieb das recht saure Werk der Mission auf umgekehrtem Wege wie die übrigen, indem er zuerst kulturell zu heben und bilden suchte, um darauf das Christentum folgen zu lassen. Von sonstiger geistiger Arbeit in Tsingtau ist die »öffentliche Meinung« in Gestalt der viel befehdeten und befehdenden »Neuesten Nachrichten« des Herrn von Kropff zu erwähnen, sowie der Bau einer großen Konzerthalle, die ein reicher Tientsinkaufmann, Lieder, gestiftet hatte. Diese wurde durch eine ganz Tsingtau beschäftigende Festaufführung von »Alt Heidelberg« eingeweiht, bei der Kropff den Prinzen, ich den Hofmarschall und andere Mitglieder der Gesellschaft die übrigen Rollen spielten, vor allem aber Frau Schrameier als Mittelpunkt des Ganzen die zuerst so lustige und nachher so traurige Käthi.[12]

Man kann sagen, daß die Kolonie unter im Ganzen ausgezeichneter Verwaltung in vollem Blühen war und bei friedlicher Entwicklung eine bedeutende Zukunft hatte. Auch das Verhältnis zu den Chinesen war gut. Beargwöhnt wurden die Japaner. Zwei japanische Photographen galten allgemein als verkappte Offiziere und militärische Spione. Von fremden Besuchen erlebten wir den des Gouverneurs von Schantung, der riesig gefeiert und begossen wurde, sowie den eines argentinischen Schulschiffes und eines Kriegsschiffs der USA, dessen Mannschaft sich an Land völlig disziplinlos benahm und betrank, nachts in Turnhallen und dergleichen untergebracht werden mußte und in nicht geringer Zahl desertierte.

Zwei Hauptfreuden der Erholung besaß Tsingtau: im Sommer das Badeleben am unvergleichlich schönen Badestrand, der aus ganz China von Deutschen und anderen Fremden besucht und mit farbenprächtigen beflaggten Badebuden bedeckt wurde. Das war ein großer Spaß auch für uns, und im nahen Strandhotel konnte man nach getaner Schwimmarbeit auf der Terrasse bei kühlenden Getränken die herrliche Aussicht genießen. Aber fast noch anziehender war für uns das Lauschangebirge mit seinen bewaldeten, d. h. von uns aufgeforsteten Vorbergen, den Prinz Heinrichbergen, seiner glänzend geführten Bergstraße bis hinauf zum Mecklenburg-Haus, das als Erholungsstätte für Militär und Zivil und als Touristengasthof diente. Friedlich abseits lag die einfachere Irenebaude mit der lockenden Inschrift »Beatus ille qui procul negotiis«. Überall aber hätten wir anschreiben wollen: »Ille mihi praeter omnes angulus ridet!«[13]

Wir bestiegen die malerische höchste Spitze des Gebirges, den felsigen Lauting, wir strichen durch die Täler zu den kühlen Wassern des Peit schin Schni mian, des »nördlichen Neunwassertempels«, und wir besuchten die malerisch gelegenen buddhistischen Klöster; vor allem das entzückende [...], wo wir mit Erstaunen die Höllendarstellungen sahen, die so sonderbar an die Orcagnaschule in Pisa und an Dantes Gesänge erinnern.[14] Mit manchem ehrwürdigen Abt oder Priester wurde Freundschaft geschlossen, obwohl der Eindruck der Mönche im Ganzen ein recht mäßiger war. Auch in die Berge jenseits der Bucht stießen wir vor; einmal übernachteten wir in einem Tempel mitten zwischen Buddhastatuen, die wir roh als Kleiderständer benutzten (der Tempel war unbewohnt), während die Ratten in unsern Habseligkeiten hausten und mir tatsächlich einen totalen Strumpf entführten. Die Krone dieser Expedition war unsere Neujahrsnacht im ausgewählten Kreis oben auf dem Mecklenburg-Haus. Als wir nach gebührendem Sylvesterpunsch um zwölf heraustraten und den gewaltigen, vom in China mit Recht berühmten Schanghaier Generalkonsul Knappe gestifteten Riesengong seine hallenden Töne in die Bergwelt dröhnen ließen, da fühlten wir die ganze Weite des Lebens, das vor uns lag, und der Welt, in die wir vorgestoßen waren.

Im Herbst begannen dann die Vorbereitungen für die große Reise, die wir uns mit dem Richter Lehmann vorgenommen hatten. Preyer beriet eifrig mit und behandelte uns »Griffins« mit der ganzen Überlegenheit des älteren »Chinesen«. Rührend war es, daß er uns seinen Diener, oder wie man dort sagte, Boy, den gewandten »Max« zur Verfügung stellte. Lehmann nahm seinen weniger durchtriebenen, aber zu allen Opfern und Strapazen bereiten Boy gleichfalls mit. Unseren eignen »Peter«, ein treues, aber noch sehr junges Bübchen, ließen wir zurück. Das Gepäck mußte sorgfältig zusammengestellt werden, da wir Feldbetten (ich eine wackelige, aber bequeme Konstruktion, die aus einer Zeltbahn auf Bambusstöcken bestand) und für gewisse Teile der Fahrt Nahrungsmittel, schließlich auch einen Petroleumofen und sogar Petroleum in »Tins« mitnehmen mußten, im Ganzen waren es sechsundzwanzig oder siebenundzwanzig Stücke, die wir bis auf den irgendwo untergeschnittenen Ofen und natürlich die Tins tatsächlich wieder heil nach Hause brachten. Die geplante und auch wirklich zurückgelegte Strecke war folgende: Mit Dampfer der Hapag (»Admiral von Tirpitz«, der mich wieder vorahnend patronisierte) über Tschifu nach Tongku-Taku, mit der Bahn nach Tientsin und von dort nach Peking. Hier längerer Aufenthalt; Ausflug zu den Ming-Gräbern und nach Nankou zur »Großen Mauer« sowie zu den Hsi-Lings (westlichen Kaisergräbern); Fahrt mit der noch nicht eröffneten, aber angeblich größtenteils fertigen Pu-Hanbahn nach Hankou, dort in der dreifachen Stadt (Hankou; Wutschang; Hanyang) Aufenthalt; Fahrt den Jang-tse aufwärts mit Dampfer nach Itschang; Hausbootfahrt über Stromschnellen bis Kweitschou und zurück; auf dem Jang-tse mit Dampfer über

Nanking nach Schanghai und von dort nach einigen Tagen Aufenthalt zu Schiff nach Tsingtau zurück. Es war ein gewaltiges Stück China, das wir auf diese Weise zu sehen bekamen! Ich lasse nun aus meinem Tagebuch von der Reise einige Auszüge folgen.[15]

Noch lange zehrten wir in Tsingtau von dem großen Erlebnis, vor allem dank der vorzüglichen Bilder, die Lehmann aufgenommen hatte und die er uns auf den Weihnachtstisch legte. Dies Fest begingen wir mit ihm und Preyer, samt dem Hunde »Muff«, in heimatlicher Weise; wir leisteten uns ein gemeinsames Telegramm an meine Eltern und Frau von Reibnitz, um unser Wohlbefinden zu melden.

Ich sagte schon, daß uns unsere Ausfahrt mit dem Ablösungstransport des Geschwaders sehr viele Beziehungen zu S. M. S. Schiffen [kaiserliche Kriegsschiffe] in Ostasien gebracht hatte. Viele lustige Stunden haben wir an Bord der Schiffe, sowohl der großen »Fürst Bismarck« und »Hansa« wie der Kanonenboote wie »Jaguar«, »Tiger« usw. verbracht. Aus der offiziellen Offiziersmesse der »Hansa« entwischten wir oft in die höchst fidele Fähnrichsmesse an Bord des Kreuzers, in der besonders gern »Torpedobier«, nämlich Sekt mit etwas Angostura getrunken wurde. Nach einem guten Frühstück auf einem der Schiffe wurde einmal ein Wettschwimmen herüber zu einem anderen organisiert, das einen ziemlich blamablen Verlauf für uns nahm, indem wir die Entfernung und den Strom unterschätzt hatten und von Booten der Marine aufgefischt werden mußten. Wir enterten das Fallreep in wahrem Sinn als begossene Pudel.

Eines Tages im Frühjahr 1906 aber wurde dem Gericht von der »Hansa« das Signal gemacht, daß der Kreuzer den neuen Botschafter Mumm von Schwarzenstein von China nach Japan zu bringen habe, und der Erste Offizier, Kapitän Mainardus, lade die beiden Referendare ein, als seine Gäste (er übernahm nachher großzügig sogar die halbe Messerechnung) die Fahrt mitzumachen. Wir sprangen natürlich an die Decke vor Freude, und Crusen war sofort einverstanden. Ich glaube, wir schifften uns schon am nächsten Tag ein; Reibnitz bekam eine kleine Kammer, ich kampierte zunächst auf dem Sofa des rührenden Mainardus, aber sehr schnell fiel ein Oberingenieur aus, mußte ins Lazarett, und so wurde eine große schöne Kammer für mich frei.

Nun begann für uns eine herrliche Zeit. Wir machten das Leben der Offiziere mit, manchmal ging ich sogar mit dem Oberleutnant zur See Jordan nachts die Wache mit und ließ mich in die Geheimnisse der Seefahrt einführen. Vom Botschafter, der in der Kommandantenmesse lebte, merkten wir nicht viel, außer daß sein Attaché von Scheven an der Offiziersmesse teilnahm und daß uns nach schwerem Seegang sein »französisch« sprechender Boy berichtete: »O monsieur le ministre, beaucoup ...e...e..e-!« (mit entsprechender Geste). Es ging in die von lieblich grüner, blühender Landschaft umrahmte »Inlandsee«, und dann setzte man uns beide und einen reiselustigen Marineoberstabsart Dr. [...] in Kobe ab, damit wir von dort zu Lande nach Tokio fahren könnten. Ein glänzender Gedanke!

Wir sahen den blühenden Hafenplatz und die benachbarte, schnell emporwachsende Industriestadt Osaka mit dem gewaltigen Schogunenschloß und verbrachte dann zwei Tage in Kyoto, der alten heiligen Tempelstadt, wo wir im Kyotohotel sehr gut untergebracht von Schrein zu Schrein und, besonders auf Verlangen unseres kaufwütigen Reisegenossen, von »Shop« zu »Shop« eilten. Viele schöne Stoffe und Screens bewunderten wir, und der eifrige Käufer ließ viel Geld dort, zum Teil für recht problematische Dinge. Ein Fremdenführer organisierte den ganzen »Trip« und schleppte uns abends ins Theater, wo man ein am Fujiyama spielendes Stück aufführte, den wir schon vom Schiff aus in seiner weißen Silhouette über grünem Land bewundert hatten. Es wurde mäßig gespielt, und die Tendenz war ziemlich unfreundlich für die Europäer. Wir machten auf der ganzen Reise die Erfahrung, daß die vom Siege über Rußland hochgestochenen Japaner sehr selbstbewußt auftraten und die Europäer ihre Überlegenheit ganz gern fühlen ließen. Natürlich war man meist sehr höflich, und im Theater genossen wir den stolzen Augenblick, daß die Musik, über unser Erscheinen unterrichtet, in der Pause sonderbare Klänge erschallen ließ, die, wie man uns dann zu verstehen gab, das Deutschlandlied vorstellen sollten. Der alte Haydn hätte sie gewiß nicht wiedererkannt.

Von Kyoto aus wurde der Biwasee mit seinem unterirdischen Kanal und der heiligen Riesenpinie besucht, ferner die atemberaubende Fahrt über die Stromschnellen von [...] im Flachboot mit beweglichem Boden gemacht.[16] Die Krone dieser Reiseepisode bildete das oft beschriebene Nara, lieblich-gepflegt mit seinen malerischen Steinlaternen und dem zahmen Rotwild, ein rechter japanischer Gegensatz gegen das in allen Formen »größere«, urwüchsigere China. Von Kyoto nach Tokio hatte der Vierundzwanzigjährige ein »technisches« Reiseerlebnis, indem er zum ersten Male im Leben Schlafwagen fuhr, und zwar in einem Pullmanwagen zu vieren. Diesen Genuß habe ich mir dann erst im Jahre 1910 wiedergeleistet, mit finanzieller Beihilfe des Schwiegervaters-Staatssekretärs. Man sieht, ich war einfach erzogen.

In Tokio wohnten wir im Imperialhotel und bestaunten als erstes den tropischen Wald, in den für ein Fest des jüdisch-amerikanischen Millionärs Schiff ein großer Saal des Hotels verwandelt wurde.[17] Dann aber stürzten wir uns auf die Sehenswürdigkeiten der Stadt und Umgebung, von den Schogunengräbern, Tempeln und sonstigen Baulichkeiten bis zur Yoschiwara, deren harmloses, damals auf völlig anderen Auffassungen wie den unsrigen aufgebautes Gewimmel uns einen großen Eindruck machte.[18] Es kam dort wie auch in den chinesischen Großstädten, auch in Tsingtau, häufig vor, daß Familien, deren Vater oder Söhne im Felde standen, durch ihre Töchter auf diese Weise erhalten wurden, was als durchaus ehrenvoll galt. Nun, ich will die Zahl der Reisebeschreibungen von Japan nicht vermehren, sondern nur noch hinzufügen, daß wir auch einer jener gemessen-feierlichen, an Grazie reichen Teezeremonien beiwohnten und dem Daibutsu von Kamakura samt der Tafel [...] den pflichtschuldigen Besuch machten.[19] Ein Tag wurde dem großen internationalen Hafenplatz Yokohama gewidmet. Auf Schritt und Tritt stieß man auf die Wahrzeichen des siegreichen Kriegs gegen Rußland; auf den

Hauptplätzen von Tokio waren Geschütze und andere Beutestücke aufgestellt. Man hörte wenig lauten Jubel, empfand aber um so stärker das gestiegene Selbstbewußtsein.

Die »Hansa« nahm nun wieder Kurs auf Tsingtau, aber Poseidon war den »Griffins« an Bord wohlgesinnt und sparte ihnen noch ein besonderes Erlebnis auf. Beim Verlassen der Inlandsee erreichte uns der Befehl, in der durch Togos Sieg berühmten Tsuschima-Straße dem Lloyddampfer »Roon« beizustehen, der dort infolge unerwartet starker Stromversetzung auf eine kleine, des Leuchtfeuers ermangelnde Insel aufgelaufen war. Der Anblick war geradezu grotesk. Denn das Schiff saß senkrecht mitten auf der Küste fest, und der Vorgang erschien ohne Kenntnis dieser Umstände unbegreiflich. Ein an Ort und Stelle gesandtes japanisches Kriegsschiff erschien etwa gleichzeitig mit der »Hansa«, ohne aber in Aktion zu treten. Zunächst wurde versucht, den Dampfer mit der einfachen Zugkraft von Strahltrossen abzuschleppen, was aber mißlang, weil es angesichts des erwähnten Stromes nicht gelang, den Zug genau im richtigen Augenblick einsetzen zu lassen; die »Hansa« trieb zu schnell aus der geraden Richtung, die Trosse brach und schlug in gefährlicher Weise auf den Kreuzer zurück. Den Erfolg brachten dann Flutungsarbeiten, die durch ein Kommando der »Hansa« ausgeführt wurden: man erleichterte das auf der Insel festsitzende Vorschiff und ließ im Achterschiff mehrere Abteilungen vollaufen, worauf die »Roon« unter allgemeiner Spannung ganz langsam »abzurutschen« begann. Das Meer war bedeckt mit über Bord geworfener Ladung, darunter Hunderttausende von Bleistiften, ferner eine ähnliche Zahl anderer, die Matrosen besonders begeisternder, diskreter Gegenstände. Auch Sekt mußte geopfert werden, nicht ohne daß die an Bord der »Roon« eingesetzten Kommandos opferwillig wenigstens einen Teil gerettet hatten, für sich selbst, wie aus ihrer überströmenden Fröhlichkeit bei der Rückkehr an Bord der »Hansa« hervorging, und für die Kameraden. Die »Roon« hatte ein beträchtliches Leck, konnte zwar mit eigner Kraft den nächsten Hafen erreichen, mußte aber von der »Hansa« bis Nagasaki begleitet werden, wodurch wir noch ein weiteres Stück der japanischen Inselwelt kennenlernten. In Erinnerung ist besonders ein Ausflug auf die aussichtsreiche Kammhöhe, Moji, oberhalb der Hafenstadt.

Dann ging es wirklich nach Tsingtau zurück. Wir schieden dankerfüllt von unsern Gastfreunden und verbrachten die letzte Zeit in Tsingtau noch stark unter den Eindrücken der Reise. Im Mai (Juni?) holte der Hapagdampfer »Borussia« wieder einen Ablösungstransport nach Hause, und dem hatten wir uns anzuschließen, im Grunde sehr betrübten Herzens, während der ganze Transport jubelnd »Holdrio, jetzt gehts zur Heimat!« sang. Wir hatten sehr nette Leute an Bord, so z.B. den Kapitän Kloebe (Wolf), mit dem wir allnachmittäglich eine Art Schiffskrocket mit furchtbarem Zanken spielten. Kloebe mußten wir jedesmal erst peremtorisch aus dem Mittagsschlaf holen lassen. Es war eine herrliche Durcharbeitung gerade in der Hitze, und beim Schlingern und Stampfen eine wahre Kunst. Ein gereizter Passagier setzte seinen Liegestuhl oft mitten ins Spiel, weil er juristisch den Standpunkt vertrat, wir dürften nicht einen Teil des Decks für uns monopolisieren, worauf wir unter vielen »Pardons« um ihn und unter ihm durchspielten, bis er verbittert das Feld räumte. Zwei junge Offiziere, Mercks und Franssen – letzten traf ich als Fliegergeneral in Brüssel [im II. Weltkrieg] wieder – waren unsere Hauptkumpane. Ein anderer Sport war das Schachspiel; wir fochten ein großes Turnier aus, das der Kapitän der »Borussia«, ein vollbärtiger Patriarch, als Sieger bestritt. Tatsächlich hätte ich ihn einmal um ein Haar geschlagen.

Ein ernsthafter Mann, mit dem ich mich anfreundete, war der Marinepfarrer Weicker. An ihm sah ich, wie schwer es die Militärgeistlichen haben: machen sie das kameradschaftliche Leben mit, so findet man es ungeistlich; halten sie sich zurück, so gelten sie als Mucker. Weicker fand einen guten Weg dazwischen. Als Abwechslung zur Hinreise liefen wir Singapur an. Ein Vertreter von Behn Meier u. Co., Herr Schering, und der Kapitän eines den Dienst nach Bangkok versehenden Lloyddampfers nahmen sich unserer an. Wir sahen die Fürstenresidenz Johore und machten zur einzigen erträglichen Tageszeit, nämlich morgens um vier, eine Fahrt zum märchenhaft schönen, tropisch überquellenden botanischen Garten. In Singapur kam der spätere Admiral und Freikorpsführer, Kapitän von Löwenfeld, an Bord, eine höchst originelle und unternehmungslustige Persönlichkeit, der das Schiff in Gemütsruhe zwei Stunden warten ließ. Er brachte einen Mungo mit, nach Kipling Rikitikitari genannt, der ihm durch die Ärmel kroch und uns sonst durch allerlei Scherze erheiterte. Es war eine lustige Fahrt, und wir feierten gründlich Abschied vom fernen Osten, dessen Ruf, den »call of the east«, wir noch oft verspüren sollten. In Ceylon holten wir das Versäumte nach und fuhren nach Kandy hinauf, wo wir das tropische Paradies samt dem Zahn des Buddha (von der Güte eines mittleren Elefantenzahns) bewunderten und morgens früh in den berühmten Garten von Peradenya fuhren. Auf dem Wege tauchten aus dem Frühdunst plötzlich riesige Arbeitselefanten vor uns auf; wie vorweltliche Gestalten erschienen sie uns und gaben uns den letzten plastischen Eindruck der farbigen Welt, die wir nun verließen.[20]

Aber ehe wir wieder ins Rote Meer einliefen, gab uns der Indische Ozean einen letzten Segen mit: wir kamen mitten in den Monsun, und die ziemlich überbaute »Borussia« (die übrigens später auf dem Tejo versackte) kämpfte schwer. Wir verloren infolgedessen erheblich über eine Woche Zeit, und für Empfindliche waren es harte Tage. Reibnitz und ich hielten uns gut und genossen täglich das großartige Schauspiel, wenn die »Borussia« ihre Nase in Abgründe versenkte, aus denen sie scheinbar nie wieder auftauchen würde, oder wenn schwarze Wogenwände sich alle Aussicht versperrend vor uns auftürmten. Die Seen rauschten ununterbrochen über die Decks, und nur auf dem obersten konnte man an der Reeling und gespannten Tauen entlangschleichen.

Schließlich waren die friedlichen Wasser bei Aden erreicht, es ging nach Suez, und hier verließen Reibnitz, Löwenfeld nebst einigen anderen und ich das Schiff, um nach Kairo zu fahren und die »Borussia« dann in Port Said wieder zu erreichen. Das Unterbrechen war – nach früheren Erfahrungen – nicht ohne Risiko, denn irgendeine größere Panne konnte uns den Anschluß in Port Said versäumen lassen; warten konnte die »Borussia« keinesfalls. Es ging aber alles gut. Wir bekamen doch eine gewisse Vorstellung von Kairo, vom Nil und vor allem Gizeh mit der Sphinx und den Pyramiden. Ich rechne den ersten Anblick dieser Gruppe, vom fruchtbaren Niltal am scharf gezeichneten Rande der endlosen Wüste gesehen, zu den größten Eindrücken, weil sich Natur und gewaltiges Menschenwerk in voller Harmonie befinden.

Nachdem wir als Deutsche den üblichen »Bismarck-Esel« (für Franzosen hieß das gleiche Grautier Napoleon, für Engländer z.B. Nelson) bestiegen hatten, lockte es uns, »das Geheimnis der Cheops-Pyramide«, um mit Eyth[21] zu sprechen, zu ergründen, und wir kletterten von halsabschneiderischen Ägyptern geführt in den dunklen, höchst anstrengenden Gängen bis zur sogenannten Grabkammer mit dem deckellosen sogenannten Sarkophag herum. An besonders schwierigen Stellen verlangten unsere Kavaliere für das Anzünden eines Lichtstumpfes ein Sonderhonorar, was wir ächzend bewilligten. Der Schweiß drang aus allen Poren. Aber es lohnte sich doch, diesen Eindruck zu gewinnen. Die edlen Führer kannten nur zwei Typen von Reisenden, Gelehrte, als Doktoren bezeichnet, und Vergnügungsreisende, als Barone. Sie waren sehr erstaunt, als sie Reibnitz fragten: »Bis Du Doktor oder Baron?«, und die Antwort bekamen: »Beides!«

Die weitere Fahrt bot nichts besonders Bemerkenswertes mehr. In Hamburg erwarteten uns einige Corpsbrüder, die uns Weltreisende gebührend feierten. Dann sanken wir in Berlin unseren Lieben in die Arme.

5. Assessor-Examen; London; Auswärtiges Amt; Heirat

Dieses Kapitel ist für mich das Wichtigste und Liebste meiner Erinnerungen, denn es schließt mit der Heirat, d.h. dem großen Schritt, dem ich mein höchstes Glück verdanke. Der Beginn des

Kapitels sah allerdings anders aus: Europa und der Dienst wollten uns gar nicht schmecken.[1] Mit reichen Eindrücken und Erfahrungen nahm ich das alltägliche Leben wieder auf, auf Schritt und Tritt mich an der Enge stoßend. Erst allmählich fand ich mich wieder zurecht. Dabei wurde mir augenscheinlich, daß die verhältnismäßig kurze Zeit genügt hatte, auch das deutsche Bild zu verändern. Ich hatte das Gefühl eines sprunghaft gesteigerten Rhythmus, der sich unter anderem in der erstaunlichen Zunahme der Kraftwagen versinnbildlichte. Das wirtschaftliche Gedeihen war ungeheuer; gewiß, in der sozialen Lage blieb, das war mir in voller Schärfe klar, noch unendlich viel zu tun, aber auch in dieser Hinsicht stand Deutschland unter den übrigen Völkern verhältnismäßig gut da, als Ganzes gesehen, mit Gebieten unleugbarer Zurückgebliebenheit sowohl auf dem Land wie in einzelnen Industriebezirken. Vor allem war es nicht gelungen, die sozialistische Arbeiterschaft aus den Zwangsvorstellungen eines verschwommenen Internationalismus zu lösen und ihr ein Gefühl der Identität mit Reich und Staat einzuflößen. In geistiger, sowohl geisteswissenschaftlicher wie technischer Hinsicht, wurde Großes geleistet. Es war eine Blüte ohnegleichen. Was ich aber zugleich deutlich erkannte, war dreierlei: ein zunehmendes Wohlleben mit materialistischer Einstellung, ein immer mehr zurückgehendes Vertrauen in die obere Führung, indem sich zusehends das vom alten Kaiser auf eine in der Welt einzige Weise für die Monarchie, von Bismarck für die politische Leitung gesammelte Kapital verminderte; und drittens ein Sich-Auftürmen äußerer Gefahren.

Die nun folgende Berliner Zeit brachte Reibnitz und mir ein reiches geistiges Leben. Wir waren, wie übrigens auch vorher, eifrige Theaterbesucher; die großen, wenn auch immer mehr übersteigerten Reinhardschen Aufführungen ließen wir ungern aus; im Schauspielhaus mit seiner auf großer Höhe stehenden Sprechkunst sahen wir zahllose Shakespearestücke, vor allem die Königsdramen. Wir besuchten die Museen und hatten auch an manchen Kanzelrednern Freude, wie z.B. der ernste kultivierte Lahusen in der Dreifaltigkeitskirche oder der glänzende Redner

Mithach-Stahn in der Kaiser-Wilhelm-Gedächtniskirche. Aber am wichtigsten war für uns der geistige, vor allem politische Austausch mit jüngeren Corpsbrüdern wie Schäffer, Erich Windels und dem hochbegabten ehrgeizigen Otto Westarp, der im ersten Weltkrieg als Reserveoffizier des 2. Garderegiments fiel; viel wurde ihm, der nicht ganz arisch war, durch diesen Tod erspart. Mit anderen Corpsbrüdern wie mit dem heutigen Vorstandsmitglied der I. G., August von Knieriem, den wir auch ins 2. Garderegiment zogen und der bis heute mein Freund geblieben ist, und Matthis machten wir schöne Ausflüge in der Mark, nach Rheinsberg, der Ruppiner Gegend und Fürstenberg wie nach der märkischen Schweiz.

Während meine Eltern und ich – ich hatte ein kleines Reich für mich im obersten Stockwerk – in Zehlendorf mehr ein freundliches Stilleben führten, bildete das Haus der Frau von Reibnitz in der Meierottostr. und später am Prager Platz, alles heute verwüstete Gegenden, für uns auch ein kleines gesellschaftliches Zentrum, nachdem Frau von Reibnitz, selbst wegen ihrer selbstlosen Güte und unbegrenzten Gastlichkeit in der Familie das »Mutterhuhn« genannt, mit ihrem Onkel, dem früheren Gesandten Ernst von Treskow, zusammengezogen war. Der alte, weltbefahrene Junggeselle war mit kultivierter Art und seinem feinen Humor für mich ein unschätzbarer Berater. Von jeher war Mally, die blonde, blauäugige Schwester Rudis, ein Anziehungspunkt des Hauses, als Jungen für mich als ihren schüchternen Anbeter, später als Vermittler jugendlichen Verkehrs. Sie war mit einer Tochter der bekannten Verlegerfamilie Toche (Mittler) befreundet und ebenso mit Olga Göring, genannt Sepp, Tochter eines alten Freundes und Amtsbruders des Onkels Ernst Treskow. Meine eigene Freundschaft mit Sepp, deren goldenes Herz alle Stürme der Zeit unverändert überstanden hat, ist heute noch lebendig. Häufig kam auch als Sonntagskadett ihr schlanker, lustiger Bruder Hermann zum Essen, dem man die künftige Entwicklung damals nicht ansehen konnte.[2] Ein anderer häufiger Gast war Rudis netter Vetter Ulrich Kalckreuth. Mally hatte noch kurz vor unserer Ausreise nach China den guten, durch und durch vornehmen und idealistischen Kurt von Pilgrim vom Augustaregiment geheiratet.[3]

Ein häufiger Gast im Hause Reibnitz schon in früherer Zeit war der alte General von Bünting, dessen Familie zum Teil in russische Dienste gegangen war, was uns natürlich besonders interessierte, zumal ein Mitglied, Gouverneur von Twer, einmal zu Besuch kam. Unser Hauptsport war es, den alten Bünting zu reizen, vor Damen Geschichten zu erzählen, deren Ungeeignetheit für weibliche Ohren er nicht mehr ermaß. Jeder Erfolg in dieser Weise war für uns ein teuflisches Vergnügen. Bünting erzählte gern, gut und oft dieselben Geschichten; der alte Reibnitz pflegte dann fröhlich zu sagen: »Ja, lieber Onkel, so oft ich diese Geschichte höre, macht sie mir stets das gleiche Vergnügen!«

Das Haus Reibnitz bildete dann auch die Brücke zu einer unentbehrlichen Voraussetzung höheren Schliffs und vor allem eines Ausgehens bei Hofe: der Gavottestunde bei der berühmten und wegen ihrer Strenge gefürchteten Frau Wolden, eigentlich Frau von Wolden, da sie als große (und hübsche) Tänzerin einen Offizier der Garde geheiratet hatte.[4] Jetzt war sie eigentlich schon eine alte Frau, aber sie handhabte ihr Regiment in den Tanzkränzchen, die in den Häusern eines Kreises herumgingen, mit unvergleichlicher Kunst und Würde.

Ich trat selbst gelegentlich in verschiedenen Kreisen dieser Art als Gast auf, z.B. in einem Kränzchen, in dem ich die Schwester Helene meines alten Schulfreundes Mencke wiedertraf und ein rotes Herz aus Pappe mit der reizenden Enkelin des Bismarckschen Kultusministers von Falk, Tochter eines späteren Generals, danach Frau von Österreich, teilte. Aber die pièce de résistance war ein Kreis, zu dem außer Reibnitz und mir nur Offiziere der Gardeinfanterie gehörten. Das Haus des Generals Sixt von Arnim, mit der von mir immer verehrten Tochter Elly, später Frau von Spiegel, gehörten dazu, ferner Westarps mit der klugen, bildschönen Tochter Emmchen, Weseners (Vater Oberlandforstmeister, Tochter Erna eine Schönheit) und viele andere. Einen kleinen, mehr geistigen Flirt hatte ich mit der lebhaften, hübschen

Edelgard von Eichstedt, während mir im Hause Westarps die Tochter des Ministers von Hentig, die schwarzhaarige Ilse, durch Temperament und Klugheit imponierte; ihr Bruder Werner Otto, der Diplomat und Afghanreiter, wurde später mein guter Freund.

Es ging in diesen Tanzstunden sehr lustig und harmlos zu, der Ton war höchst erfreulich, der Zuschnitt einfach. Große Tänzer sind wir aber leider nicht geworden, und ich habe manchesmal die Kritik der strengen Frau Wolden erfahren. Was sie in den Tod haßte, war albernes Lachen während der ihr heilig ernsten Gavotte- oder Menuettstudien. Sie war imstande, dann abzubrechen, sich in die Ecke auf einen Stuhl zu setzen und nicht wieder zu beginnen, ehe nicht eine Sühnegesandtschaft ihre Verzeihung erbeten hatte.

In die Berliner Zeit nach der Rückkehr aus China fallen zwei militärische Übungen; die erste als Vizefeldwebel, die andere als Leutnant. Die erste, bald nach der Weltreise, wollte mir nicht sehr behagen, zumal sie in eine militärisch langweilige Zeit fiel. Der Hauptmann der 1. Kompanie, der sogenannten »Leibschwadron«, von Baumbach, ein wegen seiner Schärfe sehr gefürchteter Herr, hatte dafür Verständnis, gab mir wenig eigentliche »Bims«-Verwendungen und nutzte mich vernünftigerweise zum Instruieren der Mannschaft aus, mit dem Auftrage, ihr etwas weitere Begriffe beizubringen. Das machte mir Spaß.

Wir aßen jetzt wie schon als Reserveunteroffiziere im Offizierskasino und lernten so das jüngere Offizierskorps besser kennen. Das war natürlich noch viel mehr der Fall, als wir Leutnants geworden waren. Jetzt schlossen wir gute Kameradschaft mit Jochen Born-Fallois, der später den Besitz einer Tante übernahm, mit dem Sohn Busso des nachherigen Heerführers Bülow, mit Albrecht Ziegesar, dem nachher zur Reserve übertretenden (Landrat) von Winterfeld und manchen anderen. Es herrschte ein frischer, zeitweise und teilweise etwas leichtsinniger Ton im Regiment. Ein Teil der etwa ein Jahr später abgeleisteten ersten Offiziersübung, waren wir mit anderen Reserve- und Landwehroffizieren der übrigen Garde zu einem Kursus in Döberitz einberufen, in dem wir, untermischt mit Aktiven, auf ein Landwehrregiment verteilt wurden. Mein Kompaniechef, der scharfe kleine Hauptmann v. H., konnte mich nicht sehr leiden; er selbst trank mehr, als gut war, und als wir eines Morgens angetreten waren und er sich auf seinen Braunen schwang, fiel er zur Freude der bärtigen Landwehrleute auf der anderen Seite wieder herunter. Mein Kamerad in der Kompanie war der spätere General von Wietersheim, vom Augustaregiment, mit dem ich mich anfreundete, nicht ahnend, daß er zu den Verehrern und lebenslangen Freunden meiner späteren Frau gehörte.

Ich glaube, es war bei dieser Übung oder bei der nächsten, daß ich im tiefen Sande von Döberitz (»dem Mörder meiner Jugend«, wie es in einem Soldatenlied hieß) viele literarische Gespräche mit dem kleinen, nicht sehr militärischen, aber gelehrten und liebenswürdigen Goetheforscher Dr. Jahn führte. Die von ihm besorgte Inselausgabe von »Dichtung und Wahrheit« begleitete mich auf vielen Fahrten im Koffer, Rucksack oder Tornister.

Zum Schluß gab es ein großes Fest, gekrönt durch eine nach Mitternacht gehaltene Festrede von mir, die ich in China von einem humorvollen Seeoffizier namens Dümmler gelernt hatte. Sie war eine Karikatur auf schnarrend-schneidige Kommandeursreden und enthielt im Grunde nur Töne, aber keinen Inhalt. Am nächsten Morgen sprachen mir einige Teilnehmer ihr Bedauern aus, so wenig verstanden zu haben; ich solle so gut gesprochen haben.

Während des Berliner Teils der ersten (oder der zweiten?) Offiziersübung wurde ich Wachhabender auf der Neuen Wache, dem heutigen Ehrenmal.[5] Der Wachdienst war in Berlin für die Gardeinfanterie ein ganz besonderes und keineswegs angenehmes Kapitel. Es ging reihum in den Regimentern und bedeutete jedesmal eine sehr starke, anstrengende Inanspruchnahme. Schon als »Einjähriger« war ich oft auf Wache gezogen und hatte unter anderem vor dem damaligen Palais Prinz Georg und Alexander, dem späteren Ernährungsministerium in der Wilhelmstr., den in Gedanken versunkenen lustwandelnden Onkel Ernst Treskow (selbst einst 2. Gardist) in Schrecken versetzt, indem ich plötzlich (und natürlich unvorschriftsmäßig) vor dem Zivilisten präsentierte.

Sehr unsympathisch war mir die zu jener Zeit noch militärisch wahrgenommene Bewachung des Zuchthauses Plötzensee. Man wurde für seine zwei Stunden in einem Hof eingeschlossen, mit scharfer Weisung, auf entspringende Sträflinge zu schießen. Immer wieder umwanderte man, die Fenster im Auge haltend und auf Klopfzeichen achtend, das im Hof liegende Gebäude. Der Betrieb auf den Gängen und in den Zellen war mir ganz interessant. Ziemlich irrsinnig wäre mir der Gedanke vorgekommen, daß ich selbst einst Insasse solcher Einrichtung werden sollte.[6]

Unterhaltsam war es, wenn man als Offizier die Schloßwache oder die Neue Wache befehligte. Man hatte zwar eine nicht sehr angenehme Verantwortung, daß alles klappte, die um so lästiger war, als sich die genau vorgeschriebenen Vorgänge größtenteils vor eifrig zuschauendem Publikum abspielten. Auch das reglementsmäßige »Helm ab zum Gebet« beim Zapfenstreich wurde meist noch eingehalten. Die übelste Stelle hatte der »Posten am Gewehr«. Nicht nur mußte er wie ein Luchs aufpassen, ob jemand »präsentierenswertes« vorbeikam, sondern er hatte vor allem die Wache vor bestimmten Persönlichkeiten herauszurufen, worauf alles unter Gewehr stürzte, nicht selten der eine mit falsch herum aufgestülptem Helm, der andere über das eigene oder ein fremdes Gewehr fallend; zugleich mußte er dem Leutnant zurufen, *wer* kam, damit dieser entschied, ob getrommelt werden mußte oder nicht. Man dachte dabei natürlich an Erfurt, als zur Zeit von Napoleons Fürstentag der Offizier den Tambour anfauchte: »Taisez-Vous, ce n'est qu'un roi!«

Der Offizier hatte im Schloß (wo es wieder besondere Pflichten gab) und auf der Neuen Wache ein ganz nettes Zimmer mit bequemem Lehnstuhl zum Dösen während ruhiger Stunden; hier war es uralte Sitte, daß Kameraden und Freunde (auch Zivilisten) den Wachhabenden nächtlich besuchten, um ihm die Zeit zu vertreiben. Man hatte für Bier zu sorgen und für etwas kalten Tisch[7], der dann oft noch von lieber Hand ergänzt wurde. Die Wachmannschaft bekam natürlich auch ihr Teil, und die lange Zeit verflog so etwas schneller.

Nun wird es Zeit, ein Wort über meinen Gerichtsdienst zu sagen. Ich ließ mich wegen der grausigen Entfernung von Zehlendorf aus der ungemütlichen Riesenkarawanserei des Landgerichts I in das stillere, kleine Landgericht II versetzen, damals am Halleschen Ufer, neben dem Hause der Urgroßmutter Eck (Kleistscher Tradition). In der Kammer für Handelssachen fesselte mich der Laienbeisitzer Pernet dadurch, daß er während der ihn im höchsten Grade langweilenden Verhandlungen über kleinen »Dreck« die Zeit durch gewissenhaftes Ausfüllen der in jeder Sitzung anfallenden zahlreichen Versäumnisurteile totschlug. Viel gelernt habe ich auf der Rechtsanwaltsstation bei der Firma Mengel, Krämer, Büthner, vortreffliche Menschen und gute Juristen, die viele »große« Sachen behandelte. Besonders mein engerer Chef Krämer, mit dem ich viel später auch in politische Berührung kam, ließ mir viel Selbständigkeit; Mengel war ein gütiger, die Menschen verstehender und ihnen gern helfender Typ des guten Rechtsberaters. In der Oberlandesgerichtsstation in Berlin, also dem Kammergericht, konnte man sich für einen Senat melden. Ich bat um den 16. (oder 13.?), dessen Vorsitzender mein Freund von der Zivilkammer Soenderup geworden war. Der Sekretär erwiderte verwundert: »Sehr gern; für den hat sich noch nie jemand gemeldet!« Ich hatte das nicht zu bereuen. Soenderup nahm mich freudig mit den allerseits bestaunten Worten auf: »Da sind Sie ja!« Viele schwierige Prozesse liefen an mir vorüber, bei denen ich Gelegenheit hatte, mich zu betätigen; mein »Brotherr« unter den Senatsmitgliedern war ein Hilfsrichter, Landrichter…, der Name ist mir leider entfallen, ein netter, tüchtiger, von Soenderup geschätzter Mann. Mit den übrigen Mitgliedern fuhr der gewaltsame Herr Präsident vor den Referendaren manchmal in einer der Disziplin wenig förderlichen Weise ab, in dem er ihnen vorwarf, nichts zu verstehen oder geschlafen zu haben. Einmal votierte ich vor dem Senat in dem Sinne, daß die bisherige, durch viele Monate durchgehaltene Prozeßleitung verfehlt und auf einen neuen rechtlichen Ausgangspunkt zurückzudrehen sei. Der Referent trat dem, begreiflicherweise, etwas zornig entgegen, worauf Soenderup kurz bemerkte: »Ich trete dem Herrn Referendar bei!« Und so wurde verfahren.

Meine letzte Station war das gemütliche (»Zweite«) Amtsgericht in Lichterfelde, beim Amtsgerichtsrat Rudolph und dem Amtsrichter von Polheim, beides angenehme Vorgesetzte. Dann hieß es an die Vorbereitung zum Assessor-Examen gehen, die ich für mich arbeitend in Zehlendorf erledigte. Unserem Hause gegenüber begann damals noch der sich nach der Krummen Lanke hinziehende Wald, von einer Baugesellschaft eingezäunt. Die Umwohner besaßen Schlüssel, und so hatte ich ein ideales Arbeits- und Erholungsgelände. Bei der zu behandelnden Akte ergab sich der Fall, daß inzwischen das Reichsgericht in einer veröffentlichten Entscheidung dazu Stellung genommen hatte. Ich meldete das, wurde aber ersucht, die Arbeit trotzdem zu machen, was natürlich nicht ganz einfach war. Den Vorsitz in meiner mündlichen Prüfung im Dezember 1908 führte der Rheinländer Fränken, der aber meist die »Kölnische Volkszeitung« las. Ich hatte großes Glück, da ich wegen guter schriftlicher Arbeiten und einiger richtiger Antworten zu Beginn nachher kaum noch gefragt wurde, und zwar in Gegenständen, in denen ich wegen Ahnungslosigkeit Blut schwitzte. Das Ergebnis war »gut«.

Entschlossen, in den Auswärtigen Dienst zu gehen, hatte ich keine Lust, an irgendeinem Gericht zu arbeiten, bis über meine Bewerbung entschieden wäre, was immer einige Zeit dauerte. Ich stellte mich in der Personalabteilung beim Direktor von Schwarzkoppen, beim »großen« und »kleinen« Mathieu (von denen sich aber der große mit zwei T schrieb) und beim Hilfsarbeiter von Kühlmann vor. Dann griffen meine guten Eltern wieder in den Säckel und ermöglichten mir einen Aufenthalt von zwei Monaten in London.

Ich trat bald nach Weihnachten [1908] die Ausreise an, und zwar über Amsterdam, wo ich mit knapper Not in einem hergerichteten Badezimmer des Hotels Krasnopolski unterkam. Der nächste Tag war dem Reichsmuseum gewidmet. Mit diesem Besuch und dem, was ich von London zu erzählen haben werde, begannen mir – also spät – eigentlich erst die Augen für die Kunst aufzugehen, die später eine meiner größten, mit meiner Frau geteilten Freuden wurde.

In der Jugendzeit hatte mein Vater an der Hand unserer schönen englischen Farbstiche und mit anderen Beispielen meine Aufmerksamkeit auf diese Dinge zu lenken gesucht. Am meisten Eindruck machten mir dabei einige gute Bilder, die unsere alte Tante Rhaden besaß. Die alte Frau von Rhaden, mit ihren beiden schon ältlichen, besonders gütigen, reizenden Töchtern Luise und Marie, besaß in der Linkstr. eine echt altberlinische, kultivierte Wohnung, in der die Neffen und Nichten, darunter ich und meine sehr geliebte Jugendgespielin, die Enkelin Frieda, später Frau von Dieskau, sehr verwöhnt wurden. Besonders in den Weihnachtstagen gab es immer eine Art zweite Bescherung. Mein Vater war glühend in einige Bilder interessiert, die auch mir Eindruck machten, vor allem eine lesende (»Magdalena«) Prinzessin von Croy aus der Schule Rogiers van der Weyden oder besser Barend van Orleys, ein ganz erstklassiges Bild, das die gute Tante schließlich meinen Eltern vermachte. Ich habe später nie den tiefen Schmerz verwunden, als mein Vater, der die Bedeutung der Inflation nicht voll realisierte, gegen mein leider zu spät eingeholtes Votum aus Spanien, sowohl das flämische Bild wie die Stiche sich für Summen abluchsen ließ, die hoch klangen, aber alsbald verrannen.

In Amsterdam fesselten mich natürlich vor allem die Niederländer. Ich schiffte mich dann in Hoek van Holland nach Harwich ein und betrat vergnügt und neugierig den englischen Boden. Wir hatten in einem südwestlichen Vorort Londons, Auerley, nicht weit vom damals berühmten Crystal Palace und von Sydenham, das Haus eines Mr. Thomas ausfindig gemacht, der Pensionäre nahm.[8] In dieser sympathischen Familie war ich in der Tat sehr gut untergebracht, zumal Thomas mir gleichzeitig jeden Tag eine Stunde englische Konversation gab. Wir wurden gute Freunde.

Seine humorvolle Art machte das Leben im Hause sehr angenehm, und seine Frau war eine freundliche, gutherzige Hausmutter. Zu erwähnen ist noch der schottische Schäferhund »Bruce«, der von Thomas abgerichtet worden war, auf die Frage »how many dreadnoughts ought England to have?« nach dem hingehaltenen Leckerbissen erst bei einer hohen Ziffer zu schnappen; ich ging heimlich hin und brachte ihm bei – für »Bruce« ja sehr angenehm und daher leicht zu erreichen – schon bei einer viel niedrigeren Zahl zuzubeißen, was natürlich bei Vorführen des Manövers vor Gästen großen Zorn erregte.[9] Es war die Zeit, da der deutsch-englische Gegensatz sich immer stärker kristallisierte; in London hatte das als nationale Anpeitschung gedachte, die Invasion »der Kaiserin des Nordens« behandelnde Stück »An Englishman's Home« volle Häuser.

Von den anderen Pensionsinsassen kam ich in nahe Berührung mit einem netten jungen Franzosen, den wir den Pocket-Marquis nannten; mit ihm machte ich zahlreiche Reisen in das schöne Sussex. Ein besonderer Sport für uns beide war es, in den benachbarten Straßen die Namen der Villen hintereinander herzusagen; wir kamen durch Übung auf unglaubliche Reihen. Meine Hauptbeschäftigung war das nun nicht, sondern ich sah mir in täglichen Fahrten mit der Vorortbahn nicht nur London mit allen Sehenswürdigkeiten einschließlich der Umgebung, von Windsor und Eton nach Hampton Court und Greenwich, an und drang vor allem auf jede denkbare Weise in das englische Leben ein. Mein Vater hatte mir dank seiner Beziehungen durch den C.V.J.M. [Christlicher Verein Junger Männer] zum Y.M.C.A. [Young Men's Christian Association] eine Reihe von Empfehlungen besorgt, die sich keineswegs auf das kirchliche Leben beschränkten.

Um mit diesem zu beginnen, so besuchte ich systematisch die Gottesdienste aller denkbaren Kircharten und Sekten. In nächster Nähe hatten wir einen hervorragenden Methodistenprediger und, besonders interessant, eine Kapelle der Kongregationalisten, in der Sonntagnachmittags eine Debattierversammlung mit den sonderbarsten Teilnehmern stattfand; einer pflegte die Versammlung mit »Fellow brethren of the human race« anzureden. Viel lernte ich vom englischen Kirchenwesen durch einen Besuch verstehen, den ich auf dem Lande für zwei Tage bei einem Pfarrer machte. Nachdem mir morgens ein kleiner Gnom im Nachthemd, der Jüngste der Familie, den schönen warmen Tee ans Bett gebracht hatte, verlief der Tag mit endlosen Gesprächen über deutsche und englische Art der Seelsorge und des geistlichen Lebens.

In London selbst machten mir zwei Geistliche tiefen Eindruck, die beide Campbell oder Champbell hießen; der eine predigte ernst und gemessen in einer »schicken« Kirche nicht weit vom Buckinghampalace, der andere, ein weißhaariger Mann mit durchgeistigten Zügen, verstand es, Donnerstagmittags mitten in der City eine Kirche mit Geschäftsleuten dicht zu füllen, die atemlos auf seine geistvollen sozialreformerischen Predigten lauschten. Am stärksten betroffen wurde ich durch die von der Staatskirche im sogenannten Oxfordhouse und dessen Filialen betriebene soziale Arbeit in den ärmsten und verrufensten Quartieren von Whitechapel usw. Ich begleitete gelegentlich die jungen Theologiestudenten, die sich, von Älteren geleitet, diesem Dienst unterzogen, auf ihren nächtlichen Gängen. Mit vorsichtiger Hand führten sie die »Regie« in Lokalen, die auf mich zunächst den Eindruck von Kaschemmen machten und in die von den Arbeitern auch ihre »Ladyfriends« mitgebracht werden konnten. Ganz allmählich versuchten sie so das Niveau zu heben und in kameradschaftlichem Mittun den Zugang zum Inneren dieser zum Teil ganz verwahrlosten Menschen zu finden.

Neben dem kirchlichen Leben fesselte mich, wie ich schon beim Erzählen von Amsterdam andeutete, die Kunst in jeder Form. Ich besuchte auch der Sprache wegen viel das Theater, dessen Standard im Ganzen nicht sehr hoch war. Die alle Londoner begeisternden Weihnachtspantomimen, für die ich gerade noch rechtzeitig kam, begeisterten mich wenig. Ich sah aber einige gute Shakespeareaufführungen, eine davon bei Beerbohm Tree; im zweiten Akt von »Macbeth« fragte mich ein offenbar nicht recht mit dem Stück ins Reine kommender Besucher: »What's the name of that piece?«

Dann aber stürzte ich mich alltäglich in die Museen, die großen wie die kleinen, vom British Museum über National Gallery, National Portrait Gallery, die mich politisch interessierte, Tate Gallery, zur Wallace Collection, Kensington Museum und Dulwich Gallery. Am häufigsten war ich Gast der National Gallery und erhielt in ihr zum ersten Male wirklichen Überblick und Einsicht in das europäische Kunstschaffen, so wie ich mir das in ähnlicher Muße später nur noch im Prado vervollständigen konnte. Mich fesselten ganz besonders Portraits wie einige große Niederländer und der melancholische Schneider von Morone oder die »Duchess« von Holbein, die damals gerade für eine fantastische und viel kritisierte Summe aus dem Besitz des Herzogs von Norfolk erworben wurde.[10] Einige Turner wie »The Fighting Téméraire« sind mir auch in lebhafter Erinnerung geblieben. Natürlich machte ich auch meinem alten Freund Carlyle in Chelsea einen Besuch![11]

Am geselligen Leben nahm ich wenig teil. Vom guten Mittelstand lernte ich im Hause Thomas manche nette Leute kennen, mit bescheidenem geistigen Niveau. Einmal wurde ich zum Essen in dem eleganten Hause eines Herrn Althaus eingeladen, Verwandter eines mit uns in Zehlendorf befreundeten Professors gleichen Namens. Ich ärgerte mich über die völlige Anglisierung um so mehr, als die Hausfrau englisch mit mir sprach, bis ich zufällig herausbekam, daß sie Mecklenburgerin war. Meine Tischdame meinte, als wir auf Rembrandt kamen: »Oh Rumbrandt, how lovely!« Das erinnert mich an eine wahre Geschichte, die ich im Kaiser Friedrich Museum in Berlin erlebte. Eine Gesellschaft von Amerikanern »did the Museum«; der Anführer, der sich besonders für die Maße der Bilder interessierte, schwang seinen Baedeker, und wenn ihm ein bekannter Name aufstieß, brachte er seine Herde zum Halten. Im großen Rembrandt-Saal angekommen, las er laut vor: »van Rijn«, und da ihm das nichts sagte, strömte der ganze Verein durch den Saal, ohne ihn eines Blickes zu würdigen.

Eine Gesellschaft in politischem Hause machte ich in Gestalt eines Tees bei Buxtons mit. Der Hausherr war Gouverneur in Australien gewesen, und eine Tochter hatte einen (englischen) Bunsen geheiratet, an den ich von der Schwester, späteren Oberin des Elisabeth-Krankenhauses, der klugen und anziehenden Emma von Bunsen empfohlen war. Die berühmten englischen Balkanpolitiker Gebrüder Buxton waren Söhne des Hauses und gleichfalls anwesend. Bunsen war englischer Diplomat; ob er der spätere Botschafter in Wien war, ist mir nicht mehr erinnerlich. Es war ein interessanter Nachmittag, obwohl ich über das Engländertum der Bunsens nicht ganz hinwegkam. In den Gesprächen kam auch bei gebildeten Leuten eine erstaunliche Unkenntnis über Deutschland zutage. Einer fragte mich, ob es wahr sei, daß bei uns an der Spitze der Gemeinden Fürsten ständen.

Vom öffentlichen Leben sah ich auch einiges. Ich ging in die Gerichtshöfe und wohnte Prozessen bei, die mir durch ihre Form und die Erhabenheit des Richters über dem Ganzen zu denken gaben. Später hörte ich einmal englische Juristen, die eine Studienreise in Deutschland machten, auf die Frage nach ihren Eindrücken erwidern: »There is no distance!« – zwischen dem Gericht und den übrigen, meinten sie sehr richtig.

Lord Kinnaird, ein Bekannter meines Vaters, verschaffte mir eine Karte zur Sitzung des Oberhauses, in der ich der Adreßdebatte beiwohnte. Vorher hatte ich das großartige Schauspiel der Auffahrt des Königs und der Königin zur Parlamentseröffnung samt der zugehörigen Truppenparade mitgemacht. Das Militär erschien mir prächtig, aber steif. Über das Königspaar (es war noch Edward VII.) war das zuschauende Volk in kindlicher Begeisterung. Dabei sah Seine Majestät weder schön noch angenehm aus; ich hatte den Eindruck sehr schlechter Laune, so, als hätten sie sich gerade gezankt. Das Ganze war aber doch eine großartige Manifestation der Überlieferung und der Macht des Reiches. Mit dieser Vorstellung verließ ich, sehr nachdenklich über die Entwicklung, den britischen Boden, um nun, und zwar im April 1909, in das Auswärtige Amt einzutreten.

Die Behörde, sehr viel größer als zu Bismarcks Zeiten, war noch unendlich viel kleiner als nach dem ersten Weltkrieg und vor allem in heutiger Zeit. Es herrschte noch eine Art Gemütlichkeit in ihr; sie bildete immerhin eine geschlossene Körperschaft mit starker Eigenart und kollegialem, durch den ständigen Wechsel mit dem Ausland farbenreichem Zusammenleben. Indessen, ein tiefer Spalt war in ihr fühlbar: der zwischen den beiden höheren Laufbahnen, der diplomatischen und der konsularischen, zwischen denen Übergänge nur ganz ausnahmsweise stattfanden, d. h. sehr selten wurde ein Konsul in die Diplomatie übernommen. Daß eine Reihe meist süd- und mittelamerikanischer Gesandtenposten von überwiegend wirtschaftlicher Bedeutung gewöhnlich mit Konsuln besetzt wurde, änderte daran ebenso wenig wie die Tatsache, daß einige Generalkonsulate wie Budapest, Kalkutta und Kairo als »politische« stets von Diplomaten geleitet wurden. Im Gegenteil, beides trug dazu bei, den Unterschied zu unterstreichen, in dem z. B. der Gesandte in Kolumbien als Gnadenknochen betrachtet wurde, den man dem alten, erfahrenen Generalkonsul des Titels »Gesandter« wegen schließlich noch hinwarf, während die Generalkonsuln in Kairo, Kalkutta und Budapest peinlich darauf achteten, nicht zum Konsularkorps gerechnet zu werden. Mit »Wirtschaft« hatte der Diplomat wenn irgend möglich nichts zu tun.

Obwohl die Leute der konsularischen Laufbahn meist erheblich besser vorgebildet waren als die Diplomaten, viele von ihnen sich auch gesellschaftlich von diesen gar nicht unterschieden, blieb im Amt die Konsularslaufbahn stets die »mindere«, ein Zustand, der begreiflicherweise nicht nur dauernde Verstimmungen erzeugte, sondern auch sachliche Übelstände. Zu meiner Zeit kam ein Erlaß heraus, wonach der teppichbelegte Aufgang Wilhelmstr. 76 nur von Angehörigen der politischen Abteilung, sprich: Diplomaten, benutzt werden durfte, alle übrigen sollten sich gefälligst durch No. 75 ins Amt begeben. Hierin steckte natürlich ein gewisser Sinn, nämlich das Freihalten der feinen Treppe für den Verkehr der fremden Diplomaten usw. Aber die Form machte böses

Blut. Das Unsympathische bei der ganzen Sache war, daß das Merkmal des Unterschieds finanzieller Art war: angesichts des mit den Gehältern nicht zu bestreitenden Aufwands der Diplomaten waren diese, jedenfalls in den ersten zehn bis fünfzehn Jahren der Laufbahn, auf erhebliche eigene Zuschüsse angewiesen. Unsereiner ging also in die konsularische Laufbahn nicht, weil er lieber Konsul als Diplomat werden wollte, sondern weil der Mammon ihn dazu zwang. Im Herzen glimmte aber der Wunsch, diese Schranke doch noch einmal zu überspringen. Sachlich lag der Hauptfehler dieser Regelung darin, daß der Teich, aus dem Gesandte und Botschafter gefischt wurden, viel zu klein war. Jeder Attaché, der nicht gerade silberne Löffel stahl, *mußte* Gesandter werden. Es fehlte also jede wirkliche Auslese, wozu noch als weiterer Nachteil trat, daß die diplomatische Laufbahn sich aus einem viel zu engen Kreise ergänzte, nämlich überwiegend dem wohlhabenden Teil des Adels.

Je stärker sich nun die wirtschaftlichen und kulturellen Aufgaben auch an diplomatischen Posten neben die früher allein berücksichtigten rein politischen schoben, desto gebieterischer drängte sich die Notwendigkeit auf, das Reservoir zu erweitern und die sachlich immer weniger getrennten Laufbahnen zu vereinigen, eine Reform, die nach 1918 von dem klugen, energischen und kultivierten Ministerialdirektor Schüler (zu meiner Zeit Hilfsarbeiter in der Personalabteilung) durchgeführt wurde, unter starken Geburtswehen und manchen durch Schülers Temperament und eine übermäßige Betonung des Wirtschaftlichen erzeugten Mißgriffen, aber schließlich doch mit Erfolg.[12] Natürlich war und ist auch in der modernen Zeit die konsularische und die diplomatische Tätigkeit nicht gleicher Art. Nicht jeder ist zu der einen oder der anderen geeignet. Die Verschmelzung der Laufbahnen kann nicht heißen, daß *jeder* diplomatische Posten bekommt. Aber der Grundsatz des gemeinsamen Ursprungs und der gleichen Ausbildung ist richtig. Was heute aus alledem geworden ist, davon später.

Wir »Assessoren«, d.h. der konsularische Nachwuchs, für den

dieses Examen praktisch Voraussetzung war – im Gegensatz zu den diplomatischen »Attachés«–, litten übrigens unter dem Zustand wenig. Man hielt gute Kameradschaft, suchte das Leben im Amt zu erheitern und machte die Augen auf. Tatsächlich war die bestehende Assessorenvereinigung, deren Vorsitzender ich im letzten Halbjahr meiner Amtszeit wurde, das Zentrum des kollegialen Lebens; ihre Monatsessen fanden sogar Gnade bei Diplomaten, und das Weihnachtsfest der Vereinigung sah das ganze Amt beider Laufbahnen versammelt.

Das letztere war insofern eine hervorragende Einrichtung, als es Sitte war, in unbekümmerter Schärfe die Mitglieder des Auswärtigen Amtes durch kleine Gedichte zu frotzeln. Alles machte unter dem Jubel des Volkes gute Miene zum oft bösen Spiel; nur einige hatten sich schon seit Jahren grollend zurückgezogen, so z.B. der allmächtige Kriege, menschgewordener Paragraph und durch den Einfluß, den man dem Juristen verkehrterweise in rein politischen Fragen einräumte, von unheilvoller Bedeutung, besonders 1914. Seine Assessoren quetschte er in unerhörter Weise bis in die Nacht aus. Er war deshalb wohl der gefürchtetste Vorgesetzte. Auch hier kann man sagen: Sic transit gloria mundi. Einige Jahrzehnte später saß sein damaliger Assessor Gaus, von dem noch zu reden sein wird, auf seinem Stuhl, und man erzählt, daß der nun alte Kriege eines Tages ins Amt kam und sich bei dem gerade sehr beschäftigten Gaus melden ließ, worauf dieser den Amtsgehilfen angedonnert habe: »Er soll warten!« Von Kriege ging die Fama, daß er auf einem internationalen Kongreß gesagt habe: »Je m'y obstacle.« Das wurde zu einem fliegenden Wort im Amt.

In dem höchst unterhaltsamen Weihnachtsstück, das wir Assessoren mit den jungen Legationsräten für das eine Weihnachtsfest komponiert und dann aufgeführt hatten, wurde Krieges Geist natürlich beschworen. Er hieß »der Revisor« und legte den Gedanken zu Grunde, daß der sozial-demokratisch-jüdische Abgeordnete Stadthagen (genannt Rosenhagen) das Amt revidierte. Ich hatte die Ehre, dieses vollbärtige Ekel zu spielen. Von Weihnachtsversen ist mir noch der auf einen Vortragenden Rat – sagen wir Herrn von Stöhr – in Erinnerung, von dem man sagte, daß er in seinem Hause französische Menus auslege. Daher hieß es:

»Also mein lieber Baron de Stöhr,
ein Diner bei Ihnen, à la bonheur!
Französisch natürlich, c'est entendu
wenn nicht die Küche, doch das »Menu«.

Krieges Vorgänger als Chef der Rechtsabteilung war noch zu meiner Zeit der alte Herr von Frantzius, ebenfalls wegen seiner Schärfe und vor allem sprachlichen und formellen Bürokratie sehr gefürchtet, dabei aber ein geistvoller, hochgebildeter und musikalischer Mann mit einem angeregten, echt alt-berlinischen Hause. Mit ihm erlaubten wir uns einen gefährlichen Scherz. Es war Pflicht der Assessoren, sogenannte Geschäftsverzeichnisse zu führen, d. h. also übertragene größere Arbeiten darin zu vermerken. Einer von uns konnte die Unterschriftsparaphe des großen Frantzius, das sogenannte, mit Tintenstift schwungvoll hingeworfene »Ei«, sehr gut nachahmen. Wir fanden auf dem Tisch eines Assessors das Verzeichnis, und unser Imitator zeichnete das »Ei« mit dem Vermerk hinein: »Das Verzeichnis ist ja gar nicht richtig geführt! Bitte Rücksprache!« Der Unglückliche, ins Zimmer zurückkehrend, wurde kreidebleich. Sofort meldete er sich bei Frantzius, der ihn etwas erstaunt empfing, aber noch erstaunter wurde, als der Assessor stammelnd seine Entschuldigung vorbrachte. Frantzius ließ sich das corpus delicti zeigen und besaß den Humor, vor Lachen fast zu bersten und der geglückten Nachahmung die volle Anerkennung zu zollen.

Eine andere Mystifikation fällt mir dabei ein. Für einen ins Ausland gehenden Assessor veranstalteten wir ein Abschiedsessen; er ärgerte uns durch seine Humorlosigkeit, und da jemand die Frage aufwarf, ob wir ihm nicht ein Abschiedsgeschenk machen wollten, so überreichte ich ihm nach Tisch im Kreise der Amtsbrüder mit zündenden, bewegten Worten eine große, dem »Kaiserhof« gehörende Vase, die dort auf einem Kamin stand. Der Beschenkte stand beglückt, aber etwas ratlos mit dem Riesentopf in der Hand da und fragte zaghaft, wie er das Ding fortbringen könnte. Ich empfahl ihm, sich mit der Direktion des Kaiserhofs in Verbindung zu setzen.

Eine ganz andere Erscheinung als die Juristen Frantzius und Kriege war der Leiter der Handelspolitischen Abteilung, Herr von Körner, ein schlauer, kleiner, beweglicher Sachse, der vor allem in internationalen Wirtschaftsverhandlungen eine große Rolle spielte. Man erzählte von ihm in Spanien, als ich dort später selbst verhandelte, daß er den Grundsatz gehabt habe, in entscheidenden Augenblicken solcher Verhandlungen die Sitzung etwa auf sechs Uhr nachmittags anzusetzen. Man habe dann angestrengt bis acht und neun Uhr verhandelt, worauf die Gegenseite sichtlich hungrig geworden sei und auf Vertagung gedrängt habe. Körner, der um halb sechs ein konsistentes Mahl mit einer Flasche Rotwein zu sich genommen hatte, war sich der Essenszeit der Spanier, nämlich zwischen neun und zehn, sehr wohl bewußt gewesen, widersetzte sich dem Abbrechen und brachte schließlich abends spät gegen den immer schlafferen Widerstand jedes Gegners sein Schiffchen in den Hafen.

Die alte Streitfrage, ob man ein Außenministerium sachlich oder geographisch ordnen soll, war damals zweifelsfrei zu Gunsten der ersteren Lösung beantwortet: es gab außer der Personalabteilung, der aber die Diplomaten entzogen waren (!), die politische, die handelspolitische und die Rechtsabteilung, in ersten beiden dann natürlich Ländergruppen. 1919 ging man zur diametral entgegengesetzten Anordnung, also der geographischen über, die dann allmählich durch einen Kompromiß ersetzt wurde. Der formelle Chef des Auswärtigen Amts war der Reichskanzler, an den man auch berichtete und der zugleich »preußischer Außenminister« war. Der Staatssekretär war sein Untergebener und Vertreter. Die Erlasse ins Ausland gingen – so wie die Berichte an »Seine Durchlaucht Herrn Reichskanzler Fürsten von Bülow« – an »Seine Hochgeboren den Kaiserlichen Gesandten Herrn Grafen von Pückler« oder an »Seine Hochwohlgeboren den Kaiserlichen Konsul Herrn Breiter«. Das hatte wegen der Urlaube und Versetzungen gewisse Schwierigkeiten, die sich aber überwinden ließen. Das später üblich gewordene unpersönliche System (»an die Deutsche Botschaft Paris«) verschleiert die persönliche Verantwortung und überhaupt den persönlichen Charakter des Auswärtigen Dienstes. Der Botschafter und der Konsul sind Menschen mit einem Auftrag, nicht Behörden wie viele in der Heimat; diese Menschen arbeiten mit einem Apparat, aber auf sie allein kommt es an.

Reichskanzler war im Jahre 1909 noch Bülow, aber die »Füße derer, die ihn hinaustragen sollten, standen schon vor der Tür!« Einer der jüngeren Leute im Auswärtigen Amt erzählte damals eine sehr bezeichnende Geschichte von ihm. Der Erzählende war Sekretär in Bülows Vorzimmer, als ihm der Fürst eines Tages die Anmeldung eines Professors mit dem Auftrage zeigte, sich nach ihm zu erkundigen. Dem Fürsten wurde eine Notiz vorgelegt, die über Abstammung, Werdegang, Fakultät und Bücher des Betreffenden genaue Auskunft gab. Der Professor kam und verließ nach einer Viertelstunde, Freudentränen vergießend, das Zimmer des Staatsmanns. Er umarmte den Sekretär und dankte ihm für die schönste Stunde seines Lebens; denn der Fürst habe ihn sofort nach seinem Vater gefragt, an den er sich noch entsänne; über Arbeiten und Bücher sei er genau unterrichtet gewesen, ein Buch habe er sogar gelesen, und so habe er das anregendste, erhabenste Gespräch mit dem großen Mann führen können! – »So«, fügte der Erzähler hinzu, »habe ich gelernt, skeptisch an die Dinge heranzugehen!«

Staatssekretär war zuerst Schoen, der spätere Pariser Botschafter. Er war wenig bedeutend und machte besonders im Reichstag eine unglückliche Figur. Niemand lauschte seinen Worten, und ich höre noch den Abgeordneten Liebermann von Sonnenberg, wie er ihm zurief: »Herr von Schoen meint, wir wollten ihm übel. Im Gegenteil, wir wünschen ihm alles Gute und gönnen ihm jeden schönen Auslandsposten, wenn er ihn nur bald antreten wollte!«

Sein Nachfolger war Kiderlen, ein Mann ganz anderen Schlages. Ein geriebener Schwabe, skrupellos und sicherlich ein politischer Kopf, nur leider noch ganz befangen im kontinentalen Denken auf der Grundlage des einstigen Dreiecks Paris-Wien-Petersburg, ohne die neue Weltentwicklung und ozeanischen Gesichtspunkte zu begreifen. Daher der fast unverständliche, grundsätzliche Fehler von Agadir.[13] Mein Schwiegervater pflegte zu sagen, gegen Frankreich demonstriere man durch Mobilisieren in Elsaß-Lothringen, aber nicht auf dem Ozean, der britischen Domäne. Unter dem Staatssekretär stand der Unterstaatssekretär, oft der Konsularlaufbahn entnommen, so Stübel, Stemrich und Zimmermann. Letzterer brachte mir Wohlwollen entgegen, vielleicht schon als »alter Chinese«. Er spielte später noch eine Rolle in meinem Leben.

Als ich Assessor war, ruhte das Schwergewicht der Amtsarbeit (angesichts einiger stark überständiger Geheimräte) bei der Generation junger Legationsräte. Darunter befanden sich in der Rechtsabteilung Köpke und Rosenberg; ersterer, ein entfernter Verwandter meiner späteren Frau, klein aber »oho«, klug, beweglich, stets guter Laune und eine Berliner Schnoddrigkeit bester Art auf der Pfanne, wurde er später ein wichtiger Mann in der politischen Leitung des Amtes. Rosenberg trat schon 1914 in die politische Abteilung über. Er wurde später der erste Außenminister klar-nationaler Prägung unter Cuno und verließ die Bühne nach kurzem Auftreten, um Gesandter auf verschiedenen Posten zu werden, zuletzt in Stockholm, wo ich ihn wiedertraf. 1909 war er ein frischer, lebhafter, intelligenter Mann, der mir manchen guten Rat gab. Der Beste war der: Gerade in unserem Dienst sei es wichtig, sich die Fähigkeit zu bewahren, Vertrauen zu schenken; wer keinem Menschen vertraue, erfahre selbst auch das gleiche Mißtrauen. Ein andres Mal, als ich mich verlobt hatte, meinte er, ich dürfe nie erwarten, daß meine Frau die gesellschaftlichen Schranken so überspringe, wie wir Männer das durch tägliche Berührung im Dienst und Lebenskampf lernten. Daran war etwas Wahres, aber meine Frau zeigte sich dieser Aufgabe voll gewachsen.

Auch der etwas kalt-intellektuelle, scharfsinnige Göppert, später Gesandter in Finnland, war damals in der Rechtsabteilung. In Körners Abteilung war zunächst der Vortragende Rat von Stockhammer bemerkenswert, von dem ich noch erzählen werde. Die Legationsräte mit »Zukunft« waren Neurath, Nadolny und Keller, letzterer mehr Beamter und Jurist als Diplomat, aber ein sehr ordentlicher Mann. Nadolny war eine tüchtige, energische Persönlichkeit mit selbständigen Gedanken und starker Eigenwilligkeit, die ihm später als Botschafter Schwierigkeiten machte. Neurath, mein Corpsbruder, patronisierte meinen Eintritt ins Amt. Er hat später meinen Lebensweg häufig gekreuzt. Der Natur nach Jäger und Soldat mit guter Witterung, militärischem Mut und männlichem Auftreten, war er geistig nicht bedeutend, unbeholfen in Wort und Schrift und wenig gebildet, aber mit jener schwäbischen Pfiffigkeit ausgerüstet, die ich schon berührte. Der Weg nach oben öffnete sich ihm vor allem dadurch, daß Hindenburg große Sympathie für ihn hatte.

Unter den Assessoren meiner Zeit erwähne ich den guten Theodor von Hahn, einst Primus omnium des Prinz-Heinrich-Gymnasiums, den schon genannten Gaus, ferner den geriebenen, höchst originellen, ewigen Junggesellen Rümelin, auch einen Schwaben, mit dem ich damals viel politischen Gedankenaustausch pflegte und der mir später oft begegnete, sowie der glänzend aussehende, nette Schack, im Weltkrieg von den Amerikanern widerrechtlich gefangengesetzt und später vom Auswärtigen Amt keineswegs entsprechend behandelt. In Verbindung blieb ich auch mit dem guten Kraske, einem trefflichen Beamten und Menschen, während von meinen Zimmergenossen Kruse, ich glaube Sohn eines nationalliberalen Politikers und Bürgermeisters in Wilhelmshaven, bald der Dienst leid wurde, und Berndt, Heidelberger Westfale, mir später aus den Augen kam. Ein halbes Jahr nach mir erschien der treue Reibnitz, und wir richteten uns mit Hilfe der Eltern eine nette, kleine gemeinsame Wohnung in der Kaiserallee, zwischen Ringbahn und Friedrich-Wilhelmplatz, ein, in der wir gemütlich hausten. Zeitweise vertrat ihn, ich glaube als er in England war, mein alter Fontaine, der in Berlin zum Assessor-Examen arbeitete.

Meine Tätigkeit im Auswärtigen Amt eröffnete ich in der Rechtsabteilung, zunächst beim Geheimen Rat Eckardt, einem ziemlich gefürchteten, etwas bürokratisch-juristischen Beamten, mit dem ich aber gut auskam. Der Sache nach handelte es sich vor allem um soziale Fragen, z.B. Angelegenheiten der ausländischen Arbeiter in Deutschland. Ich wechselte dann ins noch langweiligere Auslieferungsreferat des guten Papa Schmidt-Dargwitz hinüber, der selbst seiner Abscheu gegen das leere Stroh, das er dreschen müsse, häufig Ausdruck gab, und mir dringend empfahl – er hatte früher in der damaligen Kolonialabteilung gearbeitet –, dem Auswärtigen Amt den Rücken zu kehren und im Kolonialamt viel produktivere Tätigkeit zu leisten.

Nach einigen Monaten berief man mich in die Personalabteilung auf einen Posten, der lange nicht besetzt gewesen war. Fraglos handelte es sich dabei um eine Auszeichnung. Den Inhaber dieser (nicht gerade durch Überarbeitung gekennzeichneten) Stelle nannte man das Zeremonienbaby, weil ihm auch Aufträge im Rahmen des Protokolls überwiesen wurden, das zu jener Zeit lediglich ein Referat der Personalabteilung bildete. Trotzdem funktionierte alles, wohl, weil die Beteiligten damals noch selbst wußten, was sich gehört und welche Formen zu wahren waren. Der Referent war der höchst gewandte, ruhige, genau unterrichtete Geheimrat Zahn, ein für mich sehr angenehmer und wohlwollender Vorgesetzter. Mein eigentlicher Chef war – unter Schwarzkoppen und später dem »großen« Matthieu – der »kleine« Mathieu und sein Hilfsarbeiter von Kühlmann, ein sehr netter Hannoveraner, der mir das dienstliche Leben so erfreulich wie möglich machte.

Meine Tätigkeit an sich war weder nach Art noch nach Umfang erschütternd. Es war meist langweiliger Kram, z.B. Glückwunschtelegramme des Reichskanzlers zu Geburtstagen und dergleichen an fremde Fürsten, Streitigkeiten fremder Diplomaten mit ihren Wirten oder der Polizei und ähnliche Dinge. Auf mehr als zwei oder drei »Eingänge« täglich brachte ich es selten. Interessant war die Beschäftigung mit neuen Bewerbern für den Dienst, sowohl in menschlicher wie in dienstlicher Hinsicht. Einmal fand ich beim Sonntagsdienst auf dem Tisch einen Brief an den Staatssekretär von Schoen, geschrieben von einem Verwandten, der seinen Sohn für den Dienst empfahl. Schoen hatte darauf vermerkt: »Ungeeignet, bitte freundliche Ablehnung entwerfen.« Da ich nichts zu tun hatte, vertiefte ich mich zunächst in die Verwandtschaftsverhältnisse, um herauszufinden, in welchen Beziehungen »Onkel Fritz«, »Tante Anna«, »Karoline« und »Wilhelmine« usw. zueinander standen. Dann entwarf ich einen sehr zärtlichen Brief, der auf alle vom Schreiber erzählten Familienschicksale einging, Freude und Bedauern am rechten Ort äußerte, billige Ratschläge gab und schließlich von Wohlwollen triefend auf den jungen Mann zu sprechen kam, dessen Zukunft im Auswärtigen Amt ich angesichts der schlechten Beförderungsverhältnisse und anderer Nachteile in den schwärzesten Farben malte. Der Staatssekretär war, wie man mir später sagte, hell begeistert und nur erstaunt, woher ich meine genaue Kenntnis der intimsten Familienbeziehungen geschöpft hätte.

Wichtiger als der tägliche Kleinkram war der Umstand, daß ich auf diesem Posten in eine Menge sonst dem jungen Anwärter verschlossene Dinge hineinsah, zahllose Menschen kennenlernte und einen Blick in die große Welt tat. Die Krone dieser Zeit bildete für mich die Europareise des Prinzen Tsaitao von China, der mit einem großen Stabe vor allem militärische, aber auch sonstige Verhältnisse studierte. Leider sprach er nur chinesisch, war aber ein ungewöhnlich reizender, eleganter und auch vorzüglich reitender junger Mann, dem die Reise Spaß machte und der selbst allen, die er traf, Vergnügen bereitete. Ihm wurde ich vom Auswärtigen Amt zugeteilt, während sein militärischer Begleiter der damalige Oberst von Falkenhayn war. Dieser hervorragend aussehende, hochintelligente Mann, mag er auch kein großer Feldherr gewesen sein, schlau wie ein Fuchs und gewandt wie der beste Diplomat, wandte mir sein besonderes Wohlwollen zu und erhielt es mir auch später. Nach seinem (und unserem) Sturz habe ich mit meiner Frau in seinem Hause z. B. mit dem berühmten »chinesischen« General von Hanneken, dem Schöpfer von Port Arthur, anregende Stunden verbracht.[14]

Mit dem Prinzen nahm ich an zahlreichen Veranstaltungen teil, unter anderem einem kleinen Essen bei dem unglücklichen Kanzler von Bethmann Hollweg, und an einer Parade mit anschließendem Frühstück in Potsdam, beide vom Kaiser in erster Linie zu Ehren des Königs Albert von Belgien und seiner bayerischen Gemahlin abgehalten. Ich sehe noch den Generalstabschef von Moltke während der Parade im Lustgarten in ernstem Gespräch mit dem König stehen, wohl jener Unterhaltung über einen künftigen Krieg, die dann historisch eine gewisse Rolle gespielt hat.[15]

Meine Frau und ich sind dem unmenschlich langen liebenswürdigen König bei dessen Staatsbesuch in Kopenhagen wieder begegnet. Während er eine sehr freundliche und unbefangene Unterhaltung in deutscher Sprache mit mir führte, preßte sich die arme deutsche Prinzessin, die das Schicksal als Schwester (?) des Kronprinzen Rupprecht in schwerste Konflikte [durch den I. Weltkrieg] gestoßen hatte, kein einziges Wort heraus, sondern drückte uns nur stumm und verlegen die Hand. Begleitet wurde sie in Kopenhagen von der nachherigen Kronprinzessin von Italien, die sich aber damals noch nicht zu der hübschen, kultivierten Erscheinung der späteren Zeit entwickelt hatte.[16]

Eine mir unvergeßliche Figur, mit der ich durch Tsaitaos Besuch häufig in Berührung kam, war der chinesische Gesandte, General Yin Tschang.[17] Ein biegsamer, schlanker, eleganter Mann von militärischer Haltung, sah er besonders in der ihm verliehenen »Gelben Jacke« bei Hoffesten glänzend aus. Er war hochbegabt und beherrschte das Deutsche sowohl im berlinischen Dialekt wie in dem der Donaustadt, in der er früher auf Posten gewesen war. Man erzählt, daß ihn später in Peking auf der Straße ein rauher deutscher Soldat mit der Anrede »Kuli« zum Ausweichen aufgefordert habe, worauf er lächelnd geantwortet habe: »Nee, mein Männeken, machen Sie man lieber Honneur, ick bin Jeneral Yin Tschang!«

Als ich dem »kleinen« Mathieu, der ein fanatischer Junggeselle war, meine Verlobung mit den Worten meldete: »Ich habe das Verbrechen begangen, mich zu verloben!« erwiderte er trocken: »Im Amtssinn ja!« Jedenfalls verlor ich als nun nach seiner Ansicht wesentlich unhandlicheres Mitglied des Amts an Interesse für ihn, und ich kam bald in die handelspolitische Abteilung, und zwar in das überseeische, von dem früheren Konsul in China Geheimrat Grunenwald geleitete Referat. Er war ein netter, weltbefahrener Mann, bei dem ich sehr gern gearbeitet und viel gelernt habe. Der zwischen ihn und mich geschaltete Hilfsarbeiter Kempf, später Generalkonsul in Kanada, spielte dabei eine geringere Rolle. Grunenwald und ich tauschten natürlich viel chinesische Erinnerungen aus. Besonders gern erzählte er – später mir vom französischen Generalkonsul in Genua, Herrn de Marçilly, der in Hankau sein Kollege war, bestätigt – vom Tiger-Spiel: man saß abends zusammen beim Whisky, und in Abständen rief jemand »The tiger«, worauf alles unter den Tisch und wieder auf den Stuhl klettern mußte. Sieger war, wer schließlich als letzter noch am Tisch saß. Nun, das übten wir in Berlin nicht.

Wir hatten reichliche und interessante Arbeit, von der mir besonders Kongoangelegenheiten in Erinnerung sind. Deutschland sollte sich an Vorstellungen bei den Belgiern wegen im Katangagebiet begangenen Greuel beteiligen.[18] Ich machte eine große Denkschrift und kam zu dem Ergebnis, daß wir keinen Anlaß hätten, uns in diese Dinge zu mischen. In diese Zeit fällt meine erste Zusammenarbeit mit meinem Schwiegervater. Auswärtiges Amt und Reichsmarineamt unternahmen – ausnahmsweise – zusammen eine große Aktion, um die deutsche Wirtschaft zur Hergabe sehr bedeutender Mittel für deutsche technische Schulen in China (für Ausbildung von Chinesen an deutschen Maschinen) zu veranlassen. In der entscheidenden Sitzung, die von Kiderlen und Tirpitz präsidiert wurde, führte ich das Protokoll. Es waren wohl alle führenden Köpfe der deutschen Industrie-, Handels- und

Bankenwelt anwesend, und man kann sagen, daß die Versammlung das Deutschland repräsentierte, dem in unerhört kurzer Zeit der Sprung vom rein kontinentalen Land mit – politisch und wirtschaftlich – provinziellem Horizont zum Weltvolk und zum Wettbewerber Englands jenseits der Meere gelungen war. Oder muß man heute rückschauend sagen: gelungen zu sein schien?

Dem dienstlichen Leben parallel lief für mich zum ersten Male ein reges gesellschaftliches. »Wir gingen aus!« In der Kaiserstadt bildete das Zentrum der großen Geselligkeit der Hof. Bei der Unendlichkeit dessen, was man »Gesellschaft« nannte, war es natürlich, daß für den Verkehr bei Hofe gewisse Grenzen gezogen waren: vorgestellt werden konnte jeder, der entweder adlig oder aktiver Offizier oder dem zivilen Range nach Rat II. Klasse war oder endlich, als Fremder, von seinem Botschafter oder Gesandten eingeführt wurde. Sozial war durch Zulassen *aller* aktiven Offiziere einer so gewaltigen Wehrmacht, wie es die deutsche war, die Grenze sehr weit gezogen. Trotzdem ergab sich im Zivil durch die erwähnte Bestimmung Willkür und Ärgernis.

Wir wurden also bei Hofe vorgestellt, d.h. in eine Liste eingetragen, dann zum Besuch bei der Oberhofmeisterin, der ehrwürdig-energischen Gräfin Brockdorff, befohlen und schließlich zur glanzvollen »Cour« eingeladen, bei der man unter musikalischen Klängen hintereinander am Kaiser und der Kaiserin mit zwei Verbeugungen vorbeidefilierte, wir in Reserveoffiziersuniform. Das war gar keine leichte Sache, und die dicht gedrängt herumstehenden, schon früher eingeführten »Hofgänger« und vor allem »Hofgängerinnen« fanden viel Stoff zu kichernder Heiterkeit. Dann gab es einen großen Hofball im Weißen Saal, bei dem nach alter Tradition (wie es hieß, weil einmal eine Königin oder Prinzessin nicht hätte Walzer tanzen können oder mögen) der damals das Parkett sonst völlig beherrschende Walzer nicht getanzt, sondern durch eine Art Galopp ersetzt wurde. Vortänzer waren je ein Offizier vom Regiment Garde du Corps und vom 1. Garderegiment. Die Krone bildete die vor der Estrade der Majestäten und hohen Gäste getanzte, nach Regimentern geordnete Quadrille (Lanciers), ein prächtiges Bild und zugleich die Quelle unendlicher Eifersüchteleien und mancher Tränen. Das Ganze war ein anerkanntes Muster vollendeter Organisation und ein Gemälde von unerhörtem Glanze. Zur Fastnacht (Sylvester?) gab es dann noch ein etwas freieres Fest mit Punsch und Berliner Pfannkuchen.

Auch die großen Paradediners fanden im Weißen Saale statt. War es bei einem solchen oder jenem Potsdamer Frühstück, auf alle Fälle geschah es mir dabei einmal, daß ein festordnender Offizier, Major Dürr vom Gardefüsilierregiment, vor dem Einzug der Majestäten zu mir herantrat und sagte: »Wissen Sie, daß Sie falsch angezogen sind? Sie sind der einzige Mensch in weißen Hosen!« Ich wurde blutrot, sah mich im Saal um, stellte fest, daß seine Behauptung stimmte, erwiderte etwas zaghaft, aber doch bestimmt: »Herr Major, es ist Paradeanzug befohlen; ich war bei der Parade nicht beritten und folglich in weißen Hosen!« Dürr entfernte sich grollend und drohte: »Sie werden Seiner Majestät auffallen!« Da erklang die Musik, der Kaiser und die Kaiserin zogen ein und hinter ihnen alle Prinzen, die in der Parade beim 1. Garderegiment eingetreten waren; alle in weißen Hosen! Ich suchte mir in der Ferne meinen Major und schleuderte ihm einen Blick des Triumphes hinüber.

Eine andere Form der Geselligkeit waren damals in gebildeten Kreisen die Leseabende. Man aß in den einzelnen Häusern einfach zu Abend und las dann mit verteilten Rollen oder trug einzelne Gedichte oder Prosastücke vor. Ich war in einem solchen Kreise, deren Mitglied eine Familie zur Nieden bildete, und erinnere mich besonders an einen schwungvollen Abend, bei dem der alte Rudolf Genée aus dem Opernleben mit sängerischen Proben glänzte. Mein und Reibnitz' eigentliches Hauptquartier aber war der Leseabend, an dem unter anderem die Häuser von Hoffmann (Präsident der Oberrechnungskammer), Beseler (General der Artillerie, Heerführer im Weltkrieg), Westarp und einige andere teilnahmen. Den Töchtern dieser Familien standen als männliche Teilnehmer außer uns beiden z. B. ein sehr netter, gebildeter Graf Vitzthum aus einem sächsischen Regiment, der spätere Politiker von Eynern, vom Auswärtigen Amt Reiswitz und andere mehr gegenüber. Das Niveau war hoch, das Flirten sehr gemäßigt, Verlobungen sprangen nicht daraus. Ich freundete mich besonders mit der reizenden Frieda Hoffmann an, die merkwürdigerweise unverheiratet blieb und bei der wir dann 35 Jahre später in Berlin gewohnt haben, bis eine Fliegerbombe auch dieses Heim zerstörte.

Das Haus Hoffmann wurde nun für mein Leben von grundlegender Bedeutung, denn hier lernte ich Ilse Tirpitz kennen, das erste Mal nur ganz kurz und oberflächlich, aber doch so, daß ich, einige Monate später wieder dort eingeladen, die leise Hoffnung empfand, sie wieder zu treffen, was geschah und im Grunde alles entschied. Zwar *ich* selbst merkte das noch lange nicht in voller Klarheit, um so deutlicher war es für unsere Umgebung, die sich sehr bald nur noch darüber erheiterte, daß es noch nicht »zum Klappen« gekommen war. Ja, am Tage, an dem abends zwar nicht mit Worten, aber unwiderstehlich die Entscheidung fiel, stritt ich – wie ich glaubte ganz ehrlich – alle Absichten dieser Art ab, als Reibnitz auf dem Wege zu Tirpitz' einige spitze Bemerkungen machte.

Wir trafen uns in der Unterhaltung auf politischem Gebiet: der Patenneffe des alten Stosch und alte Tsingtauer fiel Ilse auf, weil er die Gedankengänge ihres Vaters zu verstehen schien. Ich aber wurde durch den lebhaften Geist gefesselt, der verbunden mit Temperament, Charme und reizendem Äußeren eine kristallklare Seele widerspiegelte. Und dabei ist es geblieben!

Den besten Boden für weiteres Treffen gab eine Liebhaberaufführung, die in der Tirpitzschen Dienstwohnung am Leipziger Platz, einst Schauplatz des Begegnens meiner Mutter als Nichte Stosch' mit ihrem späteren Mann, vorbereitet wurde. »Jungfer Immergrün« von Wildenbruch wurde gespielt, die Heldin war Ilse, die anderen Mädchenrollen von den Schwestern Sofie und Elsa Arnim (Züsedom), die Männerrollen von Reibnitz und mir, dem damaligen Kapitänleutnant und nachherigen Staatssekretär in der Reichskanzlei, von Rheinbaben, und einem kleinen, später gefallenen Roon. Der Adjutant meines späteren Schwiegervaters, der leider jung verstorbene Freiherr von Dörnberg, und eine »Marinedame«, Frau Tägert, halfen eifrig bei der Regie. Es war Schwung in der Sache, und die Aufführung verlief glänzend. Für mich war zugleich alles entschieden. Ich stand vor diesem Ereignis selbst mit Verwundern. Denn das gefeiertste Mädchen Berlins, der Liebling des Kaisers, der sie sehr treffend den »kleinen Kreuzer« nannte, Tochter des Mannes, der ungefähr als der Mächtigste in Deutschland galt, hatte ich mir zur Frau ausgesucht, der Sohn des so gut wie mittellosen Oberstleutnants a. D., Beamter in einer Laufbahn ohne große Zukunft, selbst weder ein Löwe der Gesellschaft noch im geringsten elegant. Und doch hatten wir beiden keinen Augenblick einen Zweifel, wir dachten über diese Dinge überhaupt nicht nach.

Die schwerere Arbeit lag noch vor mir. Meine Schwiegermutter, häufige und intensive Verehrer ihrer Tochter gewohnt, war skeptisch und abratend. Mein Schwiegervater, für den diese Tochter der größte Schatz, der liebe junge Kamerad in frohen und trüben Stunden war, empfand den Versuch, sie ihm zu entziehen, fast als Beleidigung und mich als Räuber. Mit scharfem Blick hatte er die Gefahr längst erkannt und mir das Kompliment erwiesen, auf Grund des ersten Anblicks Ilse zu sagen: »Paß mit dem auf, der spielt nicht!« Anderseits erschien ich ihm als kühler, reservierter Mann des von ihm wenig geschätzten Auswärtigen Dienstes. Er hatte Erkundigungen eingezogen und wohl Gutes erfahren, aber er blieb doch ein grollender Zeus. So war mein Gang zu ihm am 17. März 1910 nicht leicht. Es hat dann auch später noch Wochen gedauert, bis das Eis gebrochen war, und Jahre, bis ich dann aus dem Räuber sein treuester Adlatus und der Mann seines unbedingten Vertrauens wurde, für mich der größte Stolz und die größte Verpflichtung. Denn immer mehr erkannte ich in ihm nicht nur den bedeutenden Mann und überlegenen Kämpfer, sondern auch die Persönlichkeit von außergewöhnlicher Reinheit und Güte. Meine Schwiegermutter war, nachdem die Entscheidung gefallen war, die liebevollste Mutter, die sich mir immer mehr erschloß und ihre mütterlichen Gefühle auf mich ausdehnte. Auch mit meiner Schwägerin kam ich bald auf brüderlichen Fuß, und als mein Schwager später aus Ostasien zurückkam, wurde er bald mein guter Freund.

Nicht einfach war die finanzielle Seite der Sache. Sie wurde dadurch gelöst, daß meine Eltern, unterstützt von Onkel Karl, in nie versagender Opferwilligkeit sich bereit erklärten, während der ersten Jahre den Zuschuß meines Schwiegervaters, der seinerseits ja an vier Kinder zu denken hatte, durch einen für ihre Kräfte sehr hohen Beitrag (monatlich 200 Mark) zu ergänzen.

Es folgte die Periode unendlicher Besuche vor allem in der offiziellen Welt meiner Schwiegereltern, mit entsprechenden Frühstücken und Abendessen, Tischreden und sonstigen Feiern. Nur einmal protestierte ich lächelnd, als der Finanzminister von Rheinbaben in seinem Toast von der schmucken Fregatte und ihrem neuen »Begleitschiff« sprach. Mein Vater war überhaupt in der Sorge, ich ließe mich zu sehr ins Schlepptau nehmen, und brachte das beim Frühstück in Zehlendorf, am Sonntage zwischen Polterabend und Hochzeit, dadurch zum Ausdruck, daß er mir eine Tischkarte »Ulli Tirpitz« auf den Platz legte. Im übrigen erregten er und Ilse vom ersten Augenblick an wechselseitige helle Begeisterung, während sich zwischen meiner ernsten Mutter und meiner lebhaften, heiteren Braut und Frau eine immer tiefere Freundschaft entwickelte.

Bald folgten die ersten Trennungen. Ilse ging zu ihren Freunden Lettows aufs Land; ich glaube, es war von den Eltern Tirpitz als eine kleine Probe gedacht! Dann kam die Kieler Woche, zu der mich mein Schwiegervater mit der Schwägerin Margot einlud. Man war dort – einschließlich des schlauen, aber unsympathischen Herrn Ballin – sehr freundlich zu mir, alte Freunde unter den Seeoffizieren begrüßten mich als den Ihren, aber ohne Ilse fühlte ich mich in dieser mir nicht sehr zusagenden Welt nicht recht wohl. Ein Freundschaftsbesuch wurde bei Ahlefelds in Bremen gemacht, wo der kluge, aber schrullige Admiral und gute Freund Tirpitz' Direktor der Weserwerft geworden war. Die Ahlefeld-Kinder waren durch Jahre die Lieblingsgespielen Ilses gewesen; ich wurde mit Freude aufgenommen. Später wurde das Schicksal der Familie von Tragik beschattet: Zwei ausgezeichnete Söhne fielen, der eine, Paul Friedrich, ein famoser Junge, ging als U-Boot-Offizier durch die Baralongfalle zugrunde.[19] Der älteste Sohn verfiel in geistige Verwirrung.

In Berlin brachte ich die Abende und oft auch die Mittagstunden bei Tirpitz' zu. Meine Eltern hatten leider das hübsche Haus in Zehlendorf aufgegeben und ohne meinen Rat eine abscheuliche Vorortwohnung in Steglitz genommen, was mir Ilses wegen besonders leid tat. Bei Tirpitz' herrschte natürlich ein wesentlich größerer, eleganterer Zuschnitt als in meinem Elternhaus. Ich fühlte mich darin von Anfang an wohl, genau wie Ilse in der kleinen Behausung in Steglitz. Mein Schwiegervater, selbst außerordentlich einfach erzogen, aber von Natur und durch die lange Welterfahrung ein großer Herr, hatte seinen Spaß an den Bemerkungen, mit denen ich meine gute, halb schweizerische, eher im großen Stil erzogene Schwiegermutter aufzog, indem ich z.B. erklärte, es gebe zu wenig Hausmannskost. In hohem Alter, wenn es nach dem Kriege wahrlich genug davon gab, fragte er oft schmunzelnd, zu »Mariechen« hinüber blinzelnd: »Na, Ulrich, Du willst gewiß mehr Hausmannskost!« Er hatte große Freude an guten Sachen, und so ein Spargel- oder Rebhuhn- oder Austernessen mit ihm war ein großer Spaß. Dabei behauptete er dauernd, nicht ganz gesund zu sein, besonderer Nahrungsmittel zu bedürfen und schlecht zu schlafen. Letzteres stimmte. Rotwein und einen guten Kognac hielt er für eine sehr nötige Medizin, und das gute »Mariechen« wandte oft Kunstgriffe an, sie ihm zu entziehen.

Den Haushalt für Tirpitz zu führen war keine Kleinigkeit. Er hielt sich an keine Zeit; hatte er wichtige Besprechungen, so vergaß er alles und kam, während seine Frau geduldig wartete, ohne weiteres zwei Stunden zu spät zu Tisch. Bei Tisch saß er gern lange, und seine Gedanken arbeiteten unverändert weiter, so daß die Unterhaltung bei Tisch eigentlich immer über Politik, hauptsächlich natürlich Marinepolitik, ging. Er war dabei von einer erstaunlichen Konzentriertheit. Gelegentlich machte ich mir den Spaß zu versuchen, ihn durch kleine Tricks abzulenken, aber immer vergeblich. Häufig war die Unstetheit des Kaisers oder der »Gipsverband« des Kabinetts um den Monarchen Gegenstand bitterer Klagen, wobei er dann vor dem Bediensteten meist in englisch überging, das er gut sprach, wenn auch mit untilgbaren Eigenarten der Aussprache. Später trat dann die Persönlichkeit Bethmanns in den Vordergrund derer, von denen er Unheil für das Reich erwartete. Über seine gesamtpolitische Einstellung habe ich einen Aufsatz geschrieben, der auch in das Buch »Im Wandel der Außenpolitik« aufgenommen worden ist.[20]

Es kam dann der Sommer und damit die Zeit, da Tirpitz sein Standquartier für Erholung und nie abreißende Arbeit nach St. Blasien verlegte. Ich nahm auf dem Bahnhof tränenreichen Abschied von der Braut und konzentrierte meine Anstrengungen darauf, trotz der durch militärische Übung verbrauchten Zeit noch kurzen Urlaub nach St. Blasien zu erlangen. Das gelang zunächst für eine dicke Woche und, unter Knurren Mathieus, danach noch einmal für die gleiche Zeit. Vorher setzte ein intensiver Briefwechsel ein, täglich wanderten die Gedanken hin und her, eine Übung, die wir, getrennt, immer beibehalten haben. Es gab kein Problem, das nicht leidenschaftlich behandelt wurde, wobei wir ebenso unendliche mündliche Erörterungen aus der ersten Verlobungszeit in Berlin fortsetzten. Viele unvermeidliche Auseinandersetzungen, wie sie meist in der jungen Ehe aus dem Entdecken der bisher übersehenen Verschiedenheiten entspringen, haben wir sehr heilsamer Weise vorweggenommen. Das kostete manchen heißen Zusammenstoß, da wir beide harte Köpfe und sehr ausgesprochene Ansichten hatten, und meiner Schwiegermutter wurde als Beobachterin aber nicht Teilnehmerin manchmal bange; sie pflegte zu sagen: »Wenn Ulli morgens mit Blumen kommt, hat es am Abend vorher wieder Funken gegeben!« Jedenfalls traten wir auf diese Weise in klarer Kenntnis der Persönlichkeit des Anderen, sozusagen mit ausgekämpften Gegensätzen in die Ehe.

St. Blasien begeisterte mich vom ersten Tage an. Es war damals noch nicht so »nur Lungenheilstätte« wie später; das Sanatorium lag abseits, der Ort war im wesentlichen ein Kurort wie andere auch. Keine angenehme Zugabe war natürlich die große Spinnerei, obwohl Tirpitz mit den Inhabern, der Familie Kraft, in besten Beziehungen stand. Auch war die rassenmäßig sehr gemischte südbadische Bevölkerung trotz vieler sehr netter Leute im Ganzen nicht die sympathischste. Dies zeigte sich besonders 1919, als die gefallene Größe Tirpitz, der man viel verdankte, 1916 den Ehrenbürgerbrief überreicht hatte und mit der man »geprotzt« hatte, plötzlich übersehen oder unhöflich behandelt wurde: der Gemeindepolizist, der sich vorher vor Beflissenheit nicht zu lassen wußte, ging grußlos vorüber.

Aber in jeder anderen Hinsicht war St. Blasien ideal. Mein Schwiegervater hatte es zunächst als Kurort aufgesucht, um sich dann oben am Kalvarienberg, auf vom Großherzog geschenkten Boden, ein reizendes kleines Sommerhaus zu bauen.[21] Die Lage hoch über dem Ort, mit Blick auf die Klosterkirche, deren Glokken zu uns herüberklangen, am Rande der unendlichen Wälder, in unvergleichlicher Luft war ideal. Als Brautpaar, wie später im Winter auf der Hochzeitsreise, wie während der Heilung meiner Wunde, wie endlich in vielen Sommerurlauben haben wir dort herrliche Zeiten verlebt. Nach Tisch auf der oberen kleinen Veranda mit meiner Braut und später meiner Frau dem Plätschern des Steinabachs und dem Rauschen der Wälder zuzuhören, war wie ein Märchen.

Dazu kam die große Mannigfaltigkeit der Spaziergänge, an denen der damals noch recht bewegliche Tirpitz eifrig teilnahm, *wenn* es gelungen war, ihn nach dem Tee rechtzeitig loszueisen. Denn das war anderseits ein Reiz St. Blasiens, daß die Arbeit nicht stillstand: die Herren des Amtes erschienen mit dicken Mappen und blieben oft längere Zeit, dazwischen liefen die Aktensendungen hin und her, und der treue Begleiter, der Amtsgehilfe Geige, hatte allerhand zu tun. Die Folge war, daß auch die politischen Gespräche nicht Ferien hatten.

Ich habe auf langen Gängen durch den Wald viel gelernt und

Stoff zum Nachdenken bekommen. Es war natürlich, daß ich, von der Richtigkeit seiner Grundeinstellung schon überzeugt, ehe ich ihn kennenlernte, ihn immer wieder auf die entscheidenden Probleme der Außenpolitik zu stoßen suchte. Ich will meinen schon erwähnten Aufsatz nicht wiederholen, sondern nur sagen, daß ich in immer klarer werdender Erkenntnis der heraufziehenden Gefahren ihn drängte, sich beim Kaiser für eine Außenpolitik einzusetzen, die alle vorzeitigen Fanfaren unterließ und angesichts der englischen Politik nach Bismarckschem Sinne im Osten die unentbehrliche Sicherung erstrebte.[22] Das entsprach ganz der Auffassung meines Schwiegervaters, aber er betonte immer wieder, daß er sein eigenes, *unmittelbares* Werk gefährde, wenn er seine Kraft beim Kaiser nicht darauf konzentriere. Die Getreuen des »Meisters«, Dähnhardt, Seebohm, Mann, Hopmann, Widenmann und wie sie alle hießen, lernte ich da oben gut kennen, nicht zuletzt auch den anziehenden, vornehmen und klugen Karl von Müller, nachherigen Kommandanten der »Emden«.[23]

Es war immer ein trauriger Augenblick, wenn man wieder in das Postauto kletterte, um über Titisee nach Berlin zurückzukehren. Einmal in diesem Sommer lenkten wir aber die Schritte südwärts, um mit dem Postauto nach Waldshut und von dort nach Zürich zu fahren, Zürich, das dann wohl dreißig Male das Ziel meiner Sommerfahrten mit Ilse geworden ist. Ich sagte schon, daß meine Schwiegermutter Halbschweizerin ist. Ihre Mutter, geb. Rothpletz aus Winterthur, hatte einen Neffen, Fritz Rieter, zu meiner Zeit längst verstorben, der mit Bertha Bodmer aus der großen Zürcher Familie verheiratet war und eine der schönsten Besitzungen in Zürich, nämlich die jetzt Rietberg genannte einstige Villa Wesendonck Wagnerscher Tradition, nebst der benachbarten Villa »Schönberg« erworben hatte.[24] Auf dem Rietberg herrschte nun Bertha Rieter, eine der stärksten Persönlichkeiten und besten Menschen, die mir begegnet sind. Im christlichen Glauben fest gegründet, verband sie ausgesprochene Herrschergaben mit einer unbegrenzten Güte, die sie, dank ihrer großen Mittel, zur Wohltäterin, zur guten Fee für ihre Angehörigen und einen sehr weiten

Kreis von Menschen machte. Ilse, als deren »Vizemutter« sie sich bezeichnete, hatte sie ganz in ihr Herz geschlossen, und diese Liebe übertrug sie auch auf mich, wobei der Gedanke an den Geist meines Elternhauses die erste Brücke bildete.

Unter den zahllosen Gaben, die ich meiner Heirat verdanke, rechne ich die enge Verbindung mit diesem Hause zu den schönsten Geschenken, nicht nur wegen der unvergeßlichen Wochen der Erholung, die wir in diesem herrlichen Besitztum und bei Bertha Rieters Kindern Wille in Meilen am See verbracht haben – wurde doch Zürich allmählich die regelmäßige erste Station auf der Fahrt von unseren meisten Posten her–, sondern vor allem wegen der Menschen, in deren Kreis wir traten und mit denen uns die wärmste Freundschaft verband und verbindet.

Bertha besaß einen Sohn Fritz und zwei Töchter Inez und Sarah. Ersterer stand und steht uns wie ein ganz naher Verwandter gegenüber. In jeder, auch schwierigen Lage erwies er sich als Freund und Helfer. Ich lernte ihn als junges, feingebildetes Leipziger Studentlein in Berlin kennen. Später machte er große Reisen, und wir dachten immer, er würde einst Schweizer Diplomat werden. Indessen lief er früh in den Hafen der Ehe mit Rosy Wieland aus Basel und wurde dann durch den Einfluß seines Schwagers Ulrich Wille bewogen, die Laufbahn als aktiver Offizier zu ergreifen. Betont einfach und echt schweizerisch jedem »großen« Auftreten abhold, lebte er verhältnismäßig bescheiden an verschiedenen Stellen des Besitztums, zuletzt im benachbarten »Schönberg«, und baute sich, aus gesundheitlichen Gründen, ein Häuschen hoch oben auf dem Hirzel bei Horgen. Er hatte lebhafte politische Interessen, kämpfte nach 1918 mit Leidenschaft gegen den Eintritt der Schweiz in den Völkerbund und erwarb sich große Verdienste an den Schweizer Monatsheften, der einzigen politischen Zeitschrift der Schweiz, die Deutschland gerecht wurde. Fritz Rieter bewies sich stets als dem deutschen Kulturkreis bewußt und überzeugt angehöriger Mann, zugleich aber betont als Schweizer, welch letzterer Teil seines Wesens durch seine Baseler Frau stark gefördert wurde.

Die nächst ältere Schwester vor diesem jüngsten Kinde Berthas, Sarah, heiratete einen Neuenburger Ingenieur, Baron Chambrier, aus einer jener royalistischen Familien von Neuchâtel, die in preußischen Diensten, vor allem bei den Gardeschützen, den Hohenzollern treue Dienste leisteten und im Jahre 1848 (?) eines der wenigen geschichtlichen Beispiele eines monarchischen Aufstandes gegen die Republik lieferten.[25] 1870 und auch noch 1914 wimmelte die Rangliste der Gardeschützen von Namen wie Pourtalés, Chambrier, Gélieu, Beaulieu usw. Ein Vorfahr Paul Chambriers war Gesandter Friedrichs des Großen gewesen, und die Familie besaß im Schlosse Bevaix, das dem Bruder gehörte, noch ein prachtvolles Bild des großen Königs.[26] Aber die Gesinnung hatte sich völlig geändert. Sarahs Gatte dachte »französisch«, und daraus ergab sich besonders im ersten Weltkrieg manche Schwierigkeit; die Lage war dadurch besonders grotesk, daß er Direktor der Petroleumgruben von Pechelbronn im Elsaß war, eines der wenigen deutschen, für die Kriegführung wichtigen Ölvorkommen. Die persönlichen Beziehungen litten darunter nicht; er war in der Familie Tirpitz hoch geschätzt, und seine Frau, die ebenso wie ihre Schwester als Mädchen in Berlin bei Tirpitz »ausgegangen« war, blieb immer, bis zu ihrem gerade jetzt kürzlich erfolgten frühen Tode, die warme Freundin der Schwestern Tirpitz. Ich selbst kam sehr bald auf den lustigsten Neckfuß mit ihr, nannte sie »Du« und »Baronin« und hatte große Freude an ihrem frischen, natürlichen Wesen und gutem Mundwerk.

Die ältere Schwester Inez spielte für uns eine ganz besondere Rolle, zumal durch ihre reine, ausgeglichene, warme Persönlichkeit, die mich, als »Kuckuck« im Neste Tirpitz, von der ersten Minute an gefangen nahm und mit nie erkalteter Liebe und Bewunderung erfüllte, dann aber durch ihre Ehe mit Ulrich Wille, der zu einem meiner besten Freunde wurde. Sie hatte sechs Kinder (im Jahre 1910 war gerade das vierte, der erste Junge, erschienen), und dadurch, daß sich unsere Freundschaft auf diese Generation, vor allem die drei – älteren – Mädchen übertrug, wurde sie doppelt verankert. Bei allen drei Hochzeiten der Mädchen waren wir dabei; Elisabeth heiratete den Chemiker Dr. Albers-Schönberg aus Hamburg, Sohn meines Corpsbruders, einer der ersten bedeutenden Röntgenärzte, Jutta den Pastor Fritz von Bodelschwingh, Neffen des Leiters der Anstalten, der wieder ein Sohn des »großen« war[27], Gundalena (Gundi) den Physiker Carl Friedrich von Weizsäcker, Sohn meines Amtsbruders. Die Tatsache, daß diese drei Schweizermädchen alle Reichsdeutsche heirateten, war bezeichnend und eine der Quellen vieler Kämpfe, in die Ulrich Wille um seiner deutschen Gesinnung willen verwickelt wurde.

Der Großvater Ulrichs, politisch ein »Achtundvierziger«, war aus Hamburg in die Schweiz, das Land seiner Vorfahren, zurückgewandert, verheiratet mit Eliza geb. Sloman, wohl eine der anziehendsten Gestalten ihrer Zeit.[28] Im Grunde Engländerin, gehörte sie einer der wenigen Familien an, die aus Engländern zu Deutschen geworden sind; selbst noch doppelsprachig, gehörte sie schon dem deutschen Kulturkreis an und machte das Haus Mariafeld in Meilen am Zürcher See zu einem kulturellen Zentrum, dessen Geist auch heute noch jeder, der darin weilt, verspürt, in der ganzen Atmosphäre, in tausend Erinnerungen, in der Bücherei, in den Bildern. Eliza hat für Wagner, Schopenhauer, C.F. Meyer und andere viel bedeutet, letzterer hat ihr und ihrem Mann eines seiner schönsten, mir von Jugend auf besonders liebes Werk, »Huttens letzte Tage«, gewidmet. Von ihr stammt – Gundi Wille hat es herausgegeben – eines der wenigen Bücher, das sympathische Seiten von Wagners Persönlichkeit hervortreten läßt. Nun hat aber auch die nächste Generation (und die übernächste!) zu der geschilderten Atmosphäre kräftig beigetragen, Ulrich Wille, der Vater unseres »Ulrich«, der bekannte Schweizer General im I. Weltkrieg, und seine heute noch hochbetagt lebende Frau aus dem württembergischen Zweige der Bismarcks. Ihr Vater war Kavallerieoffizier, ein berühmter Reiter, und seine Gattin war in zweiter Ehe mit einem Prinzen zu Nassau-Usingen verheiratet gewesen; von beiden gab es manche Erinnerung in Mariafeld.[29]

Der ältere Ulrich hatte noch viel von der liberalen Tradition seines Vaters in sich aufgenommen; er war, obwohl durchaus Soldat, daneben ein sehr gebildeter Mann. Mir machte er tiefen Eindruck durch seine zugleich knorrige und geistig bedeutende Art. Ich glaube, durch Geburt in den Dienst eines großen Landes gestellt, hätte er seinen Namen mit noch nachhaltigeren und weittragenderen geschichtlichen Leistungen verbunden, als ihm so beschieden sein konnte. So vereint sich in diesem Hause die Überlieferung schweizerischen Bürgertums und deutschen Liberalismus mit einer seltenen Mischung deutschen und englischen Wesens und mit reiterlich-adliger Tradition. Ich habe den Zauber von Mariafeld, der nun durch die Lage am See, das grüne, von Weinbergen besetzte Land und den friedlichen Reiz des behäbigen Lebens ringsum erhöht wurde, vom ersten Tage an empfunden. Durch einen Rebengang war mit Haus und Garten eine idyllische Anlage am See, bestehend aus einem bewohnbaren Häuschen, Bootsschuppen und Badeeinrichtungen, verbunden. Dies war im Sommer der Tummelplatz unserer Freuden, für die Kinder ein wahres Paradies.

Für mich wurde nun die Freundschaft mit dem jüngeren Ulrich ein großer Gewinn. In ihm vereinte sich preußisch-deutsches Soldatentum mit schweizerischer, vom Vater überkommener Art zu einer eigenartigen starken Persönlichkeit, die ihren Weg unbekümmert ging, von sich und anderen viel verlangte und die politischen Vorgänge der Welt mit scharfem Blick, glühendem Interesse und deutsch fühlendem Herzen beobachtete. Als junger Offizier zu den Gardejägern in Potsdam kommandiert, hatte er dort mit seiner jungen, eleganten Frau preußische Art gründlich kennengelernt und zugleich in der Gesellschaft und zu Pferde das Potsdamer Leben in vollen Zügen mitgemacht, unterstützt durch die Tatsache, daß damals der Mann seiner und Ilses Cousine Jeanne von der Burg, Graf Eulenburg, im 1. Garderegiment stand. In der Schweiz galt Ully Wille immer ein bißchen als Preuße und wurde als solcher bekämpft. Auf seine politische Entwicklung, die ihn schon erheblich vor 1923 zu Adolf Hitler führte, komme ich später zurück. Er war für mich einer der besten Freunde und ein überaus wertvoller politischer Ratgeber, weil er die Dinge von außen beobachten konnte.

Mit seinem Schwager Fritz [Rieter], der zunächst durch einen gewissen Altersunterschied von mir getrennt war, habe ich mich später gleichfalls sehr gut verstanden. Er war sehr viel ausgesprochener »Schweizer« als Ully. Selbstverständlich wurde in seinem Haus wie auch sonst in der Schweiz »schwyzerdütsch« gesprochen, wenn wir nicht anwesend waren. Bei Willes war das nicht der Fall, seine deutsche Mutter schlug da durch. Überhaupt waren die beiden Schwäger sehr verschiedene Naturen: Ully, in der Familie oft der »Pascha« genannt, galt als und war ein großer »Kommandeur«, mit stärkster Durchsetzkraft und Eigenwilligkeit; oft unvorsichtig, gelegentlich aufbrausend, geriet er oft in Konflikte. Dabei war er in Beratungen und überhaupt ernsten Gesprächen überhaus überlegt und oft so langsam mit dem Worte bei der Hand, daß man ihm einen »Stubs« zu geben Lust hatte. Fritz war weit weniger militärisch und überaus vorsichtig, oft voller Bedenken, daher von der jüngeren Generation, aber auch z. B. von Wolfgang Tirpitz, viel geneckt und manchen Stoff dazu liefernd. Man behauptete, daß er am liebsten schriftlich verkehrte, Burschen, Gärtnern usw., die er täglich sehe, seine Weisungen urkundlich hinterlasse und auch seinen am gleichen Ort lebenden Verwandten gern Briefe schreibe. Dabei ein grundguter Kerl, mit klarem Kopf und dem Herzen auf dem rechten Fleck.

Die große Frömmigkeit und Sittenstrenge, die für Bertha und ihr Haus bestimmend waren, führten manchmal zu ergötzlichen Szenen. Sie pflegte ihren Garten in freigebiger Weise für wohltätige Zwecke zur Verfügung zu stellen. Da geschah es einmal, daß eine besonders züchtige Vereinigung von dieser Güte Gebrauch machte, worauf Bertha für besser hielt, die auf den Terrassen angebrachten antiken Statuen durch geschickt drapierte Tücher vor der Gefahr, Ärgernis zu erregen, zu bewahren.

Ein besonderes Kapitel bildete ihr Personal, das vorzüglich, aber verwöhnt und oft unter sich verfeindet war. Der untrennbar dem Hause verbundene Diener Johann, ein vollkommenes, freilich oft unrasiertes Exemplar seiner Gattung, lebte z. B. durch viele viele Jahre mit der ebenso ausgezeichneten Köchin Marie in Feindschaft; sie sprachen nur »dienstlich« miteinander und umkreisten sich sonst in haßerfülltem Schweigen.

Nach meiner Lausanner Zeit kam ich so auf dem Wege über die Zürcher Verwandten durch viele Jahre in enge Berührung mit der Schweiz. Ich lernte auch außer diesen viele vortreffliche und geistig hochstehende Schweizer kennen und überzeugte mich immer mehr von der großen Aufgabe, die der Schweiz in der europäischen Gesamtheit zugeteilt ist. Romain Rolland hat sie in seinem »Jean Christophe« sehr treffend gezeichnet. Jeder Versuch, die deutschen Teile an Deutschland zu bringen, die welschen an Frankreich und Italien müßte darauf hinauslaufen, Europa ärmer zu machen und eines wichtigen Mittels zum geistigen Ausgleich und Austausch zu berauben. Ich will damit die Schweiz als Ganzes nicht überschätzen. Neben einer geistigen und sittlichen Elite und einem weithin noch gesunden Bauerntum verfügt sie über eine kleinbürgerlich-spießige, nur auf den materiellen Gewinn gerichtete Masse, die höchst unerfreulich ist. Aber in großen Dingen kommt es auf die Elite an. Es ist freilich zu beklagen, daß – nicht ohne Fehler von reichsdeutscher Seite – in der deutschen Schweiz ein Mangel an Empfinden für die Zugehörigkeit zum deutschen Kulturkreis – für das, was die Schweiz dem großen deutschen Volke in Gestalt des Einstroms geistiger Güter, der Erweiterung des Horizonts und der Verbreitungsmöglichkeit für Schweizer Geisteserzeugnisse schuldet – und für die Lebensnotwendigkeiten des deutschen Volkes festzustellen ist.

Dieser Mangel ist natürlich nicht ohne Gegenspiel im Reich geblieben. Diese Entfremdung hat sprungartig mit dem ersten Weltkrieg eingesetzt und sich im zweiten außerordentlich verschärft. Ich lasse die Schuldfrage hier beiseite. Noch Gottfried Keller und vor allem Conrad Ferdinand Meyer fühlten sich geistig als dem deutschen Leben zugehörig. Auch viel später noch hat z. B. für die Berufung der Professoren zwischen Reichsdeutschen und Schweizer Universitäten volle Gemeinschaft bestanden. Das ist heute im Verfall, ein schwerer Verlust für beide Teile. Parallel dazu läuft ein von deutschfeindlichen Stellen gefördertes, geradezu an das Alberne grenzendes Bevorzugen des Dialekts; nicht gering ist die Zahl der Schweizer, die in völliger Verblendung das Hochdeutsch am liebsten ganz ausschalten möchten. Hier ist Gefahr im Verzuge.

In Zürich wurde mir durch meinen Schwiegervater der dazu dorthin berufene Verwalter des sardinischen Besitzes vorgestellt, in dessen Geheimnisse ich nun eingeweiht wurde. Dieses Landgut hat den Anlaß dazu gegeben, daß ich auf die Bitte meines Schwiegervaters Vizekonsul in Genua wurde, eine Stellung, die dann wiederum die Voraussetzung für meine spätere Tätigkeit in Rom wurde. So ist der Besitz in Alghero für mich eine Art Schicksal gewesen. Es handelte sich um eine Anzahl von Ölgärten, Weingärten, Weideflächen und Stadthäusern, die Tirpitz von seinem Schwiegervater geerbt hatte. Dieser war als Anwalt mit der Regulierung der Strousbergschen Spekulationen aus der Gründerzeit nach 1870 befaßt und genötigt gewesen, um sich bezahlt zu machen, diesen entlegenen, schwer zu verwertenden Besitz zu erwerben. Er bedeutete meinem Schwiegervater viele Sorgen und wenig Einkünfte, daher der Wunsch, ein Mitglied der Familie einmal in verhältnismäßiger Nähe von Alghero zu wissen. Der mir vorgestellte Verwalter Teofilo Calvino, Sohn eines bekannten Waldenser Pfarrers und einer Deutschen, wurde in der Familie nicht ganz ohne Grund mit Fritz Triddelfitz verglichen.[30] Doch davon später!

Der Sommer ging vorüber, langsam näherte sich der für Januar 1911 in Aussicht genommene Hochzeitstermin, der mit dem Antreten meines ersten Auslandspostens verbunden werden sollte. Vorher machten wir noch einen Verwandtenbesuch, diesmal auf meiner Seite, nämlich beim Onkel William Hassell in Clüversborstel. Das war eine sehr unterhaltsame Expedition, auf der uns meine Schwägerin als Chaperon begleitete, aber eigentlich ist es eine traurige Geschichte.

Clüversborstel, bei Sottrum im Kreise Rottenburg in der Heide zwischen Bremen und Hamburg gelegen, war seit rund hundertfünfzig Jahren in der Familie. Im Grunde genommen gehörte es *unserer* Linie. Aber mein Urgroßvater, der hannoversche General, hatte es, kostspieligen Passionen hingegeben, nicht halten können, und so war es in die jüngere Linie übergegangen. Leider war Onkel Williams Sohn gleichen Namens, der im Auswärtigen Dienst gewesen war und mich auch in dieser Richtung beeinflußt hatte, früh verstorben. Sonst wären die Dinge wohl anders verlaufen. Die große Frage war, ob nach des älteren Williams Tod der Besitz der Hassellschen Familie erhalten bleiben könnte. An sich gehörte Clüversborstel zu den »Stammgütern« eigenartiger noch erhaltener Rechtsstellung, bei denen, wenn der Erbe einen anderen Namen trug, die näheren Verwandten des *gleichen* Namens ein »Näherrecht« hatten, d.h. verlangen konnten, den Besitz gegen einen ziemlich niedrigen Taxwert übertragen zu erhalten. Es stellte sich aber später leider heraus, daß mein Urgroßvater es in der Not kurze Zeit verkauft und dann zurückgekauft hatte. Damit war die Stammgutseigenschaft verloren gegangen. Es kam also auf das Testament Williams an, das, wie man wußte, seinen – bei unserem Besuch anwesenden – Neffen [...] von Düring zum Erben bestimmte; es enthielt, wie sich dann herausstellte, Bestimmungen, die im Falle eines Verkaufs mir oder Vetter Carl den Erwerb ermöglichen sollten.[31] Aber das Testament war sehr unglücklich abgefaßt und hatte allerhand Streitigkeiten unter den Erben zur Folge, an denen wir übrigens nicht beteiligt waren. Einen lange Jahre danach unternommenen Versuch, Clüversborstel doch noch zu erwerben, werde ich noch erzählen.

Onkel William war ein ungewöhnlich kluger und interessanter Mann, der uns, unterstützt von seiner ihm das Haus führenden Nichte Hedwig Hammerstein, den Besuch sehr angenehm gestaltete. Wir genossen die niederdeutsche Luft und Art und fühlten uns sehr zu Hause. Auf dem Eßtisch stand das schöne silberne hannoversche Pferd, ein Geschenk des Herzogs von Cumberland als Dank für die von William verfaßte Geschichte Hannovers.[32] Wir bewunderten die Steinsammlung des leichtsinnigen Urgroßvaters, die, mit einem deutschen und französischen Katalog ausgestattet, eine Fülle von Edelsteinen und (meist) Halbedelsteinen enthielt, nebst zwei Ringen, in denen er die Steine wechselnd tragen konnte. Auch der berühmte Traubenpokal, ein Stück von hohem Wert, und viele andere Familienschätze wurden betrachtet. Nichts davon ist leider auf uns gekommen. Zur Erinnerung bekam Ilse ein silbernes Nähzeug im Elfenbeinetui und ich einen besonders schönen goldenen Anhänger mit in Karneol geschnittenem Wappen. Diesen verlor ich zu unserem großen Kummer, ohne daß es uns trotz vielem vergossenen Schweißes gelang, ihn wiederzufinden, in den Bergen bei Genua. Als ich in Berlin verwundet lag, ließen wir uns aus dem Gedächtnis und nach einem Siegelabdruck eine ganz gut gelungene Nachbildung anfertigen. Der Besuch in Clüversborstel hatte zur Folge, daß der welfische alte Herr sich tatsächlich entschloß, in ein preußisches Ministerhaus zur Hochzeit zu kommen, wo ihn mein Schwiegervater bei Tisch mit sehr hübschen Worten begrüßte.

Die Hochzeit fand im großen und besten Stil am 9. Januar 1911 im Reichsmarineamt statt. Vorher war meine Zuteilung zum Generalkonsulat Genua herausgekommen. Zweckmäßigerweise hatte sich Ilse kurz vorher eine Grippe zugelegt, die sie gerade einige Tage vor dem Fest an mich losgeworden war. Ich war also gerade am Hochzeitstag nicht sehr widerstandsfähig und vergoß bei den gleichgültigsten Glückwünschen Tränen, was den Eindruck eines sehr rührseligen jungen Mannes erzeugt haben muß. Ich sehe noch die kleinen klugen, wohlwollenden Augen des Generals, späteren Feldmarschalls von Bülow vor mir, der, schräg gegenübersitzend, half, über einige solche Augenblicke, z. B. bei der Rede meines Schwiegervaters, hinwegzukommen.

Es kamen zahlreiche Verwandte, von meiner Seite Onkel [Karl] und Vetter Carl nebst Frau, Leopold und Helene Hassell, Trebras (d. h. meine Cousine Almuth), Elisabeth Nathusius, die Uchorowoer, Vetter Carl von Jacobi mit seiner Frau, Helene Tettau, jetzt Heinrici und andere mehr, von Ilses Seite vor allem Bertha Rieter und Willes, vom Amt Körner, Grunenwald, Kühlmann, Neuraths, Rümelin, Schack unter anderen, dann natürlich viele offizielle Persönlichkeiten wie der alte Bülow und der Reichspostsekretär Kräthe, eine große Zahl Seeoffiziere, Ahlefelds und viele Freunde. Der eigentliche Leidtragende, was mich betrifft, war mein guter Rudi, der bisher mein Leben so treu geteilt hatte. Er hatte sich schnell mit seiner Cousine Gertrud Treskow verlobt und gehörte daher nicht zu den Brautführern, von denen ich nur Wolfgang Tirpitz, Fritz Rieter, Olfers, Fontaine und Gernet erwähnen will, als Freund meiner Frau den späteren Oberstleutnant von Sell vom Franzregiment. Er wurde dann Adjutant des Reichskanzlers von Bethmann, was ihn politisch mit der alten Freundin etwas entzweite, heute längst überwundene Dinge! Unter den Brautjungfern nenne ich die Schwestern Arnim, treue Gehilfinnen von »Jungfer Immergrün«, Frieda Hoffmann und meine kleine Cousine Margarethe Tettau, mit der mein lustiger Schwager nicht viel anzufangen wußte.

Am siebten war ein höchst geglückter Polterabend in etwas kleinerem Kreise, mit allerhand Vorführungen, unter denen die Krone ein Werk meiner dichterisch begabten Schwiegermutter war. Um Mitternacht traten in China bei Hassells zwei alte Familienbilder aus dem Rahmen, im wahren Sinne »bildhübsch« dargestellt von meinem Schwager (mein Urgroßvater General in der roten Uniform der Hannoverschen Garde) und meine Schwägerin, die eine Schweizer Vorfahrin meiner Frau wiedergab. Am achten, einem Sonntag, gab es ein Verwandtenfrühstück bei meinen Eltern und am neunten traute uns der Militärpfarrer Goens, der Ilse eingesegnet hatte, in der Garnisonkirche. Er sprach ausgezeichnet über das Wort: »Fürchtet Euch nicht, steht fest und sehet, welch ein Heil der Herr an Euch tun wird.« Viele fanden es zu ernst, uns war es ganz nach dem Herzen. Dann folgte das Hochzeitsessen. Es gab sardinischen Süßwein zum Nachtisch und sonst ein herrliches Mahl, das uns beiden, mir trotz der Grippe, glänzend schmeckte. Bei den Austern fragte mich meine nunmehrige Gemahlin mit leuchtenden Augen, ich möchte ja wohl keine, worauf sie bitter enttäuscht ihre Hoffnung, auch meine Portion zu verspeisen, fahren ließ. Brautführer und Brautjungfern reichten mit selbstverfertigten Versen dem jungen Paar die Speisen. Die Rede meines Schwiegervaters war in jeder Hinsicht vollendet und aus dem Herzen gesprochen. Mein armer Vater hielt sich als zweiter Redner glänzend. Ich ahnte nicht, daß er sich schwer krank fühlte und unmittelbar nach der Hochzeit ins Krankenhaus gebracht werden mußte. Um mich nicht in meinem Glück zu stören, nahm er sich eisern zusammen. Der Brautkranz wurde ausgetanzt, ein letzter Walzer Ilses mit ihrem Lieblingstänzer Sell, und dann gings, von den jungen Seeoffizieren eskortiert, ins Auto. Die Fahrt ins Leben zu zweien begann. Erstes Ziel: die Superba am blauen Mittelmeer.

6. Genua

Die Reise auf den ersten Posten wurde mit der Hochzeitsreise verbunden. Der erste Halt wurde, als abends noch erreichbare Station, in Wittenberg gemacht. Wir ließen uns in dem kleinen Hotel erschöpft auf dem Sofa nieder, welches, ehe es durch irgendwelche Zärtlichkeiten beansprucht worden wäre, mit uns zusammenkrachte! Am nächsten Morgen früh ging es nach Dresden; auf dem Bahnhof fehlte dem Hochzeitspaar natürlich ein Koffer, übrigens durch Schuld des Gepäckträgers, und ich habe nie in meinem Leben einen Menschen so laufen sehen wie diesen Mann, dem es tatsächlich gelang, das Gepäckstück (das ich heute noch benutze) durchs Fenster in den fahrenden Zug zu schleudern. In Dresden, Weimar und Heidelberg wurde etwas sight-seeing geübt, und dann gings nach St. Blasien, von Titisee nicht mit der Post, sondern im glöckchenklingelnden Schlitten abgeholt. Freudig wurden wir von »Helene« begrüßt, dem Mädchen, das uns die gute Schwiegermutter für Genua abgetreten hatte. Im Blasier Haus wurden wir nun für einige Wochen Alleinherrscher und kosteten das gehörig aus. Wir liefen – beide zum ersten Male – Ski, mit zahllosen Stürzen, oft in Wut über die geringen Fortschritte, ein Stadium, über das Ilse wesentlich schneller hinwegkam als ich. Ich blieb dabei ein »Taps« und wurde von ihr gehörig verhöhnt und in möglichst dekorativen Lagen geknipst. Trotzdem war es herrlich, in der strahlenden Wintersonne durch die Bergwelt zu streifen und draußen zu picknicken. Dann hieß es: Auf nach Genua – natürlich mit Station in Zürich.

Ilse wird nie müde zu schildern, wie die erste Bahnfahrt in Italien ihr preußische Ordnung gewöhntes Bübchen erschüttert habe. Tatsächlich waren Schmutz und Wirrwarr auf den italienischen Bahnen damals noch groß genug. In Genua wurde uns der Einzug dadurch sehr bequem gemacht, daß Leupolds – er war der, man kann sagen, weltberühmte Mitinhaber der den Norddeutschen Lloyd vertretenden Firma Leupold Fratelli in der Via Garibaldi – als alter Freund meiner Schwiegereltern nicht nur bereits eine Wohnung für uns genommen hatte, sondern uns für die erste Zeit in ihre wunderbar gelegene Villa, die »Coronata«, oberhalb Cornigliano im Westen Genuas, aufnahmen. Es war ein Haus wahrhaft »königlicher Kaufleute«, er ein Bremer, ein großer Herr und gütiger Mensch, sie geborene Engländerin, die den großen Lebensstil im Hause stark bestimmte, zugleich aber mit geistiger Anregung und Liebe zur Musik erfüllte. Das abendliche Diner stets im Smoking, nachher in der weiten Halle am Kamin gemütlicher Schwatz oder Bridge. Nicht nur dies erste Mal, sondern zahlreiche Wochenenden haben wir da oben unendlich genossen.

Es gab zwei Kinder, die einen erstaunlich italienischen Typus zeigten und sehr andere Wege wie die Eltern gingen: Isolde, die einen deutschen Konsul Krause geheiratet hatte, aber von ihm geschieden und durch ihren zweiten Mann, einen italienischen Zeitungsmann, ins Unglück gestürzt wurde. Ich war daran sogar eigentlich schuld, denn bei einem offiziellen Essen machte ich die Tischordnung so, daß dieser mir unbekannte Journalist neben Isolde saß. Da fanden sich die beiden, verschwanden zeitweise nach Tisch liebesbetört, und ich bemerkte mit Schrecken, daß er, wohl bei feuriger Umarmung, seine beiden Knöpfe aus der strahlenden Hemdbrust verloren hatte. Nino, ihr Bruder, hatte damals eine sehr elegante Frau aus dem großen Genueser (Schweizer) Textilhause Gruber, die auf der Coronata mit ihrem Mann lebte und mir, wie Ilse behauptete, zunächst durch ihr mondänes Wesen, ihre gemalten Lippen usw. Schrecken einjagte. Ich habe mich nachher mit ihr sehr gut vertragen. Sie war in erster Ehe mit einem Salis[1] verheiratet gewesen, der sie immer mit der größten Höflichkeit behandelt hatte, ohne aber mit ihr mehr als das unbedingt Nötige zu sprechen. Stumm erhob er sich bei Tisch und öffnete ihr die Flügeltür. Das wurde ihr über.

Der alte Leupold nahm uns oft auf seine Spaziergänge in der busch- und aussichtsreichen Umgebung der Coronata mit. Dabei war es unverrückbare Regel, daß er an bestimmten Stellen stehenblieb, den Hut abnahm und den reichlichen Schweiß von seinem kahlen Haupte tropfen ließ, mit der sakralen Formel: »Der erste Brunnen« – »Der zweite Brunnen« usw. Es ist eine Schande, daß die italienischen Behörden sich im ersten Weltkrieg nicht entblödet haben, den alten, krank darniederliegenden Mann herunterzuschleppen und sein Haus für öffentliche Zwecke zu belegen, nachdem Leupold durch Jahrzehnte einer der angesehensten, Genua zur Zierde gereichenden Bürger und Wohltäter der ganzen Gegend gewesen war. Ich erinnere mich an viele Gespräche auf der Coronata in jener von Kriegswolken schon behangenen Zeit, in denen der alte Herr fast in beschwörender Weise vor einem Krieg warnte, der Europa zerstören müsse.

Zu Leupolds gehören nun unbedingt noch Lampes. Er war Mitinhaber der Firma, Bremer wie sein Genosse, und gleich ihm ein prachtvoller Mann, von dem man wörtlich sagen konnte »vom alten Schrot und Korn«. Zu uns war er stets von unbegrenzter Güte, und die kleinen Frühstücke, die er uns oben im Miramare gab, wohlwissend, welchen Spaß er uns bei unserem einfachen Haushalt damit bereitete, sind uns in schönster Erinnerung, ebenso die Freundlichkeit, mit der er meine Eltern umgab, als sie uns besuchten, und meinem allzeit unternehmungslustigen Vater eine Lloyddampferfahrt nach Neapel ermöglichte. Er war damals in dauernder Sorge um seine schwerkranke, oft aufgegebene Frau, die ihn tatsächlich nachher überlebte. Eine besondere Freundschaft verband uns mit der reizenden Tochter Hermanna, später Diakonissin in Köln, mit der wir manche Tour in die Umgebung unternahmen.

Nun aber zu unserm Anfang in Genua! Die Wohnung, die Frau Leupold gefunden hatte, war ganz nach unserem Herzen: In San Martino d'Albaro, Via Sturla 39a, weit draußen vor der Stadt in der Richtung auf Quarto und Nervi gelegen, ein neuer, eben bezogener, sauberer »Villino«, an der Straße, aber hinter sich weite Gärten; aus den Fenstern die schönste Aussicht auf das grüne Villengebiet und ins Land hinein, von der Dachterrasse ein umfassender Blick auf Monte Fascia, die alten Forts und das Meer. Wir wohnten im dritten Stockwerk, unter uns eine russische Familie, der Beauftragte des russischen Handelsministeriums, Subotkin, mit seiner Frau, einer russifizierten Baltin, geb. Hoyningen-Huene, und einem Anlik genannten Jungen. Letzterer war der Abgott der Familie; die Mama war einigermaßen hysterisch, und ich mußte ihr in Abwesenheit des Mannes bei irgendwelchen Sorgen und Konflikten wie ein Beichtvater oder Leibarzt zusprechen. Unten hauste, mit uralter, schon etwas geistesabwesender Gattin, die er rührend betreute, der Marchese da Passano, mit weißem Spitzbart, ein echter Kavalier alter Schule, der uns sein Wohlwollen schenkte. Gelegentlich brachte bei ihm eine sehr anziehende, elegante russische Schwiegertochter mit niedlichen Kindern und einer »Ama« den Sommer zu. Dazu gehörte noch ein grauenhaft heulender, kranker alter Hund, der aber sehr geliebt wurde, und schließlich durch Verschwörung mit der Schwiegertochter durch einen Hauptmann erschossen wurde, der in einem älteren Villino im gleichen Gartengebiet wohnte. Mit ihm, einem klugen, frischen Soldaten aus dem Stabe Cadornas, damals Kommandierender General des IV. Armeekorps, fuhr ich häufig in der Elektrischen No. 45 mit schwarz-weiß-rotem Schilde zur Stadt und hatte viele militärpolitische Gespräche mit ihm.

Ein anderer Nachbar war ein Engländer, deren überhaupt viele in der Gegend wohnten, ich glaube namens Koe, mit hochblonder junger Frau, von dem sich das ganze Stadtquartier, wahrscheinlich völlig zu Unrecht, zuraunte, er habe seine erste Gattin umgebracht. Erfreulich war die Nachbarschaft eines deutschen Junggesellen Wedekind aus der bekannten, in Italien wirtschaftlich tätigen Familie, der uns nicht nur die Apfelsinen und Mandarinen seines Gartens zur Verfügung stellte, sondern uns auch – damals noch nicht so häufig wie heute – im Auto spazierenfuhr.

Wir hatten nur ganz wenige Möbelstücke mitgebracht, die wir allmählich und zaghaft, aber dann sehr erfolgreich durch antiquarische Erwerbungen in Genua ergänzten. Diese Wanderungen zu Genueser Antiquaren, vor allem den unbekannteren, die ihrerseits an große Antiquare verkauften, gehörten bald zu unseren größten Vergnügungen, da man noch mit sehr bescheidenen Mitteln bei langsam geschultem Blick hübsche Sachen kaufen konnte. Ilse war darin besonders findig. Unsere Hauptleidenschaft waren Kupferstiche und Radierungen, in denen wir uns schließlich eine beträchtliche Wissenschaft erwarben. Dabei drehten wir jede Lira dreimal in der Hand herum, ehe wir sie ausgaben, und ich habe mir einen guten Nanteuil aus der Hand gehen lassen, weil er fünf Lira kostete und ich nur drei geben wollte.[2] Einmal entdeckte ich ein wie mir schien hübsches englisches Schabkunstblatt von einem berühmten Stecher (Smith oder Ward), studierte ihn genauer und kaufte ihn nicht, weil ich der Echtheit nicht sicher war.[3] Einige Tage später zeigte mir der russische Generalkonsul Fürst Gagarin triumphierend bei sich diesen Fund. Ich erklärte ihn für falsch, es gab eine hitzige Erörterung und schließlich eine Wette. Der Stich wanderte zu Harassowitz nach Leipzig, der erwiderte, ohne ein sicheres Original daneben könne er kein zuverlässiges Urteil abgeben. Dann schickte Gagarin das umstrittene Stück nach London, von wo – zu meinem Triumph – die Antwort kam: »Wertlose Fälschung«.

Die Schwierigkeit des Erkennens guter Fälschungen besonders englischer Farbstiche ist in der Tat groß. Einer der größten Sammler seiner Zeit, Mr. Brown in Castello di Portofino, sagte mir damals auf meine Frage, ob er nicht auch Stiche sammle, er habe das lange getan, bis er sich überzeugt habe, eine wirklich gute Nachahmung nicht vom Original unterscheiden zu können. Eine wahre Kunstfertigkeit erwarben wir im Flicken von Stichen, die wir mit kleinen Verletzungen billig erwarben. Wir suchten Blätter des gleichen Tons und ähnlicher Technik und Zeichnung und setzten dann in sehr kniffliger Arbeit Stücke ein. Auch das Entfernen von Stockflecken will gelernt sein. Ilse zeigte sich ebenso bald als Meisterin im Ausbessern von alten Möbeln und im Komponieren kleiner Gegenstände wie Tintenfässer, Bleistiftdosen usw. für den Schreibtisch. Unser Hauptfreund unter den Antiquaren war ein in ganz verwunschenem Winkel thronender Mann, der »Mandarino« genannt wurde. Einst traf ich ihn, wie er lustig Zigaretten rauchend mit dem Tesching auf eine Kommode schoß, um ihr die nötigen, das Alter beweisenden Wurmlöcher beizubringen.[4] Er besuchte mich später in Berlin, als ich verwundet lag, brachte mir eine Genueser Öllampe als Geschenk mit und sagte mit edler Offenheit auf die Frage, wie es ihm geschäftlich gehe: »Sono contentissimo della guerra!«[5]

Aber was hätten wir auf diesem ganzen Felde tun sollen ohne den braven Fabio. Dieser Amtsdiener des Generalkonsulats, Danella geheißen, war ein Faktotum von Gottes Gnaden. Er wußte alles, kannte jeden, bekam Wind von jedem erwerbswerten alten »Damascus«, wie er sagte, oder von schönen »Nux Holzmöbeln«. Dazu der treueste der Treuen. Ich werde von ihm noch mehr zu berichten haben.

Wir hatten also in der Wohnung hauptsächlich Möbel (häßliche) von unserem, im hinteren Villino wohnenden Wirt, einem Advokaten Drago oder eigentlich seiner die Hauptrolle spielenden Gemahlin, die ein wahrer Drache und der einzige Nachteil dieser Wohnung war. Wir ließen uns dadurch aber nicht stören, sondern genossen das idyllische Märchenparadies in vollen Zügen, Feigen und Trauben mit zweifelhaftem Recht im Garten pflückend und von der Terrasse den ganzen Zauber des Südens empfindend.

Das Generalkonsulat lag mitten in der alten Stadt, an der malerischen Piazza Fontana Marose in einem der bekannten Genueser schwarz-weißen Adelspaläste, unter denen nun die angelsächsischen Flieger so böse gehaust haben.[6] Die Lage war hervorragend, die Räume ziemlich groß und frei, wenn auch – unter dem Dach – im Sommer heiß. Weniger dekorativ war der Hauseingang, in dem ein Blumenladen sein Wesen hatte, und die Hühnerstiege, die vom letzten Stockwerk nach oben führte. Die zentrale Lage führte dazu, daß das Konsulat ein besonders geeigneter Gegenstand für die in Italien beliebten Demonstrationen war. Wir erlebten während des Tripoliskriegs, als die deutsche öffentliche Meinung sich pro-türkisch gebärdete und wir zudem den Schutz der Türken in Italien übernommen hatten (übrigens in der Türkei den der Italiener!), daß eine wutschnaubende Volksmenge auf der Piazza Schmährufe auf Deutschland ausbrachte. Wir hörten uns das in sicherer Höhe belustigt an und beschwerten uns beim Präfekten, der feststellen ließ, man habe nicht »Abasso la Germania« gerufen, sondern »Abasso i denigratori in Germania!« Mit diesem feinen Unterschied gaben wir uns zufrieden.[7] Inzwischen zogen die Demonstranten vor das französische Generalkonsulat und brachten dem Inhaber, dem alten Garibaldianer Pollio, begeisterte Huldigungen dar.

Wenig später, als der Streit Italiens mit Frankreich wegen des Manouba-Falls im vollen Gange war, zog ein Regiment zum Hafen; die ganze Stadt hatte geflaggt, und wir mit.[8] Die Menge brach alsbald an der gleichen Stelle, an der sie vor kurzem Deutschland beschimpft hatte, in stürmische Hochrufe aus; eine Deputation erschien keuchend am Ende der Hühnerstiege und stammelte Worte des Dankes und unverbrüchlicher Bundestreue, während die Menge dann den Weg zu Herrn Pollio nahm und ihm laute Mißbilligung in die Ohren brüllte.

In das gleiche Kapitel fällt die Rede eines italienischen Pressevertreters beim Kaisergeburtstagsessen der Kolonie vom 27. Januar 1914: »Wenn Euer großer Kaiser ruft, so werden wir wie ein Mann zu den Fahnen stürzen!« Nichts wäre falscher – ich habe das schon dargelegt – als hier Unaufrichtigkeit anzunehmen. Rufer und Redner meinten es ehrlich. Den Fehler begeht, wer das Gewicht solcher Kundgebungen falsch einschätzt. Gerade die zweite Marokkokrise von 1911 mit ihrer zeitweiligen gefährlichen Zuspitzung hatte klar gezeigt, daß Italien, wie es durch den Tripoliskrieg bewies, sich mit England und Frankreich über Nordafrika geeinigt hatte.[9] Damit war durchaus nicht alles verloren. Aber sicher war, daß Italien nicht auf unserer Seite fechten würde in einem Konflikt, in dem England auf der anderen stand.

Der Chef meiner neuen Behörde war der Generalkonsul von Herff, früher in Mailand und noch vorher – zur Zeit der Krügerdepesche – in Pretoria.[10] Herff war ein anständiger, kluger und erfahrener Mann, aber überaus ängstlich, ziemlich bürokratisch und vor allem durch die Ehe mit einer herzensguten Frau aus kleinen Verhältnissen mehr und mehr ins Spießertum herabgezogen worden. Von »Repräsentation« konnte in seinem Hause, trotz niedlicher netter Tochter, keine Rede sein, und auch im Dienst fehlte jeder große Zug. Dabei war er ein gutwilliger, kenntnisreicher Vorgesetzter, der mir nur Gutes erwiesen und sein Wohlwollen stets erhalten hat.

Man kann sagen, daß er nur für den Dienst lebte. Er drückte mir, wie damals üblich, als dem jüngeren Vizekonsul die Schifffahrtsabteilung nebst dem Seemannsamt in die Hand, womit ich sehr zufrieden war. Auch die Eisenbahnen und manches andere gehörte dazu. Ich fand Interesse an den Dingen und habe, wie man mir später vielfach sagte, die Berichterstattung über Verkehr, Schiffahrt und Schiffbau so ausgebaut, daß sie für die beteiligten deutschen Wirtschaftskreise wertvoll wurde. Zum Seemannsamt gehörte eine gewisse Strafgerichtsbarkeit in Disziplinarsachen, bei der ich viel lernte, auch im Menschen beurteilen und Menschen behandeln.

Die kleinen Reedereien, die bei ungünstigen Arbeitsverhältnissen auch weniger guten Ersatz für ihre Besatzungen hatten, machten dabei am meisten Arbeit. In dem Zusammenhang unterstand auch das Seemannsheim meiner Zuständigkeit. Es gab in Genua damals bei dem starken deutschen Schiffsverkehr einen besonderen Seemannspfarrer, anfangs Wehrhan, später unter anderen ein sehr tüchtiger Mann, der glaube ich Blattmann hieß und, um die Geistesart seiner Schäflein kennenzulernen, selbst als Kohlentrimmer gefahren war. An dieser Arbeit habe ich Freude gehabt. Neben dem Seemannspfarrer gab es einen evangelischen Geistlichen für die deutsche evangelische Gemeinde, die ihre Kirche in Hausgemeinschaft neben den Waldensern hatte. Der Pfarrer Hörstel mit schönem Barbarossabart war ein eifriger, aufrichtiger Mann, der auch unsere beiden ältesten Kinder getauft hat.

Die nicht von mir bearbeiteten Konsularangelegenheiten lagen in Händen des ersten Vizekonsuls Freiherrn, später Grafen Podewils, eines Sohnes des bayrischen Ministerpräsidenten. Diesen konnte der Kaiser nicht leiden, und als ihm in Genua auf der »Hohenzollern« die beiden Vizekonsuln vorgestellt wurden, sah er Podewils scharf an, sagte kein Wort zu ihm und wandte sich lachend an die Umstehenden mit den Worten: »Genau der Vater!« Mit meinem älteren Kollegen hatte ich ein sehr gutes kameradschaftliches Verhältnis. Er hatte seine Frau, die, Tochter eines Majors, als Erzieherin tätig war, gegen den Willen seiner Eltern, vor allem seiner adelsstolzen Mutter geheiratet und lange Jahre im offenen Konflikt mit den alten Podewils gelebt. Später hatte man sich aber ausgesöhnt. Meine und seine Frau »konnten« nicht sehr gut zusammen.

Später trat an Podewils Stelle der gute Thomas, der 1919 mit mir als Gesandtschaftsrat nach Rom ging. Von den übrigen Beamten des Generalkonsulats ist vor allem der Konsulatskanzler Sommer zu erwähnen, ein tüchtiger, netter Mann, der später in die höhere Laufbahn übernommen wurde. Mein spezieller Mitarbeiter war der alte, leicht erregbare Bauer, der das Vergnügen hatte, sich bei der Musterung mit den rauhen Seeleuten (die aber auf den Dampfern meist gar keine waren) herumzuschlagen, was oft zu ergötzlichen Auftritten führte. Er schrieb trotz vieler Jahre Aufenthalts im Land ein schauriges Italienisch, z.B. sagte er in einer Note an die Präfektur von einem Diebstahl sprechend statt »furto« »volo« = Flug, was niemand begriff. Von den Jüngeren, künftigen Konsulatssekretären blieb Hausmann, ein vortrefflicher, tüchtiger Schwabe, mir zweimal in Rom treu, auch ein Mann namens Ernst, ein sehr gewandter und ehrgeiziger Jüngling, das erste Mal – ob »treu« ist eine andere Frage.

Zum Podewilschen Referat gehörten zwei sehr wichtige Dinge, die mich später, als ich es von ihm übernahm, sehr beschäftigten, die deutsche Schule und die deutsche Kolonie. Die erstere stand auf guter Höhe und wurde auch von Italienern viel besucht. Ihr Direktor hieß von Hassel, trug einen Siegelring mit unserm Wappen und machte gelegentlich Versuche, als zur Familie gehörig zu gelten, mit der er nicht das geringste zu tun hatte. Sonst war aber durchaus nichts gegen ihn zu sagen.

Die Kolonie gehörte zu den besten, die ich in langer Auslandslaufbahn kennengelernt habe: wenig Streit und Klatsch, viel angesehene Leute. Ein typischer »gewaltiger« Auslandsdeutscher war ihr Präsident, d. h. der Präsident des deutschen Klubs, als ich hinkam, Herr Rasche, vollbärtig, umfänglich, tüchtig und patriotisch. Sein Nachfolger, der Direktor der Trambahnen, war kleiner und feiner, ein kluger, netter Mann, der mit dem Kaiser, als er ihm vorgestellt wurde, mit freier Selbstverständlichkeit sprach und immer auf Fragen des Kaisers zur Freude der Umstehenden sagte: »Ja, was wollen Sie?!« Seine Gattin flötete etwas affektiert, und man machte sich über sie ein bißchen lustig, ohne ihre mütterlichen und sonstigen Tugenden zu verkennen. Dann spielte die Familie Schöller, große Textilleute, eine führende Rolle; das Haupt des Hauses war ein Zentrum gesellschaftlichen Lebens. Den jungen Helfferich, einen frischen jungen Mann, sah ich später wieder – er war Präsident der Kolonie, ich Botschafter – geworden.

Ein Mann, den man nicht übersehen konnte, war der urbayrische Direktor der I.E.G., Filiale der AEG, Königsheim, in dessen Landhaus am Fuß des Monte Antola ich einmal ein schönes Wochenende verbrachte, um diesen Berg zu besteigen. Er wurde im ersten Weltkrieg von den Italienern wegen Feindbegünstigung zum Tode verurteilt, aber gottlob in contumaciam [in Abwesenheit].

Durch mein Referat hatte ich besonders enge Beziehungen zu dem feinen, klugen, aber körperlich ungemein zarten Direktor der Hapag, Bonnemann. Er hatte nahe Beziehungen zu einer italienischen Zeitschrift und brachte auf meine Bitte in ihr einen Aufsatz unter, in dem nachgewiesen wurde, daß entgegen verbreiteter Ansicht die deutsche Schiffahrt nicht subventioniert werde, sondern nur Vergütungen für den Postdienst erhalte; das waren bei dem Umfang der Dienste natürlich einige Millionen, aber gänzlich unbedeutende Summen am Gesamtaufwand gemessen. Die Zeitschrift brachte auf sanften Druck Bonnemanns den Aufsatz, druckte die erwähnten, dem Laien groß erscheinenden Ziffern fett und setzte als Schlußsatz hinzu: »Ganz hübsche Beträge, nicht wahr?« Der Zweck war nicht ganz erreicht.

Mit den italienischen Behörden hatten wir im allgemeinen sehr gute Beziehungen, die sich bei Anwesenheit des Kaisers in einem wahren Ordens-Heißhunger äußerten, einer sonderbaren Erscheinung, die mir eigentlich überall in der Welt wieder begegnet ist.

Von den amtlichen Persönlichkeiten will ich nur den schon erwähnten Grafen Cadorna nennen, einen kleinen, feinen, aber doch militärisch aussehenden älteren Herrn mit weißem Schnurrbart, und den Präfekten, Marchese Garroni, einem Freund Giolittis, den dieser dann als Botschafter nach Konstantinopel schickte. Er sagte mir vor der Abreise, er wolle ganz und gar mit Marschall zusammenarbeiten, wozu er wenig Gelegenheit fand, weil bald danach – was er vermutlich schon wußte – Italien die Türkei mit Krieg überzog.[11]

Ein wildes Arbeitsgetümmel erhob sich zusammen mit den Behörden, wenn, wie es zwei oder dreimal während unserer Genueser Zeit geschah, der Kaiser, von Korfu kommend, auf der »Hohenzollern« Genua anlief. Bei der Gelegenheit erschien natürlich auch der Botschafter. Jagow macht mir nichts weniger als einen hervorragenden Eindruck – nicht dumm, aber keinerlei starke Persönlichkeit, immerhin noch ein Riese gegen den glatten, eleganten, aber noch kraftloseren Flotow. Dieser war mit einer Russin, Fürstin Schachowskoj, verheiratet, die, als Witwe des in Ostasien gefallenen Generals Grafen Keller, ihn, wie allgemein gesagt wurde, nur unter der Bedingung genommen hatte, daß er Botschafter würde. Gagarin erzählte mir nach einem Besuch in Rom, dort sei der originelle Zustand, daß in der deutschen Botschaft nur russisch und in der russischen nur deutsch gesprochen würde (da der Botschafter Krupenski mit einer Wiener Jüdin verheiratet war).

Die Anwesenheit der »Hohenzollern« war natürlich ein großer Tag für die Kolonie und ein glänzendes Symbol der Macht des Reiches. Offiziere und Mannschaften machten, wie auf anderen uns besuchenden Kriegsschiffen, einen hervorragenden Eindruck. Die Kaiserin und die Prinzessin Victoria Luise begleiteten meist den Kaiser, einmal auch Prinz August Wilhelm mit seiner Gattin. Mir ist vor allem ein Frühstück vom letzten Besuch in Erinnerung, bei dem ich – an Bord der »Hohenzollern« – neben dem General von Chelius saß, der als Militärbevollmächtigter nach Petersburg ging. Unter dem Eindruck vieler Erscheinungen und besonders zahlreicher Gespräche mit Gagarin sagte ich ihm, ich hätte große Sorge, ob er sehr lange auf seinem Posten bleiben würde, während der musikalische (komponierende) Offizier mit dem Tischmesser leise die Klänge der Tafelmusik begleitete. Chelius sah erstaunt und nervös auf und erwiderte etwa, soviel er wisse sei dort alles in bester Ordnung.

Zwischenfälle gab es natürlich bei solchen Gelegenheiten auch. Besonders peinlich war es, als der Präfekt (Garronis Nachfolger Salvarezza) zu uns schickte und sagen ließ, er werde keinen Gegenbesuch auf der »Hohenzollern« machen, wenn die Posten nicht von der Mole an Bord zurückgenommen würden. Dies geschah. Neue Botschaft: er habe eben seinen Gegenbesuch machen wollen, sei aber oben am Fallreep vom Posten unwirsch fortgewiesen worden; er werde nunmehr nur seinen Sekretär mit der Karte schicken und bäte dafür zu sorgen, daß diesem Herrn erlaubt würde, seinen Auftrag auszuführen!

Umgekehrt: Die »Breslau« signalisiert abends dem Generalkonsulat, der Kommandierende General, Cadornas Nachfolger, habe den Besuch des Kommandanten nicht erwidert; sie ginge am nächsten Morgen um fünf in See und erwarte vorher den Besuch. Der unglückliche General mußte also morgens um vier heraus und auf dem auf Reede liegenden Kreuzer seinen Gegenbesuch erledigen. Gagarin pflegte zu erzählen, ein deutscher Gesandter habe ihm auf Grund langer Erfahrungen gesagt: »Der Seeoffizier *ist* schon beleidigt, wenn er von Bord geht!« Ich gebe das wieder und bitte meine Leser aus der Marine im voraus um Entschuldigung.

Am meisten im Gedächtnis blieb uns allen der Besuch der »Goeben«, schon weil er wenige Monate vor dem ersten Weltkrieg stattfand, in dem das Schiff dann solche wichtige Rolle spielen sollte.[12] Schiff und Besatzung wirkten hervorragend. Dem tat keinen Eintrag, daß dem Admiral Souchon beim Frühstück an Bord zu Ehren der Italiener der peinliche Lapsus unterlief, sein Glas zu Ehren des (vor langen Jahren ermordeten) Königs Umberto zu erheben. Wir machten mit der »Goeben« noch die Fahrt bis Rapallo mit, und es war ein merkwürdiger Eindruck – im Lichte der späteren Ereignisse –, als die »Goeben« mit Hilfe von Mannschaften des daneben festgemachten englischen Kreuzers »Cumberland« loswarf, während die Kapellen der Schiffe nacheinander die – bekanntlich damals identischen – Melodien der Nationalhymnen spielten.

Das *diplomatische* Corps war in der Regel wirklich ein »Corps«, d.h. mehr oder weniger im gleichen Stile zusammengesetzt; in den letzten Jahrzehnten hat das sehr stark nachgelassen. Das *Konsular*corps war es dagegen niemals. Zu ungleichartige Elemente waren darin vertreten, neben Leuten vom »métier«, die sich gut verstanden, solche, die durch irgendwelche Zufälle ohne Vorbildung oder Erfahrung Konsulsposten erhalten hatten. Das war auch in Genua so. Man machte zwar krampfhafte Versuche, eine gesellschaftliche Zusammengehörigkeit durch Bälle und dergleichen zu erzeugen, aber vergebens.

Doyen war zu meiner Zeit der auch in Albaro wohnende nette englische Generalkonsul Keen, der leicht stotterte. Auf einem

Konsularball fragte er einen neben ihm stehenden Herrn, auf zwei gleich angezogene, exotisch aussehende junge Damen weisend: »Who are these two p...parrots?« worauf der Angeredete gekränkt erwiderte: »They are my daughters!«

Keen beklagte sich oft darüber, daß man vom englischen Konsul heute Verrichtungen verlange, die nicht seines Amtes wären, sondern eines Handelsagenten. Diese Geschichte beleuchtet die alte Behauptung deutscher Kaufleute, sie fänden beim deutschen Konsul keine Hilfe (womit sie gewiß manchmal recht hatten), während mir gerade Engländer sehr oft sagten, sie beneideten die deutschen Wirtschaftler, weil sie im Gegensatz zu ihnen von ihren Konsuln so wirksam unterstützt würden! Deutsche haben manchmal die verwegene Behauptung aufgestellt, sie gingen lieber zum englischen Konsul, um sich von ihm helfen zu lassen. Ich pflegte darauf zu erwidern, sie seien sich wohl nicht darüber klar, welche unerhörte Pflichtverletzung sie damit dem englischen Konsul andichteten.

Ein englischer Vizekonsul in Genua ist mir allerdings in unerfreulicher, aber zugleich komischer Erinnerung. Er hörte, daß der amerikanische Generalkonsul von Beruf eigentlich Arzt sei, besuchte ihn und konsultierte ihn in kollegialem Gespräch. Dies ärgerte den Amerikaner, und er sagte, als der Engländer sich verabschiedete, trocken: »Wie steht's mit dem Honorar?« worauf der völlig aus der Fassung gebrachte Kollege stammelte: »Oh, ich dachte, das sei ein kollegiales Gespräch. Dann bedaure ich, die verschriebene Medizin nicht nehmen zu können!«

Am nächsten verkehrte der deutsche Generalkonsul natürlich mit dem (meist sehr gut ausgewählten und geschulten) Vertreter der Donaumonarchie. Der Generalkonsul, ein Ungar, Baron Mische mit seiner mütterlich bemühten Gattin, machte »Haus«. Gagarin als Russe konnte sie allerdings nicht leiden, und, wenn sie zum Tee bei seiner Frau waren und sich empfahlen, steckte er vorsichtig den Kopf aus dem Arbeitszimmer und sagte: »Sind die Hunnen weg?«

Unter den jüngeren Leuten verkehrten Ilse und ich viel in der herrlichen Villa am Meer, die der Vizekonsul von Hofstettner mit seiner Frau bewohnte. Sonst ist nur noch der kroatische Graf Voiksty [zu nennen] und die beiden Polen [...] und von Skrzinsky, letzterer ein leichtsinniger Mensch, der kein gutes Ende nahm, mit einer sympathischen Frau, die später kein leichtes Schicksal hatte.

Eine den Durchschnitt weit überragende Figur war der französische Generalkonsul de Marçilly (nach dem Krieg erster Geschäftsträger Frankreichs in Berlin). Mit seiner begabten, sehr musikalischen Frau, Tochter des französischen Gesandten Henry in Bukarest, die mit Carmen Sylva in guten Beziehungen gestanden hatte, führte er oben in Albaro ein kultiviertes Haus, mit dem wir viel verkehrten und literarischen Austausch pflegten.[13] Er machte mir einmal das Kompliment, durch uns erfahre man am besten von wichtigen französischen Neuerscheinungen. Unter seinen Vizekonsuln schätzten wir M. [Monsieur] Flandin mit einer reizenden russischen Frau, beide leider lungenkrank.

Um unser Französisch zu »schleifen«, nahmen wir übrigens Stunde bei einem eleganten französischen Abbé de Mars, der uns zu dem Zweck besuchte, aber nicht allzu ergiebig war. Es schien immer, als könne er doch eine gewisse Schranke im Verkehr mit den evangelischen Deutschen nicht überspringen. Ganz anders war unser systematischer italienischer Unterricht bei der Signorina Poggi, einer Lehrerin der deutschen Schule, mit der wir uns richtig befreundeten. Es war ein wahres Vergnügen, mit ihr leidenschaftlich zu debattieren und die klassische italienische Literatur, besonders die Divina Comedia und die Dramen Alfieris, zu lesen.[14]

Der ruhende Pol im Konsularcorps, ja überhaupt der Genueser Gesellschaft, waren für uns die mehrfach erwähnten Gagarins. Der Fürst, ein Hüne von Gestalt, ursprünglich Offizier, Kammerjunker des Zaren, aus einer der ältesten Familie stammend, war ein Russe aus dem Bilderbuch, dabei ein vollendeter »Herr«, ein guter Kerl und treuer Freund. Er sprach französisch und deutsch fehler- und akzentfrei, letzteres, wenn er wollte, sächsisch, weil er im Vitztumschen Gymnasium Schüler gewesen war.

Deutschfreundlich, wenn man diesen falschen und am besten ganz zu verbannenden Ausdruck brauchen will, war er nicht, sondern eher Panslavist, jedenfalls nationaler Russe, innenpolitisch Oktobrist und mit dem jüngeren Stolypin von der Nowoje Wremja befreundet.[15] Er machte kein Hehl aus der seiner Ansicht nach bestehenden Unvereinbarkeit der russischen Ziele mit dem Bestehen Österreich-Ungarns, und gerade in den Gesprächen mit ihm wurde mir klar, daß das deutsch-russische Problem mit den Opfern der Meerengen nicht mehr zu lösen war.[16] Ich habe über diese Frage im Jahre 1913 eine Denkschrift gemacht, die ich teilweise im Anhang wiedergebe.[17]

Der bestimmende Geist des »Salons« Gagarin war die Fürstin Mima, unsere gute Freundin in Genua und das gleiche geblieben bis auf den heutigen Tag. Sie war eine wahrhaft große Dame mit hoher Kultur, reizend aussehend, dabei ein Original voller Charme und Capricci. Ich wurde von großer Verehrung für sie erfüllt, die Ilse teilte und verstand, und ich betrachte die Begegnung mit ihr als für mich, ich darf ruhig sagen: erzieherisch von höchster Bedeutung. Sie gab mir den Begriff von dem, was im *echten* Sinne große Welt ist. Nicht so ausgesprochen Russin wie ihr Mann, flirtete sie, wie sie selbst sagte, mit anderen Kulturen und Religionen, vor allem auf englisch und französisch. Deutschland kannte sie wenig und sprach auch die Sprache nur sehr gebrochen, trotzdem wurde sie später leidenschaftliche Bewunderin des Nationalsozialismus.[18] Sie sagte selbst, sie habe »Abteilungen« in ihrem Kopf: in religiösen Dingen denke sie »englisch«, in gesellschaftlichen »französisch«, in anderen je nachdem.

Die Nachmittage, Frühstücke oder Abende im Palazzo Balbi in der Via Serra gehörten zu unseren besten Stunden in Genua. Manchmal waren die jungen Mädchen Balbi, die in ihrem Palazzo wohnten, dabei, auch sonst geistig angeregte Italiener oder Mimas Freundin, die höchst unterhaltsame, temperamentvolle Marchesa Imperiali; später traf ich sie in Florenz als Frau eines früheren russischen Obersten wieder. Ein Lieblingsort, den wir oft zusammen über Sonntag aufsuchten, war das Hotel Splendid in

Portofino, wo wir in Erinnerung an diese Zeit später unsere silbernen »Flitterwochen« verbrachten. Weniger geglückt war dort ein Zusammentreffen mit Tirpitz, die uns, auf der Fahrt nach Sardinien, in Genua besuchten.

Der erste Besuch, den wir bekamen – ich erwähnte ihn schon – waren die Schwiegereltern, die nach ihrem Töchterchen sehen, zugleich aber mit mir nach Sardinien fahren wollten. Später kamen sie wieder, um die Enkelin zu bewundern, und mein Schwiegervater, um sich in San Remo im Hotel Bellevue, das zum Konzern Hügelin des St. Blasier Kurhauses gehörte, zu erholen. Da hatten wir dann mit dem Bäderdampfer »Königin Luise«, später als Minenleger auf der Themse »gefallen«, prächtige Fahrten, einmal sogar mit Klein-Almuth, und herrliche Tage der Verwöhnung bei ihm.

Beim ersten Besuch also, noch 1911, fuhren wir nach Cività Vecchia und von dort nachts mit dem neuen Dampfer »Città di Cagliari« nach dem Golfo degli Aranci hinüber. Ilse war empört, daß die alte »Carriddi« (Karybdis) nicht mehr fuhr; sie hätte schadenfroh gern erlebt, daß ich ähnliche Stunden bei bewegter See auf diesem schmutzigen Seelenverkäufer durchmachte wie sie. Es muß das Non plus ultra fürchterlichster Beförderung gewesen sein. Auf die saubere, ziemlich ruhig fahrende »Cagliari« war man sehr stolz; Ilse konnte ich später zu ihrer Beruhigung erzählen, daß sie auf meiner zweiten Reise schon ziemlich, auf der dritten gänzlich verwanzt war.

Im Jahre 1933 bin ich dann als Botschafter zur Jagd auf Mufflons wieder drüben gewesen und fand alles sehr zum Besseren gewandelt – nur daß *uns* der Besitz verlorengegangen war! Er wurde als feindliches Eigentum beschlagnahmt, und alle Bemühungen, ihn im Jahre 1919 durch einen Verkauf an Italiener wenigstens dem Werte nach zu retten, scheiterten ebenso wie Anträge meines Schwiegervaters an die italienische Regierung, die auf seine ausgesprochene italienfreundliche Haltung und seine Verdienste hinwiesen, aber in unhöflichster Form abgelehnt wurden. Das waren erniedrigende Stunden; auch z.B. als meine Schwie-

Das erste Blatt der handschriftlichen Aufzeichnungen

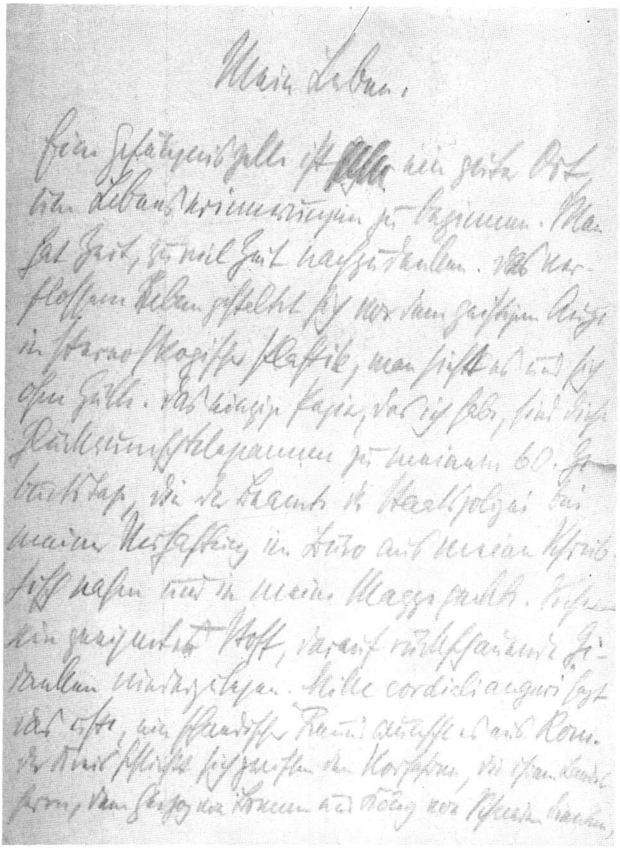
Mein Leben.

Rückseite des ersten Blattes: ein Telegramm von Erich Lundberg, einem schwedischen Geschäftsmann aus Rom, zum 60. Geburtstag Ulrich von Hassells

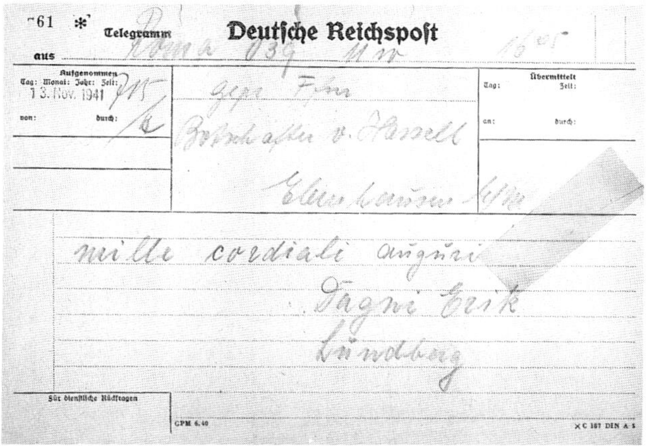
Telegramm

Deutsche Reichspost

aus Roma 039

Aufgenommen Tag: Monat: Jahr: Zeit: 13. Nov. 1941

von: durch:

Botschafter v. Hassell

Übermittelt Tag: Zeit:

an: durch:

mille cordiali auguri

Dagni Erik Lundberg

Für dienstliche Rückfragen

GPM 6.40

C 167 DIN A 5

Margarete von Hassell mit ihrem Sohn, 1882

Vater Ulrich von Hassell, gezeichnet 1922 im Alter von 74 Jahren von J. Kiderlin

Ulrich von Hassell als Primaner am Prinz-Heinrich-Gymnasium in Berlin im Jahre 1898

Admiral Albrecht von Stosch, Bruder des Großvaters von Ulrich von Hassell

Der Schwiegervater Albrecht von Tirpitz mit Tochter Ilse, 1914 in Karlsbad

Ilse von Tirpitz, 1904

Ulrich und Ilse von Hassell als Brautpaar, 1910

Castello di Parazzi bei Portofino, außerhalb von Genua, etwa 1913

Das Ehepaar von Hassell mit dem britischen Bankier Frederic Brown und dessen Ehefrau Ida in Genua

Das Ehepaar von Hassell zu Besuch bei Fürstin Maria Gagarin in Genua, 1912

Rudolf von Reibnitz, um 1913

Ulrich von Hassell als Reserveoffizier, 1914

Als Rekonvaleszent mit seinen Kindern Almuth und Wolf Ulrich in Uchorowo

Villa Celimontana, Deutsche Botschaft in Rom, etwa 1920

Professor Paul Fridolin Kehr, Leiter des Historischen Instituts in Rom, 1920

Alfred von Tirpitz mit seinen vier Hassell-Enkeln in St. Blasien, etwa 1923

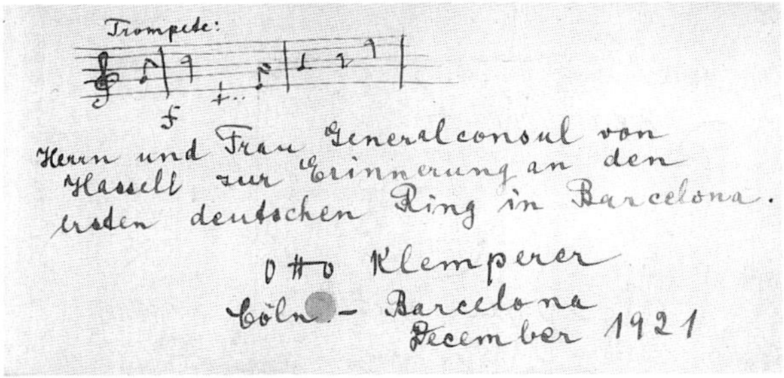

Aus dem Gästebuch der Hassells in Barcelona: Otto Klemperer, Dezember 1921; Richard Strauss, März 1925; Albert Einstein, Februar 1923

Ulrich von Hassell mit seiner Frau und seinen vier Kindern in der Gesandtschaft in Kopenhagen, 1928

Ulrich von Hassell, 1929

Christian X., König von Dänemark, beim Morgenritt durch Kopenhagen

Rechts oben: Empfang deutscher Schriftsteller in der Gesandtschaft in Kopenhagen, 1929. 3. v. links: Lion Feuchtwanger, 4. v. rechts: Ulrich von Hassell

Rechts unten: Aus dem Gästebuch der Hassells in Kopenhagen: der Dirigent Wilhelm Furtwängler, Mai 1927

Ulrich und Ilse von Hassell mit Begleitung auf einem Ritt durch Island, Juni 1927

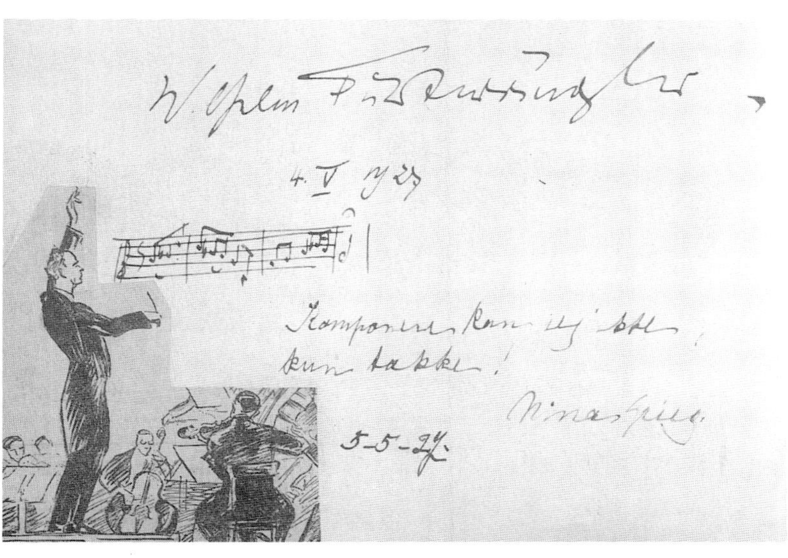
Wilhelm Furtwängler
4. V 1927
kun takke!
Nina Grieg
5-5-27.

Ulrich von Hassell am 8. September 1944 vor dem Volksgerichtshof. Unter den Blättern, die die Gestapo Anfang 1945 Hassells Sohn Wolf Ulrich ausgehändigt hatte, fand sich auch folgende Notiz Hassells: »Eine Regierung, die erkennen muß, daß ihre Politik das Land in den Abgrund einer furchtbaren Katastrophe reißen wird, hat die Pflicht, rechtzeitig die Zügel einer anderen zu überlassen, damit diese versuchen kann, die Dinge zu wenden. Es ist keine Identität zwischen Regierung und Volk. Das Volk ist ewig, jede Regierung vorübergehend, aber verantwortlich!«

gereltern und ich uns auf einem Schweizer Grenzbahnhof mit einem kauflustigen Italiener Delogu trafen und der weltbekannte, hochangesehene Mann von der Schweizer Grenzpolizei wie ein Landstreicher behandelt wurde.

Nun, 1911 war es noch nicht soweit! Der alte Tirpitz wurde von den Italienern mit allen Ehren behandelt und bekam in Alghero stets zwei vorzügliche Vertreter der Carabinieri zu seinem Schutze beigegeben. Die Ankunft in dem öden Golfo degli Aranci [Golf der Apfelsinen], dessen Name angesichts der im düsteren Morgengrauen verschwimmenden Küste wie Hohn klang, sah nicht sehr vielversprechend aus. Eine Räuberbande – so schien es – von Gepäckträgern stürzte sich auf die Reisenden, und mit wildem Gejohle und Gepolter ging es in den primitiven Zug, im Winter durch Wärmflaschen kümmerlich geheizt, mit Umsteigen in Chilivani nach Sassari und von da nach Alghero. In dem engen schmutzigen Städtchen lag ein großer, zum Besitz gehöriger, aber ziemlich unbenutzter, ungemütlicher »Palazzo« nebst einigen kleinen Häusern. Früher hatte man dort so gut es eben ging gewohnt, ein »Salotto« mit hübschen Möbeln, auf die wir für später immer gehofft haben, war vorhanden. Sonst wird das Palais durch das Erlebnis meines Schwiegervaters gekennzeichnet, daß er einst auf primitivster Stelle sitzend des Mangels an Papier gewahr wurde, als sich plötzlich durch die löcherigen Dielen des Fußbodens eine weibliche Hand streckte, die ihm eine Handvoll rettender Zeitungsblätter reichte.

Die Bevölkerung der Stadt und nächsten Umgebung ist katalanisch, eine von Karl V. dorthin gebrachte Kolonie; sie hält sich – ohne jeden Grund – für etwas Besseres als die Sarden und spricht nach wie vor ihren katalanischen Dialekt, zu den zahllosen Sprachen, die auf dieser merkwürdigen Insel vom fast noch Reinlateinischen bis zum Italienischen und einer Art Spanisch gesprochen werden, eine weitere fügend.[19] Auf einer späteren Reise habe ich auf der Fahrt durchs Land noch diese Fülle der Idiome und die mannigfaltige Pracht der Trachten bewundern können, bis nach dem stark spanisch beeinflußten Cagliari hin. Dort habe ich auch, in dem »historischen«, aber auch recht primitiven Hotel »Scala di Ferro« wohnend, dem wohl einzigen punischen Museum der Welt einen Besuch gemacht und dort einen gewissen Eindruck von dieser verschollenen, uneuropäischen Kultur bekommen.

Doch zurück zu jener ersten Reise. Mein Schwiegervater nahm seine Aufgabe als »Gutsherr« sehr ernst, wenn auch mit dem Mute der Verzweiflung, denn er wußte, daß solche gelegentlichen Anwesenheiten des fernen Herrn nicht genügten, eine Rente herauszuwirtschaften. Jetzt setzte er einige Hoffnungen auf mich in meiner näher gelegenen Residenz. Wir haben zusammen Verbesserungen durchgeführt, z.B. Zisternen für die Ölmühle bauen lassen, aber Durchgreifendes war gegenüber dem »Triddelfitz« Calvino nicht zu erreichen. Nach dem Tode seiner famosen deutschen Frau verlor er später ganz den festen Boden unter den Füßen. Der Hauptwert des Besitzes lag in den Ölgärten mit 11000 Olivenbäumen, zum Teil in verstreuten Stücken liegend, ergänzt durch einige Weingärten und vor allem einen etwa 1000–1500 Hektar großen, weitentfernt liegenden Weidekomplex, der an Hirten verpachtet war. Wir wohnten in der Ölmühle Carmine, mit viel Mücken, aber sonst sehr idyllisch, und genossen das Landwirtsleben.

Die Krone war dann mein zweiter Besuch mit Ilse, bei dem wir das ganze Gebiet zu Pferde durchstreiften, sie auf ihrem Liebling »Berechino«, eines jener temperamentvollen, zugleich des Geländes unerhört sicheren sardischen Ponys. Ritten wir nach jenem Weidegebiet, so kamen uns an der Grenze die Hirten galoppierend, die Flinten umgehängt, wie eine Fantasia entgegen. Wir meinten uns in Nomadenzeiten zurückversetzt, wenn dann ein Zicklein am Lagerfeuer gebraten wurde, der schwere sardische Wein kreiste und danach in wilder Kavalkade die Grenzen abgeritten wurden.

Am herrlichsten war es, die malerische Felsenstraße am Meer, Scala piccada genannt, hinaufzureiten und dann an der malerischen, von Wachtürmen gegen die Sarazenen flankierten Bucht von Poglina den Strand entlang zu galoppieren. Einmal ritten wir nach einem Bergnest Villanova hinauf, die Heimat jener Hirten, ich leider auf einem mich zur Verzweiflung treibenden Paßgänger, der mein Inneres revolutionierte, während mich oben noch ein kurzer, aber heftiger Malariaanfall schüttelte. Wir schliefen im Hause (und Ehebett) eines alten »Vasallen« des Maresciallo Baldino, eines Karabinierifeldwebels a. D., der seine hübsche junge Frau erst geheiratet hatte, nachdem sie ihn angeschossen hatte, um ihn auf die Angebrachtheit dieses Schrittes zart hinzuweisen. Es war noch ein wildes Land, die Blutrache blühte, aber uns Fremden geschah nichts.

Neben diesen Reisen stellten die einzige »Rente« des Besitzes für uns Sendungen des Verwalters dar, die in dem schweren dickflüssigen Wein, in Öl, Rosinen und Mandeln und in Blumenkohl bestand, letzterem einmal in solcher Menge, daß nicht nur unser Haus verpestet wurde, sondern auch viele unserer von uns freigebig versorgten Bekannten auf lange hinaus diesem guten Gemüse abschworen.

Die dritte Fahrt nach Alghero machte ich allein. Auf der einen Bahnstrecke fuhr ich mit einem Abgeordneten, der den unsardischen Namen Roth trug und für den die Bahn auf jedem Stationchen hielt, damit er dort seinen von allen Seiten meist zu Pferde herbeigeströmten treuen Wählern einige politische Phrasen – überall dieselben – hinfeuern konnte. Diese Reise benutzte ich zu meinem ersten Abstecher nach Rom. Es waren nur drei Tage, und ich sah zusammen mit dem sich meiner annehmenden Marineattaché Baron Grancy, früherem Adjutanten von Tirpitz, nur die »großen« Sachen. Aber ich habe den Eindruck von diesem ersten »glimpse« doch immer behalten.

In Genua selbst war es unser Hauptspaß, Sonntagsausflüge mit Frühstückskorb in die ganze Umgebung zu machen, von unseren Nachbarn, den achthundert Meter hohen Fascia und den alten Forts ringsherum – Tecla, Richelieu, Ratti –, zu weiter entfernten Bergen und Tälern. Das Tal von Tremanico war unser Lieblingsausflug. Unerfahren in der Konfiguration dieser buschreichen Berge, die unübersichtlich eine Falte neben die andere legen, haben wir uns oft verlaufen und tüchtig Schweiß vergossen. Ilse war immer bis kurz vor den Geburten stramm dabei.

Ein besonderer Spaß waren für uns unsere Ausflüge zu den von den Schwiegereltern übernommenen Freunden Browns; er Stockengländer, obwohl ganz in Italien verwurzelt, Idealist und meist in den Wolken schwebend hatte, ursprünglich reich, geschäftlich Unglück gehabt. Als wir nach Genua kamen, besaß er noch das begeisternde, jedem Fremden bekannte Castello di Parazzi bei Portofino, ein Wunderschloß im Meer, in dem wir noch schöne Tage verlebten. Wenn abends die Wellen gegen den Fuß der Burg plätscherten, während man oben in seiner Kemenate den Blick über die mondbeschienene Bucht von Genua schweifen ließ, so konnte man sich in ein Märchenland versetzt glauben.

Später verkauften sie Parazzi und wohnten in der malerischen Villa dei Cipressi in Genua oder an verschiedenen Stellen der Küste, vor allem aber in San Bartolomeo, einem Dörfchen in waldreicher Gegend nördlich von Genua. Da haben wir manches Wochenende verträumt. Meine besondere Freundin war Ida Brown, geb. von Pustan, die Hausfrau, ein kluges Original mit fabelhaftem Mundwerk, zugleich große Frauenrechtlerin, mit der es wilde Debatten gab. Zwei Töchter machten das Haus lebendig.

Für den alten, nicht weniger als anmaßenden, aber naiv-englischen Frederic Brown ist bezeichnend, daß, als morgens die Nachrichten über die »Titanic«-Katastrophe eintrafen und das Verhalten der Besatzung schilderten, er bemerkte, ja so könnten sich eben nur englische Matrosen benehmen! Ebenso sprach er *in* Italien von den Italienern stets als »Foreigners«. Einen der letzten Abende unserer Genueser Zeit verbrachten wir in San Bartolomeo, als die Nachricht der Mordtat von Sarajewo kam. Ich hatte sofort das Gefühl von einer katastrophenhaften Bedeutung. Abends war ein Sänger zu Gast, der unter anderem Loewesche Balladen sang, darunter »Zelte, Posten, Werdarufer«.[20] Der alte Brown ließ sich den Sinn erklären und fragte mich, ob ich glaubte, daß ein Krieg Österreich-Ungarns auch Deutschland hineinziehen würde. Als ich das bejahte, blieb er den übrigen Abend schweigsam, in seiner Ecke sitzend.

Nun aber das Hauptereignis Genuas: die beiden ältesten Kinder! Das erste sollte, nach Ilses Ansicht, unbedingt ein Junge werden, es wurde daher auch nur über Jungennamen beraten. Kurze Zeit vorher erschien die gute Schwiegermutter. Sie wohnte in einem kleinen Nachbarhäuschen, bei guten Dämchen namens Delle Piane, bei denen später auch meine Eltern für ihren Besuch unterkamen. Als ich nachts vor ihrem Fenster die »Marcia Reale« pfiff, dachten wir nicht, daß die Geburt, mit kurzer Unterbrechung der Wehen, zweieinhalb Tage dauern würde. Es war eine harte Prüfung für Ilse, und der Vater spielte dabei die übliche unglückliche Rolle; wie er selbst damals sagte: Zwischen Bibel und Busch schwankend. Damals war das Telefon – wir hatten gar keins – nicht so leicht zu erreichen, aber der gute Schweizer Arzt, Dr. Wild, kam, durch den treuen Fabio benachrichtigt, bald und installierte sich mehr oder weniger bei uns. Schließlich hieß es doch einzugreifen, ein zweiter Arzt mußte für die Narkose kommen, und ich riß in meiner Verzweiflung beim benachbarten Dr. Marchelli tief in der Nacht die ganze Klingel herunter. Dann erschien das neue Lebewesen und war – ein Mädchen. Ilse erklärte zunächst, sie wollte es gar nicht sehen, aber bald siegte die mütterliche Liebe, für immer!

Die kleine Dame hatte sich ein herrliches Babyparadies ausgesucht! Das sah man so recht bei der Taufe, die zum Entsetzen meiner Eltern erst im Mai stattfand, weil wir gern die aus Palästina heimkehrende Bertha Rieter dabei haben wollten. Die Taufe der kleinen, nach meiner Lieblingscousine genannten Almuth fand in einem wahren Rosenmeer statt, und so blieb auch Almuths erstes Jahr von Rosen und Veilchen, von Sonne und Himmelsblau umgeben. Wir sehen sie noch im Garten der Villa, Veilchen pflückend stehen, auf unsicheren Beinchen. Oft strampelte sie im Körbchen angeschnallt allein auf der Terrasse, was Nachbarn so entsetzte, daß sie hinüberschickten!

Einmal wäre aber wirklich fast ein Unglück geschehen: sie war im »Ställchen« im Garten untergebracht, nahe an einem scharfen Absturz, als wir, durch den Zuruf des neu erworbenen hilflosen Kindermädchens Else aufmerksam gemacht, sie *vor* dem Ställchen stehen sahen, dessen Tür sich geöffnet hatte. Es war ein furchtbarer Augenblick und kostete alle Selbstbeherrschung, sie nicht anzurufen, sondern atemlos hinunter und in den Garten zu stürzen, um sie vor einer Bewegung zu erwischen. Ihr erstes Wort, das man sie sprechen hörte, war »Luna« und das zweite »Blüm blüm«, das ist der lieben Fee charakteristisch geblieben bis heute.

Zur Taufe erschien auch Schwester Margot, und ich machte mit ihr eine Fahrt nach Monte Carlo und Nizza, auf der wir uns herrlich unterhielten und – für unsere sehr bescheidenen Verhältnisse – viel verloren, ich so etwas wie siebzig Franken! Auch davon abgesehen mißfiel uns Monte Carlo; um so mehr schätzten wir ein Abendessen in der berühmten Régence in Nizza. Bald kamen dann auch meine guten Eltern angereist. Sie genossen die Reise unbeschreiblich, und mein doch bald 65jähriger Vater zeigte sich höchst beweglich, auch in den Bergen.

Anderthalb Jahre nach Almuth meldete sich das Brüderchen. Wieder erschien Großmutter Tirpitz und übernahm die Zügel. Diesmal wohnte sie bei einer Nachbarin, Madame Bayon, geborene Engländerin, die unser Herz dadurch erfreute, daß sie behauptete, ihr verstorbener Mann habe zur »Bourbonfamily« gehört, was durch die Ähnlichkeit mit Napoleon I. bewiesen werde. Der Junge machte es seiner Mutter weniger schwer. Wir beschlossen, ihn Wolf Ulrich, nach Vater und Onkel zu nennen, dazu Alfred William Leopold, William nach dem alten Clüversborsteler. Da kam ein Telegramm des Kaisers, der sich zum Paten anmeldete. Nun war guter Rat teuer. Die Lösung war – nachdem die Eintragung der Namen beim Standesamt längst erfolgt war – die, das englische William in Wilhelm umzuändern. Aber im Standesamt schüttelte man ablehnend den Kopf, und tatsächlich bedurfte es einer Entscheidung des mit fünf Richtern besetzten Tribunals mit Plädoyer des Staatsanwalts in öffentlicher Sitzung, um das zuwege zu bringen.

Zur Taufe erschienen die gerade in Italien reisenden Carl und Ottony Hassell, ferner Gagarins, da Mima Patin war (die ihn später rührend verwöhnte), und als Vertreter des Kaisers Grancy aus Rom. Herff hielt vor Aufregung zitternd eine gefühlvolle Rede.

Almuth wurde von ihrer großartigen Schweizer Wärterin Grite, einem Erbstück von Willes, Böhneli oder Böhni genannt, was ihr lange haften blieb. Grite erschien auch für Wolf Ulli. Beide Kinder gediehen prächtig, wenn auch Almuth immer ein zartes Pflänzchen blieb. Weniger erfolgreich war »Elsie«, das Kindermädchen, auf die Dauer. Der erfahrene Fabio stellte fest, bei ihr sowohl wie bei Helene, unserer hervorragenden ersten Kraft, habe sich der alte Satz bewährt, daß deutsche Mädchen im Süden sich oft als wenig widerstandsfähig erwiesen. Eines Tages warnte mich der in unserer Via Sturla den antiquierten Stadtzoll handhabende, d.h. nichtstuende und alles beobachtende Wächter, vermutlich auch von Eifersucht getrieben, daß der Lebenswandel unserer Schönen zu wünschen lasse. Das erwies sich bald als Tatsache; und wir mußten sie schmerzbewegt abschieben. Sie sind aber bald wieder ins rechte Geleise gekommen.

Während unserer Genueser Zeit gingen wir Sommers nach St. Blasien, mit Station auf dem Rietberg. Ich selbst benutzte das zu kleinen Abstechern, auf denen der Familienvater sich pflichtvergessen von der wachsenden Schar der Angehörigen entfernte: ins Engadin, über den Bernina, nach Interlaken, über Kurka und Grimsel zum Dammagletscher und »Weißen Rössl« in Göschenen – meine ersten Schweizer Bergeindrücke wieder nach Lausanne. Eine militärische Übung hatte ich auch abzuleisten, auf der die Reserveoffiziere der Gardeinfanterie zu einem überaus »strammen« und kriegsmäßigen Kursus unter dem Major von Krosigk in Döberitz zusammengezogen waren. Die andere Hälfte der Übung erfolgte beim Regiment. Diese Reise benutzte ich, um mir Venedig anzusehen, und fuhr dabei, mit geringem Zuschlag, zum ersten Male mit einem Luxuszug von Verona bis München, und zwar als einziger, fürstlich bedienter Passagier!

Inzwischen waren mir in der Arbeit in Genua doch Bedenken

gekommen, ob es möglich wäre, auf dem betretenen Wege zur Leistung zu kommen. Ich beriet die Frage zunächst schriftlich mit meinem Schwiegervater und fuhr dann im Mai 1914 nach Straßburg, um dort mit dem Statthalter von Dallwitz und seinem Sekretär Grafen Roedern, mit dem ich später in Oberbayern häufig zusammen war, über einen Übertritt in die Verwaltung der Reichslande zu sprechen. Ich sah auf diese Weise die wunderschöne Stadt, aber sonst verlief die Fahrt ergebnislos; ein brauchbarer Weg zeigte sich nicht, und zu Dallwitz drang ich gar nicht erst vor. In Berlin erörterte ich auf der Grundlage meiner hannöverschen Herkunft mit dem Braunschweigischen Gesandten Boden die Möglichkeit des Eintritts in den Dienst des welfischen Herzoghauses, auch dies ohne daß sich eine lockende Aussicht geboten hätte. Ich kehrte nach Genua zurück, freute mich an Frau und Kindern, am Süden und am blühenden Reich und überließ alles Weitere der Zukunft.

Gegen Ende Juli 1914 machten wir uns auf, um in die Ferien zu gehen, zunächst nach Zermatt, wo wir uns mit meinem Freund und Corpsbruder Knieriem »auf halbem Wege zwischen Genua und Hamburg« treffen wollten. Die Kinder hatte Ilse schon vorher über den Rietberg nach St. Blasien gebracht. Fabio zog zwar auf dem Bahnhof ein etwas bedenkliches Gesicht wegen der letzten Nachrichten. Aber zu oft war in den letzten Jahren eine Kriegsgefahr aufgezogen und wieder zerflattert, als daß wir so recht an den unmittelbaren Ernst glauben mochten. Wir setzten uns – immerhin schon mit etwas unruhigem Herzen – in den Zug und eilten den Schweizer Bergen zu. Es war uns unbewußt, daß nicht nur das schöne, sorglose Anfangskapitel unserer Ehe abschloß, sondern zugleich eine ganze Epoche durch ein Zeitalter furchtbarer Kriege und Umwälzungen abgelöst wurde.

II. MANNESARBEIT

7. Erster Weltkrieg; Verbandsdirektor; Staatspolitische Arbeitsgemeinschaft

Die Zermatter Tage sind für uns von dem goldenen Schein umglänzt, der oft letzte Freuden umgibt, Freuden, die nicht wiederkehren konnten. Zwar, wie ich schon schrieb, so ganz vollkommen war unsere innere Ruhe nicht. Als wir von Visp nach Zermatt hinauffuhren, saß Ilse gegenüber ein netter junger deutscher Offizier, der erklärte, er werde doch lieber sofort wieder umkehren. Das taten wir nicht. Wir trafen Knieriem, blieben kurz im Hotel Monte Rosa und fuhren dann bei wüstem Schneesturm ins schöne Hotel Riffelalp hinauf, wo sich alsbald am nächsten Morgen das Matterhorn in voller Pracht unseren hellbegeisterten Blicken bot. Dann wurde beschlossen, den ersten »Viertausender« zu machen, was bekanntlich nicht sehr schwierig, aber anstrengend und sehr lohnend ist. Die Nacht vor dem Aufstieg wurde auf der Hütte an den »Leichenbrettern« zugebracht; am nächsten Morgen sahen unser Führer, einer aus der bekannten Führerfamilie Imhoff, und sein Kollege die Lage als wenig aussichtsvoll an. Schließlich wurde der Aufstieg, etwas spät, entschieden; er kostete viel Schweiß, und unser Knieriem, als allzu schnell in diese Höhe vorgedrungener Bewohner der Tiefebene, blieb in der Nähe des kleinen Matterhorns bergkrank liegen – für uns ein ungemütlicher Gedanke, den immer kleiner werdenden Menschenpunkt dort, von Krähen umflattert, liegen zu lassen. Gefahr war aber nicht dabei. Die letzte Stunde war eine große Anstrengung, bei schlechtem Schnee. Aussicht gab es oben nur wenig, aber das Ganze war doch ein großer erster Eindruck dieser Art. Zurück gings in einem

Zuge nach Riffelalp, so daß wir an diesem Tage wohl elf Stunden auf den Beinen waren.

Im Hotel fanden wir abends und vor allem am nächsten Morgen große Aufregung vor. Ich sehe, morgens herunterkommend, Ilse vor mir, wie sie den sie umringenden Engländern die letzten Nachrichten übersetzte. Von Vater Tirpitz kam noch ein verhältnismäßig beruhigendes Telegramm. Aber es gab doch kein Halten mehr: auf nach Hause. In Bern sagte im Hotel der Fahrstuhlführer ganz geruhig zu mir: »Übrigens hat Deutschland mobilgemacht!«, worauf ich sagte: »Nun, dann fahren Sie uns nur gleich wieder herunter!« Ich erkundigte mich auf der Gesandtschaft, die so schlecht unterrichtet war, mir die falsche Nachricht zu bestätigen. Tatsächlich war nur der Zustand »drohender Kriegsgefahr« verkündet worden.

Ilse und ich hatten ermäßigte Rückfahrkarten für den Besuch der Berner Weltausstellung. Es kennzeichnet meinen naiven Optimismus, daß wir trotz größten Zeitmangels in die Ausstellung fuhren, um unseren Fahrkarten durch Abstempelung Gültigkeit für die Rückfahrt zu verleihen. Der Anblick der verödeten Ausstellung, der Eindruck sehr unfreundlich gesinnten Publikums, dann der wilde Zustand auf dem Berner Bahnhof mit verzweifelt herumtobenden Ausländern aller Nationen, die überfüllte Fahrt in Richtung Waldshut, alles das waren Vorspiele dessen, was unserer wartete. Nach Waldshut drangen wir nicht mehr durch; wir mußten in Koblenz [Schweiz] heraus und fanden mit Mühe einige Kinder, die uns die Koffer an den Rhein bringen halfen. Sie erklärten übrigens tapfer, sie wollten den »Dütschers« helfen. Auch ein Boot erwischten wir und drüben einen Milchwagen, der uns weiterbrachte. Von Waldshut telegrafierte ich ans Auswärtig Amt, meine Freigabe für das Heer erbittend.

In St. Blasien kamen wir beide – Knieriem war über Basel heimgefahren – als unerfahrene Bergsteiger mit von aufgehenden Blasen völlig bedeckten Lippen und Nasen an, deren Komik uns sogar im Gedanken an den Abschied nicht verließ. Vom Auswärtigen Amt kam schnell die bejahende Antwort, und ich eilte nach

Berlin. Ilse folgte erst später, als ich schon auf dem Wege nach Frankreich war, in abenteuerlich langer Fahrt mit den Kindern, zum ersten Mal unter den damals noch völlig neuen Eindrücken von Fliegerangriffen, im dunklen, überfüllten Zuge, die beiden Kleinen zitternd an die Knie der Mutter gedrängt. Unterwegs bekam sie die Nachricht an den Zug telegrafiert, daß ihr Bruder Wolf beim Untergang der »Mainz« gerettet sei, von dessen schwerer Gefahr sie gerade erst gehört hatte.

Über die nächste Zeit lasse ich nun Auszüge aus meinem Kriegstagebuch sprechen...[1]

Als mich Ilse auf dem Bahnhof in Berlin abholte, erklärte ich ganz fröhlich, ich sei leicht verwundet und wolle schnell wieder ins Feld; vor allem möge man meine Stiefel besohlen lassen.[2] Ich zog mit zu meinen Schwiegereltern ins neue Reichsmarineamt am heutigen Tirpitzufer und überließ alles Weitere dem lieben Gott. Winke, doch einmal zum Arzt zu gehen, ließ ich unbeachtet. Man fand, ich sei etwas apathisch, auch z.B. ohne Interesse für die Kinder, schrieb das aber auf den Zustand meiner Nerven infolge des Erlebten, während diese in Wahrheit ganz unbeschädigt geblieben waren. Da griff eine erfahrene alte Rotkreuzschwester ein, die meine Schwiegermutter nebst einer jüngern Schwester – so wie viele andere Berliner Damen – aufgenommen hatte, bis über ihre Verwendung bestimmt sein würde. Sie erklärte meiner Schwiegermutter, ich sei entgegen meiner eignen Ansicht nach ihrer festen Überzeugung ein schwerkranker Mann und müsse zum Arzt. Schließlich ließ ich mich erweichen, zu einem als tüchtig geltenden Chirurgen zu gehen, der selbst nicht anwesend war. Sein Vertreter durchleuchtete mich, fand mit mäßigem Erstaunen die Kugel am oder im Herzmuskel sitzend und mitpulsierend, bemerkte nicht die Herzerweiterung und schwere Herzbeutelentzündung, die gewaltige Schwellung der durchschossenen Leber und meinte, es sei wohl weiter nichts zu tun.

Natürlich triumphierte ich über die nervenschwachen Weiber, trank einen Sherry und lebte weiter wie bisher. Jene Schwester aber gab nicht nach. Sie erreichte, daß ich mit Ilse einen anderen

Chirurgen, den Professor Brentano, aufsuchte, der mich durchleuchtete, die ganze Bescherung sah und erklärte, wenn ich mich nicht sofort ins Bett legte, so könnte ich jede Minute ein toter Mann sein; im übrigen sei nichts zu operieren, ein innerer Arzt sei der gegebene Mann. Das fuhr mir nun doch in die Glieder, ich packte mich ins Bett, und man rief Professor Burchardt vom Elisabeth-Krankenhaus. Der sah mich an und meinte, es sei schon eine tüchtige Sache, aber soviel könne er sagen: »Es wird nicht mehr schlimmer und es wird wieder gut!«

Wenige Tage später lag ich infolge einer inneren Anstrengung, die die bis dahin verstopfte Blutung erst wirklich in Gang brachte, auf den Tod: der ganze alte Adam lief voll, es war Matthäi am letzten. Meine Eltern wurden geholt, durften aber, verzweifelt, nur im Wohnzimmer warten, um keine Aufregung zu erzeugen. Nur Ilse durfte zu mir herein. Der gute Burchardt tat, was er konnte, aber es war für menschliche Kunst wenig zu machen. Ich bekam Kochsalzinjektionen und sonst allerlei, aber die Füße waren schon gefühllos, wenn man in sie stach. Ein Ärzte-Konzilium trat zusammen, Burchardt, Brentano, Kuttner, und zog bekümmert von mir fort. »Ihr seht ja alle so bedeppert aus!« meinte ich an einem dieser Tage.

Die Ärzte berieten, und dann sagte ihnen Ilse: »Ich bin kein Feigling! Ist noch Hoffnung oder nicht?« Zwei schwiegen beredt, Kuttner aber erklärte, ja, eine kleine Aussicht sei noch da, weil das Herz so glänzend arbeite, wenn sich nämlich noch rechtzeitig ein Propfen bilde. Und siehe, das geschah! In der Nacht gings schon etwas besser, und dann, bei regungslosem Liegen, von Schwestern behütet, von Ilse gepflegt, kletterte ich ganz langsam wieder hoch. Im ganzen lag ich dreizehn Wochen fest im Bett. Ein Bild, das sich mir einprägte: das kleine Almuthli, zum ersten Male zugelassen, mit großen Augen mir eine Rose bringend.[3] Ich wurde von der Schwiegermutter – die Rationierung fing, in Verkennung der Lage, erst ganz allmählich an – herrlich verpflegt, Onkel Karl schickte Portwein, ich hatte Besuch, löste Kopfzerbrecher, las viel, und zu Weihnachten konnte ich im Lehnstuhl dabei sein.[4]

Als ich wieder auf den Beinen war, lernte ich den politisch rastlosen Walter Keudell kennen, und im Frühjahr fuhren wir mit den Kindern und ihrer »Emma« (aus Kaufbeuren) über Hohenlübbichow nach Uchorowo. Das erste Mal, daß ich in Hohenlübbichow Keudell am Klavier fantasieren hörte, vom Bett in meinem Zimmer aus, ist mir unvergeßlich. Alle Eindrücke der letzten Zeit, alle Sorgen um die Zukunft nahmen darin für mich Gestalt an. Die kluge Mutter, Tochter des Herzogs Ernst von Württemberg und einer hochbegabten Sängerin[5], erörterte mit mir die gerade brennende Frage: »Was tut Italien?« Eine letzte Hoffnung blitzte auf, als Giolitti noch einmal das Steuer in die Hand nahm; vergebens![6]

Ich bin dann später sehr oft in Hohenlübbichow gewesen; wir haben am Kamin und im Walde, Keudells großer Leidenschaft, unsere Sorgen ausgetauscht. Er war ein treuer Anhänger meines Schwiegervaters, selbst – in der Bismarckschen Tradition seines Vaters groß geworden – von starkem Ehrgeiz erfüllt, dabei wohl allzu »musisch« ungeordnet, um ein praktischer politischer Arbeiter zu sein.[7] Arbeitszimmer, Schreibtisch und – von ihm unzertrennlich – Aktenmappen ein gleiches Wirrwarr. »Halb Fürst, halb Zigeuner« hat jemand von ihm gesagt. In der Tat war er eine ganz originelle Mischung von agrarischem Junker, Jäger, Forstmann, Politiker – und musizierendem Fantasiekinde. Noch merkwürdiger fast war der Kontrast zu seiner sächsischen, ganz städtischen, intellektuellen, kühlen Frau Hanna, mit der mich auch Freundschaft verband; auf langen Spaziergängen haben wir literarische und weltanschauliche Fragen den Berg hinauf und hinunter gewälzt. Ihre Kinder wurden in Freiheit dressiert erzogen, was besonders bei dem – im zweiten Weltkriege gefallenen – Ältesten, Leopold, merkwürdige Ergebnisse hatte. Er wuchs auf als wilder, ein schreckliches Märkisch sprechender Führer der Dorfjugend mit Bussarden und anderem Getier. Von unzähligen Geschichten nur eine: Die Mutter führt ihn in die Kirche und zeigt ihm alles, auch die Kanzel: »Nanu«, sagt der jagdbegeisterte Junge, »hier kommt doch nischt!«

In diesen Blättern werden wir Keudell besonders während des

ersten Krieges und nach seiner Ministerzeit [1927–28] öfter begegnen. Später haben sich unsere Wege schon durch meine zwanzig Jahre Ausland etwas getrennt.

Uchorowo war für uns eine herrliche Erholungszeit, für die Kinder ein noch unbewußt genossenes Paradies. Das Haus war beschattet durch den Tod des gefallenen einzigen Sohnes. Die gefangenen Russen hatten aus ihrer Initiative nach der Nachricht vier Wochen lang nicht gesungen. Ein besonderes Erlebnis – für damalige Zeiten – war die übrigens recht gewagte Landung [mit einem kleinen Flugzeug] eines Neffen Gontard mit seinem Kameraden auf freiem Felde. Es sah bei böigem Wetter lebensgefährlich aus und war es auch. Seine Schwester »Schwesti« war für uns ein netter, lieber Hausgenosse. Langsam lernte ich unter Ilses vorsichtiger Hand wieder gehen – und schlafen, was ich auch verlernt hatte. Im Sommer wurde das alles in St. Blasien fortgesetzt. Nach einem Jahr war ich wieder, wenn auch natürlich nicht militärisch, doch wieder betriebsfähig.

Die Kriegsjahre standen für uns im Zeichen einer doppelten Tragik: der allgemeinen deutschen, insofern wir ein gutes Ende vor allem der politischen Führung wegen kaum noch erhofften, und der persönlichen meines Schwiegervaters, der im Kampf um den Einsatz der Flotte und um die rechtzeitige (nicht zu früh und zu spät) und wirksame Verwendung der U-Boote stand. Meinen Aufsatz über seine politische Einstellung im »Wandel der Außenpolitik« will ich hier nicht wiederholen.[8] Ilse und ich standen in diesen Kämpfen nicht selten im Gegensatz zu einigen der Berater Tirpitz', die das Ganze zu sehr unter dem Gesichtspunkt seiner Person, ihres »Meisters«, sahen. Ich glaube, wenn wir im März 1916 statt in Stettin dauernd in Berlin gewesen wären, so hätten wir vielleicht den vom guten Trotha und anderen befürworteten Abschied verhindert. Wenige Monate später hätte die Schlacht von Skagerrak meinem – im Amt gebliebenen – Schwiegervater eine viel stärkere Stellung verschafft.[9] Es wäre auch wohl sonst manches anders gekommen, wenn Tirpitz damals statt rund sechsundsechzig sechsundfünfzig Jahre alt gewesen wäre.

Zu den beiden großen Sorgen trat die persönliche um meinen Beruf. Abgesehen von der Frage, ob meine Verwundung mir einen Auslandsdienst gestatten würde, hatte sich der Gegensatz zwischen dem Auswärtigen Amt und meinem Schwiegervater erheblich verschärft.[10] Noch in Genua wollte mich Körner ins Amt holen, als Hilfsarbeiter beim Vortragenden Rat Goebel von Harrant anstelle Nadolnys. Das war an Jagow gescheitert. Jetzt bestätigte mir ein Gespräch mit dem Unterstaatssekretär Zimmermann, daß ich besser daran täte, zunächst auf einige Zeit aus dem Dienst zu scheiden. Der preußische Minister des Innern von Loebell erklärte sich bereit, mich in die Verwaltung zu nehmen, mit dem Ziele, Landrat zu werden.

So zogen wir zu Beginn 1916 nach Stettin an die Regierung, und ich wurde Kommunalreferent. Der Präsident, Herr von Schmeling, nahm mich freundlich auf, und so saß ich oben auf der Gartenterrasse und beschäftigte mich mit den Gemeindeverwaltungen innerhalb des Bezirkes; daneben bearbeitete ich als Justitiar juristische Fragen. Daß mich der Übergang in den inneren Dienst nicht gerade begeisterte, geht daraus hervor, daß ich um ein Zimmer bat, von dem aus ich die Schiffahrt auf der Oder *nicht* sehen konnte, um nicht allzu sehnsüchtig zu werden. Die Arbeit war bescheidenen Umfangs; ich wurde ein häufiger Gast in der Bibliothek der Regierung, die in früherer Zeit reichlich mit geschichtlichen Werken und dergleichen ausgestattet worden war, während neuerdings bei den Anschaffungen der reine »Fachgeist« bestimmend gewesen war, ein Beleg für die auch sonst überall zu beobachtende Spezialisierung.

Wir wohnten zuerst ganz nett in der Albertstr. 6 bei einer Frau Köthner, einer etwas verwöhnten, aber sehr tätigen Frau, die uns – zeitweise mit zwei Kindern und »Emma« – in engen Verhältnissen bemutterte; einige Zeit übernahm die tapfere Ilse selbst noch den fremden Haushalt und die Kriegskocherei. Im Juni wurde dann in St. Blasien Hans Dieter geboren. Diese Aussicht war zuviel für Frau Köthners bedrängtes Herz. Wir mußten heraus, irrten mitsamt dem neuen zarten kleinen Erdenbürger und seiner braven pommerschen Pflegerin, Frau Matz, bei widerlichen Leuten herum und landeten schließlich, rührend versorgt, im christlichen Hospiz an der Grünen Schanze, bei der herzensguten und tüchtigen Fräulein Gärtner. Den kleinen Mann hatten wir inzwischen in St. Blasien getauft, durch Rahm, den protestantischen Pfarrer in diesem sonst ganz überwiegend stramm katholischen Ort. Hans Dieter litt unter der gerade in unserer Stettiner Zeit besonders mageren Kriegskost seiner angestrengten Mutter und bedurfte vieler Pflege.

In diese Zeit fällt nun als Gottesgeschenk unsere erste Bekanntschaft mit Ostens in Warnitz, die bald zur wärmsten Freundschaft wurde und die im Kriege unseren Kindern die Gesundheit rettete. So versorgten sie uns nicht nur mit allerhand Zuschüssen in Stettin und später in Berlin, sondern so oft und lange waren die Kinder mit oder ohne Ilse in Warnitz und wurden dort in übelster Zeit durchgehalten.

Warnitz, seit 500 Jahren – ein seltener Fall: von Vater auf Sohn! – in der Hand der Ostens, war ein stolzer Besitz. Oskar Osten, »Onkel Oskar« von den Kindern genannt, war eine höchst bemerkenswerte Persönlichkeit: ein echter Herr, der seine Gefolgschaft und seine ganze Umwelt nicht nur aus klugem Geschick heraus, sondern auch aus echter Güte so behandelte, daß noch im Jahre 1931 mein bosnischer Chauffeur, mit dem ich einige Güter in der Mark besuchte, nachher Warnitz wegen des dort herrschenden Geistes durchaus die Palme reichte. Großer Nimrod und tüchtiger Landwirt, dabei – als Enkel Rodbertus' – von hoher historischer Kultur, dessen oft zitierter Meister Taine war, zugleich weltbefahren und ein Mann von Welt, politisch durch und durch, so stellte er einen glänzenden, nicht allzu häufigen Typ des preußischen Junkers dar.[11] Äußerlich zwar klein und untersetzt, mit von Geburt verkrüppeltem linken Arm, sah er doch mit dem scharf geschnittenen Gesicht und den klugen Augen ausgezeichnet aus. So schien er vorbestimmt für eine große politische Rolle, war auch ein- oder zweimal nahe daran, es zu tun. Wenn es nicht dazu kam, so lag das, abgesehen von der Ungunst der Lage, für einen Mann seines Schlages daran, daß er allzu wenig geneigt war, sich im stets unerfreulichen, oft schmutzigen Kampfgetümmel des Tages herumzuschlagen. Er hielt zwar ausgezeichnete Reden als Abgeordneter im Landtag, aber der Zehn-Gebote-Hoffmann[12] hatte nicht ganz unrecht, wenn er ihm einmal zurief, als Osten nach solcher Rede, die Papiere in die Mappe versenkend, die Tribüne verließ: »Ab nach Warnitz!« Er war später der Meinung, daß Hindenburg unmittelbar davor stand, ihn (statt Papens) zum Kanzler zu machen. Ob das richtig ist, weiß ich nicht. Sicher ist, daß er mit festerer Hand zugefaßt haben würde als jener – ob mit besserem Erfolge, kann niemand sagen.

Unsere ganze Liebe gehörte seiner Frau und Tochter, beides ungewöhnliche Persönlichkeiten von innerem Reichtum und Wärme, erstere eine der vollkommensten Frauen, die mir begegnet sind, letztere zugleich die beste, eifersüchtigste Vizemutter für unsere Kleinen, vor allem die am 22. Oktober 1918 geborene Fey, von Frau Matz allerdings Muckeliese genannt. Am tiefsten von allen Kindern verwurzelte in Warnitz Hans Dieter, der dort schließlich ganz zu Hause war. Eine andere Freundschaft, die aus dieser Zeit stammt, war die mit Kamekes. Doch davon später.

Meine Eltern zogen – zu unserer Freude – im Laufe des Krieges, durch ihren Freund Dietrich Oertzen veranlaßt, aus dem abscheulichen Steglitz nach dem gemütlichen, von herrlichen Wäldern umgebenen, freilich klimatisch grausamen Doberan, wo sie in der Friedrich-Franz-Str. 17 ein nettes kleines Haus mit Garten kauften. Nun hatten wir doch wieder ein Elternhaus, und für die Kinder wurde dieser großelterliche friedliche Hafen ein Begriff. Er hätte ein rechtes Ruheheim des Alters werden können,wenn nicht der Krieg und vor allem später die Inflation an sie, besonders die zarte Mutter, Anforderungen gestellt hätte, denen sie auf die Dauer nicht gewachsen waren. Wir sahen mit Kummer, wie sich ihre Kräfte in übermäßiger Gartenarbeit und später im Kampf mit der Inflation zerrieben. Ich werde nie den niederschlagenden, bitteren Augenblick vergessen, als ich mit meiner guten lieben Mutter auf ein Nachbardorf gegangen war, um etwas Kartoffeln »schwarz« zu besorgen und im Dunkeln nachher ein gewissenloser Radfahrer sie so umfuhr, daß ich sie zunächst für tot hielt. Aber trotz alledem haben die beiden und wir mit ihnen den Frieden von Doberan oft genug von Herzen genossen.

Einige Wochen unserer Stettiner Zeit hatten wir den von Verwundung genesenen Siegfried Nathusius dort, der sich wieder an die Front hinausdrängte. Es waren Tage tiefen Verständnisses mit diesem reinen Idealisten.

Dreier Persönlichkeiten muß ich noch in Stettin gedenken: die erste war ein Pfarrer namens Würker (?), den wir gar nicht persönlich kennenlernten, aber gelegentlich in der Schloßkirche hörten. Er sprach so, daß man gerade in der Kriegszeit innerlich wirklich gepackt und ergriffen wurde. Die zweite war der straffe, etwas starre, scharfe Oberpräsident von Waldow, ein echter Mann, bester Art preußischen Beamtentums, geistig weit über dem Durchschnitt, später Staatssekretär des Kriegsernährungsamts. Als einstiger Chef Vetter Carls, als Regimentskamerad und als Bekannter meines Schwiegervaters suchte ich ihn gelegentlich auf, um ihm Gedankengänge des letzteren darzulegen, die er interessiert und im wesentlichen zustimmend, aber doch in beamtenmäßiger Vorsicht anhörte.

Ganz anderer Art war die dritte Persönlichkeit, nämlich der stellvertretende Kommandierende General von Vietinghoff. Ihn besuchte ich meist abends nach Tisch, und dann machte der temperamentvolle, durch und durch vornehme, kluge General aus seinem Herzen keine Mördergrube. Er war von tiefster Sorge für den Ausgang des Krieges erfüllt, vor allem wegen der schwachen, ziellosen politischen Führung, aber auch militärisch war er bedenklich. Die allgemeine Begeisterung für Hindenburg und Ludendorff teilte er nicht; er pflegte zu sagen: »Glauben Sie mir, sie sind nicht das, wofür man sie hält!« Er hielt sie durchaus nicht für überragende Feldherrn. Sehr spaßhaft war sein Verhältnis zur »Pommerschen Tagespost«, die ganz im Geheimen sein politisches Sprachrohr war, für die er selbst gelegentlich schrieb und in der er Aufsätze von mir unterbrachte. Aber als oberste Zensurbehörde mußte er oft gegen sie vorgehen, bald um das Gesicht zu wahren von sich aus, bald auf Weisung aus Berlin, die er fluchend – manchmal gegen eigene oder von ihm inspirierte Aufsätze – ausführte.

Meine Stettiner Zeit nahm ein anderes Ende als ursprünglich geplant. Als Gegengewicht gegen den in der Kriegswirtschaft übermächtigen Städtetag, der vom unsympathischen und eingebildeten Berliner Oberbürgermeister Wermuth präsidiert und von Dr. Luther als Geschäftsführer geschickt geleitet wurde, hatten die preußischen Landkreise als Kommunalverbände einen Verband gegründet. Die leitenden Männer, die Landräte der Großberliner, der Großstadt besonders exponierten Kreise Teltow und Niederbarnim, Achenbach und Busch, suchten einen Vorsitzenden und einen Verbandsdirektor. Den ersteren fanden sie in Osten, der wiederum mir den letzteren Posten anbot. Bei meiner ganz andersartigen Vorbildung – ich war froh, wenigstens das Stettiner Kommunalreferat geführt zu haben – war das Angebot ein ebensolches Risiko wie die Annahme. Aber die Aufgabe reizte mich, und ich habe diesen Entschluß nie bereut, denn ich habe bei dieser dreijährigen Arbeit fachlich und menschlich sehr viel gelernt. Ich glaube auch, daß man zufrieden mit mir war.

In der ersten Zeit habe ich bei den tastenden Schritten im Neuland – Neuland für mich und Neuland überhaupt –, bei Entschlüssen, die ich fassen, bei Sitzungen, an denen ich teilnehmen mußte, bei Fehlern, die ich beging, oft Blut geschwitzt. Erleichtert wurde mir die Aufgabe durch die Art, wie der erfahrene, fest im Sattel sitzende Luther sie aufnahm. Er als der eigentliche Gegner nach Ansicht vieler Landräte stellte sich sofort auf den Standpunkt, daß wir im Grunde Verbündete seien, nämlich als Verteidiger der Selbstverwaltung.[13] Das war ganz meine Auffassung, der ich immer leidenschaftlich von der Bedeutung der Selbstverwaltung erfüllt gewesen war, und Luther hatte ganz recht, wenn er meinte, daß für mich diese Linie leichter zu halten wäre als für einen gewesenen Landrat, der ganz von Kampfstimmung gegen die großen Städte erfüllt an das Amt herangegangen wäre. Luther hätte mich natürlich in mancher Sitzung zunächst einfach an die Wand drücken können, aber er verzichtete auf solchen überflüssigen Triumph.

Meinen Schwiegervater belustigte bei der ganzen Geschichte besonders die Tatsache, daß ich sozusagen in Front gegen seinen alten Feind Wermuth stand, der ihm seiner Ansicht nach in der Flottenpolitik verständnislos kleinliche Schwierigkeiten gemacht hatte. Es war bei meiner Hochzeit ein herrlicher Anblick, Tirpitz und den alten William Hassell sich in der Abneigung gegen die Dynastie Wermuth finden zu sehen, war doch der Vater Wermuth nach Ansicht des alten Hannoveraners eine der gefährlichsten Persönlichkeiten unter dem blinden König Georg V. gewesen.

Ich bin Luther auch später häufig begegnet und in guter Beziehung zu ihm geblieben. Er war sicherlich ein hochintelligenter, gebildeter und – später – weitgereister Mann, begabt mit einer Suada, die ihresgleichen suchte. In Sitzungen pflegte er zunächst die anderen reden zu lassen, sich eine Meinung zubilden, dann mit großer Beredsamkeit vorzustoßen und die Versammlung, die froh war, daß sich ein Ausweg zeigte, für seinen Vorschlag zu gewinnen. Schon auf der Treppe wurden viele der Tatsache gewahr, daß sie sich auf einen ihrer Ansicht und ihrem Auftrag gar nicht entsprechenden Standpunkt hatten drängen lassen.

Luther war ein hervorragender Verwalter und Organisator sowie Kameralist, d.h. Mann der öffentlichen Finanzen. Ernährungs- und Finanzministerium machte er ausgezeichnet. Ein eigentlicher Politiker war er meines Erachtens niemals. Als Reichskanzler hatte er die mildernden Umstände unerhört schwieriger Lagen für sich, aber die politische Methode und der Instinkt fehlten ihm auch. Einmal wurde er mit meinem Schwiegervater (als Kanzler) zu einem Essen zusammengebracht. Es war kein Erfolg: die beiden Naturen verstanden sich nicht. Auch als Botschafter in Washington konnte er nach seiner Art nur gewisse Dinge leisten; er wirkte auch zu sehr als Belehrender, der alles sehr gut weiß. Ein Irrtum war wohl auch seine Ernennung zum Reichsbankpräsidenten, die er übrigens selbst, wie er mir darlegte, »politisch«

und als Stufe auffaßte. Bank- und Staatsfinanzen erforderten sehr verschiedene Talente. Daß Luther ein sehr kluger Mann war und sein Vaterland heiß liebte, wird nie in Zweifel gezogen werden können, ebensowenig viele große Verdienste.

Ich mietete also ein Büro (Ecke Potsdamer- und Viktoriastr.), kaufte einen Schreibtisch und einiges andere und spannte meinem Schwiegervater eine gute Sekretärin aus. Nun konnte es losgehen! Das Merkwürdige war dabei, daß ich mir, *was* nun geschehen sollte, im wesentlichen selbst ausdenken mußte. Bald fand ich dann im treuen Treichel einen ordentlichen, zuverlässigen Bürovorstand, und allmählich wuchs einiges Personal dazu, vor allem als eine Art Vertreter für mich der kluge Dr. Schlüter. Und siehe da, die Arbeit entwickelte sich gehörig.

Aber bald erschütterte eine schwere Krise den jungen Bau. In der Sorge, die uns immer mehr wegen der Schwäche der Regierung überwältigte, kam ich auf den Gedanken, eine Kundgebung aller Kreisausschüsse herbeizuführen, die sich zu einer starken Politik und zum preußischen Staatsgedanken bekannte. Osten nahm die Sache sofort auf. Vielfach wurde der Gedanke begeistert aufgenommen, aber anderwärts regte sich der Widerstand. Man erblickte darin ein Überschreiten des Aufgabenkreises des Verbands ins Politische hinein – sicher mit Recht, aber nur im formellen Sinne; man vergaß die Außergewöhnlichkeit der Lage. Im Vorstand, der nicht gefragt worden war, gab es Kritik. Das war nicht nach Ostens Sinn: in seinem Selbstgefühl verletzt, trat er vom Vorsitz zurück. Ich, als Anreger des Gedankens, bot meinen Rücktritt an, der abgelehnt wurde. Als neuen Präsidenten holte man sich den früheren Landwirtschaftsminister, Freiherrn von Schorlemer, der als katholischer Rheinländer und ausgesprochener Grandseigneur die Aufgabe der Repräsentation glänzend löste, ohne sich sehr in die Dinge zu vertiefen. Mit unnachahmlicher Grandezza saß er Sitzungen vor, deren Gegenstand ihm oft nur sehr oberflächlich bekannt war, sprach überlegt und überlegen auch ohne Sachkenntnis in seinem eindrucksvollen Staccato so, daß er die Zuhörer fesselte, und verstand es, im Präsidentenstuhl während langweiliger Reden unbemerkt zu schlafen, durch einen leisen Druck meines Ellbogens im richtigen Augenblick erwacht.

Man hat ihm im Jahre 1919 eine unklare Haltung in der Frage des Separatismus vorgeworfen, ich glaube aber, daß er in der damaligen Wirrnis lediglich taktisch Auswege zum Vorteil des Rheinlandes gesucht hat, ohne wirklich autonomistische Pläne zu verfolgen. Ich habe ihm daher Gelegenheit gegeben, in einer dichtgedrängten Versammlung der – nachher zu erörternden – staatspolitischen Arbeitsgemeinschaft seine Haltung zu verteidigen.

Meine Tätigkeit im Verbande bestand zu einem erheblichen Teil in Reisen in den Provinzen, um mit den Kreisverwaltungen Fühlung zu nehmen und in Landratsversammlungen Rede und Antwort zu stehen. Diese Fahrten gaben mir Einblick in den ganzen Zusammenhang des preußischen Staates und in die Eigenart der Landesteile. Ich wurde immer stärker von der Bedeutung der Selbstverwaltung überzeugt, zugleich von den Gefahren einer Verwaltungsreform, die damals eifrig behandelt wurde, sofern dabei mechanisch-konstruierend vorgegangen wurde. Ich habe mich stets für Beibehaltung der Provinzen, d.h. der Oberpräsidenten, als wesentliche Zwischeninstanz eingesetzt und nach langen Umfragen und Beratungen im Verbande für die Stärkung des kommunalen Charakters der Kreise gekämpft. Man erörterte auch die Umwandlung des Landrats aus einem Staats- in einen Selbstverwaltungsbeamten. Zeitweise habe ich für diesen Gedanken eine mir später verfehlt erschienene Sympathie gehabt.

Mit einzelnen Landräten gewann ich auf den Reisen besondere Beziehungen, so mit dem frischen und klaren Herrn von Auwers in Stuhm, der seine Sympathie durch Riesenkäse für den sehr kärglichen Stadthaushalt zum Ausdruck brachte, oder mit dem ausgezeichneten, praktischen Siedlungsmann, Landrat Rotberg, im Hannoverschen Fallingbostel. In seiner Kreisstadt Walsrode hing im Gasthof ein großes Bild einer dort abgehaltenen roten Jagd, auf der mein Urgroßvater (als Chef der Hannoverschen Remonte) einen hervorragenden Platz innehatte. Vielleicht hätte er Clüversborstel halten können, wenn er etwas weniger diesem schönen Sport gehuldigt hätte!

Von den Reisen zu Landratsbesprechungen sind mir die nach Königsberg, wo ich Vetter Carl als Oberpräsidialrat besuchte, Breslau und Hannover in besonderer Erinnerung, vor allem aber die nach dem Rheinland und Westfalen. Die erste, ins Industriegebiet, eröffnete mir in Gelsenkirchen, Recklinghausen, Bochum durch die tüchtigen Landräte zur Nieden, Bürgers und den kampflustigen Gerstein eine neue Welt. Mein Eindruck von dem Menschenschlage, der dort leitend oder arbeitend schaffte, war tief und stimmte mich hoffnungslos, als ich zur Zeit der Besetzung dorthin zurückkehrte. Ein mit Fantasie ausgestaltetes Bild aus dieser Zeit habe ich in der kleinen Novelle »Christophorus« festgehalten.[14] Freilich war in Köln, ganz abgesehen vom Druck der feindlichen Besetzung, nicht alles so, wie es sein sollte. Ich erinnere mich eines Abends im Hause des Landrats, an dem alles gegen den Separatismus wetterte, aber eine Dame, ohne besonderen Widerspruch zu erregen, erklärte, natürlich sei sie gegen jede Abtrennung, aber wenn es eine große Reichsvermögenssteuer gebe, dann allerdings werde sie eine Existenzfrage! Eine dritte rheinische Reise führte mich an den eigentlichen Niederrhein, ins historisch und künstlerisch interessante Xanten zum Landrat von Laer und nach Geldern, in dieses Holland schon sehr gleichende hochkultivierte Land.

Ich machte von einer dieser Reisen im Jahre 1918 einen Abstecher ins besetzte Belgien, besuchte in Brüssel meinen Corpsbruder, Bruder meines Regimentskommandeurs im Kriege, den geraden, männlichen, klaren Grafen Rantzau-Rastorf, der dort in der Verwaltung arbeitete, ebenso wie den Sohn des Generalgouverneurs, den Ägyptologen von Bissing, machte auch einen Vorstoß in den Bereich des Marinekorps, vor allem in das alte Brügge und das zerschossene Ostende.

In Brügge erlebte ich den ersten Fliegeralarm meines Lebens; der stärkste Eindruck von Brügge war ein Abend in der Messe der

U-Bootoffiziere, als Gast von deren Chef, Kapitän Bartenbach. Der »Seeräubergeist« dieser zum großen Teil totgeweihten Leute war einfach fortreißend. Geführt von Ilses Vetter [Erich Edgar Schulze] (als Chef des Stabes des Marinekorps) sah ich begeistert die Kunstschätze der flämischen Stadt, wo das Verhältnis zwischen Bevölkerung und Truppen noch recht gut war.

Sonst waren meine Eindrücke in Belgien wenig erfreulich, vor allem in Bezug auf die Wirkung so langer Besetzung einer Stadt wie Brüssel auf die besetzten Truppen. Mein alter Vater hatte sich im Kriege auch noch einmal Uniform angezogen, um im Auftrage des »Weißen Kreuzes«, jener gut gemeinten, aber wohl wenig wirksamen Sittlichkeitsorganisation, missionarisch zu wirken. Er kam von Bukarest und Warschau ganz erschüttert von den inneren Verwüstungen zurück, die der Aufenthalt in diesen »Sündenbabeln« auf die braven Landwehrleute ausgeübt hatte.[15]

Ein anderes Mal entwischte ich von solcher Fahrt auf einige Tage nach Den Haag, um meinen dort internierten Schwager zu besuchen. Auch das war für mich zum Teil eine »Kunstreise« – das Mauritshuis begeisterte mich besonders –, zum Teil aber auch eine »Schlagsahnenfahrt«, denn man schrieb 1918 und war solcher Auffrischung sehr bedürftig.

Andere Reisen hatte ich in der Eigenschaft als Vertreter des Landkreisverbandes im Vorstand der gerade unter schweren Kämpfen gegründeten »Deutschen Girozentrale«, der Bankanstalt der Kommunalverbände, zu unternehmen. Das war eine Tätigkeit, die mich auf ein ganz neues Feld führte, nämlich in die Leitung einer großen öffentlichen Bankanstalt. Ich lernte viel, aber mein Verständnis blieb begrenzt. Wertvoll war mir die menschliche Fühlung mit dem Landrat Kleiner, auch einem Tübinger Schwaben, als Vorsitzendem des Vorstandes, und dem späteren Reichsminister und volksparteilichen Politiker, damaligen Oberbürgermeister Scholz von Charlottenburg als Vorsitzendem des Verwaltungsrates.

Es begann damals die große Zeit der Oberbürgermeister in der Politik; Luther habe ich schon genannt, in der Vaterlandspartei traten Körte (Königsberg), Riebe (Halle), Tramm (Hannover) unter anderen hervor. Vor allem aber spielten sie eine große Rolle in der Systemzeit: wiederum Luther, dann Gessler, Derminus (Schöneberg), Scholz, Adenauer, Sahm und viele andere. Ihre Gaben lagen, so verschieden die Männer waren, meist auf dem Gebiete, das sie in jahrelangem Jonglieren mit ihrer Stadtverordnetenversammlung beherrschen gelernt hatten: im Dirigieren und Zusammenreden, im Ausschalten von Widerständen und In-den-Hafen-bringen von Kompromissen, im Beschaffen und Verwenden von Mitteln für öffentliche Zwecke, manchmal auch für schöne Fassaden. Alles nützliche Dinge, zumal oft mit starker organisatorischer Begabung verbunden, aber als Methode in der Politik nicht ohne Gefahren.

Für die Girozentrale reiste ich mit Scholz und dem klugen Bürgermeister Eberle nach Kassel, um eine Einigung mit den Landesbanken herbeizuführen. Am lebhaftesten ist mir die Fahrt nach Mitau, Riga und Libau zu finanziellen Besprechungen mit der Ritterschaft in Erinnerung. Beide, Kurland und Livland, waren eben erst befreit worden, und man spürte noch den Schwung der Begeisterung und Hoffnung, nach 800 Jahren endlich mit der deutschen Heimat verbunden zu werden.[16] Aber in uns krampfte sich schon das Herz zusammen, wenn das Hoch auf den Kaiser als »unseren Herzog« erschallte, wenn in Mitau von der Orgel das »Ein feste Burg« mit unerhörtem Glauben in die alte Kirche klang, wenn wir im Ritterhaus in Riga oder im Schwarzhäupterhaus die Zeugen der deutschen Kultur bewunderten.[17] Ich jedenfalls hatte keine Hoffnung auf ein Deutschbleiben dieser Gebiete, und doch durfte man den tapferen Männern den Glauben nicht rauben.

Eine dritte, weniger erregende, gemütliche Fahrt der Giroleute ging ins schöne Frankenland, nach Ansbach. Es fiel mir sehr auf, wieviel besser man noch in Süddeutschland lebte als im Norden; die Reichseinheit war in der Rationalisierung noch etwas problematisch. Als Gastgeschenk brachten wir jeder eine Gans mit nach Hause! Ähnliche Eindrücke hatten Ilse und ich, als ich ihr – auch schon 1918 – endlich einmal das geliebte Tübingen und alle Stätten unseres studentischen Frohsinns zeigte. Wir wohnten auf dem Corpshaus – die Studenten waren alle im Felde – und wurden von der Familie des Corpsdieners Becht sehr verwöhnt. Im tiefen Walde bei Hohen-Entringen verlor Ilse ihre wertvolle goldene Uhr. Aber auf eine Anzeige in der »Tübinger Chronik« brachte sie schon am übernächsten Tage eine Bäuerin wieder an – im vierten Kriegsjahr!

Das Jahr 1919 war ein Jahr politischer Wirren und Gährungen, die sich auch in dem Übergreifen des sogenannten »Rätegedankens« nach Deutschland äußerten. Ich selbst wurde darauf sehr aufmerksam, erstens weil mir im Falle einer Verwirklichung die Notwendigkeit klar war, die positiven Volkselemente, wie man damals sagte: die »schaffenden Stände« in solchen Räten agrarischer oder sonst wirtschaftlicher Art zum Übergewicht zu bringen. Außerdem erblickte ich darin einen »Haken«, an dem man bei der besonderen Psychologie dieser Tage vielleicht den korporativen, berufsständischen Gedanken anhängen konnte. Als daher unter Führung der Gewerkschaft sozialdemokratischer Landarbeiter (Reichstagsabgeordneter Schmidt) ein Reichsbauerntag nach Goslar ausgeschrieben wurde, erreichte ich die Einladung des Landkreisverbandes und im Verbande die Annahme der Einladung. Außer mir nahmen noch einige Landräte, unter ihnen Herr von Monthart (Züllichau), ein Assessor Burchard aus dem Hannöverschen und ich glaube ein märkischer Winterfeld daran teil. Einen »außerordentlichen« Sekretär nahm ich mir in Gestalt meines nach deutschem »Erleben« durstigen, eben erst aus langer Gefangenschaft heimgekehrten Schwagers Tirpitz mit. Ein junger Herr von Davier, der sich in leidenschaftlicher, etwas fanatischer Weise auf den Gedanken gestürzt und mit mir Fühlung genommen hatte, trat auch in Goslar auf. Bald war zu erkennen, daß nichts Positives herauskam, sondern nur Reden zum Fenster hinaus gehalten wurden. Wir zogen uns daher langsam zurück, machten Spaziergänge mit nützlichen Gesprächen und zuletzt ich mit meinem Schwager allein einen kleinen Harzausflug, von dem mir bei einem abendlich erreichten einsamen Forsthaus das Heraustreten der Hirsche auf dämmerumhüllter Waldwiese unvergeßlich ist.

Da ich gerade beim Reisen bin, will ich noch berichten, daß wir im Sommer 1919 uns von allen Schrecknissen des Herbstes 1918 und der Jahreswende in Engstlenalp in der Schweiz erholten, dank Bertha Rieters, die uns natürlich »Frankenlosen« diesen Aufenthalt finanzierte und uns auch selbst einige Zeit besuchte. Sie machte mit uns einen Abstecher nach Engelberg, die armen geschlagenen reichsdeutschen Verwandten auf Schritt und Tritt verwöhnend. Ein Versuch, von Engelberg aus das Große Spannort zu besteigen, scheiterte leider am Wetter. Dagegen machten wir von Engstlenalp schöne Besteigungen, z. B. auf den Titlis. Die guten Immers, denen der sehr einfache Gasthof auf der einsamen Alp gehörte, machten uns das Leben so angenehm wie möglich, und wir schlossen diesen »angulus« ganz in unser Herz. Es gibt wenige Plätze auf dieser Welt, an die ich so gern mit ihrer Stille und Unverdorbenheit der Natur zurückkehren möchte. Einen kleinen, von Arven umstandenen See gibt es auch, in dem wir bei barbarischer Kälte gelegentlich badeten.[18]

Die Schweizer – Ausländer gab es kaum da oben – waren freundlich zu uns, ich möchte sagen: mitleidig; sie begriffen dunkel, was wir erlebt hatten, obwohl ihnen in ihrer ganzen Psychologie das, was uns *wirklich* quälte, nämlich der Sturz unseres Reiches, fern blieb.

Unser persönliches Leben in dieser Zeit wurde uns dadurch erleichtert, daß wir eine hübsche kleine Wohnung nahe der Halensee-Brücke, in der heute zerstörten Gillstr. 2a im Hochparterre, mit kleinem Gärtchen gefunden hatte. Spartaner mußte man allerdings sein, aber das waren wir auch. Stets haben wir auch später das Wort Mussolinis beherzigt: »Man darf in einem Palast wohnen, wenn man stets bereit ist, ins Soldatenzelt zurückzukehren.« Nun, dies war kein Palast. Wir froren mit den völlig ungenügenden Kohlen Stein und Bein; das Schlimmste war unser Schlafzimmer mit einer feuchten Wand, an der zur richtigen Zeit das Wasser heruntertropfte. Ich wundere mich, daß wir das so überstanden haben. Hier wurde auch am 22. Oktober 1918 die kleine Fey, gottlob leicht, geboren. Der bald folgende Umsturz, während dessen man ziemlich ungestraft seinen Nachbarn erschießen konnte, ließ uns die Anmeldung beim Standesamt verzögern. Ich wurde deshalb – im November 1918! – in eine Geldstrafe genommen.

Ich will auf die politischen Ereignisse dieser Zeit später kommen und hier nur noch die Vaterlandspartei erwähnen, weil sie mich persönlich sehr in Anspruch nahm. Sie litt unter zwei Geburtsfehlern: erstens der schweren Vereinbarkeit der drei Temperamente, des Herzogs Johann Albrecht, des alten Tirpitz und Kapps. Ich hatte da schwere Arbeit zu leisten! Zweitens darunter, daß sich die Leute unter ihr sehr Verschiedenes dachten: die meisten einen Verein zur Vertretung weitgehender Kriegsziele; viele eine Sicherung gegen innenpolitische Umwälzungen; nur wenige faßten sie wie mein Schwiegervater und ich als Instrument auf, alle nationale Kraft der Kriegführung moralisch dienstbar zu machen, als Grundlage einer festen Kriegspolitik. Törichterweise unterließ es die Regierung, sie in ihre Politik einzustellen. Damit war ihr Mißerfolg schon besiegelt.

Meine Verbandsarbeit vollzog sich sehr stark auch mit der Feder: ich gründete zuerst formlose »Mitteilungen«, dann im Verlage von Reimar Hobbing die »Zeitschrift für Selbstverwaltung«. Dann aber begann ich, besonders im sogenannten »Roten Tag«, der parteilosen, geistig ausgerichteten »vornehmen« Ausgabe des »Lokalanzeigers« Aufsätze zu schreiben, die, Verwaltung, Wirtschaft, Verfassung behandelnd, mit den Arbeitsfeldern des Verbandes in Zusammenhang standen. Ich gab ferner eine Broschüre über die Kriegseinrichtungen der preußischen Landkreise heraus. Die Aufsätze streiften naturgemäß Randgebiete der Politik, und langsam erweiterte ich ihren Gegenstand auch auf wirklich politische Fragen, wenn ich auch den Faden zu Wirtschaft und Selbstverwaltung nie ganz verlor.

Im Herbst 1918 näherte sich augenscheinlich das Kriegsende, und zugleich begann innenpolitisch der Vulkan zu brodeln. Das gab mir den Anlaß, nach wiederholten Gesprächen mit Karl Otto Kameke einen Aufsatz unter der Überschrift »Wir jungen Konservativen« zu verfassen, der als eine Art Bekenntnis reform- und kampflustiger Jugend gedacht war, als ein Bekenntnis zu der Notwendigkeit, das Wertvolle zu erhalten, aber die neuen Notwendigkeiten zu begreifen und zu gestalten, und zu dem Willen, sich durch die Ereignisse nicht treiben oder auf die Seite drängen zu lassen.[19] Der »Rote Tag« erhielt den Aufsatz wenige Tage vor dem Umsturz, und der Schriftleiter fragte mich telefonisch, ob er nun trotzdem und unverändert erscheinen sollte. Ich sagte: »Nun grade!«

Der Aufsatz erschien und hatte einen erstaunlichen Erfolg. Es regnete Zuschriften auf unseren Frühstückstisch, und auch sonst meldeten sich die Stimmen, die ein Handeln im Sinne meiner Ausführungen verlangten. Das gab mir Mut, und ich rief die »Staatspolitische Arbeitsgemeinschaft« ins Leben, die sich zur Aufgabe setzte, in der Deutsch-Nationalen Volkspartei neuen Gedanken und jungen Elementen zum Durchbruch zu verhelfen. Der Zustrom zu den Abenden der Vereinigung war gewaltig, das Interesse glühend, es war wirklich »Leben in der Bude«. Alle, die wir 1918 der Verzweiflung nahe waren, schöpften neue Hoffnung.

Natürlich war es nur ein kleiner Kreis, der verstand, worauf wir hinaus wollten; viele hielten die Sache für einen nationalistisch-antidemokratischen Debattierklub. Als Ziele stellten wir den starken Staat, die gründliche soziale Reform und eine feste nationale Politik auf. Unter meinen Mitarbeitern will ich hier außer Kameke nur den Professor Pflug, die Tochter Anna des großen Rechtsgelehrten Gierke und den Rechtsanwalt Richard Carl Wolff erwähnen, von dem eine der besten politischen Arbeiten jener Zeit, das Politische Manifest der deutsch-nationalen Partei, stammte. Der Partei gegenüber verhielten wir uns durchaus loyal, wir kämpften in den Versammlungen für sie und arbeiteten in ihren Organen mit, auch in der Presse. Ich selbst schrieb viele Aufsätze, z. B. in der »Deutschen Aufgabe« von Ewald Beckmann, der im Kriege seine kleine »Goslaer Zeitung«, zu der ich auch viel arbeitete, zu einem vielbeachteten Organ gemacht hatte. Ein Führer der Deutschen Volkspartei sagte einmal nach einem unserer Abende zu Hergt, dem Vorsitzenden der Deutsch-Nationalen: »Um eins beneide ich Ihre Partei, nämlich um die Staatspolitische Arbeitsgemeinschaft«. Dies war leider nicht die Politik der Parteileitung. Sie verstand in keiner Weise, sich des ihr bietenden Instruments zu bedienen; umgekehrt setzten wir uns gegen die Parteibürokratie nicht durch. Unserer ganzen Art nach mußten wir des Rückhaltes in der damals maßgebenden Masse entbehren; über finanzielle Mittel von Bedeutung verfügten wir auch nicht. Bei allem äußeren Blühen fühlte ich, daß auf diese Weise der erstrebte Erfolg kaum erreicht werden würde. Oft legte ich mir die Frage vor, ob es vielleicht ein Fehler war, die Arbeitsgemeinschaft in eine Partei einzugliedern. Das war zu spät. Ich kämpfte weiter, aber die Zweifel nahmen überhand.

Um ein Bild von dem politischen Gewoge während des Krieges und dem Jahre 1919 zu geben, lasse ich nun Auszüge aus meinen Tagebüchern folgen. Ich gebe sie so, wie sie damals niedergeschrieben wurden, mit allen Irrtümern und falschen oder richtigen Voraussagen, als treuen Ausdruck der Stimmung, von der ich damals erfüllt war.[20]

8. Botschaftsrat und Geschäftsträger in Rom

Im Herbst 1919 wurden die diplomatischen Beziehungen zu den bisherigen Feindmächten allmählich wieder aufgenommen, mit einer Ausnahme: Italien. Gegenüber diesem Lande, das als einziges sich während des Krieges nicht nur des deutschen Eigentums und der deutschen wissenschaftlichen Institute, sondern auch des Botschaftsgebäudes, also des Palazzo Caffarelli auf dem Capitol, bemächtigt hatte, stellte man sich auf den Standpunkt, daß eine amtliche Vertretung erst wieder entsandt werden könnte, wenn Italien einen Ersatz für den Caffarelli zur Verfügung gestellt hätte. Dieser erstaunlich männliche Gedanke verunglückte in der Ausführung dadurch, daß man in der Notwendigkeit, erstens über dieses Thema selbst an Ort und Stelle zu verhandeln, zweitens die wirtschaftlichen Beziehungen wieder in Gang zu bringen, doch eine »Mission« nach Italien schickte, deren Chef der Sache nach ein Geschäftsträger war, aber formell nicht als solcher behandelt wurde – das Ganze eine Mißgeburt, nicht Fisch und nicht Vogel. Schon nach wenigen Monaten mußte man, noch ehe die Frage des Botschaftsgebäudes erledigt war, dem unerträglichen Zustande ein Ende machen und einen Geschäftsträger ernennen. Bis dahin galt es, solche Erniedrigungen zu ertragen wie das italienische Bestreiten unseres Rechts, Botschaftspapier zu benutzen, und überhaupt von dem Fortbestehen einer deutschen Botschaft zu sprechen.

Zum Leiter dieser Mission wurde mein alter Chef in Genua, der zuletzt in Stockholm tätig gewesene Generalkonsul von Herff, ernannt. Ich hatte später in Rom oft den Eindruck, daß dieser treffliche und eifrige Mann dieser schweren Aufgabe nicht nur nicht gewachsen war, sondern sich im tiefsten Innern selbst ziemlich hilflos vorkam. Dadurch würde sich erklären, daß er von seiner Ernennung an fieberhaft bemüht war, sich mit möglichst allen seinen alten italienischen Mitarbeitern und ferner einer vielköpfigen Schar wissenschaftlicher Sachverständiger zu umgeben. Letzteres war ein Fehler: man hätte ganz allmählich vorfühlen und schrittweise vorwärts gehen sollen. Ersteres war natürlich nur begrenzt durchführbar. Podewils und manchen anderen, den er haben wollte, bekam er nicht, wohl Thomas und einige mittlere Beamte, nicht zu vergessen den treuen Fabio. Meine eigene Mitarbeit hatte er zur Bedingung gemacht, ein Verlangen, das nicht ohne weiteres zu erfüllen war, da ich ja den Auswärtigen Dienst verlassen hatte, das aber den Wünschen mancher alter Amtsbrüder wie z.B. Schüler und des in der Personalabteilung tätigen Rümelin entgegenkam. Ich wurde also gerufen und war durch die gestellte Aufgabe alsbald verlockt; mein Herz zog mich eben doch wieder in den Auswärtigen Dienst. Der Verband, den ich aufgebaut hatte, stand fest auf den Füßen, die Tätigkeit fesselte mich zwar noch, aber doch nicht mehr so wie in der Entwicklungszeit; ich konnte ihn jedenfalls ohne schlechtes Gewissen verlassen. Anders stand es mit der »Staatspolitischen Arbeitsgemeinschaft«.

Ich war mir darüber klar, daß sie mein »Kind« und stark auf meine Person zugeschnitten war; mit meinem Ausscheiden war ihr Fortbestand – was sich bald bestätigte – gefährdet. Die Frage war also, ob es richtig war, an dieser Arbeit festzuhalten. Man hat mir später gelegentlich eine Art Desertion vorgeworfen, und ich gestehe, daß ich selbst schwer mit mehr gekämpft habe. Den Ausschlag gaben schließlich zwei Gedanken: einmal, daß ich den Auswärtigen Dienst doch als meine eigentliche Linie empfand, sodann, daß ich nach der ganzen Entwicklung der Dinge und angesichts der Verständnislosigkeit der übermächtigen Parteibürokratie keine wirklich großen Aussichten mehr sah.

Nachdem ich, um mich einigermaßen zu sichern, die Bedingung gestellt hatte, sofort Botschaftsrat (oder Vortragender Rat, wenn ersteres im Augenblick formelle Schwierigkeiten hatte) zu werden, sagte ich zu. Außenminister war damals der Sozialdemokrat (und spätere Reichskanzler) Hermann Müller, dem ich mich vorzustellen hatte. Die Unterhaltung will ich hier wiedergeben, weil sie für den Mann und für das so merkwürdig innerlich unsichere und zaghafte System, das er vertrat, bezeichnend ist. Ich eröffnete das Gespräch damit, daß ich ihn bat, ohne weiteres den Beschluß meiner Wiederaufnahme in den Dienst zurückzunehmen, wenn ihm etwa zwei Tatsachen bisher unbekannt gewesen seien, nämlich einmal meine Tätigkeit als deutschnationaler Politiker – er könne mich zufällig noch als Redner einer Versammlung an den Anschlagsäulen finden – und zweitens meine Eigenschaft als Schwiegersohn von Tirpitz. Müller erwiderte, beides sei ihm bekannt und kein Hinderungsgrund. Was die parteipolitische Tätigkeit angehe, so stehe er auf dem Standpunkt, daß man innere und äußere Politik trennen könne; er müsse nur fordern, daß ich mich draußen jeder Agitation enthalte (ich warf ein, das sei, *wenn* ich in den Dienst trete, für mich selbstverständlich), und es ferner unterließe, »in den Salons, in denen ich verkehren würde, eine Staatsform, die mir vielleicht unsympathisch wäre (zustimmende Verbeugung meinerseits), lächerlich zu machen!«. Auch diese bescheidene Bitte konnte ich begreiflicherweise bewilligen. Was aber, so fuhr Müller fort, die Eigenschaft als Schwiegersohn betreffe, so könne das schließlich jedem passieren!

Ich glaube, daß der Mangel an Selbstbewußtsein des »Systems«, der hier zum Ausdruck kam, wesentlich daran beteiligt ist, wenn die deutsche Demokratie zu keinem Erfolg gekommen ist. Revolutionen in Filzpantinen haben keine Durchschlagkraft. Grotesk blieb es jedenfalls, daß ich als Schwiegersohn des als mächtigster Mann geltenden Tirpitz im Kaiserreich Anlaß hatte, den Auswärtigen Dienst zu verlassen, und von einem sozialdemokratischen Minister zurückgerufen wurde. Müller gefiel mir als Mensch in diesem Gespräch, und ich ihm wohl auch, denn er hat sich später wiederholt für meine Laufbahn interessiert.

Angesichts der undurchsichtigen Verhältnisse in Rom blieb Ilse mit den Kindern vorläufig zurück, teils in Berlin bei den Eltern in der v. d. Heydtstr. 15, teils im Refugium Warnitz, bis nach Weihnachten aber noch in der Gillstr., wo sie als echte Ilse das Fest im Umzuge zwischen Kisten und Koffern beging. Ich selbst setzte mich im November auf die Bahn; mit mir fuhr der Leiter des Preußischen Historischen Instituts in Rom, der Berliner Historiker Professor Fridolin Kehr, der sich nach seinem und den anderen deutschen Instituten in Italien umsehen sollte. Man kann sagen: wir fuhren so richtig ins blaue Ungewisse hinein. Überhaupt kann man über die ganze erste römische Periode politisch die Überschrift setzen: »Das Maultier sucht im Nebel seinen Weg!«[1] Nur mit einer gewissen instinktiven Sicherheit war er zu finden.

Kehr als »uralter Italiener« und schlauer Fuchs war für mich ein sehr wichtiger »Mitstreiter«. Charakterlich sehr umstritten, überhaupt viel bekämpft und kritisiert, war er auf alle Fälle ein hochintelligenter, weit gebildeter Mann von großer Gewandtheit und Energie. Ehrgeizig und sich selbst überhaupt selten vergessend, besaß er doch viele ererbte und erworbene Lebensweisheit, außerordentliche historische Kenntnisse und viel – nicht immer gutartigen – Humor. Ihn am Kamin der Villa Falconieri geschichtliche Episoden erzählen zu hören, gehörte zu meinen größten Genüssen. Er hatte eine sehr viel jüngere, hübsche, temperamentvolle und elegante Frau, so daß der deutsche Korrespondent Philipp Hiltebrand den dicken, kleinen Mann mit der schlanken Schönen »den Satyr und die Nymphe« getauft hatte. Obwohl ein ausgesprochener »Heide« (und Protestant) hatte er glänzende Verbindungen zur katholischen Kirche, vor allem zum damaligen Papst Pius (Ratti), den er von der Zeit her kannte, da dieser Vorstand der Vatikanischen Bibliothek war.[2] Der geistvolle Priester unterhielt sich gern mit dem spöttisch-skeptischen Historiker; ich denke mir so wie Anatole France in »L'Orme du Maille« die Gespräche zwischen Bergeret und dem Curé schildert.

Ebenso gut vertrug Kehr sich aber mit dem sozialdemokratischen Ministerpräsidenten Braun, und aus meiner zweiten römischen Zeit ist mir in Erinnerung, wie es ihm gelang, Görings Aufmerksamkeit zu fesseln. Dieser kam nach Rom 1933 während der Viererpaktverhandlungen,[3] und da man sich naiver Weise einbildete, man könne das verschleiern, hatte man sich ausgedacht, er solle kommen und als preußischer Ministerpräsident die ihm unterstehenden Institute besuchen. Ich schleppte ihn also in das Preußische Historische Institut, wo Kehr mit seinen Assistenten versammalt war. Göring ließ sich in einen Sessel fallen, sah sich um und sagte: »Ja, meine Herren, Sie schreiben die Geschichte auf, aber wir machen sie!« worauf der bisher nicht beachtete, halblinks hinter ihm stehende Kehr trocken sagten: »Nun, wenn wir es nicht aufschrieben, so würde nichts davon bleiben!« Göring sah ihn an, »entdeckte« ihn sozusagen und war von da an höchst gefesselt.

Das Reisen war in Deutschland kein Vergnügen. Zuerst kamen wir bis Heidelberg, wo wir erfuhren, daß am nächsten Tage, einem Sonntag, keine Züge gingen. Wir verbrachten den Abend im Historikerkreise, aus dem mir Hampe in Erinnerung geblieben ist, und drangen dann über Basel bis Lugano vor; hier machten wir Station, um den neuernannten Preußischen Gesandten am Vatikan, bald darauf ersten deutschen Botschafter, von Bergen, kurz zu besuchen. In Mailand bekamen wir den Schlafwagen nach Rom. In Lugano sah ich auch Willes, weil Inez sich dort von einer ziemlich ernsten Lungenkrankheit (deren Keim sie leider behielt) erholte. Der Anblick des Zustands der italienischen Züge und Bahnhöfe war unser erster Trost nach allen trüben deutschen Eindrücken der letzten Zeit. Also sah es in einem »siegreichen« Lande auch nicht viel besser aus! Im Schlafwagen fragte uns der Schaffner, ob wir Deutsche seien, worauf er uns stolz ein Bild seines 1914 oder 1915 geborenen Töchterchens zeigte, das er als begeisterter Dreibundanhänger (Triplicista) Germania genannt hatte (natürlich vor Eintritt Italiens in den Krieg).[4] Dieser kleine Eindruck blieb weiter maßgebend: so sehr uns manche Italiener der amtlichen Kreise unsere Niederlage und Schwäche zu fühlen gaben, so wenig war das im Volke der Fall, das uns vielmehr sehr herzlich aufnahm und nicht selten zu verstehen gab, der Krieg gegen uns sei ein Irrtum gewesen.

Herff holte uns mit Fabio im Auto ab – was ich mit meinen Kriegsbegriffen erstaunlich fand! Zuerst wurde ich im Hotel Flora untergebracht; ich blieb dort bis nach Weihnachten und siedelte dann als »Untermieter« zu Thomas über, in den Prachtsalon der Wohnung des letzten deutschen Konsuls in Rom, Herrn von Haeften, im schönen Palazzo [...] in der Villa dei Lucchesi gegenüber der kleinen Kirche mit ihren sangesfreudigen Nönnchen. Abgesehen von Mäusen, deren waghalsige Equilibristik an der Decke ich nachts beobachten konnte, war ich da gut untergebracht, so recht mitten im alten Rom, nahe der Fontana Trevi und dem Palazzo Colonna.

Der Charme der Stadt ergriff mich schon morgens, wenn die Gemüse- oder Fischverkäufer ihre Rufe ertönen ließen, die Glöckchen läuteten und die Packesel durch die enge Straße trabten. Bald ergab sich dann eine andere, primitive, aber paradiesische Möglichkeit in der Villa Celimontana [ursprünglich Villa

Mattei]. Diese, einem bayrischen Herrn von Hofmann gehörig, 1915 beschlagnahmt und nach der Erstürmung der Botschaft durch den Pöbel auf Einschreiten der Schweizer Gesandtschaft zur Unterbringung der Botschaftsmöbel verwandt, diente sie zugleich als Wohnung für den über zwei Meter langen Vizekonsul Toepke (aus Neapel), den man 1915 sinnvoller Weise, als wenig auffallend offenbar, ausgesucht hatte, bei der Schweizer Gesandtschaft die deutschen Angelegenheiten mitzubearbeiten. Einige andere Botschaftsbeamte hatten dort auch Unterschlupf gefunden, und jetzt fand ich auch ein Zimmer darin, das ich später, als Ilse im Frühsommer kam, gegen zwei andere vertauschte.

Die Celimontana war Rom in idealer Verkörperung. Hoch gelegen, mit weitem Blick in die Albanerberge, auf der anderen Seite nach dem Aventin und den Caracallatermen, ein weit ausgedehntes, in Berg und Tal auf- und absteigendes Parkgebiet, mit herrlichem Baumbestand, malerischer Steineichenallee, Obelisken und antiken Denkmälern, rauschenden Brunnen und einem unvergleichlichen, dem heiligen Filippo Neri gewidmeten Terrassenplatz über der Campagna, war so ganz das, was Eichendorff besingt:[5] »... wo die Brunnen verschlafen rauschen in der prächtigen Sommernacht«.

Abends auf einem der Balkönchen, ein Glas Frascati vor sich, dem Plätschern zu lauschen und den Blick über Busch und Wiese und die Wipfel der Zypressen und Pinien schweifen zu lassen, das war wie ein Märchen. Als Ilse dann kam, führten wir da oben, von der mangelhaft bekleideten, urwüchsig treuen Andreina bemuttert, ein ganz unwirkliches Leben. Ich erinnere mich besonders an einen Besuch des jungen kunstbegeisterten Udo Alvensleben aus Wittenmoor, der gleich uns dem Zauber dieser Stätte und dieser Nächte völlig verfiel und das rote Riesensofa, einst für einen überlebensgroßen Legationssekretär besonders konstruiert, das wir ihm als Ruhelager für ein oder zwei Nächte angewiesen hatten, am liebsten nie wieder geräumt hätte. Die ganze Wirtschaft war völlig bohème, aber, besonders seit Ilse da war, ging es herrlich. Ein Besucher schenkte uns einst mitleidig ein Glas mit der

Bitte, es abwechselnd als Blumenvase, Salzbehälter und Kognakglas zu verwenden. Heiß war der Kampf mit den Fliegen, bei der Mittagsruhe mit der »Times« als umfangreichster Schutzdecke geführt, während Andreina ein besonderes System hatte, die lästigen Tiere durch den kaum geöffneten Fensterspalt hinauszutreiben.

Den Reiz erhöhte die unmittelbare Umgebung; die Ordensbrüder, die unmittelbar angrenzten, die mosaikreiche Kirche an der römischen Navicella und vor allem die uns immer wieder neu begeisternde, enge und malerische, an S. S. Giovanni e Paolo nach S. Gregorio Magiore herunterführende Straße. Es war ein unglaubliches, traumhaftes Aufatmen nach allen Schrecknissen der letzten Jahre.

Die Aufgaben, die der Mission Herff zunächst zufielen, waren vier, von denen die erste am meisten drängte, die vierte die wichtigste war: es galt zuerst zu erreichen, daß die Italiener anerkannten, unabhängig von der Reparationsfrage einen vollwertigen Ersatz für den Palazzo Caffarelli zu gewähren. Sodann handelte es sich darum, die Freigabe der beschlagnahmten deutschen Institute, vor allem der in der Engelsburg aufgestapelten, in der Welt einzig dastehenden Bibliothek des Archäologischen Instituts durchzusetzen. Drittens sollte versucht werden, das beschlagnahmte deutsche Privateigentum wenigstens teilweise freizubekommen. Endlich waren die wirtschaftlichen Beziehungen wieder anzuknüpfen und daraus langsam auch wieder politische Folgerungen abzuleiten.

Für diese Aufgaben stand Herff und mir, dank Herffs sonderbarer Personenauswahl, ein sehr eigenartiger Stab zur Verfügung. Außer Thomas, der doch ein geschulter Beamter war, hatte er aus Stockholm einen jungen, netten, aber völlig unerfahrenen Kaufmann Noggerath mitgebracht und vom Amt ausgerechnet einen Maler, Freiherrn von Tucher, ohne jede Beamtenschulung und einen in Florenz aufgewachsenen, fertig italienisch sprechenden, aber sonst für seine Aufgabe gleichfalls ganz unvorbereiteten Bildhauer namens Stiller erhalten.

Etwas besser war die Kanzlei besetzt; außer dem unaufrichtigen, aber gewandten Ernst Genueser Angedenkens gab es einige ganz tüchtige Leute und brauchbare Schreibdamen. Erst als später der frische, sympathische Klee mit seiner besonders netten Frau dazu kam und schließlich der tüchtige Reisinger, mein späterer Botschaftskanzler, die Sache in die Hand nahm, wurde der Betrieb normal. Von der Vorkriegszeit übernahmen wir außer einigen Amtsgehilfen vor allem den braven Hausmeister Neuswirth, der den Palazzo Caffarelli tapfer gegen den Mob verteidigt hatte, zwei alte, erfahrene, aber körperlich nicht mehr sehr leistungsfähige Hofräte, den sehr kultivierten, aber pathologisch empfindlichen Gotthard und als Chiffreur den guten Waetzold (war der schon da?).

Neben alledem stand nun die merkwürdige, viel zu früh in Marsch gesetzte und zu zahlreich besetzte Gruppe der Wirtschaftssachverständigen, die im Grunde nichts oder wenig zu tun hatten, aber in langen Sitzungen zusammengehalten wurden. Dem Portier der Celimontana, den ich einmal fragte, ob die Herren Wirtschaftlichen dagewesen seien, blitzte der Sinn der Frage erst mit dem Ausrufe auf: »Ah, i signori grassi [die dicken Herren]!« Mit Ausnahme des schlanken, hypochondrischen und wenig aktiven Bonnemann, meines alten Freundes aus Genua, waren es in der Tat fast alles wohlbeleibte Herrn, die gern gut lebten. Darunter war der nette Geyer aus Ausgsburg und vor allem der sich mehr und mehr in den Vordergrund schiebende Schwabe Strohecker, später Handelsattaché der Botschaft, ein tüchtiger, erfahrener, von sich auch gründlich erfüllter Mann.

Erst viel später bekam ich einige Beamte zur Hilfe, die ihre Posten voll ausfüllten, der als Orientbeobachter nach Rom entsandte tüchtige Legationssekretär Diels und der überaus gewandte und kluge Legationssekretär Ullrich, der später in der Wirtschaftsabteilung des Auswärtigen Amtes dem Reich große Dienste leistete, bis ihn der Arierparagraph entfernte. Während der drei oder vier Monate des Herffschen Regimes traten noch zwei Persönlichkeiten eigner Art zum Stabe: als Presseattaché ein Sonderling mit abenteuerlicher Laufbahn, Herr von Borosini, und vom Arbeitsministerium entsandt ein Sozialattaché Sassenbach, aus der sozialdemokratischen Gewerkschaft stammend, mit der Aufgabe, die Fühlung mit den italienischen (sozialistischen) Gewerkschaften aufzunehmen, ein Auftrag, der gefährlich genug war und sich dann für Herff als verhängnisvoll erwies.

Die dringendste Frage: »Wo arbeiten?« hatte Herff schon vor meiner Ankunft für den Anfang ausgezeichnet gelöst: man mietete dem Direktor der Biblioteca Hertziana, dieser berühmten, von Fräulein Hertz gestifteten und dem Reich vermachten, von diesem der Kaiser-Wilhelm-Gesellschaft zugewiesenen kunsthistorischen Bibliothek und Studienstätte einige Räume ab. Professor Steinmann war ein überaus geschickter Mann, der es durch seine italienischen Beziehungen verstanden hatte, das Unternehmen als Veilchen im Verborgenen unbeschlagnahmt durchzuretten. Er erfreute sich der tiefsten Abneigung Kehrs, der ihn für einen schleimigen Weichling erklärte, während Steinmann Kehr als durchtriebenen Fuchs und großen Egoisten betrachtete. Es war oft spaßhaft genug, hintereinander den einen über den anderen zu hören.

Im Palazzo Zuccari, an einer der schönsten, aus den letzten Jahrhunderten traditionsreichsten Stätten Roms nahe der Trinità dei Monti gelegen, war diese nicht in die Augen fallende Studienstätte für uns in der Tat sehr geeignet. Es war richtig gemütlich darin, und bei der explosionsweisen Arbeit der ersten Zeit hatte ich oft Zeit, mich in meinem Zimmer in die hinter und vor mir stehenden Bücherreihen zu stürzen, wobei ich viele Kenntnisse gesammelt habe. Gegenüber meinem Fenster war ein kleines Gärtchen, auf dessen Orangenbäumen sich abends die Vogelwelt der Nachbarschaft versammelte, um bei Sonnenuntergang in das Ave Maria jubilierend einzustimmen. Manchmal ließ ich, wenn wir sonntags chiffrieren mußten, die Arbeit unterbrechen, und wir eilten alle in die nahe Trinità, dem Abendgottesdienst der Klosterfrauen mit ihren feierlich einziehenden Zöglingen und ihrem schönen Gesang beizuwohnen. Es ist für mich immer einer der herrlichsten römischen Augenblicke gewesen, wenn sich nach dem Gottesdienst die Türe der Kirche öffnete und man, sich umwendend, das ganze Panorama der Ewigen Stadt im Abendschein vor sich liegen hatte.

Später siedelten wir dann in das geräumigere, freilich weniger romantische evangelische Gemeindehaus (Via Toscana und Sardegna) neben der neuerbauten Kirche im nachgeahmten palermitanischen Stil über. Beide Gebäude waren vor dem Krieg nur teilweise fertig geworden und jetzt verwaist. Unser Hauptquartier wurde nun die Pfarrwohnung.

Währenddessen nahm Kehr wieder von seinem gleichfalls intakten, weil auf den wissenschaftlichen Beziehungen zum Vatikan aufgebauten Institut Besitz und verbrachte die Sonntage, zuerst allein, dann mit seiner Frau, die, noch später, oft als umschwärmte Strohwitwe dort Hof hielt, in der Villa Falconieri, diesem märchenhaften, oft besungenen, von Mendelssohns dem Kaiser geschenkten Besitz; die Villa hatte nach Bestimmung des Kaisers der Erholung deutscher Gelehrter gedient und war bis 1914 von Kehr verwaltet worden. Ihr Schicksal war noch unbestimmt. Kehr richtete sich dort primitiv ein, die Frau des Institutsdieners Fernuccio kochte, federwedelnd, mittels zweier Keksbüchsen auf Holzfeuer; es gab guten Frascati abends auf den Terrassen, man badete in dem pinienumgebenen Teich, bummelte vormittags durch die endlosen Olivetti, durch die Parks der benachbarten Villen, nach Tusculum oder nach Mondragone und erlebte herrliche Wochenenden. Mit anderen Botschaftsmitgliedern gehörte ich zu den häufigsten Gästen.

Montags stürzte man sich wieder in die Arbeit, die wegen der geschilderten unklaren Verhältnisse keineswegs leicht und angenehm war. Wir waren dauernd in die Rolle des hochmütig angehörten Bittstellers gedrängt. Der Mann, der als Gentlemen und alter Dreibundfreund uns nach Möglichkeit das Leben erleichterte, war in der Consulta am Quirinal, in der damals das Außenministerium noch saß, der Legationsrat Graf Barbaro, Venezianer aus alter Dogenfamilie, verheiratet gleichfalls mit einer Venezianerin. Auch der politische ständige Pol des Ministeriums in der parlamentarischen Zeit, der Generaldirektor Contarini, gehörte einem alten Geschlecht der Lagunenstadt an, war aber sehr anderer Art: undurchsichtig, von sich sehr eingenommen, kam er uns wenig entgegen, benutzte aber jede Besprechung, um uns über die Fehler der deutschen Außenpolitik vor 1915 zu belehren.

Von den Außenministern und Unterstaatssekretären will ich nur den im Wesen sehr freundlichen, in der Sache sehr juristischen und Deutschland wenig geneigten Scialoia und vor allem Sforza erwähnen.[6] Dieser elegante, gut aussehende Diplomat, mit einer Belgierin verheiratet, glatt und hochmütig, behandelte uns sehr von oben herab und trieb eine ausgesprochen im Fahrwasser der Westmächte laufende Politik. Das zeigte sich besonders in der oberschlesischen Frage, in der schließlich die Sforzalinie für eine uns ungünstige Teilung maßgebend wurde.[7] Nicht unschuldig hieran war eine bildhübsche Polin, die Gattin des unbedeutenden polnischen Sekretärs Jelinski, die Sforza glänzend in ihr Netz eingesponnen hatte. Auf irgendeinem großen Fest hatte ich sie wieder in langem Tête à tête mit dem Italiener beobachtet und konnte nicht der Versuchung wiederstehen, sie nachher lächelnd zu fragen, ob sie nun die oberschlesische Frage endlich im Hafen habe. Sie wurde puterrot und erwiderte etwas unwirsch: »Ich spreche mit dem Grafen Sforza nie Politik.«

Herff setzte Hoffnungen auf den Ministerpräsidenten Nitti, der ihn bei den ersten Besuchen mit Phrasen übergossen hatte. Ich hatte bei der nächsten Besprechung wohl den Eindruck, daß er eine Evolution seiner außenpolitischen Einstellung kundzugeben bemüht war, aber nicht ernsthaft und fest genug sei, um auf ihn zu bauen. Sein Nachfolger im Ministerpräsidium, Giolitti, war eine ganz andere Persönlichkeit: Ich kann sagen, daß ich von seiner etwas schweren, sachlichen Art, die auf Redensarten verzichtete, und von seinen klugen Augen einen starken Eindruck empfing. Sehr freundlich stellte sich mir gegenüber der Unterstaatssekretär im Präsidium, Porzio; ich ging später, als Geschäftsträger, gelegentlich, wenn Dinge im Außenministerium überhaupt nicht vorwärtsgehen wollten, den inkorrekten Weg, Abschriften mancher meiner Noten unter der Hand an Porzio zu geben, damit er die Angelegenheit bei Giolitti förderte. Das ging eine Weile ganz gut, bis Sforza einmal dahinterkam und sich das höflich verbat.

Eine besondere Beziehung knüpfte ich in der gleichen Zeit über Borosini oder einen Pressemann, ich erinnere mich dessen nicht mehr genau, zum Pressechef der Regierung [...] an, der mich in das Haus der klugen, mit dem Vater eng verbundenen Tochter Giolittis, Frau Chiaraviglia, Gattin eines »Onorevole« [Parlamentsmitglied], einführte. Es waren das anregende Abende, an denen über Spenglers »Untergang« oder ähnliche Probleme gesprochen und die Politik zwar nur leise gestreift, aber doch der Boden etwas gelockert wurde.[8]

In der ersten Frage, der des Botschaftspalastes, wollten die Italiener sich zunächst auf die Reparationen zurückziehen, d.h. den Standpunkt einnehmen, daß wir ihnen ja ohnehin viel Geld schuldig seien. Indessen gelang es bald, sie davon abzubringen, und sie ließen sich darauf ein, uns einen Ersatz in Aussicht zu stellen; wir sollten uns innerhalb gewisser Wertgrenzen selbst etwas suchen. Auf diese Weise lernte ich – da leider sehr viele Palazzi alter Familien verkäuflich waren –, geführt vom trefflichen Botschaftsanwalt Boschi Huber, zahlreiche römische Stadthäuser genau kennen, von der Villa Aldobrandini neben der Banca d'Italia bis zum Palazzo Medici Vascello in der Via Julia und zur Villa Torlonia, später Mussolinis Wohnsitz.

Der erste Gesichtspunkt war, nicht wieder einen »Caffarelli« zu wählen, der wegen seiner beherrschenden Lage auf dem Kapitol als Sitz einer fremden Botschaft den Römern immer ein Dorn im Auge gewesen war, so sehr, daß wir früher durchaus die Bereitschaft gezeigt hatten, ihn gelegentlich umzutauschen. Zweitens sollte ein wirklicher Wert in die Hand genommen und endlich etwas Wohnliches gefunden werden. Das war nicht leicht zu vereinen. Mir persönlich stach sofort die Villa Wolkonsky ins Auge, die später tatsächlich Sitz der Botschaft wurde. Wir machten der damaligen Bewohnerin, der alten Marchesa Campanari, einen Besuch, und ich war von dem ganzen Ambiente begeistert. Unter den modernen Verkehrsverhältnissen erschien auch die Lage weit vom Zentrum nicht mehr bedenklich. Italienischerseits war man nicht abgeneigt. Da brach in der nationalistischen Presse ein alberner Sturm wegen der angeblich vor fremder Hand zu sichernden römischen Altertümern los. Wir verzichteten sofort. In den Vordergrund trat dann der gewaltige, aber zum Wohnen äußerst ungeeignete Palazzo Vidoni am Corso Vittorio Emanuele, der später wirklich erworben, zurückverkauft und durch die Villa Wolkonsky ersetzt wurde.[9]

Während wir in diesen und anderen Verhandlungen steckten, platzte die Bombe des Kapp-Putsches [13. März 1920].[10] An dem Sonnabend hatten wir gerade im Gemeindesaal den ersten evangelischen Gottesdienst (des früheren Botschaftspredigers Schubert) zustande gebracht. Aber unsere Gedanken waren durch die Extrablätter in Anspruch genommen, die unmittelbar vorher auf den Straßen fantastische Nachrichten über Hindenburgs Einmarsch in Berlin und die Wiederherstellung der Monarchie verbreitet hatten. Abends noch erreichte mich ein Telegramm des »Reichskanzlers Kapp«, das mich sofort (als Außenminister) nach Berlin rief. Ich hatte im Herbst, wie wohl auch Tayberg [Name unleserlich] erzählt, Kapp dringend vor einer nicht gründlich und umfassend vorbereiteten Aktion gewarnt und ihm als Parole geraten: suaviter in re (keine überstürzten politischen Umformungen), aber fortiter in modo. Besonders an letzteres hat er sich bekanntlich nicht gehalten.

Ich besprach die Sache mit Herff, und wir beschlossen, am Sonntag nach der Falconieri zu fahren und dort auf Grund der neuesten Nachrichten alles in Ruhe zu überlegen. Das geschah, und unser Eindruck war schnell der einer mindestens sehr problematischen Angelegenheit. Ein Telegramm an Ilse, die in Warnitz war, blieb ergebnislos: man wußte dort auf dem Lande weniger als wir in Rom. Später erfuhr ich, daß Kapp von meinem Schwiegervater erregt verlangt hatte, er solle mich veranlassen, sofort zu kommen – »sonst würde man über mich hinweggehen«, eine Drohung, die auf meinen Schwiegervater, der solche Überlegungen gar nicht verstand und mich gut genug kannte, um dasselbe bei mir anzunehmen, natürlich keine Wirkung hatte. Am Sonntag abend und Montag früh war uns in Rom völlig klar, daß es sich um einen vollkommenen Fehlschlag handelte.

In den Verhandlungen über die Institute bildete weitaus das Kernstück die archäologische Bibliothek. Im Laufe der Zeit traten dabei sehr starke taktische Meinungsverschiedenheiten hervor. Herff, Steinmann und zeitweise auch der als Vertreter des Reichsinstituts aus Berlin gekommene nette Professor Dregendorff wollten den Italienern einen halben Schritt entgegenkommen, um einen völligen Verlust zu vermeiden, sei es eine Stiftung gründen, sei es der Stadt Rom ein bedingtes Geschenk machen. Kehr und ich widersetzten sich dem in der Überzeugung, daß jeder Tag, der ins Land ginge, Italien ein Sichvergreifen an solchem Kulturgut erschweren müsse. Mir ist besonders eine dramatische Sitzung in Erinnerung, an der auch der deutsche Kurienkardinal Ehrle S. J., Leiter der Vatikanischen Bibliothek, als Berater teilnahm; er meinte nachher zu mir: »Der Herr (Herff) ist wohl ein bißchen nervös!« Es gelang unsern Standpunkt durchzusetzen. Nachdem ich Geschäftsträger geworden war, ergab sich die Möglichkeit, den Unterrichtsminister in Giolittis Kabinett, Benedetto Croce, von der Unmöglichkeit zu überzeugen, den Krieg noch fortzusetzen, und zwar ausgerechnet auf dem Felde der kulturellen Güter.

Die Freigabe erfolgte, und den echt römischen Sonntag, an dem ich, begleitet vom Vertreter der Schutzmacht, dem Schweizer Legationsrat von Sonnenberg, auf der Engelsburg eine nach der anderen der 450 Kisten (d.h. gottlob stichprobenweise) vom Botschafter Grafen Manzoni übernahm, werde ich nicht vergessen. Vorher hatte ich schnell in der römischen Presse den Briefwechsel zwischen Sforza und mir über die Freigabe veröffentlicht, um jedes Zurückzucken auszuschließen. Sforza war darüber weniger erfreut. Später hat man gemeint, ich hätte für die Freigabe allzu überschwenglich gedankt. Eine gewisse »südliche« Sprache war aber nach Lage der Dinge am Platze. Simons, der damalige Außenminister, ein vornehm denkender Mann von hoher Kultur, sprach mir Dank und Anerkennung aus.

Sehr viel dornenreicher, langwieriger und deprimierender war der Versuch, vom deutschen Eigentum in Italien wenigstens einiges zu retten. Der Grundgedanke war dabei, den Italienern wirtschaftliche Vorteile anzubieten, und zwar in erster Linie unsere Mitarbeit und unsere Verfahren für die Ausbeutung der italienischen Lignite [Braunkohle], ein Vorschlag, den besonders Strohecker mit Energie betrieb. Die zu den Besprechungen entsandten italienischen Beamten waren hartleibig, im Grunde zu nichts bevollmächtigte Leute, die die Dinge entsetzlich verschleppten. Es vergingen oft viele Wochen, ehe sie sich wieder zu einer Sitzung ermannten, währenddessen ich mir die Füße wundlief, um die Fachminister für die Sache zu interessieren. Einmal verließ mich im Hochsommer, den ich ohne Urlaub aushielt, die Geduld, und ich entwischte mit meinem treuen Adjutanten Tucher in die Abruzzen, nach Celano, an den Lago Fucino und nach Ovindoli, wo der stets verliebte Tucher einer fernen Schönen nachträumte. Ausgerechnet auf diesen Sonnabend oder Montag beriefen die italienischen Vertreter nach endloser Pause eine Sitzung ein, und sie unterließen später nie, mir bei Klagen über Verzögerungen vorzuhalten, ich sei ja damals gerade auf »Urlaub« gewesen.

Ein anderer Gedanke, den wir vorbrachten, und der auch von dem inzwischen ernannten italienischen Botschafter in Berlin, dem ausgezeichneten de Martino, während einer Anwesenheit in Rom in einer Besprechung bei Herff mit Verständnis aufgenommen wurde, war der – von mir lebhaft vertretene – einer organisierten deutsch-italienischen wirtschaftlichen Zusammenarbeit in Rußland (auf Grund der deutschen Beziehungen) und in der Türkei (mit Hilfe der italienischen Positionen). Auch daraus wurde nichts. Bei all diesen Fragen half uns als freiwilliger Berater der Vertreter der Deutschen Bank, Adolf Schnetzer. Angesichts der erlittenen Enttäuschungen verfiel Herff auf Rat Sassenbachs, und ohne mir ein Wort zu sagen, auf den unglücklichen Gedanken, zu versuchen, unsere Sache mit Hilfe der sozialistischen Opposition vorwärtszutreiben und zu dem Zwecke »heimlich« nach Mailand zu einem Parteikongreß zu fahren. Natürlich wurde die Sache ruchbar, die italienische Regierung beschwerte sich in Berlin, und ich erhielt Befehl, Herff sofort zurückzurufen.

Diese und andere aufreibende Erfahrungen warfen den treuen Mann im Frühjahr auf ein viele Wochen währendes Krankenlager, während ich die Geschäfte zu führen hatte. Er starb einen langen und qualvollen Tod, rührend von seiner Frau gepflegt – buchstäblich in den Sielen. Tragisch war, daß man sich auf sein Drängen in Berlin schon vor einiger Zeit – endlich – entschlossen hatte, ihn zum Geschäftsträger zu bestellen. Obwohl wir zweimal in der Woche Kurier hatten, schickte man *diese* wichtige Urkunde mit der Post, und sie ging verloren! Moralisch hätte diese Bestellung seine Lebenskraft gewiß verlängert.

Die Frage der Beisetzung war schwierig, weil Herff keinen offiziellen Charakter gehabt hatte. Es gelang mir aber, eine feierliche Beerdigung mit militärischem Geleit zu erreichen. Ein junger rührender Schweizer Geistlicher kam von Florenz, und wir betteten Herff auf dem Friedhof an der Cestiuspyramide, diesem Heiligtum aller Romfreunde, zur letzten Ruhe. Jahrelang habe ich später als Botschafter die »akatholische« Begräbnisstätte zu betreuen gehabt; früher war das eine deutsche Sonderaufgabe gewesen; nach dem Kriege wurde es Sache eines Komitées der Botschafter und Gesandten nicht-katholischer Länder, aber unter deutscher Verwaltung.[11]

Ein kleines Satyrspiel von der Beisetzung muß ich doch erzählen. Es ist in Italien Sitte, daß die nächsten Freunde des Verstorbenen die Cordons des Leichenwagens halten. Das sollten die Mitglieder der Botschaft tun. Aber es stellte sich heraus, daß einer, Stiller, keinen Zylinder aufhatte. Fabio wußte Rat: Herr Generalkonsul braucht seinen nicht mehr! Schnell holte man den Hut und setzte ihn Stiller auf.

Nach den gemachten Erfahrungen wurde ich nun wirklich sofort zum Geschäftsträger ernannt. Eine klare Lage war geschaffen. Aber zweckmäßiger Weise legte ich mich zunächst mit ziemlich schwerer Ruhr ins Bett. Dann ging es wieder an die Arbeit. Die Frage des deutschen Eigentums rückte kaum vorwärts. Es blieb nichts übrig, als sich wenigstens vorläufig (in Wahrheit endgültig) auf das »kleine« Eigentum (bis zu 50000 Lire) zu beschränken, um wenigstens den Bedürftigsten zu helfen, zugleich in der Hoffnung, daß auf dieser Grundlage praktisch einiges zu machen sein würde. Tragisch für mich war, daß ich gerade als amtlicher Vertreter, trotz vielfacher Anregungen von verschiedenen Seiten, für die eigenen Interessen, Sardinien, keinen Finger rühren konnte. Es lohnt nicht mehr, die einzelnen Peripetien der Sache zu schildern. Schließlich war es mir gegenüber ein ritterlicher Zug des alten Giolitti, am Tage der Ankunft des ersten Deutschen Botschafters in Rom noch das Dekret zu unterzeichnen, durch das die Freigabe des »kleinen« Eigentums verfügt wurde. Doch ein gewisser bescheidener Erfolg!

Die wichtige und mir besonders am Herzen liegende Aufgabe, aus allen Einzeldingen allmählich wieder einen zunächst wirtschaftlichen Kontakt mit Italien zu entwickeln, stieß in Berlin auf wenig Verständnis der Ministerialbürokratie. Man erkannte nicht die Bedeutung, die es haben mußte, wenn Italien leise anfing, Deutschland gegenüber Sonderwege zu beschreiten.

Der Verlauf einer Angelegenheit ist dafür besonders bezeichnend. Im Rahmen der Reparationsfrage war der Gedanke aufgetaucht, eine Besprechung zwischen einem deutschen und italienischen Vertreter stattfinden zu lassen, wobei zunächst nur ein rein technischer Gesichtspunkt zu Grunde lag. Ich erkannte die eminent politische Bedeutung der Angelegenheit: gelang es zum ersten Male eine Art »Sonderfühlung« zwischen maßgebenden Persönlichkeiten zustande zu bringen, so mußte nicht nur die natürliche Interessengemeinschaft sich zu kristallisieren beginnen, sondern auch ein wachsendes Mißtrauen auf französisch-englischer Seite gegen Italien. Ich besprach die Frage mit dem Botschafter von Bergen, dessen Rat mir in dieser Zeit oft wertvoll war, und dann vorsichtig mit Barbaro, der gleichfalls sofort die grundsätzliche Wichtigkeit begriff. Noch nach Mitternacht erhielt ich am Tage unserer letzten Unterhaltung darüber von dem eifrigen Barbaro die Nachricht, man sei – nach Überwindung vieler Widerstände – bereit, mit einer deutschen, nicht beamteten Persönlichkeit von Rang in Rom vertraulich zu sprechen. Ich telegrafierte nach Berlin und nannte als Typus solcher Persönlichkeit den Hamburger Melchior, ein damals weltbekannter Mann. Nach einiger Zeit kam die Antwort, besser sei einer der amtlichen Bearbeiter der Reparationssachen und Treffpunkt müsse in der Mitte, etwa in Bozen sein. In Bozen, wo solches Treffen am nächsten Morgen in aller Munde gewesen wäre! Ich zeigte die Antwort Bergen, und wir waren darüber einig, daß einem guten Gedanken ein Begräbnis erster Klasse bereitet worden sei.

Ein Kapitel besonderer Schwierigkeit war für mich als ersten deutschen Geschäftsträger das diplomatische Corps, das naturgemäß ganz überwiegend aus Vertretern der ehemaligen Feindmächte, im übrigen aus meist sehr ängstlich nach diesen schielenden »Neutralen« zusammengesetzt war. Im Bezug auf das Verhalten der Aufnahme von Beziehungen schloß ich mich mutatis mutandis demjenigen Bergens an. Wir ersetzten, mindestens für den Anfang, die üblichen französischen Visitenkarten durch italienische und deutsche; bei den Ententevertretern wurde kein Besuch gemacht, sondern vorgefahren und Karten abgegeben. So bin ich um das Vergnügen gekommen, Sir George Buchanan, den einstigen Botschafter in Petersburg – dessen Frau aber der eigentliche Botschafter war – und den berühmten Drahtzieher der Kriegspolitik in Rom, Barrère, noch persönlich kennenzulernen.

Nur Sonza Dantas, der brasilianische Botschafter, später Botschafter in Paris und Außenminister, ließ mir ausdrücklich sagen, er bäte doch heraufzukommen, was ich natürlich tat. Ich durchschritt die lange Flucht der Gemächer im Palazzo Doria Pamphili an der Piazza Navona und gelangte schließlich in sein Schlafgemach, wo er, den Anblick eines Kardinals der Renaissance gewährend, im seidenen, knallroten Schlafrock saß, sich – es war zwölf Uhr – für die späte Stunde mit der Tatsache entschuldigte, daß es früher kein heißes Wasser gebe. Er demonstrierte mir sogleich das Fensterchen, das – wie im Escorial in Philipps II. Schlafzimmer – zur Kirche S. Agnese führte und bequeme Möglichkeit gewährte, der Frühmesse beizuwohnen.

Mit dem kardinalhaften Botschafter hatte ich später ein spaßhaftes Erlebnis. Eines Tages erschien bei mir eine bildhübsche, elegante und höchst gewandte Griechin, bewaffnet mit seiner Visitenkarte, auf der zu lesen stand, daß ich durch alles, was ich für sie tun könnte, ihn unendlich verpflichten würde. Sie erklärte, sie wolle sofort mit offenen Karten spielen: sie sei, aus großer Familie stammend, in engster Beziehung zum Hof stehend, deutsche Agentin in Athen gewesen; man habe sie 1919 entschädigt, das Geld sei in der Inflation zerschmolzen, nun sei sie im Film tätig, sehne sich aber nach politischer Arbeit und denke, mir nützlich sein zu können. Ich erwiderte, daß ich ihr jedes Wort glaubte, aber doch irgendeine Bestätigung brauche. »Schreiben Sie an König Konstantin nach Luzern!« Ich machte ihr die Unmöglichkeit klar, schlug ihr aber vor, *sie* solle schreiben, was ihr einleuchtete. Sie lud mich dann zu einem Tee ein, zu dem ich der Vorsicht halber nur einen Vertreter (Tucher) schickte, der von einer sehr distinguierten Gesellschaft berichtete; interessanter Weise war Sforza dabei. Bald darauf brachte sie mir einen Brief des beim König verbliebenen Ministers Streit, bayrischer Herkunft, seinerzeit ein weltbekannter Mann. Streit schrieb, der König habe sich sehr über ihren Brief gefreut; er, Streit, bestätige gern, daß sie einer guten Familie angehöre und immer viel Ergebenheit gegen das königliche Haus bewiesen habe. Das war mir etwas mager, und ich ließ die Sache fallen. Später traf ich Sonza Dantas und erlaubte mir die Frage, wie *er* eigentlich gerade zu der Ehre gekommen sei. »Oh«, sagte er, »ich habe eine Freundin beim Film, die ihre gute Freundin ist; ich dachte, da sie deutsche Spionin war, könnten Sie sie vielleicht brauchen! Unter Kameraden!« Die richtige Erklärung bekam ich später: ihr Hauptopfer war in Athen, wo sie übrigens wahrscheinlich mit zwei Gesichtern tätig war, der italienische Gesandte Graf Bosdari. Dieser, der spätere Berliner Botschafter, war damals in Rio beglaubigt und hatte offenbau seinen Kollegen Sonza Dantas für die bemerkenswerte Dame mobilisiert.

Im diplomatischen Corps gingen uns am ersten die Schweizer als bisherige Schutzmacht an. Von ihnen übernahm ich durch feierliches Protokoll wieder die deutschen Angelegenheiten. Hatte Planta als Gesandter sich überzeugt für die deutschen Interessen eingesetzt, so konte man das von dem Gesandten Wagnière im Jahre 1919, den ich als einzigen im Jahre 1932 noch wiederfand, nicht behaupten. Er war trotz seines Namens und seiner besonders sympathischen deutsch-schweizerischen Frau ein leidenschaftlicher Welscher und hat für Deutschland nur gerade seine Pflicht getan. Trotzdem habe ich ihn als loyalen Kollegen und klugen Vertreter seines Landes (er war Genfer Zeitungsmann) schätzen gelernt, und wir haben sehr gute Beziehungen zu seinem Hause unterhalten. Die deutschen Sachen hatte der nach allen Seiten liebenswürdige, uns im Grunde nicht sehr wohlgesinnte Berner von Sonnenberg behandelt. Es war aber mit ihm ein durchaus angenehmes Arbeiten.[12]

Zwei – dem Gewicht nach verschiedene – Missionen hatten eine ähnliche Stellung wie wir anfangs, nämlich eine »offiziöse«, die türkische unter dem klugen Galib Kemaly, der den Mut hatte, in seinem Zimmer als Hauptschmuck ein großes Bild seines [am 6. Juli 1918 in Moskau] ermordeten deutschen Kollegen (aus Athen), Grafen Mirbach, hängen zu haben, und die georgische, die sich sehr stark zu den Deutschen, ihren Befreiern, hielt. Mit den Türken kamen wir häufig durch Grancy zusammen, der sie von Athen her kannte und der sich nach seiner alten Liebe, Rom, zurückgezogen hatte, wo er eine für uns sehr nützliche verbindende Mission besonders mit dem diplomatischen Corps erfüllte, so auch zu dem eleganten schwedischen Sekretärspaar de Geer, die mit uns sehr freundschaftlich waren, allerdings – wie viele – vor allem, wenn niemand Fremdes dabei war.

Der Gesandte, der alte Baron Bildt, zwar nicht formell, weil nicht Botschafter, aber tatsächlich bei weitem der Doyen, ließ sich bei seinem endlichen Abgang als Legationssekretär seiner eigenen Gesandtschaft zuteilen, um in Rom mit diplomatischer Prärogative bleiben zu können, eine Farce, die der König bei der Vorstellung gutmütig lächelnd mitmachte. Sehr sympathisch waren die Bulgaren (Mischow? mit amerikanischer Frau) und die Holländer. Eine interessante Figur, die freilich ins »schwarze« diplomatische Corps gehörte, war der österreichische Gesandte am Vatikan, der bekannte Historiker von Pastor, der halbblind war und mir vor Augen steht, wie er von Ilse die Spanische Treppe hinunter geleitet wurde. Aus dieser Zeit eines uns Deutschen gegenüber stets hervortretenden Mangels an Zivilcourage muß ich noch den norwegischen Gesandten Scheel erwähnen, der, als er in der Botschaft irgend etwas zu tun hatte, mich aufsuchte, ehe ich ihm meinen Besuch gemacht hatte, um mir seine Hilfe anzubieten.

An Festen der Diplomatie nahmen wir zunächst nicht teil. Eins der ersten, auf das wir gingen, war ein Empfang zu Ehren von Beneš beim tschechoslowakischen Gesandten Kybel, der eigentlich und augenscheinlich Professor war. Die Gesandtschaft, eine mit Möbeln gemietete moderne Villa, war der Gipfel an Geschmacklosigkeit und wirkte durchaus als ein anderen Zwecken gewidmetes Haus, dessen Hintergründe mit spiegelreichen Badezimmern von dem eingeladenen Publikum mit großen Augen bestaunt wurden. Es wurde getanzt, woran wir uns nicht beteiligten, wie ich überhaupt öffentliches Tanzen angesichts der Lage Deutschlands untersagte. Eine Dame fragte mich, warum ich nicht tanzte. Auf meine Antwort, ob *sie* in solcher Lage wie der unseren tanzen würde, wurde sie ernst und nickte zustimmend.

Die Spanier verfügten über die wunderbaren Räume eines Teiles des Palazzo Barberini als Wohnung und Repräsentationsräume. Der Marchés de Villa Urrutia, ein Mann des »Westens«, der übrigens ein unterhaltendes Buch über seine Landsmännin Lucrecia Borgia geschrieben hatte, empfing mich stolz im Vorsaal, während, wie früher oft, die Kanzleiräume geradezu jammervoll waren. Der spanische Botschaftsrat [...] war einer der ersten, der wieder bei uns verkehrte, ebenso wie der in einer verwunschenen

Villa an der äußersten Via Nomentana hausende freundliche chinesische Gesandte.

Von unseren Hausgästen in der Wohnung an der Piazza Libertá, auf die ich noch zurückkomme, erwähne ich noch den bekannten Jungtürken und geriebenen Finanzminister Djavid Bey, der mit einem anderen türkischen Politiker, Sami Bey (?), bei uns zu Abend aß. Er war sehr düster und verschlossen, als liege über ihm schon der Schatten seines späteren Gehängtwerdens wegen Umtrieben gegen Kemal. Er hat als letztes Wort ein wegwerfendes »Après moi le déluge« geäußert, während sein Kollege, als der Henker ihm den Stuhl hinschob, sich darauf setzte, und als man ihm barsch bedeutete, er solle sich darauf *stellen,* erwiderte: »Verzeihen Sie, aber ich werde zum ersten Mal gehängt!«

Zu den in Rom weilenden Georgiern gehörte auch der in der ewigen Stadt sehr bekannte Fürst Matschabeli, ein hübscher, eleganter Kerl vom Typ Enver Paschas, mit dem er auch einen abenteuerlichen Zug gemeinsam hatte. Bemerkenswerter noch war seine hochgewachsene, schöne und anziehende Frau, Maria Carmi, einst Frau Vollmoeller, die gefeierte Darstellerin vieler Rollen, z.B. der Madonna im »Mirakel«. Wenn sie mich im Hotelzimmer, dessen Höhe sie durch quergespannte kaukasische Teppiche halbiert hatte, empfing, so war ihr Charme unvergleichlich. Beide haben sich später schwer durchs Leben kämpfen müssen. Eines Tages nahmen sie an einem Frühstück teil, dessen einer Gast sie sehr bewunderte, um dann Matschabeli zu sagen: »Ihre Gemahlin erinnerte mich außerordentlich an Maria Carmi, als diese einmal eine Fürstin spielte. Natürlich: jene *spielte* eine Fürstin, und diese *ist* eine!« Er war sehr verdutzt, als Matschabeli lächelnd erwiderte: »Aber sie *ist* Maria Carmi!«

Ein besonderes Ruhmesblatt gebürt im diplomatischen Corps den Finnländern, Professor Gummerus und seiner eifrigen, freilich etwas excentrischen und eigentümlichen Frau, die, wie der erste Botschafter, von Berenberg-Gossler, später sagte, aussah wie ein heruntergefallener Weihnachtsengel. Diese beiden traten uns von Anfang an mit betonter Freundlichkeit entgegen, unterstützt von ihrem famosen weiblichen Presseattaché, Fräulein Kartunen, die wir 1932 noch vorfanden. Bei dem ersten diplomatischen Fest, an dem ich mit Tucher teilnahm, einem Empfang des rumänischen Geschäftsträgers zu Ehren unseres intimen Feindes Take Ionescu, ergab sich das Bild, daß, als »der Boche« zum ersten Mal auftrat, eine Stille entstand, die Lorgnetten sich auf uns richteten und sich eine Art Leere um uns bildete.[13] Da ging, nachdem uns eben nur schnell der Gastgeber die Hand gedrückt hatte, Frau Gummerus festen Schrittes durch den ganzen Saal auf mich zu, begrüßte mich herzlich und rief: »So, jetzt werde ich Ihnen die Leute vorstellen!«, indem sie nun einen nach dem anderen heranwinkte. Einer der ersten war der französische Militärattaché, der sich in soldatischer Weise höflich mit uns unterhielt; Frau Gummerus holte uns ans Buffet, drückte jedem ein Glas in die Hand und forderte uns auf anzustoßen: »*Vous* êtes mon ami – *vous* êtes mon ami, donc vous êtes amis.« Wir drückten uns um das Anstoßen, empfanden aber den netten Gedanken. Frau Gummerus fragte mich dann, ob sie mich mit dem französischen Botschaftsrat (Barrère hatte das Fest schon verlassen) bekannt machen sollte. Ich fragte vorsichtig, ob er den Wunsch geäußert hätte (was er, wie ich beobachtet hatte, getan, aber ihr gleichzeitig verboten hatte mir zu sagen). Sie verneinte, worauf ich bat, das dem Zufall zu überlassen. Am nächsten Morgen wurde nicht nur der ritterliche Militärattaché in seiner Botschaft abgekanzelt, sondern auch in einer großen Tageszeitung ein heftiger Angriff gegen mich gerichtet, ich setze den Krieg geistig fort und vermiede ein Zusammentreffen mit ex-feindlichen Kollegen. Der Pressemann war aber von den Franzosen so schlecht instruiert worden, daß er alles durcheinanderbrachte, auch noch den gerade angekommenen Gossler mit hineinzog. Ich fabrizierte mit befreundeten italienischen Presseleuten eine Erwiderung in empörtem Ton, die einen völligen Rattenkönig von Vorgängen darstellte und jede Antwort unmöglich machte.

Ein ganz besonderes Kapitel stellte in Rom von jeher und auch damals wieder – wohl in dieser Art zum letzten Male – die deutsche Kolonie und innerhalb ihrer die deutsche Presse dar. Die erste war vor 1914 der Tummelplatz wildester Kämpfe vor allem in Schul- und Kirchenfragen gewesen, die auch jetzt noch nachzitterten. Immerhin hatte der Krieg die Gemüter der sich langsam wieder sammelnden Deutschen etwas beruhigt. Ich richtete meine Anstrengungen auf die Wiedereröffnung der Schule, deren Leitung der Bruder des Kanzlers Reisinger übernahm, und in die dann auch unsere älteren Kinder wanderten, und auf das Wiedererstehen eines deutschen Hilfsvereins als zunächst einzigstes Zentrum des Deutschtums. Letzteres wurde mir sehr durch eine großherzige Spende des Archäologen Professor Karo erleichtert, der wohl jüdischer Abstammung war, aber zu den edelsten Menschen und leidenschaftlichsten Deutschen gehörte, die mir begegnet sind.

Es wäre nun unrecht, beim Erörtern der Kolonie nur auf ihre berüchtigten Zwistigkeiten hinzuweisen. Sie zählte ausgezeichnete Leute zu ihren Mitgliedern, und über ihr lag jener goldene Schimmer, der überhaupt alles Römische und gerade auch das deutsche Leben in Rom verklärte. Jeder, der sich etwas länger in Rom aufhielt, wurde davon erfaßt. In besonderer Erinnerung ist mir in dieser Hinsicht ein Besuch des großen Bode von den Berliner Museen, dieses bauernschlauen Kampfhahns, der an York, den Mann wie »gehacktes Eisen«, und mit seinem geistvollen Kopf an die besten Typen des Niedersachsentums erinnerte.[14] Er wurde in Rom von den Antiquaren wie ein Fürst empfangen, der eine stellte ihm seinen Wagen, der andere schickte ihm Antiken als Geschenk. Er hatte ihnen zwar immer die besten Stücke weggeschnappt, aber auf die zweitbesten sachverständig und verschmitzt hingewiesen. Mit ihm und Karo hatten Ilse und ich einen Abend im »hinteren Sälchen« meines Stammlokals Ranieri, der wirklich geist- und feuertrunken war und bei dem Bode seinen Haß gegen seine Gegner und seine lebhafte Erinnerung wie einen Funkenregen sprühen ließ.

An einen echtrömischen Abend denke ich auch gern zurück, den ich mit dem damaligen Königsberger Professor Krauss und seiner hübschen amerikanischen Frau verbrachte. Und hierher gehören auch Abende und Spaziergänge mit Röchlings – der Mann nahm ein tragisches Ende – d.h. mit Ilse geb. Heye, der Dichterin des Kreises um Johan von Winterfeld, später in Rom in der verwunschenen Villa an der Via Tusculana als Gräfin Falvilla wiedergefunden. Vom alten, sehr begründeten Ruhme zehrte die finanziell schwer getroffene Bankiersfamilie Nast Kolb. Im Sommer entwich Frau Nast Kolb mit ihrer lustigen und klugen halbwüchsigen Tochter Gudrun nach Caprarola, wo ich gelegentlich ein fröhliches Wochenende verbrachte, ehe Ilse nach Rom kam.

Nun aber die Presse! Das war wirklich ein Völkchen ganz eigener Art. Da war der berühmteste lebende Osterienkenner, dessen Buch darüber klassisch zu nennen ist, Barth, Vertreter des Berliner Tageblatts, völlig »verrömert« und oft morgens schon in der von mir eingerichteten wöchentlichen Pressebesprechung im leichten Nebel, der seinen Geist etwas beschattete, aber keineswegs langweilig machte. Dann der riesige, vollbärtige Wolfgang C. Stein, genannt Gran Sasso d'Italia, ein kluger, urteilsfähiger Mann (wenn einigermaßen nüchtern), dabei aber von krankhafter Selbstüberhebung. Er hielt fast alle Menschen für Dummköpfe, sich selbst für ein in allen Fakultäten sattelfestes Universalgenie, dazu den geborenen Politiker, dessen Ratschläge nur leider niemals befolgt worden seien, weder von Giolitti noch vor allem von Bülow. *Er* würde den Krieg verhindert haben! Leider seien alle Botschafter mit »o« im Namen unfähig oder verderblich gewesen: Solms, Bülow, Jagow, Flotow (Gossler). Er sprach stets so ganz nebenbei von Ministern, die ihn gerufen oder ihm geschrieben hätten, und führte – eigentlich ein großes Kind – in der Aktenmappe stets z.T. uralte Briefe von Giolitti usw. bei sich, die tatsächlich nichts anderes enthielten wie Dank für Glückwünsche oder dergleichen. Trotzdem: er war ein Mann, nehmt alles nur in allem. Ich hatte in der ersten Periode manchen Krach mit ihm, kam aber schließlich gut mit ihm aus und habe ihm als Botschafter an der Cestiuspyramide ehrlich empfundene Worte ins Grab gerufen.

Ganz anderer Art war der hochbegabte und ebenso empfindliche, d.h. sensitive, loyale jüdische Vertreter der Frankfurter Zeitung, Kahn (Kanone genannt im Gegensatz zum kleineren gleichnamigen Kaninchen), eine wirtschaftliche Autorität, der sich – in meiner Botschafterzeit – infolge von allerhand ihn zu schwer belastender innerer Konflikte vom oberen Rand des Colosseums in die Tiefe stürzte, ein »römischer« Tod, der Mussolini großen Eindruck machte.

Ein Original war auch der wegen seines Gutes Pampas-Müller genannte Vertreter katholischer Zeitungen, ich glaube früher Dominikaner gewesen, aber in besten Beziehungen zum Vatikan. Er war Vorsitzender der Pressevereinigung und hielt mir die Abschiedsrede bei dem Essen, das die deutsche Presse – zum ersten Male – für einen scheidenden Diplomaten veranstaltete und bei dem der Gran Sasso in seiner Ansprache sagte: »Dies ist ein historischer Tag, zunächst, weil zum ersten Male in der Geschichte die deutschen Presseleute alle feierlich zusammen essen, und zweitens, weil das geschieht, einen Botschaftsrat zu ehren, während wir früher nie über den Kanzleivorstand hinausgelangt sind!«

Am nächsten trat ich und traten später wir [in der Botschafterzeit 1932–1938] dem Vertreter der Kölnischen Zeitung, Dr. Philipp Hiltebrandt, eigentlich seines Zeichens Historiker, und seiner gleichfalls journalistisch tätigen Frau, geb. Göring, einer Nichte Hermanns. Auch ihm können die Titel: Urrömer, Osterienkenner und vollkommens Original nicht vorenthalten werden. Dabei war er ein Mann von umfassendem Wissen und historischer Bildung, auch von politischem Urteil, dieses freilich immer etwas historisch-theoretisch gewendet. Er schrieb ausgezeichnet und war trotz seiner etwas mühseligen Sprache ein humorvoller Unterhalter in der Concordia oder dem Tre Re oder den Kneipen in Trastevere und an der Piazza Navona, besonders aber auf vielen großen Berggängen in die Umgebung, zum Guadagnolo oder Monte Gennaro und in die Castelli Romani, bei denen wir uns freilich unter seiner nicht sehr sicheren Führung oft schrecklich verliefen – was viel Schweiß, entsprechende Mengen Frascati-

Wein und auch unfreiwillig verbrachte Nächte in primitiven Dorfwirtshäusern kostete. Mich fand er als den deutschen Botschaftsrat einmal mittags auf der Wiese in der Villa Borghese schlummernd, worauf er meinte, ich hätte wirklich Aussicht, ein richtiger Römer zu werden.

Ein anderer Ausflug, der mir bei den Hiltebrandschen einfällt, war eine – damals noch nicht so häufige – größere Autofahrt nach Sorina über den Monte Cimino, d.h. dies zu Pferd oder Esel, zum von Plinius schon erwähnten Wackelstein.[15] Der Zweck war, den guten, trefflichen, wirklich deutschfreundlichen Leibarzt des Papstes, später Leiter eines großen Lungensanatoriums, Professor Cherubini, in seinem heimatlichen Bauernhaus zu besuchen. Abends versammelte er um uns die Honoratioren des Dorfes, und es gab einen sehr fröhlichen Abend.

Ein anderes Mal fuhren Ilse und ich mit dem Falkenberger Grafen Praschma und seiner hübschen, lebenssprudelnden Tochter Elisabeth ins Land hinein, unter anderem zum berühmten deutschen Eichenwalde, der Serpentara, bei Olevano. Der mit uns fahrende bekannte deutsche Agrarier, Baron Kerckerinck, zog vor jedem Schwein zum Erstaunen der Bauern den Hut. Ein Grund der Anwesenheit Praschmas war die Hochzeit von Netta Müller Ziegler mit einem Veltheim, das erste lustige deutsche Fest in Rom nach dem Krieg, vorbereitet durch einen weinbeschwingten Abend oben im Castello dei Cesari, dem schön gelegenen, leider dem Stadtumbau zum Opfer gefallenen Restaurant gegenüber dem Palatin. Die Hauptrede bei der Hochzeit hielt eine der bekanntesten und dekorativsten römischen Erscheinungen, der Oberst der Schweizer Garde, Repond, der »Colonel«, wie er überall hieß. Ich aber trank mit Elisabeth Praschma ein Schnapsturnier – sie neun, ich dreizehn –, das wir benutzten, um den sie heiß verehrten Legationsrat der »schwarzen« Botschaft Jordan, einen etwas snobistischen jungen Mann, gehörig aufzuziehen.

Die Brautmutter, Frau »von Müller Ziegler«, war eine römische Gestalt ganz besonderer Art. Eine geb. von Ziegler, war sie wegen einer Liebe zu einem oberschlesischen »Granden« katholisch, nachher aber keine Prinzessin, sondern die Ehefrau eines Schauspielers Müller geworden, dessen Tochter eben die sehr nette Braut des (wieder evangelischen!) Veltheim war. Den Namen Müller hatte Mutter Fine nie ganz geschluckt. Aus Müller, geb. v. Ziegler, wurde allmählich Müller v. Ziegler, dann v. Müller Ziegler, und jetzt hieß sie in Rom allgemein die »Baronin Müller Ziegler«. Sie hatte wirklich – im Palazzo Taverna – noch einen echtrömischen »Salon« internationaler Art, sehr schwarz – man konnte Kardinälen dort begegnen. Ging man unter ihrer Führung durch den Vatikan, so hatte man nach dem ihr dargebrachten Respekt den Eindruck, ungefähr mit dem Heiligen Vater selbst zu spazieren. Sie war eine ausgesprochene Persönlichkeit, ein Mordskerl. Im Jahre 1918 hatte sie in München im Hotel plötzlich zwei von den Roten unmittelbar verfolgte Nationale hilfesuchend vor ihrem Zimmer gefunden. Sie steckte sie kurz entschlossen unter das Bett, band ihre Röcke hoch, erraffte sich Besen und Eimer, und als die Roten erschienen, sahen sie sich einer wilden Scheuermegäre gegenüber, die sie mit gemeinen Schimpfworten überhäufte, indem sie den Flur unter Wasser setzte, so daß diese lachend das Feld räumten – das alles die unmittelbarste Todesgefahr vor Augen. Ich habe, wenn jemand, dann ihr, als Botschafter das Kriegsverdienstkreuz »verdient« überreicht.

Nachdem ich mich in Berlin erkundigt und festgestellt hatte, daß meines Bleibens in Rom länger sein würde, nahmen wir eine hübsche Wohnung an der Piazza Libertá (in den sogenannten Prati), in einem (beschlagnahmten) Nast Kolbschen Hause. Jetzt zeigte sich recht, wie nützlich es gewesen war, daß Ilse im Herbst 1914 noch einmal nach Genua gefahren war, um unsere Sachen zusammenzupacken. Da niemand an den Krieg mit Italien glauben wollte, hatte sie alles in einem Speicher untergebracht. Dort hat sie dann später der treue Fabio gedeckt und, als die Firma zum Überfluß bankrott machte, den ganzen Bestand in einem Schuppen am Hafen wiedergefunden und gerettet. Er hat sich damit um uns ein großes Verdienst erworben. Nun kam alles aus Genua angerollt, bis auf wenige Dinge ziemlich heil; einiges wurde vom

Botschaftstischler Gratti wieder geflickt, ein zerfressener Teppich im Ghetto von einer Judenfrau, die darin Spezialistin war, in wochenlanger Arbeit fabelhaft wiederhergestellt. Wir begannen nun ein normales Familienleben mit den Kindern in dieser Wohnung, fingen auch an, in bescheidener Weise etwas Haus zu machen; so hatten wir jeden Mittwoch einen offenen Abend, der sehr zahlreich und nicht nur von Deutschen besucht wurde.

Inzwischen war man in Berlin auf die Suche nach einem Botschafter gegangen. Verschiedene Kandidaturen tauchten auf, einem oder dem anderen wurde gar das Agrément verweigert, so Lucius, der schon seine Ankunft drahtlich angezeigt hatte. Schließlich fiel die Wahl, ich glaube des auf Outsider und »Wirtschaftler« bedachten Schüler, auf den Hamburger Senator John von Berenberg-Gossler. Hätte es sich etwa um Rio gehandelt, so wäre der Gedanke erwägungswert gewesen. Für den alten Geistes- und Kulturboden Roms erwies sich die Wahl des mehr an einen Husarenrittmeister als an einen Diplomaten erinnernden, sehr dürftig gebildeten und politisch-diplomatisch unerfahrenen Gossler mit seiner sehr von sich erfüllten, mißtrauischen Frau als völliger Mißgriff. Es war das, was man »einen netten (etwas schnoddrigen) Kerl« nennt, nicht dumm und ganz beweglich, aber nichts darüber hinaus. Sofort am ersten Tag bekam ich einen sehr merkwürdigen Eindruck. Ich begleitete ihn ins Hotel, wohin er zunächst nur zwei kleine Reisetaschen mitgebracht hatte. Er öffnete sie, um seine Waschsachen zu entnehmen, und ich sah obenauf einen großen braunen Kasten liegen, der meine Neugier reizte. Auf meine Frage öffnete er ihn, und siehe, es war die Pistole, mit der er im Kriege einen Nebenbuhler im Zweikampf erschossen hatte. Das war sein dringendstes Stück als neuer Botschafter in Rom.

Gossler überreichte in feierlicher Auffahrt mit uns allen sein Beglaubigungschreiben. Überall aufmarschierte Truppen wie ein dichtes Spalier, aber freilich nicht für den deutschen Botschafter, sondern, weil es ausgerechnet der im ganzen »siegreichen« Italien gefeierte Waffenstillstandtag war.

Das Schlimme war nun von vorneherein, daß man dem an seiner Kunst Zweifelnden im Auswärtigen Amt gesagt hatte, er solle nur ganz ruhig sein, er finde einen sehr tüchtigen Botschaftsrat! So wurde er von Anfang an innerlich gedrängt, seine Selbständigkeit zu beweisen, seine Position zu unterstreichen. Ich hatte ihm ein hübsches, ruhiges Zimmer im Gemeindehaus einrichten lassen, das nicht gleich am Eingang für das Publikum, sondern etwas »gedeckt« lag – eine Selbstverständlichkeit; aber er glaubte, ich wolle ihn auch dadurch in den Skat legen. Ebenso empfand er die gesellschaftliche Stellung, die wir uns mühsam – für Deutschland – geschaffen hatten, statt als Fußpunkt für ihn als Grund zur Eifersucht. Noch mehr galt das für Frau von Gossler.

So regierte er los, ohne Sachkenntnis, ohne Landes- und Sprachkenntnis, ohne Kenntnis der einfachsten Formalien, und zwar möglichst ohne mich zu fragen. Als ihm eine längere Verfügung über die auf ein Berliner Telegramm zu treffenden Maßnahmen vorgelegt wurde, ließ er mich rufen, schlug zornentbrannt auf den Tisch und rief, das ginge denn doch zu weit, derart ohne ihn zu verfügen. Ich mußte ihn schonend dahin unterrichten, daß ja noch gar nichts geschehen sei, vielmehr die Verfügung seine Unterschrift erwarte. Es kam vor, daß er morgens irgend etwas erfuhr, das seiner Ansicht nach Berlin gemeldet werden sollte. Flugs nahm er, ohne ein Wort zu sagen oder eine Abschrift zu fertigen, ein Telegrammformular und schickte einen Boten zur Post. Vom Auswärtigen Amt kam die zornige Anfrage, was das für ein sonderbares unnumeriertes Telegramm sei, das da in offener Sprache angekommen wäre!

Am spaßhaftesten – wenn das Symptom nicht so bedenklich gewesen wäre – war folgender Vorfall. Jeden Mittwoch um neun hielt ich die schon erwähnte Pressekonferenz; ich hatte ihn darüber unterrichtet und ihm vorgeschlagen, selbst nur in wichtigen Fällen zu erscheinen, womit er ganz einverstanden war. Eines Mittwochs öffnet sich in der Konferenz die Tür, puterrot erscheint der Botschafter und donnert: »Das ist doch einfach unerhört, ohne mir ein Wort zu sagen, hinter meinem Rücken die Pressekonferenz ausnahmsweise am Donnerstag abzuhalten!« »Aber, es ist ja Mittwoch!« Tableau und respektloses Prusten des etwas weinseligen Barth.

Dem Faß schlug – beinah – den Boden aus ein politisch bedenkliches Ereignis. Simons hatte in einer etwas verunglückten Rede von den guten Beziehungen zwischen Deutschland und Italien gesprochen, zwischen denen nur der »Streitapfel Südtirol« liege. Gossler hatte den Gedanken, die wild aufschäumende italienische öffentliche Meinung zu beruhigen. Ohne mich zu fragen, ließ er sich einen sehr fragwürdigen Zeitungsmann kommen und sprach in einem vor mir geheim gehaltenen Interview von »Italienern deutscher Zunge«. In Deutschland und vor allem in Südtirol war man empört. Man rief Gossler nach Berlin und verwarnte ihn, während die Südtiroler Führer entrüstet zu mir gefahren kamen, erklärten, mit Gossler nie wieder ein Wort wechseln zu wollen und mir ihr ganzes Herz ausschütteten. Seitdem blieb übrigens dies Vertrauensverhältnis immer bestehen.

Grotesk war nun, daß – wohl als einziges Mal in der Dienstgeschichte – die Personenabteilung bei mir, dem Untergebenen anfragte, ob ich ein längeres Verbleiben des Botschafters für möglich halte! Ich – beinah hätte ich geschrieben: Esel – erwiderte, er sei doch redlich bemüht, sammele erst Erfahrungen, und man solle es doch weiter versuchen. Diese Loyalität wurde mir schlecht gedankt. Gossler wollte mich doch – gerade nach diesen Vorfällen – loswerden. Dem kam nun zweierlei entgegen: der Wunsch des einen oder anderen, den schönen römischen Posten zu bekommen, und das Übelwollen der Demokratie gegen den nationalen Schwiegersohn von Tirpitz, von dem die »Vossische« einmal geschrieben hatte, ich sei gewiß sehr begabt, aber in heutiger Zeit doch wohl nicht der geeignete Vertreter des Reichs.

Dem Auswärtigen Amt war es ganz bequem, mich aus der vordersten Linie zu entfernen. Simons wurde das begreiflich gemacht; ob er sich wirklich einverstanden erklärt hatte, ist mir aber zweifelhaft. Kurz: eines Tages erschien als Totenvogel Prittwitz, angeblich als Legationsrat unter mir, und bald danach ernannte man mich zum Generalkonsul in Barcelona, noch mit der hübschen, nachher von Simons selbst heftig getadelten »Nuance«, den Posten eines Generalkonsulats I. Klasse allgemein dieser Qualifikation zu berauben und die Klasse auf die jeweilige Person abzustellen. Ich wurde II. Klasse, es war also keine Beförderung, sondern einfach ein Abschieben aus dem politischen Dienst. Beim Abschied hat mir Gossler gesagt, er gebe mir die Hand darauf, daß unwahr sei, was mir im Auswärtigen Amt über seine Einstellung gesagt worden sei, während man dort kühl sagte: »Nun, das ist ja urkundlich belegt!« Tatsache ist, daß Gossler in der letzten Zeit sich lebhaft bemüht hat, mich zu behalten, und danach mir eine bessere Behandlung zu erwirken. Ich hatte großen Krach mit dem Auswärtigen Amt, besonders Rümelin, der sich durch den gerade in der Personalabteilung vertretend tätigen Neurath decken ließ. Aber die Sache nahm ihren Lauf.

Menschlich hatten wir dabei viele erfreuliche Erfahrungen, besonders auch bei dem an uns hängenden mittleren und unteren Personal der Botschaft. Ein guter Freund war in dieser Zeit und überhaupt während unserer römischen Periode der damals noch vorhandene ritterliche, gütige bayrische Gesandte am Heiligen Stuhl, Baron Ritter, mit seiner sehr viel jüngeren hübschen und anziehenden Frau.[16] Er hatte uns beim Einrichten der Piazza Libertà, mit seinem Landsmann Tucher in Hemdsärmeln auf den Schränken herumturnend, und mehr noch durch guten Rat geholfen. Jetzt suchte er mir den Abschied leicht zu machen, so wie auch Bergens freundschaftlich waren. Über die Rolle anderer war ich weniger im klaren.

Ilse und ich beschlossen, schnell noch etwas von Italien zu sehen. Wir brausten nach Neapel und Capri, in strömendem Regen nach Sorrent, rührend vom Generalkonsul von Haeften in seiner herrlichen Residenz in San Martino wahrgenommen. Dann besahen wir mit Rosy Wieland und ihrer Cousine (Elsa?) Orvieto, Siena, Perugia, Assisi und Arezzo, und schließlich traf ich mich, von Berlin kommend, noch mit Ilse in Venedig. Piero della Francesca blieb seit dieser Fahrt meine besondere Liebe.[17]

Dann schlug die Abschiedsstunde, freilich nach dem Willen meiner engsten Mitarbeiter, zu denen sich inzwischen noch der treu an mir hängende und unsere Kinder verwöhnende, sehr kultivierte Oster gesellt hatte, noch nicht so schnell. Ich hatte Platz auf einem der großen italienischen Amerikafahrer in Genua bestellt. Dort war Thomas inzwischen Konsul geworden, und er telegrafierte: »Dampfer überfüllt – bestelle auf nächste Woche Fahrschein!« So feierten wir tüchtig weiter Abschied. Aber in der nächsten Woche kam ein ähnliches Telegramm, ich mußte die Fahrt nochmals verschieben. Erst später erfuhr ich, daß es sich um eine liebenswürdige Verschwörung zwischen Thomas und den jungen Leuten der Botschaft gehandelt hatte. Die arme Ilse blieb zum Packen zurück, und ich lichtete im Mai 1921 die Anker nach Spanien.

9. Barcelona

Der Zorn, der mich in Rom erfüllte, hielt mich nicht ab, die neue Aufgabe ins Auge zu fassen. Etwas Spanisch hatte ich früher getrieben, ich wanderte nun täglich zu den ehrwürdigen spanischen Trinitariern im Kloster San Carlo, um im Kreuzgang lustwandelnd mit einem weißbärtigen Bruder Konversation zu betreiben. Das war poetischer als nützlich, denn ich merkte bald, daß der gute Mann, seit einem Vierteljahrhundert in Rom ansässig, gerade das tat, was ich vermeiden wollte, nämlich ein grausiges Mischmasch beider Sprachen von sich gab. Ich stellte mich also auf eigene Füße.

Es war ein merkwürdiges Gefühl, wieder im alten Genua zu sein und von der wohlbekannten, freilich nicht mehr Principe Frederico Guglielmo genannten Mole ins unbekannte Spanien abzufahren. Der Verweser des Generalkonsulates, Konsul Tiemann, der dann alsbald Barcelona verließ, holte mich ab und weihte mich in dem abscheulichen kleinen Büro, das ich bald gegen ein wesentlich schöneres in der Calle Mallorca vertauschte, in die Geschäfte ein.

Ich wohnte zunächst im Hotel Bristol, und einer meiner ersten Eindrücke war der, von dort die große, mit aller staatlichen Mitwirkung veranstaltete Fronleichnamsprozession anzusehen. Sie interessierte mich besonders wegen des teilnehmenden, recht gut aussehenden Militärs, vor allem dem wie deutsche Dragoner uniformierten Regiment Numancia, dessen Chef der Kaiser war. Der Kommandeur schickte mir auch weiterhin die Regimentsliste, und der alte General Brandeis, der es einst befehligt hatte, ein badischer Leutnant, der nach 1870 irgendwie verärgert in spanische Dienste gegangen war, machte mir zu Kaisers Geburtstag in großer Uniform seinen Besuch. Am meisten fesselte mich im Zuge der Prozession die altrömische Erscheinung des aus dem verspotteten, aber derb-tüchtigen Galizien (bei Vigo) stammenden Zivilgouverneurs, General Martinez Anido, dessen Name damals wegen seiner drakonischen Unterdrückung des kommunistischen Arbeitersyndikats (damals nannte man es anarchistisch) in aller Munde war. Ich trat später in nähere Beziehungen zu dem energischen, furchtlosen Mann, die sich besonders fruchtbar erwiesen, als er später Primo de Riveras Minister des Innern war; ich konnte durch ihn manchmal Dinge erreichen, die für die Botschaft amtlich nicht durchzusetzen waren.

Mein dienstlicher Anfang war sehr vielversprechend. Tiemann sagte mir, es harrten schon lange zwei Ernennungen meiner Ankunft, nämlich neuer Konsularagenten in Denia und Gandia. Ich erklärte mich natürlich bereit, die Patente zu unterzeichnen. Der Erfolg war folgender: der eine war seit Monaten verstorben, der andere mit seinem Bruder verwechselt worden, woraus eine furchtbare Familienfehde in der Heimat der Borja entstand.

Der nächste oder übernächste Tag war ein Sonntag, den ich benutzte, den Gottesdienst in der kleinen evangelischen deutschen Kirche, gehalten vom trefflichen Pfarrer Olbricht, beizuwohnen und so sofort die Verbindung aufzunehmen, ebensobald zu der auf dem gleichen Grundstück untergebrachten blühenden deutschen, vom tüchtigen Direktor Seyfang geleiteten, deutschen Schule.[1] Mit beiden habe ich gut zusammengearbeitet und für den

Ausbau der Schule einiges tun können. Die Schulprüfungen machten mir durch die Höhe und Vielfalt der Ansprüche vor allem auf sprachlichem Gebiet großen Eindruck.

Es kam meist ein Reichskommissar aus Berlin, so einmal der frühere Direktor der Schule, Bölitz, der später deutscher Unterrichtsminister wurde. Er saß höchst interessiert, nickend und kopfschüttelnd in der mathematischen Prüfung, die mir völlig unbegreifliche Geheimnisse enthielt; ich fragte ihn schließlich, betrübt über meine Unwissenheit, leise, ob er das wirklich alles verstehe, worauf er mir ehrlich und mich erleichternd zuflüsterte: »Keine Silbe.« Ich traf ihn nachher auch in Madrid, wo seine Anwesenheit tüchtig gefeiert wurde. Er wohnte in der Botschaft, deren Pförtner auf kein Klingeln reagierte. Es blieb nichts übrig, als den unglücklichen evangelischen Pfarrer Albrecht nebenan zu wecken und den würdigen Kommissar durch die evangelische Kirche in den Botschaftsgarten und schließlich sein Bett zu geleiten.

Das Generalkonsulat hatte im Augenblick keinen Vizekonsul. Bald aber bekam ich nacheinander zwei, nämlich Pilger und Jaeger. Mit beiden habe ich in voller Harmonie zusammengearbeitet; als Pilger uns verließ – er wurde später zeitweise Gesandter in Kabul–, trat an seine Stelle der nette, höchst originelle Freiherr von Lentz, der sich selbst für einen Sozialisten hielt und von dem noch zu erzählen sein wird. Jaeger blieb mit mir die ganze Zeit zusammen, und ich fand ihn 1939 auf meiner Spanienreise als Generalkonsul wieder. Dann gab es den Kanzler Kalthenner, einen sehr braven Beamten, und verschiedene Sekretäre, von der Seipen, Leutzow, Riemer – dieser als einziger im Besitz eines Autos! –, alles tüchtige Leute, dazu nette Schreibdamen, dazu der ortsangehörige, wenig dekorative, mit dicker Frau im Konsulat wohnende, treue und brave Amtsdiener Oscar Queral.

Ich kam nach Spanien mit dem festen Entschluß, mit allem Ärger abzuschließen und aus dem »Generalkonsulat für Spanien« das beste deutsche Generalkonsulat zu machen. Die Aufgaben, die sich mir stellten, waren folgende: die Fürsorge für die große

Kolonie; die Beobachtung der katalanischen Frage; propagandistische und kulturelle Arbeit im Rahmen der für ganz Spanien von der Botschaft geleiteten; die Aufsicht über die deutschen Konsulate in Spanien; und die Teilnahme an den Handelsvertragsverhandlungen, dies im Zusammenhang mit der Wahrnehmung der deutschen wirtschaftlichen Interessen überhaupt. Als Sonderaufgabe hatte mir Simons den Auftrag erteilt, mir von Wert und Wesen der ibero-amerikanischen Idee ein Bild zu machen.[2]

Zunächst galt es, die Basis für diese Arbeit in Gestalt einer Wohnung zu finden. Der erste Eindruck von Barcelona war in dieser (und mancher anderen Hinsicht) gerade nach Rom wenig ermutigend. Ins Auge fiel zunächst weder die wunderbare, später von uns sehr geliebte Altstadt um die Kathedrale herum, auch nicht die schöne Umgebung, sondern die laute, stillose, moderne Neustadt, auf die das Wort eines Schriftstellers wohl zutraf:

»Man fühlte in großen Linien
den Takt von Argentinien!«[3]

Gewiß, es gab einen sogenannten katalanischen Stil, der, von dem Erbauer der fantastischen, nie fertig werdenden katalanischen Nationalkirche »Sagrada Familia«, Gaudi, begründet, sich in ausschweifender Gotik neuer Art entfaltete. Aber im Ganzen war das Bild stillos und unerfreulich. Es herrschte ein hastendes Geschäftsleben, die sozialen Verhältnisse waren äußerst gespannt, zwischen teils fanatisch verbohrten, teils gemäßigten Katalanisten und den – nicht sehr zahlreichen – spanisch-monarchisch Gesinnten klaffte ein Abgrund. Spanisch hörte man kaum, nur das dem Ohr wenig gefällige Katalanisch, hinter dessen Qualitäten man erst später kam. Dem Katalanen fehlt zudem meist die spanische Liebenswürdigkeit und ritterlich-vornehme Art.

Wohin sollte ich all dem einigermaßen entfliehen? Da hatte ich das Glück, daß ein begeisterter Freund Deutschlands, Carlos Vidal Quadras, aus alter katalanischer Familie, aber spanisch gesinnt, auf dem Generalkonsulat erschien und seine »Torre« im

Vorort Sarriá, Calle Siglo XX, für einen Deutschen anbot. Dieser Tag wurde nicht nur für eine fünfjährige Residenz entscheidend, sondern auch für eine heute noch andauernde Freundschaft mit der Familie Vidal Quadras, vor allem der starken, liebenswerten Persönlichkeit der Mutter Carmen und der uns besonders nahestehenden Tochter Maria. Die Torre lag weit draußen, erreichbar mit der Schnellbahn, dem »Ferrocarril«, die damals noch oberirdisch durch die Stadt raste, nebst kleiner Anschlußtram für 5 Centimos zur Calle Angli, sonst auch mit einer sehr langweiligen Straßenbahn.

Der Teil von Sarriá, in dem die Torre ganz ländlich lag, hatte den ominösen Namen »Desierto de Sarriá!« Es lagen da noch einige Villen, vor allem die großen Torres zweier bekannter katalanischer Familien, des Marqués de Sentmenal und des Marqués de Alós. Gegenüber dem Hause lag ein Nonnenkloster, das unsere Kinder oft besuchten; Almuth sang mit in der Abendvesper, die Schwestern Fette waren ständige Gäste, und während schwerer Krankheit der Kinder schlossen die Klosterfrauen sie täglich in ihr Gebet ein.[4] Unmittelbar hinter dem Hause begann das unbebaute Land, grün bebuscht mit Mandelbäumen, Algarobas (Johannisbrot) und Feigenbäumen, welliges Gelände, das zur großen Straße, der zum Wasserwerk führenden Carretera del Agua, und zur malerischen Ruine San Pedro Martir aufstieg, ein ideales Gebiet für Spaziergänger, auf dessen felsigen Teilen ich mit den Kindern zu ihrer Begeisterung die ersten kleinen alpinistischen Übungen abhielt.

Das Haus, am Abhang gelegen, von schattigem Garten umgeben, betrat man durch ein unteres Portal, neben dem der Pförtner Vicente hauste, der als vollendeter Kavalier es mir allmorgendlich öffnete, sich, die Zigarette in der Hand, nach meinem Befinden erkundigend. Seine Frau Milia war ein Prachtstück, beide übrigens des Lesens und Schreibens unkundig, reizend die Schwiegertochter aus Kastilien, etwas weniger erfreulich der Sohn, der seine Frau oft schlecht behandelte. Diese hatte besonderes Vertrauen zu mir (»wie zu einem Bruder«, sagte sie), und ich mußte einmal in einem schweren Ehekonflikt vermitteln. Als weitere Hausbewohnerin war da die deutsche Schäferhündin Diana, Mutter weiterer Geschlechter, die wir da oben – mit Kaninchen und gelegentlich anderem Getier – zur Freude der Kinder großzogen. Es war ein idyllisches Dasein – mein Schwiegervater nannte es: »Brigadekommandeur-Ausruhstellung«.

Von den Hunden will ich gleich noch eines erzählen. So ganz wollten sich diese typisch nordischen Rassehunde dort im Süden nicht akklimatisieren. »Thor« und »Teja« machten uns viel Vergnügen, aber auch manche Sorge. Das Merkwürdige war, daß wir von einem Wurf ein Exemplar nach Norwegen verschenkt hatten und von der dortigen Vereinigung der Besitzer solcher Schäferhunde später die Anfrage nach dem Stammbaum dieses außergewöhnlich guten Exemplars bekamen, während seine Geschwister in Barcelona in keiner Weise etwas besonderes darstellten. *Ein* Eindruck aber blieb unvergeßlich: als es eines Tages einen dort sehr seltenen Schneefall gab, verwandelte sich die Natur der Hunde mit einem Schlage. »The call of the wild«, die Urgewalt ihrer Rasse packte sie, und sie stürzten sich in tobender Erregung in das weiße Element, das ihnen Heimat erschien.[5]

Doch, ich habe vorgegriffen. Zwei Nachteile hatte ich nicht ganz erkannt: die ohne Auto besonders für Gäste sehr lästige Entfernung und die etwas zu beschränkten Wohnräume im unteren Stockwerk – ein um die Ecke gehendes (schönes) Wohnzimmer und ein Eßzimmer, für gesellschaftliche Zwecke allzu wenig.[6] Sonst war es ein Paradies, später nur beeinträchtigt durch viele Krankheit, die uns heimsuchte.

Ich zog sofort, mit einem Bett und einer Kommode, die mir Vidal Quadras üerließen, ganz primitiv ein. Familie Vicente stellte mir im Garten das Frühstück zurecht, und die Freundschaft mit ihnen wurde alsbald dadurch befestigt, daß wenige Tage nach meinem Einzug in der Nacht Vicente vor meinem Fenster mit dem freudigen Ruf erschien: »I Señor, Señor, una niña!« Seine Schwiegertochter hatte ein kleines Mädchen zur Welt gebracht.

Inzwischen hatte Ilse tapfer den Umzug in Rom bewältigt, sie erschien mit Fräulein Anni [Fette] und der Köchin Minna in Barcelona, zuerst den Gegensatz des banausisch-nüchternen Handelsplatzes zu Rom stark empfindend, aber von der Torre bald begeistert. Bald kamen dann auch die Möbel, und der Einzug in der Glut des Hochsommers, an der engen Gasse, in die die Möbelwagen gar nicht eindringen konnten, war keine Kleinigkeit. Alle schweren Stücke wurden nach Landessitte mit Winden durch die Fenster gehievt. Ein Gespräch, das ich überhörte, machte mir Eindruck: ein Packer fragte den anderen vor einem Bismarckbild, ob das ein deutscher General sei, worauf der zweite entrüstet erwiderte: »Du Idiot, das ist doch der Mann, der das Deutsche Reich gemacht hat!« Schon in meiner Soldatenzeit konnte man von unseren Grenadieren ganz andere Antworten darüber hören, wer Bismarck gewesen sei.

Ein Vergnügen eigner Art waren in diesen Jahren die Fahrten nach Deutschland, vor allem die Familienurlaubsreise im Hochsommer. Ganz abgesehen von der Temperatur waren die Zustände an der Grenze in Port Bou und Cerbère, vor allem aber auf der primitiven und schmutzigen Linie der P-L-M wenig erheiternd. Massen von Aus- und Rückwanderern verstopften die genannten Bahnhöfe, deren Einrichtungen für Paß- und Zollrevision ganz unzureichend waren. Nun erschienen wir aber meist zu sieben bis acht Personen, wofür uns der brave deutsche Reiseagent Fercher ein enges Abteil II. Klasse ab Cerbère (von der französischen Spurweite an) belegte. Allein die Paßformalitäten waren eine Tortur; ich mußte die Vornamen der Eltern unseres Hauspersonals angeben und mir in der Schlange stehend schwitzend Vornamen ausdenken, wobei mir immer nur die blödsinnigsten Namen wie Nepomuk und Elvira einfielen. Dann kam die Fahrt die Nacht durch, mit stundenlangem Stehen auf Abstellgleisen in Narbonne. Das Abteil wurde mit Gepäck vollgestellt, damit für die Erwachsenen »Liegeplätze« entstanden; kleine Leute wurden im Gepäcknetz, ganz kleine anfangs in quergespannter Hängematte untergebracht. Einmal wachte einer von uns von einer weichen Last auf: Li [Fey] war aus dem Netz heruntergefallen – selig weiterschlafend. In Avignon rangierte mittels vorsintflutlicher Drehscheibe ein dicker Schimmel den Wagen um, während wir – der erste Lichtblick auf der Fahrt – im Wartesaal einen Morgenmilchkaffee mit frischen Hörnchen oder Brioches ungeheuer genossen, auch an der Wasserleitung die erste Säuberung vornahmen. Auch dann war die Fahrt noch lang, heiß und eng, entlang an den grünen Rhôneufern, mit Aufenthalt in Lyon, erneutem Grenzübergang in Bellegarde und Ankunft abends in Genf, wo die ganze Familie am See Atem schöpfte; dann gings noch im sauberen Schweizer Zug bis Zürich, in die Oase bei »Tante Bertha«. Die erste Zeit nahmen wir auch einige Male die Strecke über Mühlhausen, das wir schon recht verlottert fanden, und wo uns die Gepäckträger im Waschraum heimlich zuflüsterten: »Diesmal dauert es nicht 40 Jahre!«, nach St. Blasien, mit höchst primitivem Grenz- und Rheinübergang bei [...].

Fuhr ich allein, z. B. unmittelbar nach Berlin, so nahm ich die wesentlich bequemere Strecke über Paris, besuchte dort Hoesch und wanderte durch den Louvre, die Kirchen und Museen. Auch Ilse machte die Fahrt einmal, mit allerhand Erlebnissen, von denen sie selbst erzählen kann.

Gegen Ende meiner Barceloneser Zeit sah ich mir auf der Fahrt nach der Schweiz vom französischen Süden – wo übrigens von Anfang an irgendeine Animosität gegen uns nicht zu bemerken war – einiges an: abgesehen von Lyon, das ich schon von früheren Durchfahrten kannte und von dem mir der Blick oben von [...] besonders erinnerlich ist, besuchte ich Avignon, Tarascon und Nîmes. In Avignon kam ich etwas abseits von den üblichen Fremdenstraßen in untere Quartiere, die mir einen entsetzlich verwahrlosten Eindruck machten. In der gleichen Stadt las ich ein Plakat, das zu Vorführungen der Comédie Française im antiken Theater von Orange einlud. Ich fuhr spornstreichs hin und fand eine ungefähr von halb Frankreich wimmelnde fröhliche Stadt. Auf den Straßen saß man an langen Tafeln und aß und trank nach Herzenslust, im südlichen Sonnenschein. Im Hotel des Princes lachte man mich aus, als ich nach einem Zimmer fragte, aber der freundliche

Wirt fuhr mich am berühmten Triumphbogen vorbei vor die Stadt in eine »Ferme«, »La Baronne« genannt, in der ich unter uralten Bäumen primitiv, aber gemütlich und romantisch unterkam. Das Hotel erlaubte mir gnädig, dort in einer schwärmenden Menge, die besonders die dort auch essenden Schauspieler bewunderte, zu Abend zu essen; ich saß mit einem einohrigen (kriegsverwundeten) Chauffeur, der mich in die Eifersuchten und Liebschaften der spielenden Truppe einweihte. Dann gings ins Theater – ein fantastischer Anblick: die Oleander- und Kamelienblütenbedeckte, elektrisch bestrahlte, gegen den Nachthimmel ragende Fassade, davor das dicht besetzte Stufenhalbrund und dahinter auf dem Abhang noch Hunderte von Zaungästen. Man spielte auf hohem Kothurn mit schönstem Pathos »La Mort d'Héraclès«, ein antikisierendes Stück – das Ganze ein unvergleichlicher Eindruck.

Die Arbeit für die Kolonie ließ sich nicht ganz leicht an, weil sie während des Krieges durch das Abschneiden von Deutschland schwer gelitten hatte und außerdem stark auseinandergelaufen war. Es hatte eine ruhige, feste Hand gefehlt. Insofern freute man sich andererseits, daß jemand kam, der sich der Sache wirklich annahm. Ich stellte als Grundsatz auf, daß alle Deutschen in meinem Hause willkommen seien; wir nahmen – allerdings durch die Entfernung beeinträchtigt – unsere Mittwochabende wieder auf. Ferner überlegte ich Maßnahmen, um das Deutschtum nach den Ereignissen von 1918 wieder stärker zusammenzufassen und am Reich, welche Formen dies auch haben möge, zu interessieren.

Zunächst wurde mir aus den Kreisen des »Klubs«, der sich als Vertretung der Kolonie betrachtete, wenig Sympathie für solche Bestrebungen entgegengebracht. Ein hervorragendes Mitglied sagte mir sehr hübsch: »Ich bin immer ein Demokrat gewesen, aber gleich sind wir nun doch nicht alle!« Ich setzte aber den Standpunkt durch, daß es nicht darauf ankam, ob man einen Smoking besaß oder nicht. Und ich muß sagen, daß später die Oberschicht der Kolonie durchaus loyal »mitzog«. Als ich 1926 doch noch ein Verein »kleiner« Leute als Gegenstück gegen den Klub bildete, bedeutete das keinen wirklichen Spalt. Merkwürdige Gedanken spukten dabei in den Köpfen. Ich fragte den Vorsitzenden dieser Vereinigung damals nach seinen Plänen, worauf er sagte, er wolle die Heimatliebe pflegen und für ihre Vereinsabende »patriotische« Platten kommen lassen, z.B. das viel gesungene Lied: »Wir versaufen der Klein-Oma ihr Häuschen!«

Die beiden Einrichtungen, die ich, von mehreren Mitgliedern der Kolonie eifrig unterstützt, traf, waren der »Deutsche Ausschuß« und der »Deutsche Tag«. Beides nahm Gedanken vorweg, die später wenigstens teilweise Allgemeingut wurden. Der Ausschuß wurde nicht gewählt, sondern von mir aus den führenden Persönlichkeiten und Einrichtungen (Vereinen, Schulen. kirchliche Gemeinden) der Kolonie bestellt. Er tagte in unregelmäßigen Abständen und hatte den Zweck, die Kolonie über die allgemeine Lage, über Maßnahmen der Regierung, über die Tätigkeit des Konsulats zu unterrichten, in propagandistischer und anderer Hinsicht die Mitarbeit zu erbitten und andererseits den Mitgliedern Gelegenheit zu Anregungen, Fragen und Klagen zu geben.

Der »Deutsche Tag« diente einmal im Jahr dazu, an einem geeigneten Platz der Umgebung oder in Barcelona einmal alle Deutschen zusammenzuholen. Man führte ihnen Filme oder Turnspiele der Schule vor, es wurde gesungen, getrunken, Musik gemacht und getanzt. Der erste »Tag«, auf der Conreria, war einer der heißesten Tage, die ich erinnere, und kostete viel Schweiß und Mühe. Aber der gute Wille war trotz manchen Schimpfens allseitig vorhanden. Der Polizeichef von Barcelona, der General Arlegui, ein Freund Deutschlands, erschien als Gast, um seine Sympathie auszudrücken. Infolge meiner häufigen Madrider Aufenthalte zu Verhandlungen mußte einige Male Pilger an meine Stelle treten; einmal hielt er dabei die Rede auf Deutschland, worauf unsere kleine Fey, Li genannt, etwa fünf oder sechs Jahre alt, erklärte: »Der Mann hat gut gepredigt, ich will ihm die Hand geben!«[7]

Aus der Kolonie kann ich nicht alle erwähnen, mit denen wir in bald engeren, bald weiteren Beziehungen standen. An die erste Stelle gehört wohl die angesehene, aber nicht immer vom geschäftlichen Glück gesegnete Familie Herberg; bei Eltern und Söhnen mit deren Frauen, vor allem der hübschen Alice, verkehrten wir viel. Eine Rolle spielten ferner Leonhards, deren einer Sohn später als Student mit mir in Beziehungen blieb; Welsch, Direktor des Banco Alemán Transatlantico, Rüggebergs, Kammans und andere. Auch einer der vom Reichsgericht auf Verlangen der Entente verurteilten Unterseebootsoffiziere tauchte nach seiner Entführung aus dem Gefängnis auf, und ich versah ihn unter falschem Namen mit einem Paß.

Ähnliche Operationen unternahm ich auch sonst. Ein besonderes Kapitel war damals das brutale Verhalten Frankreichs gegen diejenigen Spaniendeutschen, die während des Krieges pflichtgemäß für Deutschland propagandistisch oder wirtschaftlich gearbeitet hatten. Man versagte ihnen die Durchreise. Es fand sich aber doch ein Weg. Durch Vermittlung zweier Handwerker, Elsässer, von denen einer den schönen Namen Vergeßlich trug, gelang es, den Kanzler des französischen Generalkonsulats daran zu »interessieren«, Pässe, in denen der erste Buchstabe des Namens vorsichtig geändert worden war, zu visieren: fand sich doch der »neue« Name natürlich nicht in der Liste der Verfehmten.

Besonderen Haß bei der Entente, freilich durch sein schwieriges Wesen auch Gegnerschaft in der Kolonie hatte sich der unermüdliche und ehrgeizige August Hofer zugezogen. Er hatte einen heimlichen Sender in Barcelona errichtet und die »deutsche Warte« als Propagandaorgan gegründet. Seine Frau, die umfangreiche und gutmütige Tante Lore, hielt ein gastfreundliches Haus, und einmal waren wir auch in den Pyrenäen – in Ribas – Gäste in Hofers Landhaus, wo wir die schönsten, z. T. sehr anstrengenden Touren machten und sogar Bärenspuren fanden. Es sah da oben z. T. noch sehr nach Schillers Räubern aus; ich erinnere eine Hütte, in der Zollwächter oder Schmuggler – sie unterschieden sich wenig – ums Feuer lagerten und uns vorziehen ließen, bald zu verschwinden. In Nuria gab es eine Kirche, die sehr geschätzt war, weil der Heilige oder die Madonna Kindersegen bescherte. Es war nur nötig, daß – nach Erlegung von einem Duro (fünf

Peseten) – die Frau den Kopf in eine Trommel auf der einen Seite des Altars steckte, während der Mann eine Glocke läutete, die dröhnend in die Ohren der künftigen Mutter schallte. Erfolg garantiert.

Ich will hier kurz drei andere Fahrten – dienstlicher oder halbdienstlicher Art – in die Umgebung von Barcelona erwähnen, die mir Eindruck gemacht haben: mit Dr. Krebs, von dem ich noch erzählen werde, nach Andorra, nach den Salzbergen von Cardona und nach den chemischen Werken in Flix am Ebro.

Nach Andorra fuhren wir durchs Segretal, zunächst zur alten Bischofsstadt Urgel, deren geistlicher Herr zusammen mit dem Präsidenten der französischen Republik Souverän von Andorra ist. Dann gings hinauf ins Gebirge, wo mitten drin, Berge und Täler, Hänge und Matten umfassend, unter der blau-weiß-rot-goldenen Fahne das einzigartige staatliche Sonderdasein dieses Eldorado der Schmuggler, vor allem der Tabakschmuggler, geführt wird. Kaum ein Laut von Stürmen und Ringen der großen Welt dringt zu dem Rathaus empor, das in seinem grauen Stein und gedrungenen Bau, mit den Ringen für die Pferde oder Maultiere der Ratsherren, eine unendlich ferne Zeit zu verewigen scheint.

Ein Märchen dünkt dem Besucher auch das Salzgebiet bei Cardona zu sein. Ich suchte es auf, weil die dortigen Kalivorkommen, von Solvay-Brüssel ausgebeutet, das deutsche Interesse erregten. Hier liegt das Salz unter und unterhalb der kleinen Stadt derart zutage, daß man zunächst meint, in ein Schnee- und Gletschergebiet gelangt zu sein. Man steigt in den Falten und Gängen des in allen Farben schillernden Minerals unter freiem Himmel herum und beobachtet, wie ringsumher menschliche, »auf Salz gebaute« Siedlungen allmählich unterwaschen werden. Mir ist als groteskes Sinnbild ein menschlichen Bedürfnissen dienender Ort in Erinnerung, der, unerreichbar auf hoher Salzklippe liegend, von vergangenen Wohnstätten zeugte.

Anderer Art war das Bild in dem kleinen Ort Flix, wo deutsche Tatkraft (Direktor Müller) eine bedeutende chemische Industrie ins Leben gerufen hatte. Was mich, abgesehen von diesen Anlagen, fesselte, waren die erstaunlichen Zeugen römischer und arabischer Wasserbaukunst im Ebro und ein deutlich erkennbares kanalisiertes Bett. Dies verdankte seine Entstehung meinem französischen Kollegen vor Jahrzehnten, nämlich dem späteren Erbauer des Suezkanals, Generalkonsul von Lesseps, der den Gedanken eines Ebrokanals von der Biscaya bis zum Mittelmeer verfolgt hatte. Tatsächlich hatte man auch die Arbeiten für diesen großartigen Plan vorgenommen, und man sagt, einmal seien Schiffe tatsächlich vom Atlantik ins Mittelmeer gefahren. Dann verfiel die Sache, und heute kann man Reisfelder in einstigen Kanalstrecken sehen.

An der Mündung des Ebro, in Tortosa, bin ich einmal mit Ilse gewesen, um den Jesuiten in ihrem weltberühmten Observatorium eine Ausgabe von Humboldts Kosmos zu überbringen. Wir wurden sehr freundlich aufgenommen und in den vor allem den erstaunlichsten Wolkenforschungen gewidmeten Einrichtungen des Observatoriums herumgeführt. Abends hatten wir dafür das Vergnügen, die Nacht in dem wohl schaurigsten Gasthof unserer Reise zu verbringen: schmutzige Zimmer ohne Fenster nach außen, vom Nachbarn nur durch eine nicht einmal mannshohe Bretterwand getrennt.

Ich nannte schon den Dr. Krebs, den ich schon vor Ilses Ankunft kennenlernte. In Paris um sein Hab und Gut gekommen, baute er sich in Barcelona als Vertreter der pharmazeutischen Sparte der I.G. ein neues Leben auf (um im zweiten Weltkriege durch Fliegerbomben in Köln und Berlin dreimal schwer geschädigt zu werden).[8] Mit dem klugen, klarblickenden, deutsch empfindenden Mann verstand ich mich gut, und wir haben, bis unsere Frauen – seine Gattin, eine warm empfindende, Ilse ganz in ihr Herz schließende französische Schweizerin – kamen, manche kleine Fahrt gemacht und manche gute »Paella« an der Front del Gat, dem malerischen kleinen Restaurant am Montjuich, gegessen. Er half mir auch in deutschen Dingen bereitwillig.

Mit ihnen und uns verbunden war die Kunsthistorikerin, Fräulein Dr. Richert, von der ich einmal sagte, wenn sie als Soldat des

Lebens befördert würde, müßte sie längst General sein: so tapfer zimmerte sie sich aus dem Nichts und mit nichts ihr Leben. Sie unterstützte mich bei meiner kulturellen und propagandischen Arbeit, die mir besondere Freude machte, war auch besonders verdient an der großen deutschen Buchausstellung und einer grafischen Ausstellung, die wir in Barcelona veranstalteten.

Die Kulturarbeit konzentrierte ich vor allem auf zwei Dinge, beide nur möglich durch verständnisvolle Hilfe opferwilliger Deutscher, besonders des Dr. Vallin. Das erste war die »Deutsche Stiftung«, die ich schuf, um die deutsche Wissenschaft, der es an Devisen mangelte, wieder mit spanischer wissenschaftlicher Literatur zu versorgen. Ich bediente mich dabei der Vermittlung des Bibliotheksausschusses (Dr. Jürgensen) der Notgemeinschaft der deutschen Wissenschaft (Minister a.D. Schmidt-Ott) und begrenzte, um Zersplitterung zu vermeiden, meine Lieferung auf die preußische und die bayrische Staatsbibliothek, ich glaube mit recht guten Erfolgen.

Um mangels deutscher Auszeichnungen verdiente Spanier zu ehren, schuf ich mir einen »Orden«, nämlich prachtvoll ausgestattete Kunstmappen, die ich dem Rektor und ähnlichen Persönlichkeiten überreichte. Besonderen Spaß machte es mir und meinen Vizekonsulen, als wir einmal zu irgendeinem kulturpolitischen Zweck, der die freie Einfuhr deutscher Gegenstände erforderte, um der Form zu genügen, ein offizielles Kulturunternehmen gründeten, das nie aus etwas anderem bestanden hat wie den für einen Tag angefertigten Gummistempel.

Realer war die zweite Einrichtung, die ich schuf, nämlich die »Deutsche Wissenschaftliche Vermittlungsstelle« (Centro de Estudios Alemanes y de Intercambio), die, geleitet von einem sehr temperamentvollen Lehrer der deutschen Schule, Dr. Schmidtborn, den Zweck hatte, die Wiederanknüpfung der wissenschaftlichen Verbindungen zu erleichtern. Ihr folgte später ein ähnliches »Centro« in Madrid, und ich glaube, daß man sie als erstes Beispiel der späteren deutschen Kulturinstitute im Ausland bezeichnen kann. Ich war stolz, als ich in einer französischen

Parlamentsvorlage zur Begründung eines Millionenkredits für das französische Velasquez-Haus in Madrid las, ich hätte in Barcelona mit sehr bedeutenden Mitteln einen großen Kreis spanischer Gelehrter um ein deutsches Institut versammelt. Gern hätte ich dem Berichterstatter das kleine Zimmer gezeigt, das unser »Institut« beherbergte, und verraten, daß unser Gesamt*kapital* etwa 7000 Peseten betrüge. Ich habe übrigens bei der französischen Kulturpropaganda immer den Eindruck gehabt, daß der Nutzeffekt zwar vorhanden war, aber in keinem Verhältnis stand zu den aufgewandten Mitteln.

Aus der politischen Propaganda, für die mir noch weniger Geld zur Verfügung stand, will ich ein ganz lustiges Beispiel erzählen. Es war mir gelungen, mit der einen großen Tageszeitung, dem »Dia Grafico«, zu vereinbaren, daß ich gegen Zahlung eines festen, sehr bescheidenen Betrages das Recht hätte, monatlich einen Aufsatz von mir freistehendem Inhalt darin zu veröffentlichen. Ich wählte dafür den häufig vorkommenden Namen Echegaray, und dieser »Herr Echegaray« gewann, ähnlich dem Putois in Anatole Françes bekannter Novelle, allmählich Persönlichkeit. Er wurde angegriffen, erwiderte, kurz er »existierte«. Wir bekamen damals unendliche Propagandaschriften über »Schwarze Schmach«, Saarfrage, Oberschlesien usw., meine und ich glaube aller meiner Kollegen Verzweiflung, weil man in einer bis an den Hals propagandasatten Welt sehr wenig damit anfangen konnte.[9] Heute noch sind die Böden der Konsulate und Gesandtschaften mit Tausenden solcher unverwendbar gebliebenen Schriften angefüllt. Darunter befand sich eine scharf antipolnische Schrift »Pologne, Pologne!« eines in Polen kommandiert gewesenen und dort schlecht behandelten französischen Offiziers, der zufällig auch diesen baskischen Namen trug. Das war ein gefundenes Fressen für mich: mein Echegaray schrieb einen begeisterten Aufsatz über den Namensvetter, und seine Persönlichkeit kristallisierte sich damit endgültig.

Weniger glücklich verlief, freilich nicht durch meine Schuld, ein anderer Propagandaversuch. Wir wollten das Nitti'sche Buch über Versailles auf spanisch verbreiten.[10] In der Tat wurde es durch eine geschickt verschleierte deutsche Gründung in Buenos Aires, die »Editora Nacional«, herausgebracht. Aber wie? Mit einer Vorrede des deutschen Ministers a.D. Rosen!

Ich erwähnte schon, daß Simons von mir als besondere Aufgabe ein Studium der Frage erbeten hatte, wie weit der Iberoamerikanismus, also der – mindestens – kulturelle Zusammenhang zwischen den iberoamerikanischen Republiken und den Mutterländern, eine Realität war. Ich habe mich eingehend mit dem Thema beschäftigt und eine, wie ich glaube, nüchterne Denkschrift darüber angefertigt. Später habe ich mich z.B. in dem Aufsatz über »Iberoeuropa« und über den neuen Atlantik damit auseinandergesetzt.[11]

In den Rahmen der Kulturarbeit gehört die nach der langen Kriegspause eintretende Überschwemmung mit deutschen Gelehrten, die in Spanien Vorträge hielten. Darunter waren auch hervorragende und sehr wirksame Leute. Besonders erinnerlich ist mir der von Sauerbruchs Assistenten Hecker vorgeführte Mann mit der künstlichen Hand.[12] Gelegentlich gab es auch Pannen, besonders sprachlicher Art, so wenn der Hamburger Biologe Much in geradezu schauerlichem Französisch sprach und entrüstet war, daß man ihn nicht verstand; Stoffwechsel übersetzte er mit »change d'étoffes« – niemand ahnte, wovon er sprach.

Leider fehlten auch nicht peinliche Honorarstreitigkeiten oder spanische (berechtigte) Empfindlichkeit, wenn deutsche Ärzte die Gelegenheit benutzten, ihnen gegen hohe Honorare ins Handwerk zu pfuschen. Gab es Essen oder Frühstücke, so war sehr auffallend, wie stark noch manchmal die orientalisch anmutende Zurücksetzung der Frau hervortrat. Der Rektor, Professor Martinez Vargas, als Kinderarzt schmeichelhafterweise »Herodes« zubenamt, lud einen deutschen Professor und mich zum Frühstück ein; er empfing uns ohne Frau, die dann schon am Eßtisch stand und am unteren Ende zwischen ihren Kindern Platz nahm.

Großes Aufsehen erregte Einsteins Besuch, der Vorträge hielt, ohne daß sie wohl mehr als Ausnahmen verstanden hätten. Er war gar nicht aufgeblasen, sondern samt seiner gleichfalls volljüdischen Frau, geb. Einstein, beide aus Hohenzollern, freundlich und gefällig, leider außerdem unerhört schmutzig. In Madrid steckten seine Verwandten, bei denen er wohnte, seine ganze Wäsche ins Feuer. Politisch erwies er sich als ein völliges Kind, nach meinem Eindruck schamlos von anderen ausgenutzt. Er hatte sich bei Tisch mit meiner Frau sehr gut unterhalten und fragte abends im Kreise der Spanier, wer sie sei. »Das wissen Sie nicht, das ist doch die Tochter von Tirpitz!« Einstein: »Das ist ganz ausgeschlossen!« Am nächsten Tag erzählte mir das bei einem offiziellen Essen seine Frau, worauf ich sagte, nun solle sie einmal erst den reizenden alten Tirpitz selber kennen lernen; sie fiel fast vom Stuhl und sagte: »Nein wirklich?«

Ein junger katalanischer Physiker, Campalans, gab Einstein und uns ein Essen in seiner winzigen Wohnung; seine Frau erwartete in allernächster Zeit ein Kind, und er führte sie mit einem leichten Schlag auf den Leib und den Worten ein: »Sie sehen, sie ist nicht ganz wohl!« Bei Tisch hatte er an diesem Ehrentage seine Eltern, ein wackeres Schneiderehepaar, mit eingeladen. Ich fürchte, deutsche Professoren hätten in der Mehrzahl diese Vorfahren *nicht* gezeigt.

Neben der Wissenschaft fehlte auch der Sport nicht. Erste deutsche Tennisspieler wie Froitzheim, Rahe, Kleinschrot traten zum ersten Male wieder im Ausland auf, Hockey- und Fußballmannschaften folgten. Weit größer noch war in dieser Zeit die Rolle der deutschen Musik, vor allem der Oper. Die Pesete war eine »Edelwährung«, und so war es für den Direktor des berühmten Opernhauses »Liceo« leicht, die besten Besetzungen deutscher Opern und die ersten Dirigenten wie Strauss und Schillings selbst nach Barcelona zu bringen. Auch zweite Dirigenten hielten sich wenigstens selbst für erste, wie z.B. Stiedry, der mich besuchte, sich aufs Sofa warf und erklärte: »Ja, wenn man einer von dreien oder vieren in der Welt ist, muß man diesen Wert auch auszunutzen wissen!«

Ein gefeierter deutscher Musiker aber setzte vor ihm kaum bekannten Leuten im Restaurant auseinander, er habe sein ganzes Geld in England und habe Stresemann geschrieben, das wolle er wiederhaben. Stresemann habe geantwortet, das Schicksal teile er mit vielen anderen, leider sei nichts zu machen. Deutschland kämpfe jetzt um Ruhr und Rhein. »Da habe ich ihm aber deutlich die Meinung gesagt: was gehen mich Ruhr und Rhein an, ich will mein Geld!«

So dachten aber nicht alle. Im Gegenteil, unsere erste nahe Berührung mit der Künstlerwelt war ebenso interessant wie erfreulich. Wir sahen nicht nur herrliche Aufführungen – sogar die ablehnende Ilse fand den Zugang zu Wagner –, zu denen ich als Mitglied des Liceoklubs gelegentlich leichteren Zugang hatte, sondern wir lernten auch viele wertvolle und sympathische Menschen kennen. Besonders nette, bis tief in den Morgen ausgedehnte Stunden verbrachte ich mit Schillings, und eine schöne Erinnerung bildet ein um ein Uhr morgens beginnendes Essen nach der Rosenkavalier-Aufführung mit der reizenden Delia Reinhard.

Elisabeth Schumann als Susanna im Figaro war damals auch noch ganz auf der Höhe. Ein großer Sänger und netter Mann war Plaschke (als Wotan und Hans Sachs). Einmal sang er in den Meistersingern mit Delia Reinhard, die zum ersten Mal als Evchen auftrat. Sie erzählte mir nachher hinter der Bühne, sie habe sich im Text versehen und sei völlig ratlos gewesen, aber der gute Plaschke habe sie so väterlich beruhigt, ihr leise sagend, sie solle ruhig weitersingen, er werde alles in Ordnung bringen, daß sie wieder in die Reihe gekommen sei.

Ich hielt mich oft hinter der Bühne auf und hatte dabei spaßhafte Erlebnisse. Einmal war das sehr sachverständige Barceloneser Publikum sehr erbost über einen zu stark übertreibenden Beckmesser. Dasselbe fand der Direktor und der Hans Sachs. Ersterer kam plötzlich zu mir gelaufen und bat um Hilfe, weil er sich dem Beckmesser, der immer nur »non« brülle, nicht verständlich machen könne. Da fand ich bei geschlossenem Vorhang auf der Bühne das ergötzliche Bild: die beiden Antipoden der Oper, den in seinem Pelz schweißtriefenden Sachs und den wutschnaubenden Beckmesser in wildem Streit, der nur mit Mühe geschlichtet werden konnte.

Ein anderes Mal dirigierte Schillings ein Konzert und erklärte dem Direktor etwa in der Mitte, kurz nach halb eins sei er fertig. Mestre schlug die Hände über dem Kopf zusammen: das (immer erst sehr spät beginnende) Konzert *müsse* bis eins dauern. Was tun? Wir berieten hin und her, alle Vorschläge versagten. Schließlich regte ich an, den Trauermarsch aus der Götterdämmerung zweimal zu spielen. »Ja«, sagte Schillings, »wenn das Publikum das sehr energisch verlangt!« »Dafür werde ich sorgen«, sagte Mestre und stürzte davon. In der Tat erhob sich nach dem Marsch von der Claque, aber unwiderstehlich vom Hause aufgenommen, ein solcher Orkan, daß Schillings, sich zuerst heftig sträubend, abklopfte und noch einmal begann. Ich muß schließlich noch das besondere Erlebnis der Lily Haftgren als Brunhilde (und Mona Lisa) erwähnen.

Das Liceo gehörte zu den vielen Dingen, auf die die Katalanen unbändig stolz waren. Ich habe über das katalanische, so dornenreiche Problem mich wiederholt geäußert und will mich hier kurz fassen.[13] Sehr bald wurde mir klar, daß der Anspruch der Katalanen, kulturell als Eigenart bewertet zu werden und Katalanisch nicht als Dialekt, sondern als Sprache angesehen zu wissen, berechtigt war. Von spanischer Seite waren auf diesem Gebiet manche Fehler begangen worden. Auf der andern Seite erkannte ich ebenso deutlich, daß die Zukunft Kataloniens nur im Rahmen Spaniens gesichert und entwickelt werden kann. Gerade die Tatsache, die in den Katalanen immer wieder Abneigung, ja Verachtung gegen Madrid einflößt und separatistische Gelüste erweckt, nämlich ihre größere – von den gleichfalls nicht eigentlich spanischen Basken abgesehen, in Spanien einzigartige – Tüchtigkeit, verleiht ihnen die großen Möglichkeiten *innerhalb* der Halbinsel, aber nicht als Sonderwesen. Letzteres würde im übrigen sehr bald darauf hinauslaufen, Katalonien an Frankreich zu ketten; ohnehin schielt man in Barcelona aus Widerspenstigkeit gegen Madrid gerne nach Paris.

Den Stolz der Katalanen auf ihr Land und ihre Geschichte kann man durchaus verstehen. Ich besitze eine vollständige Übersetzung der Divina Comedia (de rims vulgars toscans en rims vulgars cathalans) von Andreu Febrer aus dem 14. Jahrhundert, aus der man die Werte der Sprache und die Größe der damaligen katalanischen Kultur ermessen kann.[14] Ich glaube, es gibt auch heute noch keine vollständige Übersetzung der Comedia in Versen ins Spanische.

Streift man durchs alte Barcelona, an der Kathedrale mit ihrem unvergleichlichen Dämmerschein und dem Kreuzgang mit der Fontana de las ocas vorbei, über die kleine geschichtegetränkte Plaza del Rey zu den beiden Marienkirchen oder zum romanischen S. Pablo; steht man auf dem Platz vor dem Palacio de la Generalidad mit seinem schönen Patio de los Naranjos, dem Sitze der »Mancommitat«, der katalanischen Selbstverwaltung, so fühlt man, was Katalonien ist. Auch die Landschaft sticht durch ihr grünes Berg und Tal, durch den als Nationalheiligtum aus der Ebene ragenden unvergleichlichen Montserrat und durch die wildromantische Cuesta brava nördlich Barcelona von dem übrigen Spanien ab. Wir haben sie immer wieder begeistert durchwandert.

Aber es bleibt bestehen, daß, jedenfalls damals, mit den radikalen Katalanisten, die übrigens nach meinem Eindruck wohl den Kreis der Anwälte, Ärzte, Journalisten und einen Teil der Professoren und Studenten vertraten, aber nicht die Mehrheit der Bevölkerung, kein vernünftiges Wort zu reden war. Ein besonders unerfreulicher Exponent dieser Richtung (der freilich manchmal auch anders konnte und auf einen Flirt mit Primo de Rivera ganz gern einging) war der Präsident der »Mancommitat«, Puig y Cadafalch. Er war imstande, auf spanische Fragen französisch zu antworten, und im übrigen so »frankoman« und deutschfeindlich, daß ich wegen einer von ihm gehaltenen taktlosen Rede einen Zusammenstoß mit ihm hatte.

Wir erlebten, daß bei einem Essen zu Ehren deutscher Ärzte, nachdem die Deutschen begrüßt und durch das Deutschlandlied geehrt worden waren, der deutsche Redner auf Spanien sprach und die Hymne folgen ließ – worauf außer den Deutschen alle sitzen blieben. Auch im Hotel Ritz geschah es einmal, daß bei dem Königsmarsch außer den anwesenden Deutschen nur zwei oder drei Gruppen sich erhoben; die letzteren ließen uns durch einen Abgesandten besonders danken!

Politischer Vertreter der Katalanen war der geriebene Cambó, überzeugter Katalanist, aber nicht radikal, und zeitweise spanischer Finanzminister, im übrigen ein großer Geschäftsmann und reicher Spekulant. Seine rechte oder wenigstens linke Hand war der ebenfalls sehr gewandte und aktive Anwalt Vidal y Guardiola, damals mit einer Deutschen verheiratet und viel in deutschen Kreisen verkehrend. Meine Kulturaufgaben erfüllte ich mit einem Kreise katalanischer Gelehrter, alles Katalanisten, aber verschiedener Färbung, so dem nachmaligen Rektor der Universität in »roter« Zeit, dem Vorzeitforscher Bosch y Guingera, den beiden Rubio y Llunch, Vater und Sohn, von der Biblioteca de Cataluña, dem Arzt Dr. Rosell, einem begeisterten Freund Deutschlands, dem Priester und Sprachforscher Sriera unter anderen.

In einer Hinsicht stieß man bei den Katalanen auf die gleiche Enge der Auffassung wie bei den Spaniern, nämlich in kirchlicher. Obwohl im Grunde vielfach irreligiös, hielten sie doch eisern am Monopol ihrer Kirche fest.[15] Für die Intoleranz ein Beispiel. Eines Tages meldete mir unser evangelischer Pfarrer, in einem katholischen Krankenhaus liege eine fromme, dem Tod nahe deutsche Erzieherin, die er ab und zu besuche und die gern das Abendmahl nehmen wolle; sozusagen heimlich könne er es ihr nicht geben, da sie den Nonnen davon erzählt habe, das Krankenhaus aber verweigere die Erlaubnis und verweise an den Bischof. Ob ich ihm helfen könnte?

Ich rief mir den deutschen katholischen Geistlichen, den Jesuiten Bönninger, mit dem ich sehr gute Beziehungen und endlose Disputationen mit erheblichen Bekehrungsversuchen seinerseits hatte, und bat ihn, zum Bischof zu gehen, was er, überzeugt von seinem Erfolg, sofort tat. Er kam aber ganz kleinlaut zurück und berichtete, der Bischof habe scharf abgelehnt; das »Abendmahl« seien Fisematenten und kein wirklicher religiöser Akt. Ich ermunterte ihn zu einem zweiten Besuch mit neuen Argumenten; Ergebnis das gleiche. Nun schrieb ich an den Botschafter und bat ihn, da es sich um eine Ausländerin handele, den Nuntius als »Diplomaten« dafür zu interessieren, nicht als Inhaber einer Jurisdiktion, aber als »Ratgeber« für den Bischof. Die Nuntiatur wich aus und versteckte sich hinter dem völlig abwegigen Argument, nicht die Kirche sei schuld, sondern der Staat, der die öffentliche (?!) Ausübung eines nichtkatholischen Kultus verbiete. Ich war entschlossen, nicht nachzugeben, und schrieb schließlich einen langen, die unbestreitbare Echtheit des religiösen Bedürfnisses und die private Natur der Handlung darlegenden Brief an den Erzbischof von Tarragona, Vorgesetzten des Bischofs, Vidal y Baraques. Dieser war zufällig in Barcelona und antwortete am gleichen Tage, ich hätte den Tatbestand so überzeugend dargelegt, daß er mit seinem Amtsbruder übereingekommen sei, man könne »ignorieren«, was sich in dem Zimmer abspiele.

Olbricht lief hocherfreut sofort ins Krankenhaus, dessen Eingang und Flur er völlig ausgestorben fand. Alles hatte sich vor dem Teufelsspuk geborgen. Er eröffnete der kleinen Erzieherin den Erfolg, und sie erklärte zu seiner völligen Verzweiflung, diese Freude treffe sie zu plötzlich, sie sei nicht vorbereitet und könne heute das Abendmahl nicht nehmen! Keine Überredung fruchtete, der Pfarrer mußte am Morgen danach das Experiment wiederholen, diesmal mit Erfolg. Am nächsten Tag starb das gute Mädchen.

Ich deutete schon an, daß die politischen Verhältnisse in Barcelona dadurch doppelt schwierig waren, daß sich die nationalen Streitigkeiten mit den sozialen kreuzten. Nach dem Abgange Anidos, unter schwächeren Zivilgouverneuren, erreichte der schwere Kampf zwischen dem Staat und den radikalen Arbeiterorganisationen einen Höhepunkt. Ein Streik jagte den anderen, darunter ein wochenlang dauernder der Müllabfuhr, der die Straßen mit stinkenden Abfällen bedeckte und ihr den Spottnamen »Ciudad jardin« – »Gartenstadt« – bei den Katalanen eintrug. Wilde Greueltaten, besonders gegen Unternehmer oder unter den feindlichen Arbeiterorganisationen radikaler und gemäßigter Art, geschahen jeden Tag.

Das war der Augenblick, in dem der Militärbefehlshaber der Region, der Capitán General von Katalonien, Primo de Rivera, eingriff. Bei seinem hier erzielten Erfolge bekam er die Lust, dasselbe in ganz Spanien zu versuchen. Primo war kein Mann etwa vom Typ Mussolini, sondern »leichte Ware«, ein echter Andalusier, der fünf gerade sein lassen konnte und von sich selbst sagte: Morgens bin ich der Marqués de Estella, nachmittags Primo de Rivera und abends »Miguelin«. Aber er verstand seine Spanier und besaß politische Gewandtheit *und* Energie. Was ihm fehlte, war zweierlei: Unterstützung durch die besten und sachverständigsten Männer, die heranzuziehen ihm nur ungenügend gelang, und die absolute Rückendeckung durch den König, der die Lage nicht voll realisierte.

Unter meinen Aufgaben machte mir besondere Freude die Aufnahme der Verbindung zu den Konsulaten und Kolonien. Ich habe mich redlich bemüht, ihnen nach dem Kriege und der Revolution wieder das Gefühl zu geben, daß Deutschland lebte, eine Zukunft hatte und an seine Auslandsdeutschen dachte. Bis auf Bilbao, wo der besonders tüchtige Kaufmann Eickhoff mit seiner ebenbürtigen Frau Konsul war, San Sebastian und Santander im Norden, Almeria im Süden habe ich alle Konsulate und Kolonien besucht: S. Feliù de Guixols, Tarragona, Palma de Mallorca, Zaragoza, Valencia, Cartagena – von wo ich den Palmenwald von Elche und das tropisch-heiße Murcia sah, Malaga, Granada, Sevilla, Cadiz, Huelva, und Jerez sowie La Coruña. Außer an diesen beiden Plätzen saßen überall Deutsche als Konsuln, die in schwierigen Verhältnissen gute Dienste leisteten. Auch deutsche Schulen kamen schon wieder in Gang. Einer der großartigsten Eindrücke auf diesen Reisen war auf der Fahrt nach dem katalanischen Gijón und dem schönen romanischen Oviedo, der Blick in der Morgenfrühe vom Puerto del Pajare (?) auf die erwachende Bergwelt des Passes.

Von La Coruña aus machte ich auf Einladung des Lloyd die Jungfernfahrt der »Sierra di Córdoba« nach Lissabon mit, zusammen mit Viktor Erbach von der Botschaft in Madrid, von dem ich noch erzählen werde. Wir hatten besondere Freude an der tiefen grünen Bucht von Vigo mit der den schwäbischen Ursprung oft noch klar erkennen lassenden Bevölkerung und besahen dann zusammen die Stadt Lissabon nebst Cintra und der übrigen Umgebung.[16] Portugal machte damals noch einen ziemlich erbärmlichen, fast negerhaften Eindruck. Ich fuhr mit der Bahn von Lissabon über Elvas nach Badajoz und hatte in dieser höchst dürftigen spanischen Stadt den Eindruck, ins Zentrum der Kultur zurückzukehren.

Einen Teil dieser Reisen machte Ilse mit, sowohl Fahrten von Madrid aus nach Segovia, Avila und Burgos wie vor allem nach Andalusien. In Burgos besuchten wir den Kardinal Benlloch, einen sehr liebenswürdigen und temperamentvollen Herrn, der, selbst Katalane, sein Arbeitszimmer mit Fresken des Montserrat ausgeschmückt hatte und begeistert von Wagner war; leider dürfe er nicht in die Oper gehen, aber er höre mit Freunden den Rundfunk, wenn er Parsifal oder derartige Werke bringe. Seit Jahren kämpfte er leidenschaftlich für die Reinigung der Kathedrale von störenden Einbauten.

Ich will die Zahl der Reisebeschreibungen nicht vermehren und nur erwähnen, daß für uns besonders die Fahrt im Postauto von Algeciras und Tarifa nach Cadiz im Angesicht der im Morgengrauen liegenden afrikanischen Küste und der Aufenthalt im schönen Hotel Cristina in Algeciras unvergeßlich sind. In Granada hatten wir Unglück mit dem Wetter, so daß wir nur einen kurzen Augenblick das schneebedeckte Haupt der Sierra Nevada durch die Wolken leuchten sahen. Unsere Pension, hoch oben – man kann sagen, innerhalb der Alhambra – war ebenso romantisch wie primitiv und schmutzig; die unmittelbar unter uns hausenden Maultiere taten alles, um durch Trampeln, Schlagen und Duften ihre Nähe fühlbar zu machen. Auch Gibraltar suchten wir auf, wo ich zwischen lebhaften Wettbewerbern, die uns mit Güte überhäuften, einen deutschen Konsularischen [Konsularagenten] auszusuchen hatte. Dann ging es hinüber nach Afrika, nach Ceuta und Tetuan, wo der Konsul Bohn ein liebenswürdiger und sachkundiger Führer war.

Kein Gebiet kann wichtiger für einen Generalkonsul vor allem in einem Ort wie Barcelona sein als das wirtschaftliche. Ich bemühte mich, schnell in die Probleme einzudringen, und arbeitete eng mit der damals bestehenden »Wirtschaftlichen Vereinigung« der deutschen Kaufleute zusammen. Bald gelang es, sie unter Leitung des ausgezeichneten Wilhelm Schul in die »Deutsche Handelskammer für Spanien« umzuwandeln. Als ich mich im Auswärtigen Amt verabschiedete, hatte ich gebeten, mich zu Verhandlungen über einen neuen Handelsvertrag hinzuzuziehen, was auch geschah. Ich ahnte damals nicht, daß diese Verhandlungen sich viereinhalb Jahre hinziehen und mich zusammen etwa achtzehn Monate in Madrid festhalten würden!

Auch die guten Langwerths wußten nicht, was sie sich aufbürdeten, als sie mich bei meinem ersten Besuch im Jahre 1921 aufforderten, bei ihnen in der Botschaft Paseo de la Castellana in den damals noch als Gästezimmer dienenden schönen Räumen im Erdgeschoß links zu wohnen. Wir freundeten uns so an und sie waren von solcher Herzensgüte, daß daraus eine endlose Kette von Besuchen, im Ganzen mehr als ein Jahr an Dauer, wurde.

Ich war dort schließlich vollkommen zu Hause und ihr dankbarer ständiger Gast, nicht nur im Hause, sondern auch bei zahllosen Autofahrten und anschließenden Spaziergängen oder Bergtouren, in die Sierra Guadarama, zum Escorial (den »Mutti Langwerth« vierundzwanzig Male besucht hat), zu den urgeschichtlichen Toros von [...], nach Avila und Guadalajara usw. Wir haben den Peñalara bestiegen und die wilde Laguna de los Pajoros und deren größere Schwester im Felsgebirge besucht, dazu die Stadt Madrid nach allen Richtungen durchstreift, unter »Muttis« Führung Mantones oder Mantillas für Ilse und die Töchter und andere schöne Dinge erworben, spanische Tänze gesehen und die noch ganz junge Imperio Argentinita in der Botschaft selbst bewundert, wenn sie ihr »Buenos Ayres patria querida« sang, mit gebrochener Stimme endend »Mejor morir que olvidarla«, schließlich, die Corridas, die Stierkämpfe, und das erregende baskische Pelotaspiel nicht zu vergessen.[17]

Aber ehe ich weiter von Madrid und besonders den Vertragsverhandlungen erzähle, muß ich einiger Erlebnisse gedenken, die in diesen Jahren den Ablauf der Dinge bedeutsam unterbrachen. Zunächst: im Frühjahr 1923 wurde ich schwer krank. Ich hatte mich schon in Barcelona nicht recht wohl gefühlt, einen Druck auf dem Magen verspürt und auf einem Spaziergang nach S. Cugat ein sonderbares, nie gekanntes Elendgefühl nur durch einen »Anis del Mono« überwunden. Aber ich maß der Sache keine Bedeutung bei und fuhr nach Madrid. Einen Abend beim Botschaftsrat Breitling, mit dessen Frau »Itte«, geb. Schippert, ich in ein kleines geistiges Florettfechten kam, hielt ich noch durch, ebenso ein nettes Essen mit dem neuen Legationssekretär Duckwitz und seiner Frau, Lo, geb. von Schelling (vorher Frau von Rundstedt). Mit ihnen, die dann immer unsere guten Freunde blieben, so verschieden wir waren, habe ich später noch oft an diesen Abend gedacht. Am nächsten Tage befragte ich doch den gerade in der Botschaft anwesenden Dr. Wendel, der nichts damit anfangen konnte, und wieder einen Tag später, als derselbe Wendel in der Botschaft zum Abendessen blieb, weil er sich so lange da aufgehalten hatte, stellte ich einen Strauß zwischen ihn und mich, mit der Erklärung: »Heute esse ich wieder, was ich will!« Wenige Minuten später kam die Katastrophe: Ein schwarzer Vorhang zog sich langsam vor meinen Augen zusammen, ich stand noch schnell auf, schwankte bis in die Anrichte und sank dort mit einem furchtbaren Blutsturz zusammen, Wendel und alle hinter mir her. Man riß mir Smoking, Kragen, Kravatte und Hemd auf, flößte mir einen Kognak ein, und langsam erwachte ich wieder zum Leben. Das Ganze ein schauriger Anblick für Langwerths und ihre Gäste.

Mein erster Eindruck wieder waren: »Mutti« und Lily Maltzahn, die als Erzieherin der Tochter (später Braut des Legationsrats von Heeren) im Hause war, die neben mir knieten und mich mit Kölnischem Wasser und dergleichen bearbeiteten. Ich mußte unter großen Qualen die ganze Nacht regungslos auf dem Fußboden liegen bleiben – einige Kissen gelang es mir unterzuschieben, während der brave Wendel im Nebenzimmer schlief. Am nächsten Morgen konnte ich in ein Bett im daneben liegenden Ankleidezimmer Langwerths gebracht werden, in dem ich nun viele Wochen zur großen, rührend getragenen Unbequemlichkeit des Inhabers liegen blieb. Eine Schwester wurde zur Pflege geholt und natürlich Ilse gerufen, die alsbald ankam und meine beste Pflegerin war. Das Ergebnis unzähliger Durchleuchtungen und Untersuchungen, in Madrid, Frankfurt am Main (bei Stegmann), München (Redwitz und Tannhausen), Berlin nehme ich vorweg. Es handelte sich darum, daß der Schuß im Jahre 1914 durch das Durchschlagen der Leber und Ankratzen der Magenwand allerhand Spuren hinterlassen hatte, die durch irgendeinen Zufall, eine Reibung, eine Anstrengung, diese (1926 und 1930 zwei weitere, diese ohne Blutsturz) Blutung hervorgerufen hatten. Wir gingen dann, wie schon erwähnt, zu Untersuchungen nach Deutschland. In München machten wir, eingeführt durch Ully Wille, über Hess bei Adolf Hitler einen Besuch, auf den ich später zurückkomme. Dann ging es zur weiteren Erholung nach St. Blasien.

Hier traf uns bald ein zweiter Schlag. Während Ilse mit Angina reiseunfähig im Bett lag, kamen verzweifelte Briefe meines Vaters über das Befinden meiner Mutter, deren zarter Körper den Anstürmen von Krieg und Inflation und den immer wachsenden Ansprüchen, die mein fast tauber und reizbarer Vater an sie stellte, auf die Dauer nicht gewachsen war. Ich eilte nach Doberan, fand sie noch lebend, aber nur zeitweise bei Bewußtsein. Immerhin hoffte ich noch und kämpfte mit aller Kraft um ihr Leben, nachts vergeblich versuchend, sie durch Erzählungen aus meiner Kindheit in den Schlaf zu führen. Einmal kam der Doberaner Arzt, Dr. Prösch, und erzählte, Stresemann sei Kanzler geworden, worauf sie plötzlich zur erwachenden Hoffnung aller sagte: »Na, das ist doch wohl auch nicht der Rechte!« Aber es war eine Täuschung;

ein Rostocker Professor Kühn, den ich anstelle einer mir empfohlenen, leider abwesenden Autorität holen ließ, brachte auch keine Hilfe, untersuchte auf meine Bitte noch meinen Vater und erklärte vor mir laut zu Prösch: »Auch vollkommen erledigt!«

Meine geliebte Mutter, der gute Engel meiner Jugend, starb im August 1923. Ilse kam, und wir legten sie, von unendlichen Menschen, denen sie Halt und Hilfe gewesen war, beweint, auf dem schönen Doberaner Friedhof ins Grab. Mein armer Vater hat das im Grunde nicht mehr überwunden. Er hatte noch so tapfer spanisch gelernt, weil beide uns besuchen wollten, als Almuths Diphtherie das vereitelte. Wir fanden für ihn gottlob eine rührende Hausdame, Fräulein Meier, die sich recht gut mit ihm zurecht fand und treu für ihn sorgte. Aber im Jahre 1926, im März, ereilte ihn der Tod. Ein ritterlicher Mann, voll Leben und Tatendrang, für mich der beste Vater und in vielem unerreichtes Vorbild, verließ uns, mein Elternhaus schloß sich für immer – ein großer Abschnitt.

Meine Schwiegermutter hatte, von Fräulein Meier gerufen, in den letzten Tagen sehr rührend unsere Stelle vertreten, auch mein Schwiegervater kam zur Beerdigung nach Doberan, wohin ich ohne Ilse von Madrid über Barcelona eilte. In den letzten Jahren war ein kleiner Schatten auf das Verhältnis der beiden Väter gefallen, weil sie über die gut gemeinte und gut geschriebene, aber meinem Schwiegervater nicht recht passende Biographie uneins wurden, die mein Vater von ihm verfaßt hatte.[18] Wir Kinder hatten dabei loyal jeder für den *Schwieger*vater gefochten!

Ich verkaufte das Haus meiner Eltern in Doberan, und, erheblich später auch ein zweites kleines Haus, das ich einmal für den Fall erworben hatte, daß wir Lust hätten, dahin zu ziehen. Der Süden hatte uns doch für dies Klima verdorben.

Ein Ereignis, das in anderer Weise die spanische Zeit unterbrach, war der politische Wandel in Deutschland, der die Deutschnationalen zur stärksten Partei und »regierungsfähig« machte. Tirpitz hatte sich widerwillig dazu bringen lassen, Abgeordneter zu werden. Die Partei hatte den einzigen Sinn, den das haben konnte, nämlich einen überlegenen Berater über die Parteiinteressen hinaus zu gewinnen, gar nicht verstanden, sondern ihn als Abgeordneten wie jeden andern behandelt. Jetzt besann man sich, getrieben durch Walter Keudell, auf ihn, und der Gedanke tauchte auf, ihn als Kandidaten für den Reichskanzler aufzustellen.

In dieser Lage ließ mich Keudell rufen, und ich nahm wochenlang vom Parteitag in Hamburg an und dann in Berlin an den – sehr unerfreulichen und ergebnislosen – Beratungen teil. Ich muß sagen, daß das damalige »System« von erstaunlicher Weitherzigkeit war: man ließ den aktiven Generalkonsul in Barcelona ohne Urlaub wochenlang mit der Opposition beraten und rechnete ihm diese Zeit nicht einmal als Urlaub an! Ich verließ Berlin angewidert von der politischen Wirtschaft des Parlamentarismus. Übrigens hatte Luther als Reichskanzler vorgeschlagen, mir als »Deutschnationalem« das Wirtschaftsministerium zu übertragen. Daraus wurde erfreulicherweise nichts. Die Partei wollte mich nicht, angeblich weil sie einen Fachmann (Neuhaus) entsenden wollte. Ein anderer Gedanke, der in der Locarnozeit auftauchte, war der, Luther solle mich als Vertrauensmann der stärksten Partei mit dorthin nehmen. Die Sache wurde hin und her besprochen; ich selbst nahm telefonisch von Zürich aus daran teil, aber der Plan fiel ins Wasser.

1925 wurde dann Hindenburg zum Präsidenten gewählt; mein Schwiegervater hatte ihn schließlich zur Annahme der Kandidatur vermocht. Tirpitz war klar, daß die Wahl nur Sinn hätte, wenn er einen geeigneten Staatssekretär als engsten Berater erhielte. Als solcher wurde ich vielfach erörtert, auch in der Presse bis nach Barcelona hin, wo ich ein vages Interview darüber geben mußte. Luther und Stresemann erreichten aber, daß der alte Herr den ihnen bequemeren Meissner behielt.

Nun kehre ich zu den Vertragsverhandlungen in Madrid zurück. Sie zeichneten sich, wie erwähnt, durch eine unerhörte Langwierigkeit aus. Die Streitpunkte waren einmal der sogenannte Koeffizient, mit dem die Spanier Waren aus Ländern mit entwerteter Valuta belegten, dies nur im Anfang, d.h. immerhin über zwei Jahre lang! Dann, und vor allem, die spanischen Zölle auf deutsche Industrieerzeugnisse, die deutschen in erster Linie auf spanischen Wein. Die Spanier erwiesen sich als hartnäckig und Meister der Verschleppung. Oft gingen mehrere Wochen hin, ohne jede Sitzung, die mich ganz unnötig vom Hause und Konsulat fernhielten. Sie hatten den einzigen Vorteil, daß ich den Prado so kennenlernte wie kein Museum der Welt, ebenso Toledo und manchen anderen Ort der Umgegend; die Botschaft wurde mein zweites Heim.

Ich erlebte am Tage vor meiner Erkrankung in der Kirche an der Botschaft eine mich tief ergreifende Predigt des einen Fliedner (für deren Missionsarbeit in Spanien ich sonst wenig Verständnis hatte – war es sinnvoll und vor allem *irgendwie* erfolgversprechend, die Glaubensspaltung ins spanische Volk zu tragen?). Ich wurde mit dem Deutschtum Madrids, mit dem alten Knappe, den geselligen Ullmanns und Dangers vom Banco Alemán, mit Armbrüster von der AEG, einem Hauptberater der Botschaft, mit Eggelings (früher Militärattaché in Petersburg) und vielen anderen gut bekannt.

Der Altmarkt, der sogenannte Rastro, und die Antiquare wurden mir höchst vertraut. Den besten Erwerb, den ich machte, muß ich erzählen. Eines Morgens bat man mich, den derzeitigen deutschen Delegationsführer, Grafen Lerchenfeld (ausgewählt als Vertreter der deutschen Weinbauinteressen) durch Rastro und Antiquare zu führen. Ich schimpfte, versuchte es abzuwälzen, ging aber schließlich mit, begleitet von dem netten Heberlein von der Botschaft, der mit seiner irisch-spanischen Frau ein gutes Element darin bildete. In einem wüsten Trödelladen erspähte ich, ganz hinten vergraben, ein Bild, das mir ins Auge stach. Ich ließ es vorholen und war starr: es war eine flämische Madonna, aus dem Kreise Rogiers van der Weyden wie mir schien (später, wie ich glaube bestimmt, als Memling erkannt).[19] Ich bat Heberlein, so nebenbei nach dem Preis zu fragen; man nannte 400 Peseten (ein nichts dafür), ich ließ es fortstellen und bot beim Weggehen

100. Für 120 war es mein! Ich nahm es unter den Arm und raste zur Botschaft, stürmte in den Salon, in dem »Mutti« gerade den englischen Botschaftsrat empfing, und beide waren hingerissen von meinem Fund, seitdem unser liebster Besitz!

Nun, so vergnüglich war es nicht immer. Vor allem war die spanische Delegation wenig sympathisch. Zwar, der Vorsitzende während einer längeren Periode, der auswärtige Staatssekretär Espinosa de los Monteros, Jenenser Doktor und meisterhaft deutsch sprechend, war ein ernster, sachlicher Mann, zwar ohne viel Schwung, aber ein anständiger Partner. Die übrigen waren entweder ängstliche Bürokraten oder Leute, denen nur mit materiellem Unter-die-Arme-greifen »Beine« zu machen war, und auch das nur mit bescheidenem Erfolg. Einer sammelte Musikinstrumente und bekam gelegentlich ein Harmonium oder solche Kleinigkeiten geschenkt. Zu einem andern ging einst unser Handelsattaché Ahles und brachte das wirklich erstaunliche Opfer, ihm etwa zu sagen: »Sie wissen doch, daß ich die Interessen des Reichsverbandes der Industrie wahre, und Sie glauben doch nicht, daß ich das umsonst tue (was er natürlich in Wahrheit tat). Wir wollen uns den Raub teilen!« Ein Vertrauensmann, den wir hatten, uns über die inneren spanischen Vorgänge zu unterrichten, der Vizconde de C..., antwortete einst auf meine schmeichelnde Frage, ob er nicht einmal Minister werden würde, das hoffe er in der Tat. »Und welches Ministerium scheint Ihnen geeignet?« »Das Marineministerium.« »Ach, haben Sie Interesse für die Schiffahrt?« »Oh nein, aber da verdient man am meisten!«

Auf deutscher Seite lag die Schwierigkeit in den sich diametral gegenüberstehenden Interessen der Industrie und des Weinbaus. Bald überwogen die einen, bald die anderen. Die Weinbauern luden einmal die Abgeordneten und alle Ressorts zu einer Weinprobe in Berlin ein, an der ich ebenso wie gelegentlich an den Sitzungen der Reichstagskommission teilnahm; man setzte uns die schönsten Rhein- und Moselweine und ganz gefährlich schlechte Spanier vor, um gegen deren Einfuhr besonders zum Verschnitt scharf zu machen, entschieden eine gewagte Vergleichsmethode, die auch nur den Erfolg hatte, daß sich alles mit Rhein und Mosel die Nase begoß.

Der erste Leiter der deutschen Delegation war Herr von Stockhammer, der mit scharfer Zunge – neben hervorragender sachlicher Tüchtigkeit – sein Vergnügen darin fand, die übrigen Delegationsmitglieder, vor allem den ihm verhaßten, abgrundhäßlichen, aber hochgebildeten Vater unwahrscheinlich vieler Kinder, Herrn von Schönebeck vom Wirtschaftsministerium, aufzuziehen. Sein anderes Opfer war der hamburgische Staatsrat (aber kein Hamburger) H., ein trockner und ohne Grund von sich überzogener Geselle.

Es bestand damals noch der Unfug, daß einzelne interessierte Bundesstaaten (»Länder«) besondere Delegierte entsandten. Einer von diesen sagte am Schluß der Periode zu seinen Kollegen des inneren Ressorts: »Meine Herren, Sie wissen, ich war sachlich meist auf Ihrer Seite. Aber Sie werden es mir als Reserveoffizier und Verbindungsstudenten nicht verübeln, daß ich mich gesellschaftlich mehr zum Auswärtigen Amt gezogen gefühlt habe!« So geschehen mehrere Jahre nach der »Revolution«! Dem Hamburger Staatsrat passierte es, daß er in einer Privatgesellschaft, als von C.F. Meyer die Rede war, emphatisch ausrief: »Hand aufs Herz, aber haben Sie je den ›Grünen Heinrich‹ zu Ende lesen können?«

Den größten Sturz tat er aber während der Verhandlungen selbst. Ich hatte mich wiederholt gewundert, daß meine Barceloneser Handelskammer an mich als damaligem Leiter der Delegation Telegramme schickte, die dringend mahnten, zum Abschluß zu kommen. Ich verstand das bei meinem Verhältnis zur Kammer nicht, die doch genau die sich entgegenstehenden Interessen kannte und wußte, daß ich alles Erdenkliche tat. Die Erklärung wurde mir bald: eines Tages brachte mir der Botschaftsrat einen an die Botschaft adressierten, an H. bestimmten Irrläufer, in dem stand: »Ihrem Wunsch gemäß habe ich mich nochmals zur Handelskammer begeben und sie veranlaßt, ein Telegramm des von Ihnen angeregten Inhalts an Herrn von Hassell zu schicken!« Ich las das in der nächsten Sitzung vor, und H. verließ hochroten Kopfes die Sitzung, um dann sehr bald das Feld überhaupt zu räumen. Von den übrigen Delegierten will ich noch Fescher und meinen alten Mitschüler, den klugen Walter, Vertreter des Ernährungsministeriums, erwähnen.

Natürlich beteiligte sich, wenn auch mehr im Hintergrunde als Aufnahmestellung, auch die Botschaft an der harten Verhandlungsarbeit. Langwerth selbst war erstens gar kein Mann der Wirtschaft, zweitens eine zwar manchmal etwas »sture«, aber im Grunde sehr weiche Natur ohne Durchschlagskraft. Grundvornehm und tief ernst, ohne Humor, aber kultiviert und historisch gebildet, schürfte er tief in Weltanschauungsfragen, fromm in der Seele, etwas katholisierend, im Ganzen ein Mann des Friedens und der Vermittlung – auflebend aber bei einem edlen Tropfen seiner eignen herrlichen Weinberge in Eltville, wo wir ihn und seine Frau einmal besucht haben, oder einem (auch mehr) guten französischen Kognak. Ein treuer Freund und edler Mann, aber kein Kämpfer, auch nicht in Handelsvertragssachen!

Ende 1925 wurde er zum Reichskommissar in seiner Heimat als Gegenspieler der Franzosen ernannt. Graf Welczeck trat an seine Stelle, ein eleganter, gewandter Mann, vielfach als reiner glatter Diplomat geltend, in Wahrheit klug und erfahren, mit eigenem Urteil und Zivilcourage, dazu – mit großem Besitz gesegnet – ein großer Herr. Wir hatten sofort sehr gute Beziehungen. Es war die Zeit, als der Gedanke auftauchte, mich auf einen Gesandtenposten zu berufen, und zwar zunächst nach Bukarest. Als das »Berliner Tageblatt« mich heftig angriff, schrieb er, ohne mir ein Wort zu sagen, an Theodor Wolff, lobte mich über den grünen Klee und ersuchte ihn, diese unbegründeten Ausfälle zu unterlassen. Die Antwort war sehr bezeichnend: »Man habe gar nichts gegen mich, aber da die Deutsch-Nationalen mich immer ›portierten‹, müsse er mich angreifen.«

Ein wahrer Schatz waren Frau und Tochter, damals die erstere noch in voller Schönheit im Vordergrund stehend, eine geborene Balmaseday aus Chile. Einmal, als ich sie bewundernd ansah, drohte sie mir mit dem Fächer und sagte: »Blaue Augen sind indiskret!« Diese Fächer bestanden damals aus riesigen vielfarbigen Wedeln. Ich fragte, warum sie so bunte Pracht trüge, worauf sie lustig erwiderte: »Weil ich ein bunter chilenischer Kakadu bin!« Später habe ich mich mit der bildschönen, klugen und schlagfertigen Tochter Luisa, jetzigen Fürstin Aldobrandini, besonders angefreundet.

Botschaftsrat war – nach Breitling – Renner, ursprünglich deutscher Offizier, Militärattaché in London, wo er seine sehr reizende, deutschblütige, aber ganz englische Frau kennengelernt hatte. Sie hat ihn später ganz nach England gezogen. Man erzählte damals, daß er 1918, ohne Pfennig, einer aufgelösten Armee angehörend, ihr über Holland das Jawort zurückgegeben und darauf noch an der Front die Antwort erhalten habe: »Lies Shakespeare Sonnett 116.« Verzweifelt abends in ein französisches Quartier gekommen, habe er dort als erstes Buch die Sonnette und den Text gefunden: »Let me not to the marriage of true minds admit impediments.«

Eine gute kameradschaftliche Stütze hatte ich an Heeren, der aber bald fortkam, mitsamt seiner nach langem Roman geheirateten Lily. Wir blieben immer in Verbindung, und er wurde später mein Nachfolger in Belgrad. An seine Stelle trat der anständige, vornehme Viktor Prinz Erbach-Schönberg mit einer temperamentvollen Erzebet geborene Széchény. Wir sahen sie später in Stockholm wieder und blieben gute Freunde. Er war ein Vetter der Königin [von Spanien], die ihn – erzählte man – bei der ersten Cour auf gut hessisch mit »Da bischt Du ja, Bubi!« begrüßt habe. Hatte er doch die furchtbare Attentatshochzeit als junger Offizier des 1. Garderegiments (Ilses Tänzer) mitgemacht und auf Verlangen der völlig erschlagenen jungen Königin den Platz zu ihrer Linken erhalten, als ruhender Pol in dem entsetzlichen Wirrwarr von Eindrücken.[20]

Nun, einmal kam – 1926 – auch dieser Handelsvertrag zustande, und Jaeger schrieb mit Recht in unser Erinnerungsbuch: Nunca es tarde cuando llega![21] Ich kehrte nach Barcelona zurück, freudig begrüßt von der erleichterten, in ihrer ganzen Existenz daranhängenden Kolonie. Bald darauf erschien zum ersten Male ein größerer deutscher, freilich aus alten Schiffen zusammengesetzter Flottenverband auf den Meeren; der Admiral Mommsen lief mit der »Schleswig Holstein« und der »Elsass« Barcelona an. Kurz vorher war beschlossen worden, die deutschen Vertretungen in Hafenstädten und in Übersee anzuweisen, neben der schwarz-rot-goldenen Dienstflagge auch die schwarz-weiß-rote Handelsflagge (mit Gösch) zu führen.[22] Ich erbat und erhielt sofort in Berlin die Erlaubnis, schon vor Inkraftsetzung dieser Verordnung ihr für die Tage des Flottenbesuches nachzukommen. So war ich der, vom »Vorwärts« sofort angegriffene, erste deutsche Vertreter im Auslande, der Schwarz-weiß-rot flaggte.

Es waren große Tage für die Kolonie, die ihren deutschen Tag mit dem Geschwader zusammen feierte. Der Eindruck von Offizieren, besonders auch dem Admiral selbst, dem Chef des Stabes, Gladisch, und den beiden Kommandanten, Brutzer und Hansen, und der Mannschaft war hervorragend. Am Skagerrak-Tage hielt der zwölfjährige Wolf Ulli am Familientisch aus eigner Initiative eine kleine Rede auf die alte Marine; als wir glaubten, er sei am Ende, und Hoch rufen wollten, erklärte er barsch: »Ich bin noch nicht fertig!« und setzte nun seine Ansprache mit einem Hinweis auf die neue, gerade in Barcelona so schön repräsentierte Flotte fort. Almuth war zu ihrem bitteren Schmerz noch von ihrer Diphtherie und Herzsache bettlägerig. Aber auf unsere Bitte fuhr man sie am Sonntag zur Mole, trug sie ins Boot und von da an Bord der »Schleswig Holstein«, wo sie liegend und selig am Gottesdienst teilnahm. Einer der Fähnriche, der sie trug, war Heydrich!

Auch der Botschafter Welczeck kam mit seiner Frau zum Flottenbesuch herüber und nahm an einigen Festen teil. Ebenso war der spätere Admiral Canaris anwesend, der damals in Spanien hervorragend für unsere »schwarze« Aufrüstung tätig war.[23] Die Kolonie gab ein rauschendes Fest, teils zur Begrüßung des neuen Botschafters, teils um mir für meine jahrelangen, schließlich erfolgreichen Mühen um den Handelsvertrag zu danken. Es war mein Schwanengesang in Barcelona, denn bald darauf wurde ich zum Gesandten in Kopenhagen ernannt.

10. Kopenhagen

Es wäre falsch zu behaupten, daß wir Barcelona mit Schmerz verlassen hätten. Wir dachten dankbar an die friedliche Zeit zurück, an alles, was wir erlebt, erfahren, gelernt hatten. Die Kinder waren, freilich mit allerhand Krankheit, unter idealen Verhältnissen aufgewachsen, von Anni und Lotti treu behütet, von der Mutter weise geführt. Meine Arbeit hatte mich befriedigt, und der Ausklang war erfreulich gewesen. Aber Barcelona war sozusagen für uns »erschöpft«, ich freute mich auf eine neue Aufgabe. Zwar fragte ich mich (und Ilse) gelegentlich: Was soll ich (das hieß: der tatendurstige Mann) eigentlich in Kopenhagen, das mir von der Ferne wie eine Sinekure schien? Aber der Norden lockte uns doch, und Arbeit würde ich mir schon schaffen. So gingen wir zuerst nach Berlin, alle Vorbereitungen zu treffen. Ich traf mich mit meinem Vorgänger, dem netten, philosophischen Mutius, besuchte den dänischen Geschäftsträger Falkenstjern und gab unter der Ägide des Chefs der Presseabteilung, Zechlin, der, obwohl Sozialdemokrat, durch seine militärische Art bei Hindenburg sehr gut angeschrieben war, einen Empfang für alle dänischen Pressevertreter; ich traf dabei rein instinktiv – selbst ein Kind des Nordens – den richtigen Ton und begeisterte sie besonders dadurch, daß ich als mein Lieblingsbuch aus der Kindheit den »Gjöngenhäuptling« von Carit Etlar nennen konnte.[1]

Bei Stresemann gab es ein Frühstück, bei dem ich feststellte, daß dieser Mann sich unterhaltend erheblich gegenüber seinem wenig einnehmenden Äußeren gewann. Hindenburg empfing mich – meine erste, noch etwas förmliche Berührung mit ihm. Und Ilse fuhr auf einen Katzensprung nach Kopenhagen, um sich die Wohnverhältnisse anzusehen. Ein Diener, Stegelmann, der erste, den wir hatten und vielleicht der beste, wurde auch festgemacht. Lotti ging mit, während uns die ältere Schwester leider verließ. Auch ein Hauslehrer, Herr Sudhoff, wurde angenommen. Dann ging es nach Zürich zurück, da wir einen Abschiedsbesuch bei unserer Kolonie [Barcelona] nach so langer Zusammenarbeit machen wollten.

Aber so glatt, wie wir dachten, sollte das alles doch nicht gehen. Schon in Zürich fühlte ich mich nicht so recht wohl, dunkler Verdacht stieg in mir auf, und als wir nicht weit mehr von Genf im Zuge saßen, wurde uns aus allen Anzeichen klar, daß zum zweiten Male eine Blutung in meinem Innern im Gange war. Ilse legte mich lang hin, und es blieb nichts übrig, als in Genf die Reise abzubrechen. Im Liegen ging es mir ganz gut, aber der Weg über den Bahnsteig und hinunter auf die Straße ist mir als wahre Marter in Erinnerung, das Gefühl des Zusammenbrechens war unmittelbar. Wir fragten nach dem nächsten Gasthof und hatten das große Glück, in das nahe gelegene Hôtel des Familles, ein sauberes, gut gepflegtes christliches Hospiz, gewiesen zu werden. Mein Aussehen stimmte den Wirt, einen guten Deutschschweizer, bedenklich, aber er erbarmte sich meiner auf Ilses Flehen. Ich schaffte mit Mühe die Fahrt im Lift und sank ins Bett, wo mir – wie immer in diesen Fällen – sofort besser wurde. Ilse und ich hatten keinen Zweifel, was los war, der gerufene Zufallsarzt war ganz ungläubig und verschrieb verfehlte Maßnahmen. Bald stellte sich die Richtigkeit unserer Diagnose heraus, und ich war damit zu wochenlangem Krankenlager im Hotel verurteilt. Ein anderer Arzt kam, einmal sogar eine Autorität aus Genf, aber die eigentliche Direktive nahm Ilse in die Hand, mit vollem Erfolg. Der brave Hausarzt leistete Hilfestellung durch Grübeln über Abführmittel, von denen er geistig ein Arsenal besaß.

Ich war um so wütender über den Unfall, als ich gerade Genf wegen des dort tagenden Völkerbundes hatte vermeiden wollen, bekam aber dadurch gelegentlich nette Besuche, z. B. des Staatssekretärs von Bülow. Nun aber mußte Ilse wieder das Schicksal tragen und allein den – in der Calle Siglo XX besonders schwierigen – Umzug übernehmen. Meine Schwiegermutter vertrat sie rührend. Eine Schwester kam auch zur Pflege. Sarah Chambrier und eine kluge, hübsche entfernte Cousine Ilses, Coqui Meyer, kam auch mich besuchen und versorgte mich mit allerhand Freuden, ebenso Bertha Rieter, die auch selbst erschien. So wurde ich sehr verwöhnt und gesundete. Ilse kam zurück, wir machten eine höchst erfreuliche Station in Bévaix bei Chambriers, eine Autofahrt nach Basel und von dort gings heimwärts, zuerst nach St. Blasien, und dann kam die Fahrt auf den neuen Posten.

Unsere Kopenhagener Zeit liegt für uns in einem besonders hellen Schein. Die Gesandtschaft am Kastelsvej war reizend, der Betrieb gemütlich, das Leben in jeder Weise angenehm, aber die Hauptsache war, daß wir uns von Anfang an mit dem dänischen Volk ausgezeichnet verstanden. Gerade auch Ilse fühlte sich wie ein Fisch im richtigen Wasser.

Ich erkannte auch bald, daß der Posten, richtig angefaßt, durchaus keine Sinekure war. Die gestellte Aufgabe war die: einmal die wirtschaftlichen und kulturellen Beziehungen, die, durch Krieg und Nachkrieg schwer gestört, allmählich wieder angelaufen waren, zu fördern, zweitens das deutsche Volkstum in Nordschleswig zu stützen, gleichzeitig aber eine Vergiftung des deutsch-dänischen Verhältnisses durch diese Frage zu verhindern.

Es wurde uns bald klar, daß in einem Volke wie dem dänischen die Aufgabe von der *menschlichen* Seite her, d.h. durch Öffnen der Herzen, zu lösen war. Diesen Weg sind wir gegangen, vor allem auch durch sofortiges Erlernen der dänischen Sprache, und man hat das auf dänischer Seite schnell verstanden und warm begrüßt. Die Dänen erkannten, daß ich ein durch und durch nationaler Deutscher sei, aber ehrliches Verständnis für ihre Art und ihre Gedanken hatte. Und wenn später ein dänischer Offizier einmal sagte, meine Frau sei ungefähr die populärste Dame in Kopenhagen, so hat er – glaube ich – das Richtige angedeutet.

Zunächst einige Worte über meinen Stab. Ich fand als Gesandtschaftsrat den früheren Seeoffizier (im Stabe Scheers) und späteren Staatssekretär, Freiherr von Weizsäcker, mit seiner Frau Marianne, geb. von Graevenitz, vor, beide uns von früher bekannt, sie eine Jugendgespielin von Ilse. Er ging an die Dinge vorsichtiger, philosophischer heran als ich, mit Klugheit und Menschenkenntnis; mit meinem Vorgehen war er nicht immer einverstanden, aber wir vertrugen uns doch in der kurzen Zeit der Zusammenarbeit gut. Mit seiner Frau kam ich auf Grund gemeinsamer geistiger Interessen und des Schachspieles in ein Freundschaftsverhältnis, das auch später anhielt. Sie gehört zu den nicht wenigen Frauen, die meinen Lebensweg intensiver gekreuzt haben, da ich für weiblichen Reiz, wenn er Schönheit und Geist verband, sehr empfänglich war. Keine hat freilich je den Fels berühren können, auf dem ich seit 1911 mein Leben aufgebaut hatte. Weizsäcker war Schwabe, aber nicht vom derberen »biederen«, aber bauernschlauen Typ wie etwa Kiderlen, Neurath oder Rümelin, sondern die hochgebildeten Ahnen, Vater Minister und Großvater Theologe, nicht verleugnend; auch in dieser geistigen Form erhielten sich jene schwäbischen Eigenschaften, die ich schon gekennzeichnet habe.

Ein ganz anderer Typ war sein Nachfolger Levetzow. Junggeselle, kam er frisch aus der Budapester Atmosphäre mit ihrer gesellschaftlich-aristokratischen Betonung und lebte noch lange in ihrem Nachhall. Gewandt und liebenswürdig, nicht sehr tiefgründig, war er ein gutes Element für zahlreiche Zweige der diplomatischen Arbeit, dabei mit gutem politischen Urteil und vieler Erfahrung.

Als »Galoppin« hatte ich die längste Zeit den jungen Bruder des Staatssekretärs von Schubert, Konrad, mit seiner jungen, hübschen und lebhaften holländischen Frau. Wir halfen – mit Herzog Adolf Friedrich, den er auf großen Reisen begleitet hatte – den ersten Sprößling taufen, dessen Patin Ilse war.[2] Die Ehe ging aber bald schief. »Konrädchen« war ein treuer Adjutant.

Einen gewissen Gegensatz zu Levetzow bildete in seiner schwereren Art der ruhende Pol im Wechsel der Diplomaten auf der Gesandtschaft, der Handelsattaché, Konsul Dr. Krüger. Langsam und etwas umständlich, aber ein hervorragender Arbeiter, hatte er das Vertrauen der Dänen in einem ganz ungewöhnlichen

Grade erworben. Zugleich war er der treueste, zuverlässigste, unterrichtetste Mitarbeiter, den man sich vorstellen konnte. Er war unersetzlich in seiner Arbeit und wurde zugleich mein guter Freund. Seine geistig interessierte Frau, Kierkegaard-Übersetzerin, ein Original, war daneben eine Persönlichkeit eignen Schlages.

Dann besaßen wir noch einen Presseattaché, Dr. Dietrich, der in seiner Art gute Dienste leistete und über viele Beziehungen verfügte, aber durch den Teufel Alkohol sehr böse geritten und zu Streichen veranlaßt wurde, die es schwierig machten, ihn zu halten. Der Bestand an mittleren Beamten stammte z. T. noch aus der merkwürdigen Zeit, als Brockdorff-Rantzau mehr nachts als tags regierte. Nicht in dieser Hinsicht, aber sonst behaupteten manche, ich erinnerte an ihn, was wohl höchstens äußerlich etwas der Fall war. Der Kanzler Tischer, die Sekretäre Schröder und Preuss leisteten sehr tüchtige Arbeit, ebenso die Schreibdamen, von denen die Gehilfin Krügers, Fräulein Petersen, Besonderes leistete. Ein sehr wichtiger, treuer Mann war der Hausmeister Koleva mit seiner Frau, die uns sehr verbunden waren.

Als ich ankam, gab es – bezeichnend für den damaligen deutschen Zuschnitt überhaupt – kein Gesandtschaftsauto. Ich mußte mich mit Mietwagen behelfen. Aber bald erreichte ich, daß wir ein Adler-Kabriolet bekamen, in dem wir dann unendlich viele schöne und interessante Fahrten gemacht haben, geführt vom dänischen Chauffeur Olsen, einer Prachtgestalt, einst Kutscher beim kaiserlich-russischen Gesandten und genauso aussehend, der alsbald eine sehr volkstümliche Figur in Kopenhagen wurde. Unglück hatten wir mit dem Diener, der uns außerordentlich gefiel, aber sich leider als lungenkrank erwies, so daß wir ihn der Kinder wegen nicht behalten konnten. Die ihm folgenden Kollegen erwiesen sich großenteils als Nieten, und wir haben viel Ärger mit ihnen gehabt und oft wechseln müssen. Ganz anders ging es mit dem weiblichen Personal.

Ich wende mich nun zur amtlichen dänischen Seite und beginne mit dem König, der mich bald nach meiner Ankunft zur Übergabe meines Beglaubigungsschreibens empfing. Schon durch seine Größe – weit über zwei Meter – eine ungewöhnliche Erscheinung, war er allen Kopenhagenern durch seine täglichen Ausritte (allein) durch die Stadt wohlbekannt und überhaupt überall beliebt und volkstümlich. Er war nicht eigentlich liebenswürdig, sondern eher etwas kurz angebunden und von großem Sarkasmus. Ein echter konstitutioneller Monarch, hielt er sich streng in seinem Rahmen, übte aber gerade deshalb dank seiner erfahrenen und zurückhaltenden Klugheit in wichtigen Augenblicken Einfluß aus. Im Laufe der Jahre faßte er ein gewisses Vertrauen zu mir, so kühl und vorsichtig er bei dessen Äußerung blieb.

Immerhin kam er doch bei einem Hofball, als wir zufällig allein standen, mit einigen witzigen Bemerkungen über seine Minister heraus, die bewiesen, wie scharf er beobachtete und wesentliche Dinge erfaßte. Bei einer Audienz wenige Monate nach meiner Ankunft fragte er mich, ob ich schon etwas Dänisch gelernt hätte. Als ich das bejahte, meinte er: »Wissen Sie, Sie müssen sich eine…, ach, Verzeihung, Sie sind ja verheiratet!« Ein anderes mal erzählte er mir, die Königin und der Kronprinz (er sagte: »meine Frau und mein Sohn«) seien in Bayreuth, wo sie eine Woche lang jeden Tag Wagner hörten. »Ich selbst verstehe das nicht, denn ich fühle mich schon nach *einer* Wagneroper wie eine Leydener Flasche!«

Für seine ganz gern etwas zu kleiner Bosheit geneigte Art ist folgende Geschichte bezeichnend: der König fuhr alljährlich nach Cannes, und es war Sitte, daß alle Gesandten, deren Länder er berührte, auf den Bahnhof kamen, in diesem Falle der Deutsche, der Italiener, der Franzose. Nun lag die italienische Gesandtschaft, in der ihr Chef, der Herzensbrecher Graf Viola, als Junggeselle ein lustiges Leben führte, dem Schloß Amalienburg gegenüber. So bemächtigte sich aller Umstehenden große Heiterkeit, als der König sich lächelnd an Viola mit den Worten wandte: »Eh bien, toujours beaucoup à faire, à la Légation? … Surtout la nuit!? … Et le matin les rideaux en bas jusqu'à dix heures!«

Viola und sein gleichfalls auf dem Felde der Liebe sehr tüchtiger Sekretär Cittadini ließen sich dadurch nicht stören, wie überhaupt die Herren Diplomaten viel Entgegenkommen bei der sehr aktiven Weiblichkeit Kopenhagens fanden, als willkommene Abwechslung zwischen den etwas weichen dänischen Männern. Man wird mir vielleicht nicht glauben, aber es ist eine Tatsache, daß es eine Organisation der Ehemänner zum Schutz gegen die unternehmungslustigen Legationssekretäre gab. Einen verfolgten sie bis zur Grenze, über die er endgültig verschwand.

Mir erzählte der Generaldirektor im Außenministerium, Graf Reventlow, daß einer der »Ehemänner« triumphierend bei ihm gewesen sei, um zu melden, jetzt sei die Luft bald rein, nur einen nehme man noch aufs Korn. Das betretene Rätselraten im Kreise, wen es anging, war daraufhin beträchtlich. Am groteskesten lief der Fall eines spanischen Sekretärs aus: ein »Ehemann« erschien auf der Gesandtschaft, um sich über diesen beim Gesandten zu beschweren. Der Sekretär beobachtete ihn vom Fenster und setzte den Kammerdiener des beurlaubten Gesandten in dessen Stuhl. Der Diener empfing den wutschnaubenden Ehemann sehr kühl und lehnte jedes Einschreiten ab, da es sich um Privatsachen handele, worauf der Erboste zu Reventlow lief, sich zu beklagen. Er war sehr verdutzt, als dieser ihm sagte: »Aber der Gesandte ist ja gar nicht in Kopenhagen.«

Ich kehre nach dieser karnevalistischen Abschweifung zum Hof zurück. Die Königin hatte als deutsche Prinzessin und Schwester der Kronprinzessin Cecilie während des Krieges, als Dänemark ganz überwiegend auf der andern Seite stand, eine sehr schwierige Stellung gehabt, aus der sie ähnlich der Königin von Belgien die klare Folgerung gezogen hatte, ganz Dänin zu sein, so wie das auch ihrer vorsichtigen Natur entsprach. Das hielt sie natürlich nicht ab, mit uns sehr freundlich zu sein, und ich habe später einmal mit der Kronprinzessin Cecilie einen besonders reizenden Abend im engsten Familienkreis verbracht (Ilse war zufällig nicht in Kopenhagen).

Eine große Spannung bestand seit jener Zeit zwischen ihr und der urwüchsigen, nicht gerade diplomatischen Prinzessin Helene, geb. Glücksburg, Gemahlin des ritterlich-braven, nicht sehr bedeutenden Prinzen Harald, die sich im Kriege und auch später stets rückhaltslos als Deutsche bekannte, sich manchen Fauxpas leistete und der Königin Mangel an Zivilcourage vorwarf. Sie machte durch ihre Äußerungen und auch sonst nicht immer geschickten Unternehmungen, die oft Mangel an Menschenkenntnis bewiesen, dem Hof viel Kummer. Ich erlebte selbst, wie sie bei einem Fest erleichtert mit dem spanischen Gesandten und mir an einem Tischchen Platz nahm und dem bestürzten Diplomaten ihre Freude über diese Kombination und das Fehlen »der falschen Dänen« zum Ausdruck brachte. Uns war sie mit rührender Treue ergeben, und wir haben mit ihren netten Töchtern in ihrem Hause gute Stunden verlebt.

Ein rechter Kavalier der alten Schule war Prinz Waldemar, ein rührender Gastgeber Prinz Gustav, der unseren Chauffeur von früher kannte und in die Küche seines Schlößchens Egelund kam, ihn zu begrüßen. Der Kronprinz, damals noch Junggeselle, war nicht nur, wie ich schon erwähnte, sehr musikalisch, sondern auch sehr lebenslustig; viele Anekdoten liefen um. Ein besonders heller Stern am Hofe aber war die reizende Prinzessin Axel (Margaretha), Tochter des Prinzen Karl von Schweden. Axel war Seeoffizier gewesen und jetzt Direktor im größten dänischen Unternehmen, der O. K. (Ostasiatische Kompanie), ein tüchtiger Kerl, aber etwas Wildling. *Sie* hatte, bildhübsch, einen großen Zauber, und wir gingen gern zu ihr nach Bernstorffstoj. Einmal trafen wir dort als Überbleibsel einer anderen Zeit die alte Herzogin von Cumberland, ein anderes Mal ihre hübschen Schwestern, die späteren Königinnen von Belgien und Norwegen. Draußen aber, vor Kopenhagen, lebte noch jene Frau, die als beste Hasserin Deutschlands galt, die Tochter Christians IX., die Kaiserinwitwe von Rußland, eine Frau großen Stils, aber in geistiger Umnachtung versunken. Moralisch bildete sie noch den Mittelpunkt der zahlreichen »weißen« russischen Kolonie, die, mit dem Staatsrat von der Vliet an der Spitze, in der Gesellschaft noch ein Schattendasein führte.

Da ich gerade bei den Fürstlichkeiten bin, will ich noch den Großherzog von Mecklenburg, Bruder der Königin, mit seiner unvergleichlich schweigsamen Gemahlin (Braunschweig-Lüneburg) erwähnen.[3] Ich lud ihn zu einem nicht für ihn zusammengestellten kleinen Essen nachträglich ein, und es fiel uns auf, wie hervorragend er die Fürstentugend bewährte, zu jedermann liebenswürdig zu sein und sich für alles zu interessieren.

Ein häufiger Besucher war der Prinz Christian von Schaumburg-Lippe, ein Neffe des Königs, viel später Gemahl von Feo, Tochter der guten Helene, ein frischer, soldatischer junger Mann, der einmal auch von seiner reizenden Schwester, der Witwe des in Luzern gestürzten Reiterprinzen Friedrich Sigismund von Preußen, begleitet wurde. Diese wurde später unsere gute Freundin.[4]

Bei meiner ersten Berührung mit der politischen Welt Dänemarks erschien mir im Vergleich mit Italien und Spanien, auch mit den eignen deutschen Verhältnissen, ganz zu schweigen von Übersee, alles miniaturhaft klein, matter in den Farben, gemütlicher und harmloser. Zwar sind die Dänen keineswegs siegfriedhafte Toren, strahlend-naive Germanen aus dem Bilderbuch. Vielmehr verfügen sie über eine gehörige Gabe Bauernschläue, sind oft pfiffig und durchtrieben, sagen auch sehr viel weniger gerne »nein« als wir, so daß man jedes ganze und halbe »Ja« unter die Lupe nehmen muß, aber ihre ganze Art steht uns doch nahe genug, um ihre Gedankengänge, auch die verschleierten, leichter nachdenken zu können. Man spricht doch im Grunde eine ähnliche Sprache, und man war oft versucht, über die sich ergebenden Konflikte freundlich zu lächeln. Das Leben und Lebenlassen, die Freude am Essen und Trinken, die sonntägliche Stimmung, wenn im ganzen Lande der heitere Danebrog an den Masten flatterte, alles das gab auch den politischen Dingen einen leichteren Anstrich. Die Ferne jeder Kriegsgefahr oder Kriegsstimmung, das wirtschaftliche Gedeihen, auch, in ganz anderem Sinne, das lebhafte kirchliche Leben und der hohe Kulturstand wirkten in gleicher Richtung.

Erstaunlich waren für den »Südländer« auch die völlig anderen Tageszeiten. Der Betrieb kam morgens zu einer Zeit in Gang, da im Süden noch kein Beamter oder höherer Angestellter an Arbeit dachte. Nachmittags waren gerade die ersten Stunden, die im Süden geheiligtes Vorrecht der Ruhe sind, als Tätigkeitszeit beliebt. Dazu führten die einen größten Teil des Jahres kurzen Tage. Ich glaubte an ein Mißverständnis, als mir der Berliner Gesandte Zahle seinen Besuch auf 14:30 Uhr ankündigte! Bald gewöhnten wir uns an alles das, auch an die fühlbarste Veränderung des gesellschaftlichen Lebens: die Pünktlichkeit.

Während meiner Kopenhagener Zeit hatte ich mit zwei Ministerpräsidenten und drei Außenministern zu tun. Madsen Mygdal, Führer der sogenannten Linken, in Wahrheit eher einer Rechtspartei, war ein fabelhaft aussehender, stattlicher Mann mit strahlenden blauen Augen und gewinnendem Lächeln, verheiratet mit sehr anziehender Frau, Besitzer von Edelgave, einem Musterbetrieb nicht weit von Kopenhagen, ein echter dänischer Bauer und ein Herr. Leider sprach er – eine Ausnahme – sehr schlecht deutsch, und mein erstes Gespräch mit ihm ist mir in schrecklicher Erinnerung, weil ich fast nichts von seinem sehr ausgeprägten Inseldänisch verstand, während er glaubte, ich folgte vollkommen.

Dänisch ist wohl die einzige Sprache, die man angesichts des Schluckens und Stoßens, das die Dänen betreiben, eher sprechen als verstehen lernt. Ich weiß nicht, ob es wahr ist, daß Napoleon gesagt hat: »Les Danois prétendent de se comprendre entre eux, mais je n'en crois rien!« Wir haben aber beide bald sprechen *und* verstehen gelernt, dank großer Energie unserer netten Lehrerin, Frøken Oxholm-Schieve (später Frau von Kottwitz) und H.C. Andersen, denn diesen (Ilses Liebling von Kindheit an) deutsch und dänisch nebeneinander lesend, überwanden wir das erste Hindernis, erkannten dabei übrigens zugleich die großen Eigenschaften der gewiß nicht klangschönen Sprache, die noch immer eine Bauernsprache und dem Boden, der Natur viel näher ist als die großen Weltsprachen, weshalb denn auch gerade die Märchen von Andersen auf deutsch herrlich, aber auf dänisch noch *viel* herrlicher sind.

Wir kamen mit Madsen Mygdals in ein freundschaftliches Verhältnis und besuchten sie auch in Edelgave. Ein ganz anderer Mann war der Sozialdemokrat Stauning. Kluger, ja geriebener Politiker, vom deutschen Marxismus herkommend, aber stark ins Bürgerliche abgeschliffen, war er der typische Parlamentarier, der diese Herde geschickt zu weiden wußte. Ein Mann des Friedens, Antimilitarist, mit der Monarchie abgefunden, trieb er eine gemäßigte Politik und zeigte auch für meine Bemühungen, das deutsch-dänische Verhältnis zu bessern und die nordschleswigsche Frage zu entgiften, Verständnis.

Meine Formel war die, daß wir Deutschen, ohne die unter höchst anfechtbaren Bedingungen vorgenommene Abstimmung in erheblichen Teilen des Gebiets anerkennen zu können, doch entschlossen seien, die nordschleswigsche Frage unsererseits nicht zum Gegenstand einer gewaltsamen, also ohne den guten Willen Dänemarks vorgenommenen Änderung zu machen. Jeder vernünftige Däne konnte sich damit zufrieden geben und dafür unbesorgt einem Sichbehaupten des Deutschtums nördlich der Grenze zusehen. Das hat Stauning auf dem Abschiedsbankett für mich ebenso anerkannt wie der alte Vorkämpfer der Dänen im Grenzgebiet, Abgeordneter H.P. Hansen, der in der Zeitung gleichfalls von einer brauchbaren Hassell'schen (Verhaltens-, nicht etwa Grenz-)Linie sprach. Auch deutscherseits erkannte man meist die Richtigkeit dieses Standpunktes gerade im Interesse der Erhaltung des deutschen Volkstumsbestandes. Einige unversöhnliche alte Kämpfer wie mein lieber, verehrter Corpsbruder Rantzau-Rastorf, mit dem ich darüber lange korrespondierte, blieben den Dänen gegenüber auf dem Standpunkt: »Ich will von keinem Gruße wissen, als ihm die Fenster eingeschmissen!« Sie sahen die Dinge allzu örtlich und vergaßen die Gesichtspunkte der allgemeinen Politik eines an lebenswichtigeren Grenzen blutenden Deutschlands. Persönlich war der wenig zugängliche, dafür dem Alkohol allzu zugängliche Stauning keine mich anziehende Persönlichkeit; anders seine Frau, von der er sich später trennte.

Außenminister war bei meiner Ankunft der langjährige Gesandte in Berlin, Graf Carlo Moltke. Zur Kriegszeit hätten der Familie nach der Däne – Moltke – in Berlin und der Deutsche – Brockdorff-Rantzau – in Kopenhagen ebensogut ihren Platz tauschen können. Der ganze dänische Adel bestand höchstens zu fünf Prozent aus Urdänen, der Rest waren Holsteiner, einige auch Mecklenburger und Hannoveraner der Herkunft nach. Das hielt manche von ihnen nicht ab, rabiate dänische Chauvinisten zu sein. Der Ausgang des Krieges beförderte das sogar noch bei jüngeren, unmittelbar aus Deutschland stammenden Leuten, die deutsche Offiziere gewesen waren, aber entweder dänische Frauen geheiratet (ein Bernstorff mit einer geb. Frijs, der auf dem Hofball nicht einmal das Eiserne Kreuz trug) oder dänischen Besitz geerbt hatten (Haugwitz). Ein naher Verwandter des holsteinischen Adels war der in Kopenhagen eine Rolle spielende Graf Wedell-Wedellsborg. Ziemlich zu Beginn unserer Zeit saß ich bei Tisch neben seiner Frau, auch einer geb. Frijs, und sie »snobte« mich derart, daß ich schließlich mein Glas erhob mit den Worten: »Die Sympathie für mein Land, gnädigste Gräfin, strahlt so aus Ihren Augen, daß ich auf Ihr Wohl trinken muß.« Auch in der folgenden Zeit benahmen sie sich ungezogen gegen uns, so daß wir sie schnitten. Aber kurz vor unserm Fortgange machte die Gräfin mir doch ein ritterliches Kompliment. Ich saß zufällig wieder bei Tisch neben ihr und fragte sie, ob sie sich vielleicht an unser Essen zusammen vor drei Jahren erinnere. Sie erwiderte: »Und ob ich mich erinnere, aber ich muß anerkennen: Sie haben es hier in Dänemark geschafft!«

Aber ich komme auf Moltke zurück. Man hat ihm in den Rechtskreisen Dänemarks vorgeworfen, daß er unter dem roten Stauning den Ministerposten angenommen habe, meines Erachtens zu Unrecht. Moltke war Außenpolitiker und glaubte, so seinem Lande zu nützen; »kleiner« Ehrgeiz war ihm glaube ich fremd. Er war der Typus des »großen Botschafters«, klug, elegant, gewandt, überlegen. Seine gleichfalls kluge und anziehende amerikanische Frau sagte von ihm: »Die Dänen lieben mich, weil sie ihn nicht lieben dürfen!« Es war – ähnlich wie für General Wille – »Pech«, daß er Sohn eines kleinen Landes war, sonst hätte er eine große politische Rolle spielen können, hat übrigens gelegentlich in Genf mehr bedeutet, als das Land, das er vertrat. Leider wurde er schwer gelenkkrank und konnte sich bald nur hinkend am Stock bewegen; auch das tat er mit hohem Anstand.

Als ich einmal wegen einer Fußverletzung mit Stock und einem »Pumps« zum König kam und mich deshalb entschuldigte, sagte dieser: »Aber ich bitte Sie, denken Sie doch, wie dekorativ Moltke in dieser Lage wirkt!« Ein Mann, von dem Moltke eine sehr hohe Meinung hatte, obwohl eigentlich sein unmittelbarster »Konkurrent«, war der Gesandte in Stockholm, jugendlicher Außenminister während des ersten und wiederum, älter geworden, des zweiten Weltkrieges, Erik Scavenius. Er sagte, nur einmal habe er das Gefühl gehabt, unter einem wirklich bedeutenden Staatsmann zu arbeiten, nämlich unter diesem. Wie wird das endgültige geschichtliche Urteil über Scavenius lauten?

Moltke trat bald ab und wurde durch einen Mann ganz anderen Schlages ersetzt, Dr. Moltesen. Er kam keineswegs von der Außenpolitik her, sondern teils von der theologisch betonten Philosophie, teils vom Parlament, ein Mann vom reinsten Wollen, Idealist, Freund des Friedens, gläubig erfüllt von den Vorstellungen des Liberalismus, überzeugt, daß auf dem Wege der Erziehung der Völker und zwischenvolklicher Arbeit (Interparlamentarische Union und dgl.) der Fortschritt erzielt werden könne.

Grundtvig war für ihn wie für zahllose andere Dänen der Meister gewesen, und er und die ebenso eingestellte Frau Moltesen haben uns selbst in die Einrichtungen des Volkshochschulwesens eingeführt.[5] Die dort vollbrachten Leistungen waren nicht zu verkennen, trotzdem ist mir zweifelhaft geblieben, ob dieser unter den besonderen dänischen Verhältnissen beschrittene Weg überall und auf die Dauer gangbar ist. Ich stand mich ausgezeichnet mit Moltesen, so verschieden wir an die Dinge herangingen, und wir haben zusammen im gegebenen bescheidenen Rahmen einige nützliche Arbeit geleistet.

Ich nehme hier vorweg, daß Moltesen später von Munck abgelöst wurde, der ähnliche Grundsätze, aber in starrer, demokratisch-theorisierender Form ganz im Sinne seiner Partei, der Radikalen, vertrat. Was Moltesen im milden Lichte philosophischer Betrachtung sah, vertrat Munck mit unnachgiebiger Schärfe eines innen- und außenpolitischen Doktrinarismus. Für seine Art ist bezeichnend, daß sein sportlicher Generaldirektor im Außenministerium, Graf Reventlow, der sich morgens über das frühe Kommen seines Ministers ärgerte, ihn einmal zaghaft-ermunternd fragte, ob er denn nie Sport getrieben habe; Munck erwiderte nach einigem Überlegen, daß er als Kind etwas Krocket gespielt habe.

Das dänische Außenministerium war zu meiner Zeit von einem sehr angenehmen, frischen Geist erfüllt und verfügte über sehr tüchtige Leute, wie z. B. den Leiter der Wirtschaftsabteilung, späteren Gesandten in Moskau, Engell, den jetzigen Gesandten in Berlin, Mohr, und viele andere. Am nächsten trat uns der eigentliche diplomatische Leiter, der Generaldirektor Graf Reventlow, aus holsteinscher Familie – sein Bruder bewirtschaftete einen Besitz in Hannover –, politisch, wie sich dann auch im zweiten Weltkriege zeigte, eher englisch eingestellt, aber ein vornehmer, sachlicher Mann mit Verständnis für Deutschland. Wir freundeten uns mit ihm und seiner Familie, der besonders netten Frau, der bildhübschen und reizenden Tochter Sybille, die uns später in Veldes besuchte, sehr an, ritten und badeten zusammen und besuchten sie in ihrem Landhäuschen in Tisvilde, wo Hans Dieter einige Zeit bei ihnen war.[6]

Die großen politischen Fragen schlugen im Gegensatz zu den Zeiten Christians IX., als Kopenhagen eine für uns wenig erfreuliche politische Börse bildete, nur selten ihre Wellen in Kopenhagen, meist auf dem Wege über den Völkerbund. Für mich standen im Vordergrund die unmittelbaren deutsch-dänischen Angelegenheiten und die nordischen Probleme überhaupt. Für erstere bildete natürlich Nordschleswig das Kernstück, und zwar damals gerade in etwas verschärfter Form, weil von dänischer und dann auch von deutscher Seite Aktionen eingeleitet worden waren, auf dem Wege von Kreditoperationen die andere Seite im Bodenbesitz zurückzudrängen. Es gab hitzige Erörterungen, und es war mühsam, weitergehende Folgen zu verhindern. Einmal ließ ich über das Auswärtige Amt in der D.A.Z. [Deutsche Allgemeine Zeitung] eine ernstere Warnung an die Dänen los, den Bogen nicht zu überspannen. Der Ton war so gewählt, daß Moltesen zu meiner Befriedigung nur sagte: »Ich habe den Stil Eurer Exzellenz erkannt und begrüße, ohne Ihren Standpunkt natürlich ganz zu teilen, diese Art, die Dinge anzufassen.«

Im Laufe der Zeit machte ich mich – politisch immer ein etwas gewagtes Unternehmen – mit Ilse in das Gebiet des deutschen Volkstums auf, besuchte die Deutschen, sprach mit ihnen in Tondern, Hoyer, Lügumkloster, in Apenrade, Hadersleben und Sonderburg, überschritt auch die Grenze und nahm Fühlung in Flensburg, Schleswig und Kiel. Der Landrat Wallroth in der erstgenannten Stadt, der dortige Redakteur Schröder, der ausgezeichnete Regierungspräsident Johannsen in Schleswig waren Leute, mit denen diese Fragen sachlich erörtert werden konnten. Der König sagte mir später, er habe von meiner Reise gehört und sei selbst auch in Nordschleswig gewesen; da habe man ihn gefragt, was denn der deutsche Gesandte da eigentlich zu suchen habe, er habe geantwortet: »Seid zufrieden, daß er hier gewesen ist; er hat sich so selbst überzeugen können, wie gut wir die deutschen Minderheiten behandeln.« Damit hatte er, gemessen am Schicksal anderen deutschen Volkstums, im wesentlichen recht.

Ein schwieriges Problem waren damals die Führer der abgetrennten deutschen Volksteile, wie auch der tüchtige Pastor Schmidt-Wodder in Nordschleswig. Einerseits hatten diese es schwer genug, andererseits war man auf sie angewiesen. Sie waren fast alle dauernd in Geldverlegenheit und stellten immer wieder Ansprüche an das Reich. Die Reichsbehörden hatten den Eindruck einer Schraube ohne Ende, die Deutschtumsführer behaupteten, kümmerlich versorgt zu werden. Es war ein wenig erfreuliches Tauziehen.

Im Gegensatz zu der konkreten nordschleswigschen Frage war das größere nordische Problem nebelhafter und wenig faßbar. Den Bestrebungen der Skandinavier, eine Art nordische Solidarität, einschließlich Finnlands herzustellen, blieb immer ein etwas akademischer Charakter. Ein schwedischer Ministerpräsident sagte einmal in einem Trinkspruch, die nordische Gemeinschaft sei doch schon recht vorgeschritten, denn man werde als Schwede immer auf seine schöne Hauptstadt Kopenhagen und seinen großen Dichter Ibsen angeredet! Für uns bekam die Sache nach dem ersten Weltkrieg einen unangenehmen Beigeschmack durch die Versuche dänischer Nationalisten, eine Front des Nordens gegen Deutschland zu errichten, also die übrigen Nordländer die Wache an der Flensburger Förde mitbeziehen zu lassen. Über einige Tischreden und Festaufsätze kam das freilich nicht hinaus.

Auf deutscher Seite war andererseits aus einem durchaus richtigen Grundgedanken heraus das Bestreben lebendig, eine engere deutsch-nordische Zusammenarbeit herzustellen. Zu meiner Zeit kristallisierte sich das in einem Versuch, von Kiel aus eine Art Gemeinschaft der nordischen und beteiligten deutschen Universitäten für kulturelle Zwecke zu erreichen. Dem stand zunächst, was Dänemark betrifft, die Wahl des Ortes Kiel entgegen, ein Name, der auf die Dänen von den Ereignissen der Mitte des 19. Jahrhunderts her noch wie das rote Tuch auf den Stier wirkte. Indessen war es vielleicht ganz richtig, einmal besagten Stier bei den Hörnern zu packen, um dann über dieses Hindernis endgültig zu springen.

Träger des ganzen Gedankens war der frühere nationalliberale Abgeordnete, damaliges Mitglied des Reichsrats, Schifferer-Charlottenhof, und der Universitätsprofessor Scheel, ersterer mit geschickter Hand, letzterer wie der Elefant im Porzellanladen. Die Sache sollte für Dänemark auf einem großen Gelehrtenempfang bei mir vom Stapel laufen, bei dem unglücklicherweise Schifferer erkrankte und das Wort ganz seinem Fahrtgenossen überlassen mußte. Dieses ergriff derselbe in einer Weise, die mir das Blut in den Kopf trieb, während die Gesichter der Dänen, die sich als »Ostseegermanen« (d.h. in ihrer üblichen Auslegung: »Deutschtumsanhängsel«) gefeiert hörten, immer länger wurden. Nach dem Buffet trat ein fluchtartiger Rückzug ein. Erfreulicherweise wurde mir dieser verunglückte Stapellauf von den Dänen nicht zur Last gelegt; es gelang allmählich, die Sache wieder auszubügeln, und schließlich kam in Kiel ein großartig aufgezogener, mit sehr eindrucksvollem lutherischen Festgottesdienst und anderen Veranstaltungen ausgestatteter nordischer Universitätstag zustande, der gut verlief, wenn ihm auch wohl wirklich große Wirkungen versagt blieben.

Auf dem heißen Kieler Boden wurde noch ein anderes gelungenes Wagnis unternommen, nämlich, zum ersten Male, ein dänisches Konzert des reizenden und in seiner Art bedeutenden Komponisten Carl Nielsen. Ich hatte morgens den Oberpräsidenten Kürbis im Schloß aufgesucht und ihn über die Veranstaltung, den Mann und das Werk genau ins Bild gesetzt. Der frühere Metalldreher war in Kiel gar nicht unbeliebt, weil er die sachlich arbeitenden Männer wie den Vizepräsidenten Thon und den Landeshauptmann Pahlke machen ließ. Trotzdem paßte er zum Oberpräsidenten wie der Igel, sagen wir, zur Puderquaste. Nach dem Konzert war ein Empfang beim dänischen Konsul; als ich hinkam, fand ich Kürbis leider schon völlig betrunken vor. Trotzdem wollte ich der Form genügen und ihm Nielsen vorstellen. Ich sah schon schwarz, als ich um Erlaubnis dazu bat und die lallende Antwort erhielt: »Wer is Nielsen?« Als Nielsen vor ihn trat, entfloß Kürbis' Mund folgende Ansprache: »Na, wenn so'n Musiker seine eijene Musike uffjeführt kricht, dann is er wohl janz meschugge vor Jlück!« Gott sei Dank verstand Carl Nielsen kein Wort.

Aus der Kieler Veranstaltung ist schließlich noch eine vom Rektor Professor Haseloff eröffnete Nolde-Ausstellung zu erwähnen; leider gelang es Ilse und mir nur sehr begrenzt, in den Künstler einzudringen.

Ein nicht sehr wichtiges, aber im kleinen Dänemark Wellen schlagendes politisches Ereignis war die Verurteilung eines aktiven dänischen Offiziers, Hauptmann Lembourn (?), wegen Spionage in Deutschland. Das Urteil bestand völlig zu Recht und war milde zu nennen. Aber die Dänen erregten sich ungemein. Aus politischen Gründen schien es zweckmäßig, die Sache nicht zu lange schwären zu lassen, und ich bat den alten Hindenburg, ihn bald zu begnadigen, da es sich um ein harmloses Männchen handelte. Es war das eine meiner ersten Audienzen beim Reichspräsidenten. Ich will ihn an dieser Stelle nicht würdigen, sondern nur eine für ihn und die damaligen Verhältnisse bezeichnende Geschichte erzählen.

Es war die Zeit des scharfen Konfliktes mit dem ganz aus dem Ruder gelaufenen Ludendorff. Hindenburg sagte mir: »Ich will mich ja so gern mit ihm vertragen, aber er ist leider verrückt geworden. Jetzt will er Tannenberg und alles allein gemacht haben. *So* war es ja auch nicht! Ich will Ihnen mal was zeigen!« Und nun hielt es der Reichspräsident und Sieger zahlreicher Schlachten für nötig, seinem Besucher den Nachweis seiner militärischen Befähigung zu bringen! Er holte ein Papier und las vor: »Ich halte den Major von Hindenburg für einen der fähigsten Generalstabsoffiziere der Armee und jetzt schon in der Lage, Chef des Stabes eines Armeekorps zu werden.« Unterschrift: Graf Schlieffen, Chef der Operationsabteilung. »Ich trete dieser Beurteilung bei.« Graf Waldersee, Generalquartiermeister. »Ich gleichfalls!« Graf Moltke, Chef des Generalstabes. »Sie müssen zugeben«, fügte Hindenburg hinzu, »eine ganz anständige Qualifikation und ganz anständige Namen darunter!«

Ich wende mich nun zum Deutschtum in Kopenhagen. Aus starker Handwerkereinwanderung entstanden, war es ein alter, fest eingesessener Faktor, der sich vor allem um die schöne, ehrwürdige Petrikirche (als deutsche Nationalkirche innerhalb der dänischen Staatskirche) gruppierte, samt der an die Gemeinde angeschlossenen deutschen Schule. Daneben gab es noch eine kleine reizvolle, einer deutschen reformierten Prinzessin zu verdankende reformierte Kirche, in der (auch während des Krieges [I. Weltkrieg]!) nacheinander deutsch und französisch gepredigt wurde. Die Petrikirche mit ihrem Hauptpastor, zu meiner Zeit der tüchtige und höchst aktive, ehrgeizige und viel befehdete Lampe, war ein deutsches Bollwerk, wie es wohl nur wenige im Ausland gab. Bei näherem Hinsehen war das Ganze problematisch, und zwar vor allem wegen der nahen rassischen und sprachlichen Verwandtschaft zwischen Dänen und Deutschen, die – übrigens mit umgekehrten Vorzeichen ähnlich in Deutschland – eine so starke Dänisierung der Deutschen sowohl durch das Berufsleben wie durch nationale Mischheiraten herbeiführte, daß man am »Deutschtum« nur begrenzt Freude haben konnte. Die großen Empfänge bei uns in der Gesandtschaft belehrten uns bei genauem Hinhören, daß die Mehrheit, mindestens aber ein sehr großer Teil, untereinander dänisch sprach. Dazu kam ein recht niedriges geistiges Niveau der meisten und eine geradezu erschütternde Gier beim Essen und Trinken. Besonders Tüchtige drangen bis in den Keller vor, um mehr Bowle zu bekommen. Natürlich gab es auch andere, und wir haben mit vielen Mitgliedern der Kolonie die besten Erfahrungen gemacht. Aber das Gesamtbild war wenig ermutigend.

Zwei Vereinigungen gab es, die sich bemühten, Dänen und Deutsche auf kulturellem Gebiet zusammenzuführen, deren Leiter in erbittertem Wettbewerb standen, beide im übrigen deshalb nur begrenzt wirksam, weil das deutsche offizielle oder halboffizielle Element, vor allem Schule, Kirchen, Gesandtschaft allzu sehr das Rückgrat bilden mußten, die von dem streitbaren, unentwegt für Deutschland kämpfenden, von seinen Feinden als bezahlter Agent verschrienen Professor Karl Larsen geleitete »Gesellschaft von 1916« und die von Lampe gegründete »Vereinigung der Freunde deutscher Literatur«. Beide taten dasselbe, nämlich Vorträge deutscher Schriftsteller usw. zu veranstalten, Lampe in von Larsen verachteter, aber mehr Menschen anziehender, geselliger Form mit Speis und Trank, die »Gesellschaft von 1916« in ernsterer Art. Es geschah auf diese Weise multa, aber in der Wirkung nicht immer multum.

Neben einem Übermaß solcher Tätigkeit, ganz zu schweigen von der Geselligkeit, auf die ich gleich kommen werde, bildete unsere Erholung das Zusammensein mit einigen uns persönlich nahestehenden Leuten, vor allem Clauson von Kaas und der reizenden Lotte Lüder, vor allem in der Form zahlreicher sonntäglicher Autofahrten und Spaziergänge. Alle Wälder und Seen, alle Meeresküsten und Badeplätze, alle Schlösser von geschichtlicher Bedeutung, alle romanischen Kirchen – neben den großen Domen von Roskilde und Kalundborg – der Umgebung wurden unser vertrautes Gebiet. Wir kamen bis nach Moen, zu Lotte Lüders Schwester, Gräfin Moltke in Egelykke oder nach Bregentved zu den alten Moltkes. Dazu kamen Besuche bei Magnus Plessen auf seinem Besitz unweit Kopenhagen und jagdliche Ausflüge zu ihm und nach dem Hansi Plessen, meinem späteren Botschaftsrat, gehörenden Havested.[7] Auch dänische Bekannte besuchten wir auf dem Lande, so den etwas gewaltsamen, junkerhaften Grafen Holstein-Ledeborg, der, obwohl im Kavaliershaus wohnend, den Leibjäger vor Tisch Signal blasen ließ, samt seiner etwas unterdrückten schwedischen Frau, geb. Hamilton; oder den Politiker, richtiger politischer Wildling, Graf Holstein in Holsteinborg, ein ausgesprochenes Original, der während des Krieges [I. Weltkrieg] zu unseren Todfeinden gehörte und später aus innenpolitischen Gründen den Weg zum Dritten Reich, bis auf den Parteitag!, fand.

Unsere offizielle Geselligkeit wäre beinahe zu einem schnellen Schluß gekommen! Denn wenige Monate nach unserer Ankunft – gerade waren die Eltern Tirpitz bei uns zu Besuch – brach ein Brand in der Gesandtschaft aus, der – etwas später entdeckt – das ganze Haus hätte zerstören können. Wir lagen – um etwa ein Uhr morgens – in süßem Schlummer, als der Diener Röhlen ins Schlafzimmer stürzte mit dem Ruf: »Herr Minister, es brennt!« Instinktiv eilten wir beide ohne Überlegung auf unsere Posten: Ilse die Treppe hinauf, um die Kinder zu holen, ich, von Röhlen geführt, zum Brandherd. Letzteres war leichter gewollt als getan. Ich öffnete die Tür zum Saal, in dem es brannte, und fand mich einer dicken Rauchmasse gegenüber. Es gelang mir aber, mehrmals lang hinstürzend, bis in die hintere linke Ecke an die Fensterfront vorzudringen, wo ich den Brandherd fand. Die dort stehenden Möbel, ein Sofa und zwei Sessel waren bis auf die Sprungfedern vernichtet, das Feuer hatte die Fenstervorhänge ergriffen und leckte an den Türen in die nebenliegenden Wohnzimmer hinein. Ein Teil der Teppiche war verbrannt, und durch die Hitze waren alle Ölbilder im Saal, eine gute Kopie nach Pesnes jugendlichem Friedrich des Großen und zwei Erinnerungen an Spanien, zerstört.[8] Ich hatte den Eindruck großer Gefahr, aber durchaus möglicher Rettung bei sofortigem Eingreifen, stürzte zurück, forderte Wasser und löschende Arme, drang wieder in die Ecke vor, goß Waschkrüge und dergleichen auf den Brand und riß die brennenden Vorhänge herunter, immer tatkräftig von den Hausgenossen unterstützt. Entsetzt erschienen auch die guten Schwiegereltern auf der Walstatt. Als die Feuerwehr eintraf, war die Gefahr bereits beseitigt. Ich muß noch erwähnen, daß ich vor dem Ruf des Dieners, wohl etwa eine Viertelstunde früher, schon einmal von zwei sich unmittelbar folgenden dumpfen Lauten erwacht war, die ich mir nicht erklären konnte, aber leider nicht weiter beachtet hatte. Beim Betreten meines neben dem Saal liegenden Arbeitszimmers wurde mir die Ursache klar: die schräg an der Wand über dem Kamin befestigte flämische Madonna, deren Haken am Rahmen sich infolge der Hitze gelöst hatte, war auf den Kaminsims und von dort auf den Boden gestürzt![9] Alle frommen Gemüter sahen darin eine freilich zu unserem Schaden nicht beachtete Warnung.

Die im strengsten Sinne offizielle Geselligkeit beschränkte sich für uns in Kopenhagen auf das Außenministerium, das diplomatische Corps und den Hof. Die übrigen Ministerien und Behörden kamen nur bei besonderen Gelegenheiten in Frage, ausgenommen vielleicht den tüchtigen, lebhaft interessierten Departementchef Graae im Unterrichtsministerium, mit dem ich kulturell viel zu tun hatte und in dessen Haus wir auch verkehrten. Aber auch dieser Kreis war schon ganz beträchtlich. Ich glaube, der Höhepunkt dieses »amtlichen« geselligen Lebens war eine reizende, halb von Berufssängern, halb von Dilettanten bestrittene Aufführung der melodiösen »Maienkönigin« von Gluck in unserem Saal, der die ganze offizielle Gesellschaft und manche private Bekannte beiwohnten, an der Spitze – was sonst nie oder ganz selten vorkam – der Kronprinz, im Augenblick anstelle seines abwesenden Vaters Regent. Bei dem Büfett übertraf die berühmte Netti [Chefköchin] sich selbst.

Als ich meinen Vorgänger Mutius fragte, wie das diplomatische Corps sei, antwortete er von seinem Philosophenthron herab: »Der Auswurf der Menschheit!« Das war ein wenig kokett gesagt und sehr stark übertrieben. Es gab darin eine ganze Menge von Leuten, denen zu begegnen eine Freude war. An die Spitze möchte ich die guten Holländer stellen, van Rappards, die uns mit großer Freundschaft begegneten. Eine Äußerung des allmählich vom langen Gesellschaftsleben angewiderten alten Herrn hat mir manchmal, wenn sie mir bei einem Diner einfiel, fast die Fassung gekostet: er pflegte zu sagen, daß man sich doch nichts Abgeschmackteres vorstellen könne, als die Geselligkeit ausgerechnet essend zu erledigen; ein abscheulicherer Anblick als der einer solchen kauenden, nagenden, schmatzenden Herde sei doch nicht denkbar!

Seit urlanger Zeit in Kopenhagen war auch der vornehme, reizende Schwede Baron Beck-Frijs; ein gleichnamiger Onkel von ihm hatte sein 25jähriges Jubiläum in Kopenhagen gefeiert; später kam noch ein Beck-Frijs, also eine ganze Dynastie; ähnlich gab es in der Türkei die Heidenstamms. Sehr nette Leute waren die Norweger Huitfells; eine Merkwürdigkeit die liebenswürdigen, gastlichen Wessels: es gibt nämlich viele Honorarkonsuln, aber er war Honorargesandter, nämlich seiner zweiten Heimat Chile, wo sein Bruder dänischer Gesandter war.

Auch zu den Polen Rozwadowskis (sein Bruder war mit mir österreich-ungarischer Vizekonsul in Genua), den Amerikanern Dodges, den besonders netten Chinesen Lo hatten wir gute Beziehungen; Frau Lo hatte sich besonders an meine Frau angeschlossen. Südamerika war durch die kinderreiche und betriebsame Familie des venezuelanischen Gesandten Bueno vertreten. Es gab wirklich die verschiedensten Typen in diesem Corps.

Nicht zu vergessen ist der Sowjetrusse Kobetzki, ein kluger, ganz umgänglicher Mann, bei dem eigentlich nur wir und die Finnländer – mit viel Kaviar – verkehrten. Er war ein guter Bekannter Rantzaus und hatte ihn vor kurzem in Moskau besucht. Rantzau hatte ihn auf elf Uhr abends bestellt. Nach anderthalbstündigem Warten war er sich entschuldigend ins Wartezimmer gekommen und hatte gemeint, es werde noch etwas dauern; wenn Kobetzki etwas anderes vorhätte, so möchte er das doch inzwischen erledigen! Um halbeins nachts!

Eine in ganz Kopenhagen bekannte Erscheinung war der Spanier, der ein notorisches Verhältnis zu einer Dame hatte, mit der er in den Straßen der Stadt zur Wahrung der Etikette in einer Entfernung von fünf bis zehn Metern *hintereinander* spazieren ging.

Von einer gewissen politischen Bedeutung waren drei Mitglieder des Corps: der mir gut befreundete spätere finnische Außenminister und Gesandte in Moskau und Tokio Idman, der jetzige »Reichsvorstand« des abgetrennten Islands, damals isländische Gesandte Björnson und der französische Gesandte Hermite, später Botschafter in Rio. Er war sowohl bei Poincaré wie bei Briand gewesen und erzählte sehr anschaulich von ihrer verschiedenen Wesensart. Briand habe immer in den Wolken geschwebt, nichts genau gewußt, sich alles zusammenstellen lassen und dann parlamentarisch-genialisch damit jongliert. Poincaré dagegen sei ein bis ins Kleinste unterrichteter, peinlichste Fragen nach alten Vorgängen stellender, haarscharfer Jurist gewesen, der sich selbst tief in die Dinge versenkte.

Idman hatte übrigens einen Nachfolger, Setälä, der Universitätsprofessor (Linguist) war, unendliche Sprachen sprach, sehr langweilig vortrug und – gar kein Diplomat war (aber ein sehr guter Kerl). Beim Abgang von Kopenhagen fragte er Reventlow, ob er nicht, da er den »Danebrog« schon hatte, den »Islandfalken« bekommen könnte. Reventlow wich aus: er könne ja doch nicht beide zugleich tragen. Setälä aber meinte: »Oh doch! Überkreuz!« Einen besonderen Denkstein muß ich dem tschechischen Gesandten [...] errichten, einen besonderen Vertrauensmann des Herren Beneš, dessen Vertreter er während des Krieges [I. Weltkrieg] in Rußland gewesen war. Von ihm sagte der holländische Gesandte van Rappard, einst auf Posten in der Donaustadt gewesen: »Solche Leute hatten wir in Wien nicht einmal als Bediente!« Er war völlig unbeholfen und hatte keinerlei Stellung in Kopenhagen; dabei war seine Frau, eine Slowakin aus dem Banat oder der Batschka, ganz nett und freundlich. Bei einem offiziellen Diner setzte er mich neben meinen eigenen Gesandtschaftsrat, so daß Reventlow laut über den Tisch zu mir sagte: »Wie praktisch, Sie können Ihre Dienstgespräche vom Vormittag gleich fortsetzen!« Nach Tisch zeigte er einen Film aus dem Leben seines einjährigen Babys, wie es durch Kitzeln der Eltern zum Lachen gebracht wurde und sonst alle Verrichtungen vornahmen, die ihm zukamen.

Merkwürdig schlecht waren in Kopenhagen die Engländer vertreten, deren diplomatisches Corps sonst nach meiner Erfahrung viele tüchtige Leute umfaßte. Ihr letzter Gesandter vor meiner Zeit hatte noch den besten Ruf hinterlassen. Dann kam einer, dessen Gesandtschaftsrat von ihm sagte: »His brain does not work properly.« Aber dieser selbst, der schwerreiche Millington-Drake, leistete sich auch die merkwürdigsten Sachen. Er wurde einst am Telefon belauscht, wie er seiner Presseagentur eine Nachricht über einen Empfang diktierte und dreimal eindringlich hinzufügte: »The British Chargé d'Affaires, Mr. Millington-Drake, joined the party!« Sobald er seitdem einen Salon betrat, flüsterte man sich dieses geflügelte Wort zu.

Der nächste Gesandte, Sir Thomas Hobler [?], deutsch-jüdischer Abkunft, zuletzt Gesandter in Budapest, gab zwar einen fabelhaften Kostümball, bei dem wir als die Figuren aus Figaros Hochzeit auftraten; sonst war er aber wenig erfreulich. Zeitweise entsandte London aber als Geschäftsträger einen Sekretär aus Berlin nach Kopenhagen, der hervorragend tüchtig war und der ebenso wie seine allerliebste Frau – beide Australier – sich sehr mit uns anfreundete. Mr. Jenkin war der erste fremde Diplomat, der die Bedeutung der nationalsozialistischen Bewegung erkannte und praktisch studierte, auch am Biertisch mit S.A.-Männern usw. Wir trafen beide später in Rom wieder. Während des zweiten Weltkriegs stürzte er in Spanien mit dem Flugzeug ab.

An die offizielle Welt kristallisierte sich nun wie überall eine halboffizielle an, die für uns sehr weite Ausmaße annahm. Besonders wichtig waren mir die Beziehungen zur dänischen Presse, die über recht gute Leute verfügte. Übrigens waren auch unter den deutschen Pressevertretern einige Männer, die ihr Fach verstanden und gute Dienste leisteten, z. B. Herr Kye von der Kölnischen Zeitung. In bezug auf die »halboffizielle« dänische Welt und grade auch die Presse stand ich auf dem Standpunkt, den ich auch sonst stets eingenommen habe, Verbindung vor allem nicht zu Pazifisten und international gesinnten Leuten der Linken zu suchen, sondern zu den Nationalen, denn auf die kommt es an; hat man sie für sich, so ist wirklich etwas gewonnen. Ich nenne hier nur den gründlichen, ernsten Sonderling Erik Møller von der »Berlinske Tidende« und den gewandten, scharf nationalistischen Blaedel von der »Nationaltidende«.

In den wirtschaftlichen Kreisen faßten wir mit Hilfe von Krüger Fuß. Wir freundeten uns mit dem Großindustriellen Christian Olesen, Vorsitzender von »Dansk Arbeide«, und seiner hübschen Frau an, ebenso lernten wir gut den Generaldirektor von Burmeister [...] kennen, und sehr viele andere. Es lebte auch noch der »König in der dänischen Wirtschaftswelt, Etatsrat Andersen, Präsident der Ø.K. [Ostasiatischen Kompanie], der einst eine große politische Rolle spielte und versuchte, den Frieden im ersten Weltkrieg herbeiführen zu helfen. Ich habe ihn noch besucht, aber er war schon ein alter Mann. Unser Nachbar war der Generalkonsul Hansen mit seiner dänischen Gemäldegalerie.

In der eigentlichen sogenannten »Gesellschaft« gab es viele lediglich dem Bridge oder dem blanken Snobismus ergebene Kreise, auf die wir weniger Wert legten. Ein etwas interessanteres

Haus machte noch der alte Graf Raben-Levetzau, einst Außenminister bei dem berühmten Optantenvertrag [1907], der eine neue, bessere Grundlage für die Beziehungen zu Deutschland vor dem ersten Weltkrieg schuf; ebenso der (siamesische) Admiral Richelieu, eigentlich Rüschel aus Deutschland, aber durch ein gewaltiges Bild des Kardinals den angeblichen Zusammenhang mit diesem betonend; er und seine Frau sehr liebenswürdige Wirte.

Dann nenne ich die alte Baronin Plessen, eine geborene Schwedin (Eckerman), in ihrem schönen Hause in der Christiansgade, die immer sehr rührend zu uns war. Ihre etwas exzentrische Tochter, Frau Hasselbalch, war eine bekannte Reiterin. Dann das Offizierkorps zu Lande und zu Wasser, in beiden gab es viele nette Leute, so den oberkommandierenden General Nyholm, den uralten General von Hegermann Lindencrone, den Oberstleutnant von Stemann (auch Holstein) und den Kapitän zur See Ipsen, bei einer Schiffsexplosion schwer verletzt, mit seiner lebhaften Frau, die ebenso wie ihr Schwager, Percy Ipsen, und Frau in der Gesellschaft viel gesehen wurden. Ganz besonders freundeten wir uns mit dem General Grut und vor allem seiner reizenden Frau Mary, einer Norwegerin, an, die wir auf ihrem Landsitz bei Kopenhagen oft besuchten und mit der wir in der Husarenkaserne ritten.

Ich könnte noch viele nennen, will aber nur noch als gute Freunde die Familie von Hedemann nennen, deren Tochter Lily und Schwiegertochter Alex, geb. Baronesse Lerche (später geschieden), unsere treuen Freunde wurden – letztere eine rührende Hilfe während des zweiten Weltkriegs. Damals waren noch lustige Zeiten, und es gab einmal einen Fastnachtsball bei Hedemanns, der Ilses Preußenherz etwas erschütterte.

Ich wende mich nun zu der in Kopenhagen besonders blühenden Kulturarbeit. Unmöglich wäre es, alle Beziehungen zu den wissenschaftlichen und künstlerischen Kreisen zu schildern. Von Professoren will ich nur den zeitweiligen Universitätsrektor Knudsen und den Literarhistoriker Wilhelm Andersen als humorvollen Interpreten und Vorleser seines großen Namensvetters erwähnen. Einmal trug er das Märchen vom Schweinehirten in einer Gesellschaft vor und machte, als er uns sah, ein Einschiebsel, um uns einen kleinen Tort anzutun. Als der Kaiser »heraus« sagte, fügte er hinzu: »Er sprach nämlich deutsch, wenn er wütend war.« Zugleich aber blieb ihm fast das Wort im Munde stecken, als er die Oberhofmeisterin Castensjöld mit strengem Gesicht aufrecht vor ihm sitzen sah und im Märchen gerade von dieser hohen Charge witzig plaudern mußte. Letztere war uns übrigens besonders wohlwollend gesinnt, sie half uns, wo sie konnte, und wir besuchten sie auf ihrem Landsitz Norby(?), wo sie trotz hohen Alters mit männlicher Kraft regierte.

Zur Wissenschaft gehörte in Dänemark an hervorragender Stelle die Grönlandforschung. Wir sahen den vollbärtigen Peter Freuchen bei uns, der so ausgezeichnete Bücher über das Eskimoleben geschrieben hat, aber auch den ersten Mann dieses Gebiets, den tapferen Forscher Knut Rasmussen, selbst ein Viertel Eskimo, ein wahrer, unbändiger Mordskerl.

Die Frage, ob »Wissenschaft« oder nicht, wurde die Grundlage eines schweren Konflikts, in den ich mit dem geschwollenen, von Grund auf unerfreulichen Emil Ludwig geriet, als er für einen Vortrag nach Kopenhagen kam. Wir hatten schon das Vergnügen gehabt, ihn während unseres ersten römischen Aufenthalts dort zu begrüßen, wo er – leider – als einer der ersten Vertreter deutschen Geisteslebens einen (schlechten) Vortrag über Goethe hielt. Jetzt erhielt ich einen Anruf des Rektors der Universität, Professor Knudsen, der mir mitteilte, daß Ludwigs Impresario für dessen Vortrag einen Hörsaal der Universität beantragt habe; ob in Deutschland Ludwig als Wissenschaftler oder als Literat gelte. Ich antwortete der Wahrheit gemäß: »Als Literat!« Die Universität lehnte auf einstimmiges Votum der zuständigen Fakultät den Hörsaal ab. Ludwig erschien und bekam von mir ein Frühstück, bei dem ich seine erstaunliche geschichtliche Unkenntnis feststellte; tatsächlich ließ er sich die auszubeutenden Stoffe und Persönlichkeiten von Sekretären »exzerpieren« und bearbeitete dann das so erhaltene Material. Zum Abschied schickte er meiner Frau herrliche Rosen, da wurde ihm noch auf dem Bahnhof versetzt, ich hätte ihm den Hörsaal hintertrieben. Folge am nächsten Tage: wilde Angriffe gegen mich in der Berliner jüdischen Presse, von denen ich noch in der nächsten Nacht durch den Presseattaché benachrichtigt wurde. Die Dänen benahmen sich fabelhaft loyal: die Presse, auch die der Linken, wehrte den Angriff kühl ab, die Universität aber, durch die ungeschickte und den Tatsachen gar nicht entsprechende Behauptung, sie habe sozusagen auf Weisung eines fremden Gesandten gehandelt, aufs höchste gereizt, erwiderte in schärfster Form, sich durchaus vor mich stellend. Das Auswärtige Amt »kringelte« sich aus der Sache heraus, und mir geschah nichts.

»Wissenschaftlicher« war eine große Professorenreise aller Fakultäten, die der Reichstagsabgeordnete Prälat Schreiber mit einem Fahrzeug der Kriegsmarine in der Ostsee veranstaltete. Es wurde eine ganz nette Fühlung mit den Dänen erzielt, obwohl der in seiner damaligen, heute nicht mehr vorstellbaren »Allmacht« schwer erträgliche Schreiber nicht gerade begeisternd wirkte.

Ein großes Fest gab ich später auf Wunsch des deutschen Delegierten, Staatssekretärs Heinrici, Mannes meiner Cousine Helene Tettau, für die Jahrestagung der Internationalen Meeresforschung, an der die Vertreter zahlreicher Nationen teilnahmen. Prinzessin Axel verschönte mir den Abend.

Ganz anderer Art waren die Veranstaltungen des lutheranischen Weltkonvents, die in Kopenhagen unter amerikanischem Vorsitz stattfanden. Von den deutschen Delegierten, die in der Gesandtschaft zu Gast waren, sind mir der recht repräsentative Ihmels, der einstige Abt Stange sowie der geistvolle Göttinger Hirsch in Erinnerung. Den tiefsten Eindruck hatte ich von dem Festgottesdienst in der Frauenkirche, unter Thorwaldsens segnendem Christus, in Gegenwart des Königs und der Königin. Von der Kanzel sprach der Bischof von Kopenhagen, Ihmels, und der schwedische Bischof Söderblom. Letzterer, unverkennbar als starke Persönlichkeit, stand, in seiner festen, gedrungenen Gestalt wie ein protestantischer Feldgeistlicher reformatorischer Heere anzuschauen, auf der Kanzel. Er sprach schwedisch und forderte dann die Versammlung auf, mit ihm, jeder in seiner Sprache, die Worte der Lutherschen Erklärung zum zweiten Hauptstück des Katechismus laut zu bekennen; er selbst werde sie in der Sprache des Verfassers, auf deutsch, vorsprechen: »Ich glaube, daß ich nicht aus eigner Vernunft noch Kraft usw.«! Der Vorgang versinnbildlichte mir die ungeheure Bedeutung des Luthertums für den ganzen Norden, als aus Deutschland – wie schon das Christentum selbst – gewonnene Grundlage der Kultur – nicht im engen Sinne deutscher »Propaganda«, sondern als unvergleichliche Brücke zwischen den Völkern in ihrem tiefsten Wesen, unabhängig von der Tagespolitik, die abzubrechen oder zu gefährden nicht verantwortet werden kann.

Der Name Luther, aber freilich nur der Name, führt mich auf einen anderen Besucher, Dr. Hans Luther, der im großen Eiswinter 1928/29 für einen Vortrag nach Kopenhagen kam. Vor ihm oder nach ihm erschien für den gleichen Zweck der andere Ex-Reichskanzler, Cuno, mit seiner Frau! Ein größerer Gegensatz in Art und Wirkung war kaum denkbar. Luther, äußerlich wenig anziehend, sehr klug, etwas didaktisch, imponierte den Leuten durch den sachlichen Inhalt seiner Ausführungen sehr stark. In einem Zusammensein mit der Presse, über deren einzelne Vertreter ich ihn unterrichtet hatte, zeigte er sich höchst beschlagen, sich individuell auf jeden einstellend. Cuno hatte nicht einmal seinen Vortrag selbst gemacht. Ich fand ihn beim Lesen so strohern, daß ich ihn veranlaßte, aus seinen mit mir geführten Gesprächen wenigstens noch einige Lichter aufzusetzen. Unter den Presseleuten, die ich ihm auch genau »individualisiert« hatte, war ihm keiner ein Begriff geworden. Trotzdem machte das stattliche, glänzend repräsentative Ehepaar und vor allem der liebenswürdige strahlende Mann auf die Dänen im Grunde mehr Eindruck als Luther, vor dem sie eher Angst empfanden.

Zum Schluß dieses Teils noch Theater und Musik. Es gab auf der Bühne allerhand Schiller, wie »Maria Stuart« (zweimal zur gleichen Zeit!) und »Kabale und Liebe«. Den Vogel schoß aber Kleists »Zerbrochener Krug« in einer ausgezeichneten Aufführrung ab. Wir luden die ganze Schauspielerschar, an der Spitze das reizende Evchen (?), Inge Møller, zu einem Empfang ein, der sehr lustig verlief, und von mir noch in der Stadt mitfortgesetzt wurde.

Eine ganz große Rolle spielte in der Kulturarbeit in Kopenhagen natürlich die Musik. Wir verfolgten dabei den Grundsatz, zwar das Vorführen deutscher Musik zu fördern, in der Gesandtschaft und anderwärts, aber möglichst viele dänische Künstler heranzuziehen, gerade auch bei uns. So war neben etwa dem deutschen Pianisten Kaiser auch manche dänische Sängerin, z. B. Else Schiøtt, bei uns häufiger Gast. Es gab auch einen sehr ernsthaften Bach-Verein unter Leitung des Organisten Raasted (?) und einen weniger fest gegründeten Wagner-Verein, der nicht so recht leben und sterben konnte.

Vielleicht der größte Eindruck der Zeit war ein Konzert unter Muck, der, unter großen äußerlichen Schwierigkeiten, die IX. Symphonie dirigierte. Die Persönlichkeit gefiel uns außerordentlich, obwohl er die größte Höhe schon passiert hatte. Bei einem Essen zu seinen Ehren hielt sein (ihn übrigens sehr rührend patronisierender) Beschützer, der Bürgermeister Petersen aus Hamburg, eine überaus taktlose, antimonarchische Rede, die zudem statt auf den Dank an die Dänen auf den Preis Mucks hinauslief, der nicht *seine* Aufgabe war. Muck beugte sich zu meiner Frau und sagte leise: »Zum Speien!« Beim Abschied steckte er, um nicht photographiert zu werden, die Zunge heraus und sagte zum dänischen Impresario, über den er sich grün geärgert hatte, auf dessen Wunsch baldiger Rückkehr: »Nie wieder!«

Das musikalische Hauptereignis war jedes Jahr das von »Nationaltidende« organisierte Furtwänglerkonzert. Die anderen Zeitungen machten gute Miene dazu, erlaubten sich aber aus Konkurrenzneid kleine Bosheiten. So schrieb »Politiken«, man freue sich, den großen Meister zu begrüßen und auch seine Frau, die ja Landsmännin sei. Wer sie übrigens nicht kenne, solle nur ins Hotel »Hafnia« gehen, da hinge ihr Bild. Ihr erster Mann, der Maler Lange, hatte sie nämlich als Venus in dem üblichen Kostüm dieser Göttin gemalt! Frau Furtwängler, von der er jetzt geschieden ist, war eine schöne und liebenswürdige Frau, die Furtwängler glühend liebte, was bei diesem bedeutenden und anziehenden Mann sehr verständlich ist. Damals lernte ich beide und auch das dänische Milieu erst kennen. Ich saß bei einem Festessen neben ihr und fragte sie nach meinem Gegenüber, worauf sie freundlich erwiderte: »Das kann ich Ihnen gut sagen, denn es ist mein voriger Mann!« – nämlich der Schriftleiter der »Nationaltidende«, der Furtwängler nach Kopenhagen gebracht und dabei seine Frau an ihn verloren hatte. Nach Tisch sah ich einen andern Unbekannten, nach dem ich mich – nicht bei ihr! – erkundigte, und erfuhr, daß es ihr erster Mann, eben der Maler Lange sei. Ich war also mit drei Männern einer Frau gleichzeitig zusammen.

Ich will nun noch einige Worte über die größeren Reisen sagen, die wir von Kopenhagen gemacht haben. Bald nach unserer Ankunft faßte ich den Plan, als erster deutscher Diplomat Island einen Besuch abzustatten, da ich ja auch beim König dieser Insel, damals noch in Personalunion König von Dänemark, beglaubigt war. Das wurde im Juni 1927 ins Werk gesetzt; als Vorbereitung für den Ritt durchs Land lernte Ilse schnell und mit großem Erfolg vom Damen- in den Herrensitz um. Ölzeug und Gummistiefel für das Durchreiten der Flüsse wurden erworben, und dann ging die Reise mit dem neuen Dampfer »Dronning Alexandrine« los, bis Reykjavik, von dort nach kurzem Aufenthalt nach Akureyri, dann in fünf- oder sechstägigem Ritt, dreizehn Pferde stark, mit dem guten Pfeil, Konsul in Reykjavik, und zwei Führern durch das großartige, öde Land von Bauernhof zu Bauernhof (die, auf der Karte stolz verzeichnet, das Bestehen von Ortschaften vortäuschen) bis zur Bucht von [Bogurnes]. Hier nahm uns ein Fischereikreuzer der isländischen Regierung auf und brachte uns nach der Hauptstadt zurück. In Reykjavik gab es ein offizielles Essen beim Ministerpräsidenten, Ausflüge zum Geysir und nach Thingvellir, allerhand Dienstliches, und dann ging es mit dem kleinen, kräftigen (früher deutschen) norwegischen Dampfer über die Färöer nach Bergen. Wir schlossen noch einen schönen Ausflug zum Sognefjord an, fuhren mit der Bergenbahn nach Oslo und dann heim nach Kopenhagen. Die Reise war ein großer Eindruck, vor allem der Ritt durchs Land, und da heute, da wo wir unsere Islandponys tummelten, eine Autostraße läuft, der Zauber dieses Ritts also der Vergangenheit angehört, will ich einige Auszüge aus meinem Tagebuch folgen lassen.[10]

In politischer Hinsicht war mein Eindruck von den Isländern der eines jener kleinen Völker, die, plötzlich zu Selbständigkeitsgedanken erwacht, einen Mangel an Augenmaß und Einsicht in die Weltverhältnisse zeigen. In Island steigerte sich das durch die jahrhundertelange Abgeschlossenheit, die ein eigenbrödlerisches, gegen die Außenwelt mißtrauisches, andererseits aber in den Irrungen und Wirrungen der großen Welt unerfahrenes Volk erzeugt haben. Keineswegs sehr »germanisch« im Typus, ist diese Mischung aus norwegischen Herren und irischen Sklaven schwer zu beurteilen und schwer zu behandeln. Nachdem sie unendliche Zeit im Gedankenkreise ihrer nordischen Sagas gelebt haben, die sie treu erhalten haben und deren Sprache – weit verschieden von den übrigen germanischen Sprachen – sie heute noch wenig abgewandelt sprechen, ist nun seit einigen Jahrzehnten die moderne Welt mit Rundfunk und Kino in ihr Einsiedlerdasein allzu schnell eingebrochen.

Gewiß haben die Dänen in ihrer Behandlung Fehler gemacht, im Ganzen doch aber große Nachgiebigkeit, eine weiche Hand bewiesen. Das völlige Zerschneiden des sehr losen, aber doch nützlichen Zusammenhangs mit der dänischen Krone und damit auch dem europäischen Kontinent muß auf eine Angloamerikanisierung hinauslaufen, die bedauerlich ist. Die Kraft und Eigenart dieses kleinen, erst seit kurzer Zeit erwachten Stammes wäre ein wertvolles Element in der germanischen Gesamtfamilie geblieben.

Die Islandfahrt hatte noch eine für unser weiteres Leben wichtige Folge: Ilse, die alte Reiterin, ließ von ihrem Lieblingssport nicht mehr ab, und ich selbst, nicht mehr in Sorge seit der »Islandjagd«, das Reiten könne meinem Innern gefährlich werden, schloß mich ihr an.[11] Wir haben auf den recht guten Pferden des deutschen Bereiters Althoff herrliche Ritte im Dyrhave von Klampenborg gemacht, oft mit Reventlow zusammen, und auch Almuth und Wolf Ulli wurden nach den ersten Reitstunden auf »Hans«, »Tibi« und »Bobby« gesetzt. Dieser Gewohnheit sind wir in sich steigender Weise in Belgrad, Rom, Feldafing, Ebenhausen und ich in Berlin treu geblieben. Wenn ich denke, daß mir 1915 die Ärzte sagten, zweierlei würde ich nicht wieder tun können: Reiten und Bergsteigen, so muß ich wirklich dankbar sein, denn beides habe ich gerade seitdem mit Freuden betrieben.

Im nächsten Jahre erbat und erhielt ich vom Auswärtigen Amt die Genehmigung, nach Schweden und Finnland zu reisen, um allmählich ein Gesamtbild des Nordens zu gewinnen. Persönlich hatte für mich Schweden noch den Reiz, das Land kennenzulernen, dem meine Vorfahren durch mehrere Generationen gedient hatten. Von jeher fesselte mich besonders alles, was Karl XII. betraf.[12] Die »Karolinerna« von Heidenstamm, eines der besten Bücher dieser Art überhaupt, stand seit vielen Jahren auf meinem Schreibtisch, auf dem sie nach dieser Reise durch das schwedische Original ersetzt wurde.[13] Leider reichte unsere Zeit nicht, Heidenstamm zu besuchen; ich schrieb ihm aber einige Worte, auf die er mit einem schönen Briefe antwortete, den ich diesem Buch beifüge.[14]

Ich will keine Reisebeschreibung von Schweden liefern – niemand hat das herrlicher getan als Selma Lagerlöf in ihrer »Wunderbaren Reise«, sondern nur einiges Besondere erzählen – »besonders« ist die Fahrt durch den Götakanal von Trollhütte bis Stockholm durch Vätter- und Vänersee, am schönen Vadstena mit der heiligen Brigida vorbei, insofern, als der heute eilige Reisende fast immer diese langsame Beförderungsart (über fünfzig statt acht Stunden) verschmäht. Und doch ist sie in ihrer Beschaulichkeit nicht nur ein großer ausruhender Genuß, sondern auch der beste Weg, um vom schwedischen Lande wirklich einen Eindruck zu gewinnen. Man gleitet auf dem unerhört schmalen Kanal in stillem Frieden unmittelbar an den grünen Ufern, an Gärten und Villen, Dörfern und Städtchen vorbei, durch Wald und Feld und durch die großen Seen, bis hinauf aufs Meer südlich Stockholm und durch die fröhliche Inselwelt zur schwedischen Hauptstadt.

Hier wurden wir sehr gastfreundlich von Rosenbergs in der Gesandtschaft aufgenommen. Dazu waren Erbachs inzwischen hierher versetzt, und wir hatten gemütliche Abende mit ihnen, teils in dem bekannten, kerzenbeleuchteten Restaurant [...], teils bei ihnen. In einem Varieté, das wir besuchten, sangen leichtbekleidete Mädchen ein Spottlied auf Keyserlingks Reisetagebuch, in dem er bekanntlich einzelne Völker mit wenig Takt charakterisiert. Die Schwedinnen erklärt er für brauchbar zur Rasseverbesserung, und der jubelnd aufgenommene Kehrreim lautete: »*Det* duger vi til« (dazu sind wir gut genug). Wir sahen Stockholm, ich natürlich mit besonderem Interesse die Uniform Karls XII. im Nationalmuseum und Reddarsholm-Kyrka, dazu allerhand vom schwedischen Leben und schwedischer Industrie.

Als ich Rosenberg meinen Wunsch mitteilte, Söderblom in Uppsala zu besuchen, war er wenig erbaut: der Mann würde doch überschätzt, alle Deutschen wollten ihn bestaunen. Er erzählte als Beleg für die Art des Bischofs, ein bißchen Theater zu spielen, daß er mit Cuno (dessen Außenminister Rosenberg war) bei ihm gewesen und in den Dom gegangen sei; da habe Söderblom nach Entfernung des »Gefolges« gesagt: »Nun sind wir hier zusammen, Sie, der deutsche katholische Kanzler, ich, der evangelische Erzbischof von Schweden. Wir wollen hier niederknien und für den Frieden der Welt beten.« Abends bei Erbachs saß ich neben der anziehenden, geistig interessierten Gräfin Willamowitz, Karin Görings Schwester und Biographin, die sich als große Verehrerin Söderbloms bekannte. Sie berichtete, daß sie ihm neulich Rabindranath Tagore gebracht habe, da habe Söderblom vor den Stufen des Altars gesagt: »Nun sind wir hier zusammen, Sie, der indische Dichter, ich, der evangelische Erzbischof von Schweden; wir wollen niederknien und für den Frieden der Welt beten!«

Einige Wochen später besuchten wir in Finnland das fantastische, auf vierzig Inseln liegende Kloster Valamo, wo die Mönche zum Teil als Einsiedler auf ihrer Insel leben, im eigenen Sarge schlafen und manchmal die Heiligkeit durch unendlichen Schmutz unterstreichen. Da erzählte uns der führende Mönch: »Denken Sie, neulich war Söderblom hier, er ging mit unserm Abt in die Klosterkirche und sagte vor dem Altar: ›Wir sind nun hier zusammen, Sie, der orthodoxe Abt, ich, der schwedische Erzbischof; lassen Sie uns niederknien und für den Frieden der Welt beten!‹«

Das unmittelbare Hintereinander dieser Geschichten machte uns immerhin Eindruck, beeinträchtigte aber auf die Dauer unsere hohe Meinung von Söderblom gar nicht. In solcher Stellung lassen sich kleine, wie Theater aussehende Akte dieser Art nicht vermeiden, vor allem ist eine gewisse Wiederholung beinah selbstverständlich. Die Ehrlichkeit des Wollens und des Glaubens braucht darunter nicht zu leiden.

Ich blieb bei meinem Wunsche, und wir haben es nicht bereut. In Uppsala sahen wir den Dom und die Bibliothek samt Codex Argenteus, geführt vom Bibliothekar Westring, Bruder eines schwedischen Kollegen.[15] Dann gingen wir zu Söderblom, der uns zum Frühstück im Familienkreise dabehielt. Es war unterhaltsam zu sehen, wie er sich an uns heranpirschte, um festzustellen, ob es lohne, sich mit uns zu befassen. Plötzlich fing er mit der Begründung, er müsse in den nächsten Tagen dänisch predigen, diese Sprache an zu reden, offenbar um zu sehen, ob wir uns die Mühe genommen hätten, sie zu lernen. Nach einiger Zeit meinte ich zum alten Leipziger Professor lächelnd, nun wisse er wohl, daß wir dänisch verständen, und wir könnten wieder deutsch sprechen. Es gab mit dem sprühenden Mann eine höchst fesselnde Unterhaltung über kirchliche und religiöse Fragen. Dann fragte er, ob wir in Gamla Uppsala gewesen seien, und als ich sagte, die Zeit habe nicht gereicht, erklärte er imperatorisch: »Sie bekommen ein Auto, ich telefoniere dem Küster, meine Tochter führt Sie, und fünf Minuten vor Abgang des Zuges sind Sie am Bahnhof.« So geschah es. In Gamla Uppsala verlangte die Tochter, daß wir zuerst auf die alten Königshügel, die als heidnische Wahrzeichen neben der uralten christlichen Kirche ragen, hinaufliefen. »Sonst kann ich meinem Vater nicht vor die Augen kommen!«

Von Stockholm drangen wir noch über Falun in Gustav Wasas Heimat Dalekarlien, nach Nora und den Siljansee vor; zurück fuhren wir über Gefla, und ich tat Einblick in Holzindustrie und Holzhandel.[16] Dann gings nach Finnland, zu Schiff nach Abo (Turku), von da nach Helsinki: Wir wurden vom Gesandten Hauschildt, dem leider früh verstorbenen, und seiner Frau sehr freundlich aufgenommen, auch in seinem Sommerhäuschen auf den Inseln; sie waren wenig beglückt über ihre gerade fertig werdende moderne, ungemütliche Gesandtschaft. Der nette Grundherr war Gesandtschaftsrat, Hohenthal Attaché (?).

Helsinki wirkte, ähnlich wie Oslo, nach Kopenhagen und Stockholm gemütlich-provinziell, »kleine Residenz« mit Militärmusik auf der Promenade. »Staatlich« war alles neu, die Finnländer gehörten auch zu den kleinen, neugeformten Nationen, die eifersüchtig darüber wachten, daß man ihre Selbständigkeit und ihre Leistungen anerkannte. Sprach man von Beethoven, so sagten sie gern: »Ja, wir haben Sibelius!« Das war ganz begreiflich, und der Eindruck ihrer großen zähen Tüchtigkeit drängte sich gleichzeitig auf. Sie wirkten kräftiger, unverbrauchter als die Skandinavier. Auffallend war vom ersten Augenblick an das scharfe Betonen der finnischen Sprache gegenüber dem bisher die Oberschicht beherrschenden Schwedisch. Wenn wir im Innern des Landes uns mit Dänisch zu helfen suchten, wurde man oft unhöflich, weil man es für Schwedisch hielt. Hatten früher gebildete Finnländer ihre Namen suecisiert, so setzte jetzt die umgekehrte Bewegung ein. Als Deutscher fand man Sympathie, obwohl die Finnländer ungern hörten, daß die deutschen Truppen [im I. Weltkrieg] Finnland befreit hätten; die eigene Leistung wurde in den Vordergrund gerückt. Noch damals organisierte übrigens mein Brügger U-Bootsfreund Bartenbach, den ich natürlich besuchte, die finnischen Seestreitkräfte.

Wir machten eine herrliche Reise durchs Land, nach Wiborg, Sordawala, Valamo, Imatra, Savonlinna, Punkaharju (?) usw., schließlich von dort zu Schiff nach Mikkeli, eine beschauliche Fahrt durch die Unendlichkeit von Wäldern und Seen, und dann mit der Bahn über Tavastehus und Tammerfors nach Turku zurück.

Einmal besuchten wir Wolfs [Wolf v. Tirpitz] Freund Prof. Lindenberg und deren Nachbarn, den früheren Kriegsminister [...] auf ihren grünen Landsitzen. In Sordawala fanden wir Moltesens Schwiegersohn, Dr. Relander, mit Frau, die sich sehr unserer annahmen, nach dem märchenhaften Valamo brachten und auch zu Relanders Eltern, den früheren Präsidenten der Republik, in ihrem einfachen gemütlichen Landsitz am Ladogasee. Auf der Rückfahrt nach Stockholm berührten wir etwa um zwei Uhr nachts Marienhamn auf den umstrittenen Ålandsinseln.[17] Im Morgendämmer lag an der Mole ein gewaltiger Viermaster. Ilse erklärte, sie wolle auf den Ålands unbedingt gewesen sein; sie eilte über die Landungsbrücke und spazierte stolz auf der Mole auf und ab, bis das Zeichen zur Abfahrt gegeben wurde!

Nun ist aber der eindrucksvollste Teil dieser Reise noch zu erzählen, der Abstecher von Viborg nach Leningrad. Die furchtbaren Bilder, die wir dort sahen, sind wir lange nicht losgeworden. Wir lebten unter gutem Schutze, denn der Generalkonsul Walter nahm uns sehr freundlich in die von ihm bewohnte, großenteils in Wüste und Leere versunkene Botschaft nahe der Isaakskathedrale auf. Auch der dänische Generalkonsul Leth mit seiner Frau nahm sich sehr unser an. Aber es lag doch ein Alp auf uns während der ganzen Zeit.

Im Jahre 1929 machten wir als dritte große Reise eine Fahrt zu den deutschen Konsulaten in Dänemark und lernten dabei Fünen und Jütland, von Skagen bis Ribe, ganz gut kennen. Ich habe auf allen meinen Posten besonderen Wert auf ein Netz von Wahlkonsulaten und auf enge Beziehungen zu ihnen gelegt. Sie stellen, seien es wie in Spanien Deutsche oder in Dänemark Dänen, das Skelett der deutschen Arbeit dar, Fußpunkte deutscher wirtschaftlicher oder kultureller Tätigkeit, Brücken zum Volkstum des Landes. Es kommt nicht so sehr darauf an, ob in dem einzelnen Ort ein dringendes Bedürfnis für ein Konsulat und ein Haufen Arbeit vorliegt, sondern mehr auf das Vorhandensein einer geeigneten

Persönlichkeit als Kristallisationspunkt im weiteren oder auch ganz bescheidenen Rahmen. Infolge der vielen, in intensivem Kleinverkehr mit Deutschland stehenden Häfen Dänemarks hatte sich dieses Netz sehr stark entwickelt.

Es waren vorzügliche Leute unter den Konsuln, von denen ich nur Mengel in Odense und Sommer-Larsen in Aalborg erwähnen will. Den Zusammenhang pflegte ich durch ein alljährliches Konsulsessen mit vorhergehender allgemeiner dienstlicher Besprechung, die nachher in Einzelbesprechungen mit Referenten usw. fortgesetzt wurde. Dann aber besuchte ich die einzelnen Konsulate, so weit es irgend möglich war. Dem Zwecke diente also auch diese große Rundreise. Ich hatte vorher an alle Konsuln geschrieben, ich bäte große Essen und schwere Weine nicht vorzubereiten, da ich infolge meiner Blutungen vorsichtig sein mußte. Der Erfolg war erschlagend. Nie in meinem Leben habe ich so schlemmerhafte, dänisch-schwere Diners und Frühstücke, nebst Rhein- und Burgunderweinen vorgesetzt bekommen! Ilse mußte auch noch für mich geradestehen, um mich zu retten und die eiferglühenden Wirte zu befriedigen. Als wir in Skagen zum Atemschöpfen ankamen, verlangten wir, in der Jahreszeit fast die einzigen Gäste in dem großen Hotel, erschöpft als Abendessen jeder ein Spiegelei. Das Bad am kühlen Morgen, im ersten Sonnenschein, da wo Ostsee und Nordsee sich treffen, war vielleicht »persönlich« der Höhepunkt der Fahrt, die »dienstlich«, glaube ich, sehr gut verlief und Nutzen stiftete.

Vor meiner Ernennung nach Kopenhagen war mein Vater gestorben; ich habe das immer doppelt schmerzlich empfunden, weil die Freude über meine Ernennung zum Gesandten und vor allem nach dem so dicht bei Doberan gelegenen Kopenhagen sein Leben vielleicht gar noch verlängert hätte. Gegen Ende unserer dänischen Zeit wurde mein Schwiegervater krank. Wir fanden ihn nicht mehr unter den Lebenden, sondern im Ebenhausener Sanatorium aufgebahrt, nicht ahnend, daß wir alle einmal gegenüber in der Villa an der Lechnerstraße hausen würden. Noch ein Jahr vorher hatten wir im Feldafinger Hause, das er sich statt St. Blasien gebaut hatte, und im Hotel »Kaiserin Elisabeth« mit großer Beteiligung seinen achtzigsten Geburtstag gefeiert, er von unerhörter Frische, auf elf Ansprachen einzeln und glänzend antwortend. Nun lag er da, ein stiller Mann, in unvergleichlicher Hoheit, zu Häupten und zu Füßen statuenhaft zwei junge Seeoffiziere. Wir trugen ihn im März 1930 auf dem schönen Waldfriedhof inmitten Gefallener des Weltkrieges zu Grabe. Die Tragik seiner Persönlichkeit und seines Werkes, gescheitert an unzureichender Reichspolitik epigonenhafter Persönlichkeiten, ergriff mich tief und hat mich nie verlassen. Ich verlor mit ihm nicht nur den Schwiegervater, sondern den besten Freund, den Meister, das unerreichte Vorbild.

Bald danach wurde ich nach Berlin gerufen, und der Staatssekretär von Schubert teilte mir mit, daß man mich nach Belgrad schicken wolle. Ich war davon wenig begeistert; erstens wäre ich gern noch in Kopenhagen geblieben, zweitens machte ich mir von Belgrad, wie ich jetzt zugebe, keine richtige Vorstellung. Ich bat mir Bedenkzeit aus, nahm dann aber an. Wie ich hörte, hatte sich auch der Reichskanzler, Hermann Müller, mein alter »Gönner« von 1919, für den Fall interessiert. Je länger ich darüber nachdachte, desto wichtiger erschien mir die Aufgabe.

Ich eilte nach Kopenhagen zurück, wo die Nachricht unseres Fortganges ehrliche Trauer in sehr weiten Kreisen hervorrief. Wir selbst waren betrübt genug, selten wird man auf einem Posten so warm wie wir in Dänemark. Schnell machten wir mit Reventlows noch eine wehmütig-reizvolle Abschiedsfahrt durch Fünen, zu unserer Freundin Julie Reetds Thott in Biskopstorp und Else Castenskjold in Tybrind. Dann gab es ein ganz gewaltiges Abschiedsbankett der Dänen, wie es wirklich noch nicht da war, unter Vorsitz des Oberpräsidenten Bülow, mit dem vorigen und dem damaligen Ministerpräsidenten Madsen Mygdal und Stauning rechts und links und vielen Reden. Die Kolonie feierte uns ab. König und Königin gaben uns, auch ungewöhnlich, ein Frühstück zu vieren, und dann verließen wir Kopenhagen, Ilse mit echten Tränen im Auge. Die Parole hieß: Balkan!

Notizen für Belgrad

Erster Eindruck. Gesandtschaftshaus. Stadt. Kalimegdan (Tibidabo, Righi). Ban. Brdo. Topcider. Koscutnijak. Avala. Land. Donau und Savebrücke. Motorboot. (Eisernes Tor). Stab. Aufgaben. König Alexander. Prinz Paul. Hof. Sonstiges pol. Gegenspiel. Österr. Zollunion. »Jugoslawien«. Konfess. Kroatien. Diplomatisches Corps »Gesellschaft«. Deutsch-jugoslawische Gesellschaft, Professoren, Goethefest, deutsche Volksgruppen. (Fahrt, Bauernjagden). Deutsche Kolonie. »Nat. Feiertag«. Schule, Kirche, Reisen im Lande. Griechenland, Türkei. Bled. Kärnten. Shyczy. Triest, Venedig. Zentrale für Balkan?

Bilderliste [von Ulrich von Hassell vorgeschlagen]

Meine Mutter mit mir
Mein Vater als junger Offizier
Mein Vater älter
Ich als Schüler
Als Korpsbursche
Brautbild
Gesandter in Kopenhagen
Korpshaus
1 Bild von chines. Reise
Reibnitz
Der alte Stosch (General und Admiral)
Ilse (Ilse von Hassell)
Tirpitz mit seinen Enkeln (Admiral Alfred von Tirpitz)
Almuth erwachsen (Tochter)
Wuffi (Wolf Ulrich, Sohn)
Dieter (Johann Dietrich, Sohn)
Li mit den Kindern (Fey, Tochter)
Kinderbild aus Barcelona
Gesandtschaft aus Kopenhagen
Prinzessin Olga (von Jugoslawien, Frau von Prinz Paul von Jugoslawien, dem späteren Prinzregenten)
König Alexander (von Jugoslawien) auf Jagd
Badebild Bled (Jugoslawien)
Villa Wolkonsky (Rom)
Campagnia oder Berge
Santa Hercolani
Rietberg
Uchorowo, Pferde
Ein Reiterbild
Sulden, Ortler-Partien (Bergtouren)
Mussolini
1 Bild aus Genua
Ich als Soldat im Weltkrieg
Villa Mattei (Celimontana, Rom)

Zur Auffindung des Manuskriptes

Der Abschiedsbrief meines Vaters vom 8. September 1944 kam Anfang des Jahres 1945 in die Hände meiner Mutter. In diesem Brief sprach mein Vater von dem Trost, der für ihn in dem Versenken in eine bessere Vergangenheit lag, und wies ausdrücklich auf seine Aufzeichnungen hin: »Ich hoffe, Du bekommst meine Lebenserinnerungen (bis Kopenhagen einschl.) als meinen Nachlaß und Denkmal unseres Glücks und der Dankbarkeit.« Aus den wenigen Nachrichten von meinem Vater aus der Haft wußten wir bereits von den Aufzeichnungen. Der Hinweis auf den Einschluß von dem Kapitel »Kopenhagen« sollte bei den mitlesenden Gerichtsbeamten und bei der Gestapo vor einer unvollständigen Ablieferung schützen. Zudem sollte die Formulierung helfen, diesen Nachlaß von dem im Urteil verfügten Vermögenseinzug auszunehmen. Die materielle Lage der Familie war – wie der Abschiedsbrief betont – für Ulrich von Hassell in dieser Todesstunde eine große Sorge.

Den Gefangenen wurde bei Überstellung an den Volksgerichtshof von der Gestapo die persönliche Habe beigegeben. Wurde der Verurteilte nach der Verhandlung unmittelbar zur Vollstreckung in die Strafanstalt Plötzensee gebracht, blieb seine Habe in den Kellern des Volksgerichtshofes. Kurz vor Einmarsch der sowjetischen Armee in Berlin wurde im April 1945 die Aushändigung der Lebenserinnerungen genehmigt. Die Kellerräume des Volksgerichtshofkomplexes waren bereits weitgehend zerstört. Unter Aufsicht eines Bediensteten des Volksgerichtshofes konnte ich bei den Hinterlassenschaften der Verurteilten die Erinnerungen entnehmen. Die auf zufälligen Papierresten aufgezeichnete Niederschrift war von meinem Vater ordentlich zusammengelegt und numeriert und wohl auch von ihm für die Abholung in Packpapier gewickelt. Die Ledertasche mit ihrem sonstigen Inhalt – für welche ich keine Auslieferbescheinigung bekommen hatte – verblieb im Gerichtskeller. In einer merkwürdigen Mischung von Rechtlosigkeit und ordnungsmäßiger Verwaltungspraxis fand sich die Verwaltung der Strafanstalt in Plötzensee im April 1945 dazu bereit, die Dinge auszuhändigen, die mein Vater bis zum Schluß bei sich getragen hatte – seine Ringe, seine Uhr und ein Zigarettenetui.

Wolf Ulrich von Hassell

ANMERKUNGEN

Einleitung

[1] Siehe U. v. H., Vom Anderen Deutschland, Zürich 1946; und Die Hassell-Tagebücher 1939–1944, Berlin 1988.

[2] Siehe Alfred v. Tirpitz, Erinnerungen, Leipzig 1920, S. 11.

[3] Siehe ebd., S. 4.

[4] Siehe Gregor Schöllgen, Ulrich von Hassell 1881–1944, München 1990, S. 174.

[5] Siehe Anmerkung 1.

[6] Siehe Joseph v. Eichendorff, »Sehnsucht«, dritte Strophe:

Sie sangen von Marmorbildern,
Von Gärten, die über'm Gestein
In dämmernden Lauben verwildern,
Palästen im Mondenschein,
Wo die Mädchen am Fenster lauschen
Wann der Lautenklang erwacht,
Und die Brunnen verschlafen rauschen
In der prächtigen Sommernacht.

[7] Siehe Die Hassell-Tagebücher 1939–1944, Berlin 1988, S. 424.

[8] Siehe U. v. H., »Arbeiten und nicht verzweifeln«, in Monatsschrift für Stadt und Land 61 (1904), S.. 1182–1186.

[9] Vers 6 eines geistlichen Volksliedes von J. L. E. Allendorf (1693–1773), Evangelisches Gesangbuch für die Provinz Brandenburg, S. 560, Nr. 29.

[1] U. v. H. wurde am 28. Juli 1944 in seinem Büro (Institut für Wirtschaftsforschung, Fasanenstraße, Berlin) von der Geheimen Staatspolizei (Gestapo) verhaftet und zunächst in das Konzentrationslager Ravensbrück bei Fürstenberg, Regierungsbezirk Potsdam, gebracht. Am 18. August 1944 verlegte ihn die Gestapo nach Berlin in das Gefängnis Moabit, Lehrter Str. 3, und anschließend in das Kellergefängnis im Reichssicherheitshauptamt, Prinz Albrecht-Str. 8. Zum Beginn des Gerichtsverfahrens am 7. September 1944 wurde U. v. H. in das bei dem Volksgerichtshof Bellevuestr. 15 eingerichtete Zellengefängnis überstellt. Unmittelbar nach dem Abschluß der Verhandlung am 8. September wurde er zur Vollstreckung nach Plötzensee gebracht. Die Sachen der Angeklagten verblieben im Keller des Volksgerichtshofes. Bei herannahendem Kriegsende wurde die Abholung des von U. v. H. in seinem Abschiedsbrief aus Plötzensee erwähnten Konzeptes der Erinnerung genehmigt.

[2] »Karolinerna« (deutscher Titel »Karl XII. und seine Krieger«) von Verner von Heidenstamm (1859–1940) verbindet U. v. H. mit seinen Vorfahren, welche in den Herzogtümern (ehemals Bistümer) Bremen und Verden ansässig waren. Diese Herzogtümer kamen bei Abschluß des Dreißigjährigen Krieges im Frieden von Münster 1648 an Schweden. Bei Abschluß des Nordischen Krieges (1700–1719) trat Schweden dann die Herzogtümer seinerseits an Hannover gegen Entschädigung ab (Friede von Stockholm 1719). Die Vorfahren von U. v. H. haben in der schwedischen Zeit als Verwaltungsbeamte und Offiziere ihren Herzögen/Königen, insbesondere Karl XI. und Karl XII. von Schweden, gedient. Daher sind sie auch im Nordischen Krieg mit Karl XII. nach Rußland marschiert. Diesen Heereszug schildert Verner von Heidenstamm in seinem Werk »Karolinerna«. Im Anschluß daran bezeichnet sich U. v. H. als Karolinerenkel.

[3] Monika war die Mutter des Heiligen Augustinus.

[4] Großadmiral Alfred v. Tirpitz.

Kinder- und Schulzeit

[1] Anklam an der Peene, einem Nebenfluß der Oder gelegen, gehörte zum Regierungsbezirk Stettin (heute polnisch ›Szczecin‹).

[2] Ulrich v. Hassell (Senior) (1848–1926), königlich preußischer Oberstleutnant a. D., war damals Hauptmann.

[3] Ulrich v. Hassell (Senior), Erinnerungen aus meinem Leben 1848–1918, Stuttgart 1919.

[4] Ebd.

[5] Rudolf v. Bennigsen (1824–1902) war vor der Angliederung Hannovers an Preußen 1866 Führer der liberalen Opposition seiner Heimat. Er übernahm dort den Vorsitz des deutschen Nationalvereins. Im Reichstag wurde er Führer der Nationalliberalen.

[6] »Borusse« neulateinisch (typisierend) für Preuße, auch benutzt zur Unterstreichung abgelehnter preußischer Eigenschaften.

[7] Die Vorfahren hatten den Adel niedergelegt, um als (protestantische) Pastoren zu wirken. Vergl. die politische Biographie des Generaladmirals Albrecht v. Stosch von Frederic B. M. Hollyday, Bismarcks Rivale, Duke University Press 1960, S. 3–4.

[8] Wilhelm v. Scharnhorst, verh. mit Agnes v. Gneisenau, der ältesten Tochter des Generalfeldmarschalls, und Sohn des Generals Gerhard v. Scharnhorst (1755–1813) und Marie v. Clausewitz, geb. Gräfin Brühl (1779–1836).

[9] Deutsche Rundschau Band CCXI, April/Mai/Juni 1927, Briefe Gneisenaus an Stosch; mitgeteilt von U. v. H., S. 16–20.

[10] Siehe U. v. H., »Der Ausfall von Menin«, in Corona, Jahr VIII, Heft 5, 1938, S. 546–557.

[11] Georg V. (1819–1878), König von Hannover 1851–1866.

[12] Leibgrenadierregiment Friedrich Wilhelm III. Nr. 8 (I. Brandenburgisches).

[13] Vergl. Die Hassell-Tagebücher 1939–1944, Berlin 1988, S. 397–398.

[14] Benno Hann von Weyhern, kommandierender General des 2. Armeekorps, befreundet mit Albrecht v. Stosch, hatte im Kriege 1870–71 als Kommandeur der 4. Infanteriedivision zu der vom Kronprinzen Friedrich von Preußen geführten III. Armee gehört. Der Kronprinz hatte Stosch als Generalstabschef der III. Armee einsetzen wollen.

[15] Siehe U. v. H., »Christophorus«, in Monatsschrift Eckart, 15. Jahrgang, Sept. 1939, S. 385–388.

[16] Gustav Freytag (1816–1895), der liberale Schriftsteller und Kunsthistoriker, war Herausgeber der liberalen Zeitschrift »Der Grenzbote«, in der Stosch häufig Berichte veröffentlichte. Rosalie v. Stosch, »Tante Rosa«, war eine geb. Ulrich.

[17] Siehe U. v. H., »Albrecht von Stosch: ein staatsmännischer Soldat«, in Die neue Rundschau, 51. Jahrgang der Freien Bühne, 5. Heft, Mai 1940, S. 209–215; vergl. auch Anmerkung 9.

[18] November 1943 zerbombt; vergl. Die Hassell-Tagebücher 1939–1944, Berlin 1988, S. 407.

[19] Vierhundertjahrfeier der Entdeckung Amerikas.

[20] Das Barrlaufspiel ist ein Lauf- und Fangspiel.

[21] Die Personalunion wurde 1890 aufgelöst.

[22] U. v. H. bezieht sich auf den Feldherrn und Staatsmann Prinz Eugen von Savoyen (1663–1736).
Uchorowo, Kreis Obornik, nach 1918 polnisch, war der Besitz von Friedrich v. Nathusius, entfernt mit U. v. H. verwandt.
Alfred Thayer Mahan (1840–1914), U.S. Kapitän und Seekriegshistoriker, war der Autor von Influence of Sea Power on History, erstmals veröffentlicht 1890.

[23] U. v. H. bezieht sich auf James Fenimore Cooper (1789–1851), den Autor von Lederstrumpf, und die Schriftsteller Karl May (1842–1912) und Sophie Woerishoeffer (1838–1890).

[24] Bei Plataiai schlugen 480 v. Chr. die Griechen, geführt von einem Spartaner, die Perser. Damit scheiterte der persische Versuch, Griechenland zu erobern, und die europäische Geschichte beginnt. Plataiai wurde im dritten Peloponnesischen Krieg 427 v. Chr. von den Spartanern erobert.

[25] Oswald Spengler, Preußentum und Sozialismus, München 1920.

[26] Prinz Heinrich (1862–1929), Bruder von Kaiser Wilhelm II., hat als Hohenzollernprinz sich der Marine gewidmet (langjähriger Chef der Marinestation der Ostsee und schließlich Großadmiral).

[27] Das Königreich Samoa wurde durch die Samoa-Akte 1889 gemeinsames Protektorat von den USA, Großbritannien und dem Deutschen Reich. 1897 war ein deutscher Offizier in eine Auseinandersetzung mit der Polizei von Port au Prince geraten. Zwei deutsche Kriegsschiffe wurden daraufhin entsandt. Aufstände auf Kreta lösten 1897 den griechischen Versuch zur Angliederung der Insel aus. In dem daraus entstehenden Krieg mit der Türkei wurde Griechenland ge-

schlagen. 1898 löste eine Erhebung auf Kuba den spanisch-amerikanischen Krieg aus. Die spanische Flotte wurde vor Santiago de Cuba geschlagen. Kuba wurde selbständig (Friede von Paris, 1898).

28 Der bescheidene »wilhelmische« Stil der Zeit Kaiser Wilhelms I. wird dem bombastischen »wilhelminischen« Stil der Zeit Kaiser Wilhelms II. gegenübergestellt.

29 Albrecht Graf v. Bernstorff-Stintenburg (1890–1945), Bankier und ehemaliger Botschaftsrat, Sohn von Andreas und Augusta, wird von U.v.H. nicht erwähnt (vergl. Die Hassell-Tagebücher 1939–1944, Berlin 1988, S.418), obgleich U.v.H. wußte, daß er auch von der Gestapo eingesperrt war. Er wurde am 23. April 1945 von der SS ermordet.

30 Heinrich Rickert (1835–1902) war seit 1874 Mitglied des Reichstages (MdR). Ursprünglich Nationalliberaler, war er seit 1884 freisinnig und seit 1893 Führer der Freisinnigen Vereinigung. Eugen Richter (1838–1906) war auch Mitglied des Reichstages (MdR) und Führer der Fortschrittspartei, seit 1884 Führer der Deutsch-Freisinnigen, seit 1893 Führer der Freisinnigen Volkspartei.

31 Die religiöse Gemeinschaftsbewegung trug pietistische Züge. Sie entstand am Ende des 19. Jahrhunderts aus dem Bestreben, dem in den Gründerjahren zunehmenden Materialismus entgegenzuwirken.

32 Paramenten-Sticken bezeichnet die Stickerei von kirchlichen Gewändern und Stoffen, insbesondere auch von Altardecken.

33 Der Pfarrer Stosch war mit Margarete v. Hassell, geb. v. Stosch, nicht verwandt.

34 Hoffstädt, Regierungsbezirk Schneidemühl, Westpreußen, nach 1918 Grenzmark Posen, Westpreußen, nach 1945 polnisch; Radojewo, Kreis Obornik, nach 1918 polnisch.

35 Das philosophische Werk von Karl v. Hassell ist nie veröffentlicht worden.

36 geb. v. Stosch.

37 Pforta war ein 1136 gegründetes Zisterzienserkloster, in dem Moritz von Sachsen 1543 eine Fürstenschule, Schulpforta, einrichtete.

38 Stavenhagen, Kreis Malchin, Regierungsbezirk Neubrandenburg.

39 Radojewo war seit 1797 in Händen der Familie Treskow. Die Familie spaltete sich von den uradeligen Tresckows 1740 ab wegen der nicht standesgemäßen Ehe von Albert Sigismund v. Tresckow, welcher den Adel ablegte und später wieder geadelt wurde. Der letzte Besitzer von

Radojewo, Hermann v. Treskow, wurde 1939 von den Polen getötet. Seine Witwe hat sich 1940 bei Hermann Göring dafür eingesetzt, daß die Vernichtung der Juden und Polen gestoppt würde (vergl. Die Hassell-Tagebücher 1939–1944, Berlin 1988, S. 168).

Lausanne und Tübingen

1 ›Kommers‹ ist ein bereits aus dem Sprachgebrauch der Studenten entlehnter Ausdruck für festliches Trinkgelage.

2 Hibou = Kauz, Griesgram, Chouette = Eule.

3 »Ramschen« bezeichnet einen Versuch, in grober Weise ein Duell zu provozieren.

4 Nach 1933 versuchte die Hitler-Regierung, die studentischen Verbindungen, die nach ihrer Auffassung elitär und ihren sozialistischen Vorstellungen nicht entsprechend waren, in ihr gemäße Formen zu pressen. Insbesondere die Forderung nach Ausscheiden aller Juden führte dann zur Auflösung oder Selbstauflösung der Corps.

5 Theodor Häring (1884–1964), Hegelforscher und schwäbischer Heimatschriftstreller; Fritz v. Graevenitz (1892–1959), Bildhauer.

6 »Salamander reiben« war ein ehrender Trinkritus insbesondere bei Corps-Studenten.

7 Die vom Corps angenommenen (renoncierten) Studenten wurden Füchse (oder Renoncen) genannt. Im zweiten Semester wurden sie bis zur Rezeption, der Aufnahme in das innere Corps, Brander (oder Brandfüchse) genannt. Danach wurden sie Corpsburschen.

8 Die Chargierten bildeten das Führungsgremium des Corps. Der Erste (X) war für die Gesamtführung, der Zweite (XX) für das Fechten, der Dritte (XXX) für die Finanzen verantwortlich. Hinzu kam der für die Füchse verantwortliche Fuchsmajor (F.M.).

9 Um die Deutschland nach dem I. Weltkrieg auferlegten Sanktionszahlungen zu erzwingen, ließ Frankreich im Januar 1923 das Ruhrgebiet militärisch besetzen.

10 Beim Abschluß der Zeit in Tübingen wurde der Corpsbursche vom Aktiven zum Inaktiven ›befördert‹, und bei Eintritt in das Berufsleben zum ›Alten Herren‹.

11 ›Schmollis‹ war ein studentischer Ausdruck für Brüderschaft trinken, gleichbedeutend mit dem Annehmen des »Du«.

[12] Komments sind Regelungen der geselligen Gebräuche, der Trinksitten und des korrekten Verhaltens beim Fechten.

[13] König Wilhelm II. von Württemberg (1848–1921), in zweiter Ehe mit Charlotte Prinzessin von Schaumburg-Lippe (geb. 1864) verheiratet.

[14] »Bierjungen« wurden als Wettbewerb um das schnellste Leeren der Gläser getrunken.

[15] Olga Prinzessin von Schaumburg-Lippe, geb. Herzogin von Württemberg (1876–1932). »Wichs« war die Bezeichnung für die förmliche Kleidung der Verbindungsstudenten – hohe Reitstiefel, weiße Reithosen und bunte Jacken in den Farben der Verbindung.

[16] PP Suiten (Pro Patria Suiten) sind Fechtkämpfe zwischen Verbindungsstudenten.

Student, Referendar, Soldat

[1] »Schmiß« ist die Verwundung mit dem Rapier bei dem studentischen Fechten.

[2] Siehe William Shakespeare, König Heinrich IV., 1. Teil, 2. Aufzug, 1. Szene: Ja, sie wollen uns niemals einen Nachttopf geben, und da schlagen wir's in dem Kamin ab.

[3] William v. Hassell, der letzte Träger des Namens auf dem alten Familienbesitz Clüversborstel.

[4] Pandekten sind Auszüge aus Schriften römischer Juristen. Marcus Antistius Labeo (42 v. Chr.–22 n. Chr.) begründete eine Rechtsschule. Er wird in den Pandekten häufig angeführt.

[5] Pedro Calderón de la Barca (1600–1681), spanischer Dramatiker, Geistlicher und Hofdichter. Heinrich Freese (1853–1944) war Berliner Fabrikant (Jalousien) und Sozialpolitiker, welcher 1882 in seiner Fabrik den Achtstundentag einführte und 1888 die Gewinnbeteiligung der Arbeitnehmer (vergl. U. v. H., »Zur Frage der Gewinnbeteiligung der Angestellten«, in Monatsschrift für Stadt und Land 62 (1905), S. 240–244).

[6] Thomas Carlyle (1795–1881), englischer Schriftsteller; siehe U. v. H., »Arbeiten und nicht verzweifeln«, in Monatsschrift für Stadt und Land 61 (1904), S. 1182–1186. Den Schriftstellernamen Christian Augustin hat U. v. H. 1941/42 wieder aufgegriffen.

[7] Auf dem Arnimschen Gut Wiepersdorf (Potsdam) haben unter ande-

rem der Dichter Achim von Arnim (1781–1831) und seine Frau, Bettina von Arnim, geb. Brentano (1785–1859), gelebt.

8 U. v. H. bezieht sich auf seinen Aufenthalt in China vom 18. Juni 1905 bis zum 27. Juni 1906.

9 Im deutsch-französischen Krieg 1870–71 hat bei St. Privat der sehr verlustreiche Einsatz der preußischen Garde, einschließlich des 2. Garderegimentes, am 18. August 1870 die Schlacht von Gravelotte entschieden und die Einschließung von Bazaine in Metz ausgelöst.

10 Moltke (1848–1916), Neffe des Generalfeldmarschalls Helmuth v. Moltke (1800–1891), leitete als Generaloberst und Chef des Generalstabes zu Beginn des I. Weltkrieges die Operationen des Feldheeres und nahm nach Verlust der Marneschlacht den Abschied.

11 Die Bezeichnung »Maikäfer« für die Gardefüsiliere stammt aus der Zeit König Friedrich Wilhelm IV. von Preußen (1795–1861). Als damals ein Bataillon der Füsiliere von Spandau nach Potsdam verlegt wurde, begegnete es Maikäfer sammelnden Kindern, die weichen mußten, aber ihre Beute verteidigten mit dem Ruf »Maikäfer, Maikäfer!« Seitdem tragen die Gardefüsiliere diesen Namen.

12 Der erwähnte Schwager war Wolf v. Tirpitz. Mit der Bemerkung über den »kleinen Ribbeck« bezieht sich U. v. H. auf das Gedicht dieses Namens von Theodor Fontane (1819–1898), »Herr von Ribbeck auf Ribbeck im Havelland«.

13 Der preußische General von Viebahn versuchte um die Jahrhundertwende, das preußische Offizierskorps näher an den christlichen Glauben heranzuführen.

14 Der sogenannte Hauptmann von Köpenick war Wilhelm Voigt (1849–1922), ein Schuhmacher. Er beschaffte sich am 6. Oktober 1906 die Uniform eines Hauptmanns vom 1. Garderegiment zu Fuß und führte dann die ihm zufällig begegnenden Soldaten, zehn Mann, nach Köpenick. Dort verhaftete er den Bürgermeister und Kassendirektor, beschlagnahmte die Stadtkasse und quittierte dies ordnungsgemäß, wenn auch unter falschem Namen. Voigt wurde von der dritten Strafkammer des Landgerichts II in Berlin unter Vorsitz des Landgerichtsdirektors Dietz am 1. Dezember 1906 wegen Einbruch und Diebstahl zu vier Jahren Gefängnis verurteilt. In der Gerichtsverhandlung war U. v. H. als Gerichtsschreiber eingesetzt. Der erste Staatsanwalt Wagner vertrat die Anklage. U. v. H. verwechselt ihn mit dem ersten Staatsanwalt Wachter am Landgericht I in Berlin.

[15] Die Hauptwache = Neue Wache, 1816–18 von Karl Friedrich Schinkel (1781–1845) zwischen Universität und Zeughaus in Berlin erbaut, wurde nach dem I. Weltkrieg Gedenkstätte. Von 1931 an zog regelmäßig eine militärische Wache auf. Die DDR setzte nach dem II. Weltkrieg diese Tradition zur Erinnerung an die eigenen Toten fort.

[16] Osterndorf bei Beverstedt, im einstig schwedischen Herzogtum Bremen, gehörte Johann v. Hassell (1618–1694), einem Vorfahren von U. v. H.; Johann vermachte das Gut aber seinem Schwiegersohn Andreas Scharnhorst.

[17] Freibauer ist ein aus dem Mittelalter überkommener Begriff, nach dem ein bäuerlicher Betrieb dem Grund- oder Landesherren gegenüber von Lehnspflichten, Abgaben und Frondiensten frei war.

In China

[1] Gemeint ist der Leuchtturm auf der Insel von Minikoi, gelegen zwischen den Lakkadiven und Malediven im Arabischen Meer auf Höhe der Südspitze von Indien.

[2] Russisch-japanischer Krieg (2. Mai 1904 bis 9. Mai 1905); Seeschlacht bei Tsuschima zwischen dem japanischen Admiral Heihashiro Togo und dem kaiserlich russischen Admiral Zinovi Petrovitsch Roschdestwensky.

[3] Kandy war die alte königliche Hauptstadt im Inneren der Insel Ceylon.

[4] Graf Waldersee reiste als Oberbefehlshaber der zum Niederschlagen des Boxeraufstandes in Peking eingesetzten internationalen Truppe aus. Ein Geheimbund (Boxer) hatte sich 1900 in China gegen das Eindringen von Fremden gewandt. Der deutsche Gesandte Freiherr von Kettler wurde am 20. Juni 1900 von den Boxern ermordet. Bei dem Einsatz der internationalen Streitmacht (England, Frankreich, Rußland, USA, Österreich-Ungarn und Deutschland) einigten sich die Beteiligten so spät über den Oberbefehl, daß Waldersee in Peking erst eintreffen konnte, nachdem die militärische Aufgabe im wesentlichen bereits erfüllt war.

[5] Zauberer reisen auf der Insel Ceylon umher. Zu ihren Kunststücken gehört das des Mangokerns. Der Kern wird auf einer Terrasse in eine Holzplanke oder in einem Garten in eine Vertiefung der Erde gesteckt,

unter Zauberformeln begossen und mit Düngemitteln bestreut. Dann wird eine Decke darüber gebreitet, die nach fünf oder zehn Minuten weggenommen wird und den Blick auf ein inzwischen gesprossenes Mangobäumchen von ca. 20 bis 25 cm Höhe freigibt. So schilderte eine im Jahr 1993 in New York lebende Staatsbürgerin von Sri Lanka Vorgänge, die noch heute, am Ausgang des 20. Jahrhunderts, den Erlebnissen von U. v. H. entsprechen.

[6] Die Bucht von Kiautschau mit dem Dorf Tsingtau an der Küste der chinesischen Provinz Schantung wurde am 6. März 1898 von China dem Deutschen Reich auf 99 Jahre verpachtet. Ausgelöst war die Verpachtung durch die Ermordung von zwei deutschen Missionaren in Süd-Schantung. Um die Bestrafung zu sichern, wurde die Bucht von Kiautschau besetzt. Das deutsche Pachtgebiet wurde im I. Weltkrieg von Japan erobert.

[7] »Wer kann wider die Kinder Enaks bestehen?«, 5. Buch Mose, 9. Kapitel, 2. Vers; Enakiten: ein angeblich riesenhaftes Geschlecht in Kanaan.

[8] Die Spanier finanzierten im 17. Jahrhundert ihren von den Philippinen aus betriebenen Chinahandel mit Silbermünzen von Mexiko. Daraus entwickelte sich der mexikanische Dollar als begehrtes, inzwischen durch den US-Dollar verdrängtes Zahlungsmittel an der chinesischen Küste (1905, 1 mexikanischer Dollar = 2 Mark).

[9] Die »Zessarewitsch« war bei Beginn des russisch-japanischen Krieges am 9. Februar 1905 bei Port Arthur beschädigt worden. Ihr gelang am 10. August 1905 zusammen mit zwei anderen russischen Kriegsschiffen der Ausbruch aus dem von Admiral Togo belagerten Hafen. Sie wurde in Tsingtau interniert, die beiden anderen Schiffe in Shanghai und Saigon.

[10] Die europäischen Mächte, insbesondere Frankreich und Deutschland, wetteiferten zum Beginn des 20. Jahrhunderts um den besseren Zugang zur Wirtschaft Marokkos. Die damit verbundenen Spannungen verschärften sich mit der Zeit (u.a. durch die Rede von Kaiser Wilhelm II. in Tanger am 31. März 1905), so daß sich Kriegsgefahr abzeichnete, die erst in der Konferenz von Algeciras im März 1906 beigelegt wurde. Die Silberhochzeit des Kaisers war am 27. Februar 1906.

[11] Taip'ing war der Name einer in der Mitte des 19. Jahrhunderts gegründeten chinesischen christlichen Sekte. Sie rief einen unabhängi-

gen Staat aus. Während der Aufstände von 1851–1864 wurde Nanking, zeitweise Hauptstadt der Taip'ing-Brüderschaft, zerstört.

12 Wilhelm Meyer Förster dramatisierte seinen 1899 veröffentlichen Roman »Prinz Kurt Heinrich« zu dem 1901 in Berlin uraufgeführten Theaterstück »Alt Heidelberg«. 1924 wurde es von Sigmund Romberg vertont (The Student Prince).

13 Zitate nach Horaz (65 bis 8 vor Christus), Epoden, 2,1: »Glückselig wer dem Treiben der Geschäfte fern« und Carmina II, 6,13: »Jener Winkel lächelt mir vor allen anderen zu«; das eigentliche Zitat heißt: »Ille terrarum mihi praeter omnium angulus ridet.« Das zeigt die Schwierigkeit für U. v. H., nur aus dem Gedächtnis zu schreiben.

14 Andrea Orcagna (1308–1377), italienischer Baumeister, Bildhauer und Maler.

15 U. v. H. glaubte, daß verschiedene Notizen, u. a. auch Aufzeichnungen über seine Reise nach China, im Umzugsgut aus Rom nach München verbracht worden wären. Tatsächlich sind diese nicht mehr greifbar. Das Umzugsgut war zunächst in einem Speicher in München gelagert, wurde nach Fliegerangriffen in einen Kuhstall bei Ebenhausen verlegt und dort von der Gestapo unter Verschluß genommen, aber trotzdem verschiedentlich geplündert. Bei Übernahme der Reste haben sich diese Aufzeichnungen nicht angefunden.

16 U. v. H. hatte den Namen der Stromschnellen nicht mehr im Gedächtnis; Nachforschungen haben ergeben, daß es sich um die Stromschnellen von Hozu handeln muß. Sie wurden in Flachbooten befahren.

17 Jakob H. Schiff (1847–1920), aus Frankfurt am Main gebürtigt und 1865 in New York eingewandert, entwickelte sich zu einem maßgebenden Finanzier. Insbesondere wirkte er bei dem Ausbau des amerikanischen Verkehrswesens (Eisenbahnen) führend mit. Entrüstet über Mißhandlungen von Juden im zaristischen Rußland, legte er während des japanisch-russischen Krieges in den USA drei japanische Kriegsanleihen erfolgreich auf. Nach dem Kriege reiste er nach Tokio und wurde mit einem hohen japanischen Orden ausgezeichnet.

18 Yoschiwara = Vergnügungsviertel in Tokio, welches schon vor dem 17. Jahrhundert in dem damaligen Edo existierte.

19 Der Daibutsu von Kamakura ist ein über elf Meter hoher bronzener Buddha, gegossen im Jahre 1252, welcher zusammen mit dem Podest beinahe 100 Tonnen wiegt. Die Bedeutung der von U. v. H. erwähnten Tafel ist unklar.

20 Die Chinaeindrücke von U. v. H. spiegeln sich auch in seiner Arbeit aus dem Jahre 1940 wider: »Chinas Erwachen um die Jahrhundertwende«, in Gelbe Hefte, XVI. Jahrgang, April 1940, Halbband 2.

21 Max Eyth (1836–1906), Ingenieur und Schriftsteller, Autor von Der Kampf um die Cheopspyramide, 1902 veröffentlicht.

Assessor-Examen; London; Auswärtiges Amt; Heirat

1 Mit »uns« meint U. v. H. sich und Rudi v. Reibnitz.

2 Gemeint ist Hermann Görings Entwicklung zum Reichsmarschall und einem der hauptverantwortlichen Nationalsozialisten.

3 Garderegiment Königin Augusta.

4 Gavotte wurde am Hof der französischen Könige Ludwig XIV. und Ludwig XV. getanzt und von dort an den preußischen Hof übernommen. Der Tanz blieb auch noch unter Kaiser Wilhelm II. ein wesentlicher Bestandteil der Hofbälle. Ein Wolden (Gerhard Friedrich v. W.) war 1730 Gouverneur des Kronprinzen (Friedrich II. von Preußen) in Küstrin und sein Hofmarschall in Rheinsberg.

5 Siehe Kapitel 3, Anmerkung 15.

6 U. v. H. wurde im Anschluß an die Verhandlung vor dem Volksgerichtshof am 8. September 1944 nach Plötzensee gebracht, wo am gleichen Tage der Spruch Freislers vollzogen wurde.

7 Kalter Aufschnitt.

8 U. v. H. verwandte im II. Weltkrieg den Wohnort seines Hauswirtes Thomas in Auerley als Decknamen für General Georg Thomas, Chef des Wehrwirtschafts- und Rüstungsamtes (vergl. Die Hassell-Tagebücher 1939–1944, Berlin 1988).

9 England hatte 1905 mit dem Bau größerer, mit 30 cm bestückter Schlachtschiffe begonnen. Die älteren Schiffe wurden damit stark entwertet. Das erste Schiff dieser Klasse wurde Dreadnought getauft; dieser Name wurde damit zur Bezeichnung dieser Größe. Entgegen der britischen Annahme gelang Deutschland der Bau von Schiffen dieser Größenordnung. Für die Gegenüberstellung der Flottenstärken wurde damit die Zahl der Schiffe in dieser Größenklasse ein wesentlicher Faktor.

10 Hans Holbein d. J. (1497–1543) malte die »Duchess of Milan«, als ihre Ehe mit Heinrich VIII. erwogen wurde. Sie war die Tochter von

Christian II. von Dänemark und Isabella Habsburg, der Schwester von Karl V. Das Bild hängt ebenso wie das von Morone, genannt »Tagliapanni« (Hosenschneider), in der National Gallery.

11 Thomas Carlyle (1795–1881), englischer Schriftsteller; siehe auch Kapitel 3, Anmerkung 6.

12 Mit der Schülerschen Reform entstand ein einheitlicher, Diplomaten und Konsularbeamte zusammenfassender Auswärtiger Dienst. Das erleichterte 1919 die Verwendung von U. v. H., der seinen Dienst als Vizekonsul begonnen hatte, in Rom als Botschaftsrat (Quirinal). Neurath, späterer Außenminister und Reichsprotektor in Prag, war dank seines Landsmannes Kiderlen aus der konsularischen in die diplomatische Laufbahn übergewechselt. Damit rechnete er sich zur diplomatischen Laufbahn gehörig und hat nach dem I. Weltkrieg die Reform von Schüler nur zögernd gestützt. Auf das Drängen früherer Diplomaten nach Rom hin hat er mit dazu beigetragen, daß U. v. H. von dem diplomatischen Posten (Botschaftsrat in Rom) wieder auf eine konsularische Tätigkeit (Generalkonsul in Barcelona) verwiesen wurde.

13 In der Konferenz von Algeciras war 1906 der Versuch gemacht worden, die europäischen Ansprüche in Marokko zu ordnen. Frankreichs Streben nach Ausweitung seiner Ansprüche löste die Entsendung des Kanonenbootes »Panther« nach Agadir am 1. Juli 1911 aus. Die Spannung wurde beigelegt durch den von allen Beteiligten als unbefriedigend empfundenen Vertrag vom 4. November 1911.

14 Erich v. Falkenhayn (1861–1922), preußischer General der Infantrie, wurde im August 1916 als Chef des Generalstabes des deutschen Feldheeres abgelöst. Er hatte nach seiner Ablösung als Generalstabschef noch bis 1918 verschiedene Frontkommandos. Obgleich Alfred v. Tirpitz auch 1916 als Staatssekretär des Reichsmarineamtes ausgeschieden war, bezieht sich der Hinweis auf »unseren Sturz« wahrscheinlich auf das Kriegsende, da die erwähnten Gespräche erst nach Kriegsende stattgefunden haben dürften.

15 Vergl. Fritz Fischer, Krieg der Illusionen, Düsseldorf 1969, S. 225.

16 Marie José Prinzessin von Belgien, Tochter von Adalbert von Belgien (1875–1934) und Elisabeth Herzogin von Bayern, heiratete 1930 den Kronprinzen von Italien, Umberto Principe di Piemont (1904–1983).

17 Vergl. U. v. H., »Chinas Erwachen«, in Gelbe Hefte, April 1940, XVI. Jahrgang, II. Halbband, Heft 7.

[18] Das Katangagebiet, zu dem damaligen belgischen Kongo, heute République Zaire, gehörend, wurde in Berlin auf der Kongokonferenz (Kongoakte) 1885 als belgischer Besitz anerkannt (vergl. auch Ulrich v. Hassell (Senior), »Monopolwirtschaft und Sklaverei im Kongostaat«, *in* Monatsschrift für Stadt und Land, 1903, I. Teil, S. 579–585, und II. Teil, S. 787–790).

[19] Paul Friedrich v. Ahlefeld war Offizier auf dem deutschen U-Boot U27. Dieses wurde von dem unter US-Flagge fahrenden britischen Hilfskreuzer »Baralong« im August 1915 versenkt. Die ins Wasser springende Besatzung wurde mit Gewehren abgeschossen.

[20] Siehe U. v. H., Im Wandel der Außenpolitik, München 1939, S. 219–241.

[21] Großherzog Friedrich von Baden.

[22] Siehe Anmerkung 20.

[23] Der kleine Kreuzer »Emden« war unter Kapitän Karl v. Müller 1914 in Tsingtau stationiert. Er konnte nicht mehr zum Ostasien-Geschwader des Grafen Spee stoßen, ging daher auf selbständige Kaperfahrt im Indischen Ozean und versenkte mehrere kleine britische Kriegs- und Handelsschiffe. Im November 1914 wurde die »Emden« selbst von dem australischen Kreuzer »Sidney« versenkt.

[24] Otto Wesendonck hatte auf dem »Grünen Hügel« eine Villa in klassizistischem Stil gekauft und von dort aus Richard Wagner finanziell unterstützt. Die Villa Wesendonck wurde von Fritz Rieter, dem Mann von Bertha Rieter, als »Rietberg« übernommen. Sie ist nunmehr Museum.

[25] Die Stände von Neuchâtel (Neuenburg) wählten nach Aussterben ihres Fürstenhauses 1701 Friedrich I., König in Preußen, zu ihrem Landesherren. Friedrich Wilhelm III. ließ nach dem Wiener Kongreß sein Fürstentum als 21. Kanton in die Schweizer Eidgenossenschaft aufnehmen. Am 2. September 1856 versuchte die royalistische Opposition das ständisch-fürstliche Regierungssystem wiederherzustellen, das während der Februarrevolution 1848 gestürzt worden war. Am 4. September 1856 wurde die Erhebung von den kantonalen Truppen überwältigt. 1857 überließ Preußen Neuchâtel ganz der Schweiz.

[26] Johann Baron de Chambrier vertrat 1740–1757 Friedrich II. von Preußen in Paris.

[27] Friedrich v. Bodelschwingh (1831–1910) war der Begründer des Christlichen Missionswerkes in Bethel, eine Anstalt für Epileptiker.

Ihm folgte in der Leitung der Anstalt sein Sohn Friedrich (1877–1946).

[28] François Wille, der Großvater von Ulrich Wille.

[29] U. v. H. hat sich hier bezüglich des Verwandtschaftsverhältnisses geirrt.

[30] Fritz Triddelfitz aus Ut mine stromtid (Aus meinen Wanderjahren) von Fritz Reuter (1810–1874). Der in niederdeutscher Mundart schreibende Schriftsteller zeichnet in Erinnerung an eigene landwirtschaftliche Erfahrungen das Bild einer ideenreichen, aber sprunghaften Gestalt.

[31] Julius v. Düring (1876–1945).

[32] William v. Hassell hat eine Geschichte des Kurfürstentums (erschienen Hannover 1894) und eine Geschichte des Königreiches Hannover in drei weiteren Bänden (erschienen 1898, 1899, 1901 in Bremen) geschrieben.

Genua

[1] Salis (Grafen und Barone), Graubündner Uradel, urkundlich seit 1300 belegt.

[2] Robert Nanteuil (1618–1678), französischer Kupferstecher.

[3] John Raphael Smith (1752–1812) und James Ward (1769–1859), englische Zeichner und Kupferstecher.

[4] Ein Tesching ist eine kleinkalibrige Handfeuerwaffe.

[5] »Ich bin mit dem Krieg sehr zufrieden.«

[6] U. v. H. bezieht sich auf eine in Genua übliche Bauweise, bei welcher weißer und schwarzer Marmor abwechselnd verwendet wurde. Mit den angelsächsischen Fliegern sind Bombenangriffe auf Genua im II. Weltkrieg gemeint.

[7] »Nieder mit Deutschland« und »Nieder mit den Verleumdern in Deutschland«.

[8] Im Rahmen des türkisch-italienischen Krieges 1911/12 zwangen die Italiener im Januar 1912 zwei der Waffenlieferung an die Türken verdächtige französische Frachtschiffe, die »Manouba« und die »Carthage«, zur Durchsuchung nach Cagliari. Der Streitfall wurde dem Haager Schiedsgericht übergeben.

[9] Italien erklärte am 29. Oktober 1911 der Türkei den Krieg und besetz-

te, gestützt auf französische Zusagen von 1902, Tripolis. Im Frieden von Lausanne gab die Türkei ihre afrikanischen Provinzen frei und ermöglichte damit Italien die Übernahme von Tripolis und Libyen.

[10] Leander Jameson (1853–1917) marschierte mit 800 Mann 1895 in die Republik Südafrika (Orange-Freistaat und Transvaal) ein, um britische Ansprüche in dieser Burenrepublik durchzusetzen. Er wurde zurückgeschlagen. Kaiser Wilhelm II. beglückwünschte, abgesichert vom Auswärtigen Amt, den Präsidenten der Republik, Paul Krüger, telegraphisch. Der Glückwunsch erregte in London großen, das deutsch-britische Verhältnis schwer belastenden Ärger.

[11] Siehe Anmerkung 8.

[12] Die Kreuzer »Goeben« und »Breslau«, von Vizeadmiral Wilhelm Souchon geführt, entkamen durch die Straße von Messina im August 1914 den englischen und französischen Seestreitkräften im Mittelmeer. Sie gelangten nach Konstantinopel und wurden in die türkische Flotte eingereiht. Dies trug zum Eintritt der Türkei auf seiten des Dreibundes in den I. Weltkrieg bei und war wesentlich für die Abwehr des britisch-französischen Angriffs auf die Dardanellen und Gallipoli 1915 (vergl. auch Die Hassell-Tagebücher 1939–1944, Berlin 1988, S. 88).

[13] Carmen Sylva (1843–1916) war der Dichtername der Königin Elisabeth von Rumänien, geb. Prinzessin Wied, verh. mit Carol von Rumänien (1839–1914) aus dem Hause Hohenzollern-Sigmaringen.

[14] Dante Alighieri (1265–1321), Autor der Divina Comedia; Conte Vittorio Alfieri (1749–1803), italienischer Dichter.

[15] Im Gefolge der russischen Niederlage im Krieg mit Japan (1904–1905) und der anschließenden Unruhen in Petersburg erließ Zar Nikolaus II. im Oktober 1905 ein Manifest, das Gewissens-, Rede- und Schriftfreiheit gewährte; die Wahlberechtigung zur Duma und deren Rechte wurden ausgeweitet. Diejenigen, die dieses Manifest verwirklichen wollten, wurden als Oktobristen bezeichnet.

[16] Mit dem Problem der Meerengen meint U.v.H. die Frage der freien Durchfahrt für Rußland durch die Dardanellen. Durch den Meerengenvertrag (1841) war die freie Durchfahrt allen Kriegsschiffen verboten worden. Damit war die russische Flotte im Schwarzen Meer eingeschlossen.

[17] Vergl. U.v.H., Im Wandel der Außenpolitik 1939, S. 231.

[18] Fürstin Alexander Gagarin, geb. Maria (Mima) Lasarewski, empfand

in Genua Deutschland noch eher als feindliches, unbekanntes Gebilde und war als Frau des kaiserlich-russischen Generalkonsuls in Genua 1913 überzeugt von den unbegrenzten Möglichkeiten Rußlands (Notiz von Ilse v. Hassell). Nachdem ihr die Revolution in Rußland die Rückkehr in die Heimat verwehrt hatte, sah sie in Deutschland den Schutzwall gegen die Sowjets und die Hoffnung für Europa. U.v.H. besuchte Mima 1943 in Paris und versuchte ihr die wirklichen Verhältnisse klarzumachen (vergl. Die Hassell-Tagebücher 1939 bis 1944, Berlin 1988, S. 394). Im Gefängnis betont Hassell aus naheliegenden Gründen nur die Neigung zum Nationalsozialismus, ausgelöst durch das Hoffen auf die deutsche Wehrmacht.

[19] Karl V. (1500–1558), römisch-deutscher Kaiser 1519–1556.

[20] Komponist Karl Loewe (1796–1869).

Erster Weltkrieg

[1] Diese Aufzeichnungen sind nicht mehr greifbar, siehe Kapitel 4, Anmerkung 15.

[2] U. v. H. trat in der 8. Kompanie des 2. Garderegiments zu Fuß bei Kriegsbeginn die Fahrt an die Front an. Er wurde bereits am 8. September 1914 in der Marneschlacht schwer verwundet. Die Kugel blieb in einem Herzmuskel stecken. Sie konnte damals nicht entfernt werden. Daher erinnert er im Bewußtsein der Todesnähe (8. September 1944) an die Kugel in seinem Herzen, die ihm schon vor dreißig Jahren am gleichen Tage das Leben zu nehmen drohte (vergl. Die Hassell-Tagebücher 1939–1944, Berlin 1988).
U. v. H. erreichte im September 1914 trotz seiner schweren Verwundung mit mehrfachem Umsteigen ohne Krankentransport die Hauptstadt. Dort waren die Angehörigen doppelt besorgt, weil fast gleichzeitig mit der Meldung seiner Verwundung die Nachricht vom Tod von Rudolph v. Reibnitz eingetroffen war. Bei der Höhe der Offiziersverluste waren Verwechslungen bei Todes- oder Verwundungsnachrichten leicht möglich. Dabei kam hinzu, daß in diesen Tagen die 6. Kompanie, in der Reibnitz eingesetzt war, den Kampfabschnitt der 8. Kompanie übernommen hatte.
Zu dem Verlust von Reibnitz schrieb U. v. H. damals für seine Frau nieder: »Im Vorwärtsstürmen hat er durch eine Kugel in die Stirn

(durch den Helm) den Heldentod gefunden – ohne Qualen. Ein Stück meines Lebens ist hin. Wir haben uns wie Brüder geliebt und durch Jahrzehnte alles geteilt. Ich kann es noch kaum realisieren, daß es dahin ist.«

[3] Almuth, die älteste Tochter von U. v. H.

[4] Karl v. Hassell, Senatspräsident am Reichsgericht.

[5] Alexandra v. Keudell, Mutter von Walter, war die Tochter von Natalie v. Grünhof (1829–1905) und dem morganatisch angetrauten Ernst Herzog von Württemberg (gest. 1868).

[6] Italien erklärte Österreich-Ungarn am 23. Mai 1915 den Krieg.

[7] Robert v. Keudell, der Vater von Walter, war 1863–1876 Vortragender Rat im preußischen bzw. deutschen Auswärtigen Dienst und 1876–1883 Botschafter in Rom am Quirinal.

[8] Vergl. Kapitel 5, Anmerkung 20.

[9] Die Seeschlacht vom Skagerrak wurde zu der Zeit (31. März 1916) als Sieg gefeiert. U. v. H. war der Ansicht, daß die Stellung von Tirpitz durch den Beweis der materiellen Stärke des deutschen Flottenmaterials in der Schlacht eine verbesserte Basis gefunden hätte.

[10] Nachdem der Kaiser die Weichen zu Gunsten des Flottenbaus gestellt hatte, war es in den Augen von Tirpitz die Pflicht des Auswärtigen Amtes, diese Linie außenpolitisch zu decken und diplomatisch zu verteidigen. Das Auswärtige Amt hielt den Bau einer deutschen Schlachtflotte für falsch und war nicht bereit, die Außenpolitik darauf einzustellen.

[11] Der Großvater mütterlicherseits von Oskar v. d. Osten war der Nationalökonom Johann Karl Rodbertus (1805–1875), der den Wissenschaftlichen Sozialismus begründete.

[12] Adolf Hoffmann (geb. 1858), ein dem Kommunismus nahestehender, sozialdemokratischer Parlamentarier, war durch eine Schrift »10 Gebote und die besitzende Klasse« bekannt geworden und wurde daher als »10-Gebote-Hoffmann« bezeichnet.

[13] Siehe U. v. H., »Die Selbstverwaltung der Landkreise«, in Der Tag, 4. Oktober 1917.

[14] Siehe Kapitel 1, Anmerkung 15.

[15] Vergl. Ulrich v. Hassell (Senior), Erinnerungen aus meinem Leben 1848–1918, Stuttgart 1919, S. 197.

[16] Estland, Kurland und Livland (die baltischen oder Ostseeprovinzen) wurden im 14. Jahrhundert vom Deutschen Ritterorden christiani-

siert. Sie gerieten im 16. und 17. Jahrhundert unter schwedische und polnische Oberhoheit, wurden im 18. Jahrhundert dem russischen Reich eingefügt und erwarben 1918 die Selbständigkeit.

17 Die Hochmeister hatten ihren Sitz in Ostpreußen. Der Hochmeister Albrecht von Brandenburg wurde 1525 Protestant und begründete damit das erbliche Herzogtum Preußen. Daher wurde der Deutsche Kaiser Wilhelm II. als König von Preußen im Baltikum als Herzog bezeichnet.

18 Eine Arve ist ein Gebirgsbaum, auch Zirbelkiefer genannt.

19 Siehe U. v. H., »Wir jungen Konservativen«, in Der Tag, 24. November 1918.

20 Nicht mehr greifbar, siehe Anmerkung 15, Kapitel 4.

Botschaftsrat in Rom

1 Siehe Johann Wolfgang v. Goethe Wilhelm Meisters Lehrjahre, Mignonlied, dritte Strophe.

2 Pius XI. (1857–1939, Achille Ratti), Papst 1922–1939.

3 Der Viererpakt sollte eine Zusammenarbeit von Großbritannien, Frankreich, Italien und Deutschland herbeiführen. Er wurde am 7. Juni 1933 von Mussolini und den drei Botschaftern in Rom (Henry de Jouvenel, Ronald Graham und U. v. H.) paraphiert. Der Präsident der USA, Franklin D. Roosevelt, telegraphierte an Mussolini einen Glückwunsch.

4 Italien hatte mit Deutschland im Mai 1882 ein Defensivbündnis geschlossen. Diese Verbindung (Dreibund) wurde im Mai 1915 von Italien gekündigt. Italien trat dann gegen Österreich und Deutschland in den I. Weltkrieg ein.

5 Filippo Neri (1515–1595) war Gründer der Oratorianer. Er wurde 1622 heiliggesprochen. U. v. H. zitiert aus dem Gedicht »Sehnsucht«, dritte Strophe, von Joseph v. Eichendorff (1788–1857).

6 Graf Carlo Sforza (1872–1952) war 1919–1920 Unterstaatssekretär und 1920–1921 Außenminister. Er emigrierte vor dem Faschismus in die USA.

7 Italien gehörte in Versailles zu den »Großen Vier« (US, UK, Frankreich, Italien). Schlesien wurde 1919 in Ober- und Niederschlesien geteilt. Aufgrund des Vertrages von Versailles fand in dem von einer

internationalen Kommission unter französischem Vorsitz verwalteten Oberschlesien im März 1921 eine Volksabstimmung statt. Sechzig Prozent der Stimmberechtigten stimmten für den Verbleib bei dem Deutschen Reich, der Oberste Rat des Völkerbundes wies dann ein Drittel des Abstimmungsgebietes mit der Hälfte der Bevölkerung und dem Hauptteil der Industrie Polen zu (Sforzalinie). Italien war mit 2000 Mann an der französischen Besatzung (13000 Mann) beteiligt.

[8] Oswald Spengler, Untergang des Abendlands, München 1920; vergl. auch U. v. H. »Untergang des Abendlands?« in Europäische Lebensfragen im Lichte der Gegenwart, Berlin 1943.

[9] U. v. H. hat als Botschafter am Quirinal von 1932 bis zu seiner Ablösung in der Villa Wolkonsky gewohnt. Botschafterwohnung und Kanzleigebäude waren in einem Park zusammengefaßt, durch den ein römisches Aquädukt lief. Der britische Botschafter hat U. v. H. häufig sein Bedauern ausgedrückt, nicht die britische Botschaft ähnlich unterbringen zu können. Die Villa Wolkonsky ging nach dem II. Weltkrieg in britische Hände über.

[10] Wolfgang Kapp (1858–1922), Generallandschaftsdirektor in Königsberg, versuchte am 13. März 1920 (dreiviertel Jahr nach Unterzeichnung des Versailler Vertrages und der Verabschiedung der Reichsverfassung in Weimar) die sozialdemokratische Regierung zu stürzen. Reichspräsident Friedrich Ebert (1871–1925) und Reichskanzler Gustav Bauer (1870–1944) flüchteten mit der Regierung via Dresden nach Stuttgart. Die Gewerkschaften riefen den Generalstreik aus. Die Wehrmacht unter General Hans v. Seeckt (1866–1936) verhielt sich passiv. Der Putsch brach am 17. März 1920 zusammen.

[11] Nicht-Katholiken wurden im päpstlichen Rom an der Cestiuspyramide begraben (seinerzeit außerhalb der Stadt). Der preußische Gesandte Wilhelm v. Humboldt begrub dort zwei Söhne. Barthold Georg Niebuhr, sein Nachfolger, erreichte, daß der Vatikan ihm ein angrenzendes Grundstück einräumen ließ, und damit wurde der protestantische Friedhof unter preußischer Führung neu etabliert. Die nach dem I. Weltkrieg eingesetzte internationale Verwaltung unter deutscher Führung wurde nach dem II. Weltkrieg unter schwedischer Führung fortgesetzt.

[12] Der folgende Spruch (Vers 6 eines geistlichen Volksliedes von J. L. E. Allendorf [1693–173], siehe Evangelisches Gesangbuch für die Provinz Brandenburg, S. 560, Nr. 29) stand ohne Zusammenhang mit

dem Text seitenverkehrt zum restlichen Text am Kopfsteg der Manuskriptseite:
Du kannst uns durch des Todes Türen
träumend führen
und machest uns auf einmal frei.

[13] Take Ionescu (1858–1922), rumänischer Außenminister und Ministerpräsident, 1920–22.

[14] Siehe Johann Gustav Droysen, Das Leben des Feldmarschalls Graf York von Wartenburg, Leipzig 1890, S. 3.

[15] Gajus Plinius der Ältere, Autor der Historia Naturalis, kam beim Ausbruch des Vesuvs (79 n. Chr.) ums Leben. Er hatte den von U. v. H. 1920 bestaunten »Wackelstein« bei Viterbo als »naturae miraculum« bezeichnet. Der auch von anderen Schriftstellern des Altertums erwähnte Block aus vulkanischem Gestein (85 Kubikmeter) soll aus dem Krater des Monte Cimino (1065 Meter) in Richtung Soriano ausgestoßen worden sein. Dieser 170 Tonnen schwere Koloß blieb auf dem Abhang der Cimini-Berggruppe liegen. Dabei erhielt er durch eine Felsrippe zufällig eine Lage in perfektem Gleichgewicht, so daß er mit leichtem Anstoß zu schwingender Bewegung gebracht werden kann.

[16] Bayern und Preußen hatten bis 1918 eine Sondervertretung beim Heiligen Stuhl. Obgleich Artikel 78 der Weimarer Verfassung die Beziehungen zu auswärtigen Staaten allein auf das Reich übertrug, behielt Bayern seine Gesandtschaft am Heiligen Stuhl bei. Bayern bezog sich darauf, daß das Gesandtschaftsrecht der einzelnen deutschen Länder durch die Weimarer Verfassung zwar bezüglich auswärtigen Staaten aufgehoben worden war, der Heilige Stuhl aber kein Staat sei. Der bayrische Vorkriegsgesandte, Otto Freiherr von Ritter zu Grönestein (1864–1940), kehrte nach Rom zurück. Die preußische Gesandtschaft dagegen wurde in Personalunion mit der Reichsvertretung verbunden. Die Sondervertretungen Preußens und Bayerns wurden 1934 aufgehoben.

[17] Piero della Francesca (1420–1492), italienischer Maler.

[1] Friedrich Olbricht, am 20. Juli 1944 erschossen, Chef des allgemeinen Heeresamtes, hatte von U. v. H. in seinen Tagebüchern den Decknamen »Barceloneser Pfarrer« zugeteilt bekommen (vergl. Die Hassell-Tagebücher 1939–1944, Berlin 1988).

[2] Vergl. U. v. H., »Iberoeuropa«, in Auswärtige Politik, 10. Jahrgang, Heft 3, März 1943, S. 461–476.

[3] Alfred Kerr (1867–1948), Theaterkritiker und Schriftsteller, emigrierte 1933. Er wurde wohl daher von U. v. H., in Gestapohänden, nicht namentlich genannt.

[4] Die Schwestern Anni und Lotti Fette aus Hamburg-Nienstedten betreuten die Kinder in Barcelona und auch später. Sie sind bis in die Gegenwart und ihr eigenes hohes Alter mit der Familie in engem Kontakt geblieben.

[5] Siehe »Call of the Wild« von Jack London (1876–1916), US-Erzähler von sozialen Romanen und Tiergeschichten.

[6] Zu der Zeit von U. v. H. verfügte das deutsche Generalkonsulat in Barcelona nicht über Dienstwagen, die Bediensteten einschließlich von U. v. H. hatten auch keine Privatwagen.

[7] Fey v. Hassell, die jüngste Tochter von U. v. H., wurde nach der Hinrichtung ihres Vaters verhaftet. Sie hat hierüber und über andere Erlebnisse ein Buch veröffentlicht: Niemals sich beugen – Erinnerungen einer Sondergefangenen der SS, München 1990.

[8] I. G. Farben Industrie AG, Bayer-Leverkusen, war der pharmazeutische Zweig der 1904 begründeten Interessengemeinschaft zwischen BASF, Bayer und AGfa.

[9] Der Ausdruck »Schwarze Schmach« bezieht sich auf die Besetzung deutscher Gebiete, insbesondere an der Ruhr, durch französisch-afrikanische Kolonialtruppen nach dem I. Weltkrieg.

[10] Francesco Nitti, Europa senza pace, veröffentlicht 1921.

[11] Siehe Anmerkung 2.

[12] Ferdinand Sauerbruch (1875–1957), Chirurg und Professor, war ein Mitglied der Mittwochsgesellschaft (vergl. Die Mittwochsgesellschaft – Protokolle aus dem geistigen Deutschland 1932–1944, Herausgeber Klaus Scholder, Berlin 1982; und Die Hassell-Tagebücher 1939–1944, Berlin 1988).

[13] Siehe Anmerkung 2.

[14] Siehe »La Comedia de Dante Alighier«, transladada de rims vulgars toscans en rims vulgars cathalans per Andreu Febrer, Barcelona, Siglo XV.

[15] Am 25. Februar 1990 meldete die »New York Times«, daß die spanische Regierung am 21. Februar 1990 in Ausführung der spanischen Verfassung von 1978 den Protestanten und Juden für Religionsausübung, Unterricht, Besteuerung sowie für die staatliche Anerkennung von Trauungen Gleichberechtigung mit der Katholischen Kirche zuerkannt habe. Damit wurde die auf König Ferdinand und Königin Isabella mit Dekret von 1492 begründete Alleinherrschaft des katholischen Glaubens gebrochen. Noch bis zum Tode von Franco 1975 war die Freiheit zur Ausübung nichtkatholischer Bekenntnisse nur nominal, da Franco eine Trennung von Kirche und Staat nicht anerkannte.

[16] U. v. H. las in Barcelona »Die Germanen in der Völkerwanderung« von Johannes Bühler, Leipzig 1922. Die Sweben (Sueben, Sueven) waren eine germanische Völkergruppe, die in Gebieten zwischen Ostsee (im Altertum Suebicum Mare), Spree und Havel ansässig war, deren Gebiet sich laut Tacitus (fälschlich) bis zur Donau erstreckte. Gedrängt von den Hunnen im Zuge der Völkerwanderung, drangen sie bis nach Spanien und Afrika. Die Oberbezeichnung Sueben blieb nur den Quaden erhalten (abgesehen von den Schwaben in Deutschland). Die Quaden haben in Portugal ein Reich gegründet, das dann in das Herrschaftsgebiet der Westgoten fiel und schließlich von den Mauren aus Afrika unterworfen wurde (400–700 A. D.).

[17] »Buenos Ayres patria querida« – Buenos Aires, geliebtes Vaterland; »Mejor morir que olvidarla« – besser zu sterben als zu vergessen.

[18] Ulrich von Hassell (Senior), »Tirpitz – sein Leben und Wirken mit Berücksichtigung seiner Beziehungen zu Albrecht von Stosch«, Stuttgart 1920.

[19] Rogier van der Weyden (1397–1464) und Hans Memling (1440 bis 1494).

[20] Während der zeremoniellen Fahrt durch Madrid im Zuge der Hochzeit von Alfons XIII. und Prinzessin Victoria Eugenie von Battenberg im Jahre 1906 wurde Sprengstoff auf die Brautkutsche geworfen. Wiewohl das Brautpaar und der König unverletzt blieben, gab es mehrere Tote und Verwundete.

[21] »Nunca es tarde cuando llega« – »Es ist nie spät, wenn es ankommt.«

[22] Die Verfassung des Deutschen Reiches vom 11. August 1919 sagt in Artikel 3: »Die Reichsfarben sind schwarz-rot-gold. Die Handelsflagge ist schwarz-weiß-rot mit den Reichsfarben in der oberen inneren Ecke.« Diese Farben in der oberen inneren Ecke wurden wie eine kleine Fahne als »Gösch« bezeichnet (entsprechend der kleinen, von Kriegsschiffen in Häfen zusätzlich gesetzten kleinen Flagge am Bugspriet).

[23] In Spanien wurden damals Möglichkeiten genutzt, um die nach dem I. Weltkrieg Deutschland verbotenen Rüstungsgüter aufzubauen oder zu verwerten.

Kopenhagen

[1] Carit Etlar (1816–1900), dänischer Schriftsteller.

[2] Adolf Friedrich, Herzog von Mecklenburg-Schwerin (geb. 1873), verh. mit Elisabeth, Prinzessin zu Stolberg-Roßla (geb. 1885), welche wiederum die Witwe von Johann Albrecht, Herzog von Mecklenburg-Schwerin, dem Mitbegründer der Vaterlandspartei, war.

[3] Friedrich Franz IV., Großherzog von Mecklenburg-Schwerin, geb. 1882, verh. mit Alexandra Prinzessin von Hannover, Herzogin von Braunschweig-Lüneburg, geb. 1882.

[4] Vergl. Die Hassell-Tagebücher 1939–1944, Berlin 1988, S. 53 und 56.

[5] Nicolai F. S. Grundtvig (1783–1872), Bischof (Lutheraner).

[6] Veldes, unter jugoslawischer Herrschaft Bled umgetauft, in Slowenien an einem See gelegen, diente dem diplomatischen Corps aus Belgrad zur Zeit von U. v. H. als Sommeraufenthalt, weil König Alexander I. seinen Sommersitz in der Nähe hatte.

[7] Hans Baron v. Plessen war Botschaftsrat an der deutschen Botschaft am Quirinal zur Botschafterzeit von U. v. H.

[8] Antoine Pesne (1683–1757), französischer Hofmaler und Kupferstecher in Berlin.

[9] Vergl. Beschreibung des Ankaufs des Gemäldes in Spanien, Kapitel 9.

[10] Diese Aufzeichnungen sind nicht mehr greifbar; siehe Kapitel 4, Anmerkung 15.

[11] U. v. H. weist auf den 1914 erhaltenen Herzschuß hin.

[12] Karl XII. (1682–1718), König von Schweden, Haus Wasa und Pfalz-Zweibrücken.

[13] Siehe Vorspruch von U. v. H., Anmerkung 2.

[14] Nicht mehr greifbar.

[15] Codex Argenteus = eine mit Silber- und Goldbuchstaben auf purpurrotem Pergament im 6. Jahrhundert angefertigte Handschrift der Evangelien, die von dem Missionar und Bischof der Westgoten Wulfila (311–383 A.D.) in das Westgotische übertragen worden war.

[16] Gustav I. (1497–1560), schwedischer König, Begründer der Wasa-Dynastie.

[17] Die Ålandinseln wurden 1923 vom Völkerbund Finnland zugesprochen.

BIOGRAPHISCHE DATEN

Am 12. November 1881 in Anklam/Pommern geboren als Sohn des Oberstleutnants Ulrich v. Hassell und Margarete v. Hassell, geb. v. Stosch

1899 Abitur in Berlin (Prinz-Heinrich-Gymnasium);

1899–1903 Studium der Rechtswissenschaften in Lausanne, Tübingen und Berlin

1903 Referendar-Examen in Berlin

1903–1904 Militärischer Dienst

1905–1906 Juristischer Vorbereitungsdienst, z. T. am deutschen Amtsgericht in Tsingtau

1907 Leutnant der Reserve (2. Garderegiment z. F.)

1908 Assessorexamen in Berlin; Sprachstudien in England

1909 Eintritt in das Auswärtige Amt

9. Januar 1911 Heirat mit Ilse v. Tirpitz; Kinder: 1912 Almuth, 1913 Wolf Ulrich, 1916 Johann Dietrich, 1918 Fey

1911–1914 Genua / Vizekonsul

8. September 1914 in der Marneschlacht schwer verwundet (Herzschuß)

1916 Regierungsrat in Stettin

1917–1919 Direktor des Verbandes der preußischen Landkreise in Berlin

1919–1921 Rom (Quirinal) / Botschaftsrat

1921–1926 Barcelona / Generalkonsul

1926–1930 Kopenhagen / Gesandter

1930–1932 Belgrad / Gesandter

1932–1938 Rom (Quirinal) / Botschafter;

17. Februar 1938 abberufen, in den Wartestand (z. D.) versetzt
10. Februar 1943 in den Ruhestand (a. D.) versetzt
1940–1943 im Vorstand des Mitteleuropäischen Wirtschaftstages / Berlin
1943–1944 im Institut für Wirtschaftsforschung, Berlin
29. Juli 1944 durch die Gestapo verhaftet
8. September 1944 zum Tod verurteilt und in Berlin-Plötzensee hingerichtet

PERSONENREGISTER

Bildnachweis

Bundesarchiv Koblenz 28, Ullstein Bilderdienst, Berlin 23, alle anderen Abbildungen aus Privatbesitz